el Sendero de la Verdad

Casa Nazarena de Publicaciones

Publicado por
Casa Nazarena de Publicaciones
17001 Praire Star Parkway
Lenexa, KS 66220 EUA.

ISBN 978-1-56344-925-3

Patricia Picavea, Editora
Mery Asenjo, Coeditora
Loysbel Pérez, Corrector de teología

Diseño de portada: www.slaterdesigner.com / Joel Chavez
Diagramación: www.slaterdesigner.com / Joel Chavez
Fotografía: Photo by freestocks.org from Pexels

Contenido

Presentación

La educación para jóvenes y adultos debe estar orientada a desarrollar estrategias que faciliten el proceso de aprendizaje. Aunque El Sendero de la Verdad está hecho para usarse en espacios informales (escuela dominical, grupos pequeños, células, etc.), esta pensado en la formación permanente y continua. Es así que se espera que las personas tengan un proceso de aprendizaje de la Biblia lo más completo posible, donde también puedan reciclar sus conocimientos, compartiendo las experiencias vividas a través de los años.

En este libro El Sendero de la Verdad 12, presentamos el primer trimestre "Consejos para la vida", con algunos temas destacados que encontramos en el libro de Proverbios; en el segundo trimestre, el tema "Mayordomos responsables" haciendo un estudio y reflexión del tema de la mayordomía a la luz de la Biblia. En el tercer trimestre, "Enseñanzas y poesía" donde se verán los libros de Eclesiastés y Cantar del los Cantares. Y para terminar el año, el cuarto trimestre lo dedicaremos a "La iglesia: modelo para el mundo" viendo 1 y 2 de Tesalonicenses; 1 y 2 de Timoteo y Tito.

La enseñanza al adulto y al joven conlleva una gran responsabilidad; pero también da mucha satisfacción cuando se puede apreciar el crecimiento de las personas en su vida de fe. El tiempo y la creatividad que use para sus clases se notará al momento de dar la lección y motivará a los alumnos a regresar.

No tenga duda de que su preparación y dedicación a esta valiosa labor le permitirá ver frutos a su tiempo. Anímese en este nuevo año de enseñanza, pida a Dios gracia y sabiduría y cumpla esta maravillosa tarea que el Señor le encomendó.

"Todo lo que hagan, háganlo de buena gana, como si estuvieran sirviendo al Señor Jesucristo y no a la gente" (Colosenses 3:23 TLA).

Patricia Picavea
Editora de publicaciones ministeriales

Recomendaciones

El propósito de la enseñanza debe estar enfocado en ayudar y guiar a las personas en el conocimiento de Dios y en el crecimiento en su vida de fe para que vivan vidas que muestren una iglesia viva.

Cuando compartimos una clase y estimulamos la participación de los asistentes, estos encuentran un espacio donde aclarar sus dudas, contar sus experiencias y crecer junto a otros hermanos en Cristo.

Para que una fe se mantenga viva necesita alimento; y parte de este, se encuentra en la comunión con Dios y con la comunidad de fe. También está en la Palabra; por eso, motivamos a que vea el espacio de enseñanza bíblica como un espacio fundamental para sus alumnos, donde juntos pueden enriquecer sus vidas.

Algunas sugerencias:

1. El primer día que se reúnan, entregue o pida a los participantes que consigan un fólder para archivar las hojas de actividades de cada lección.
2. Metas y premios: puede ofrecer un premio sencillo para los asistentes al grupo o clase que durante cada trimestre: aprendan todos los textos para memorizar y los digan ante la clase; completen todas las hojas de actividad y asistan puntualmente.
3. Certificado: si desea, a los que fueron fieles o no se ausentaron más de una o dos clases en un trimestre les puede entregar un certificado con el nombre del mismo. Esto puede dar la idea de que van avanzando en su aprendizaje y puede motivar a otros a que asistan fielmente.
4. Disfrute del tiempo de estudio y permita que su grupo también lo haga. Confíe en el Señor y ore para que Él haga que cada palabra llegue al corazón de los que asisten a la clase o grupo de estudio.

Preparación y presentación de la lección:

1. Comience orando para que el Señor le permita, prepararse de la mejor manera y le dé sabiduría y gracia para captar el mensaje para su propia vida primero.
2. Lea la lección varias veces durante la semana para ir profundizando en ella.
3. Trate de ir formando su material de trabajo. Un diccionario de español, un diccionario bíblico y, en la medida de sus posibilidades, aparte de su Biblia, versiones de la Biblia diferentes a la Reina Valera 1960 que usamos en este libro. También tenga lápices, borradores y papel.
4. Para comenzar a preparar la lección, lea el Propósito de la lección y téngalo presente en la preparación de la misma.
5. Asegúrese de buscar y leer todos los pasajes bíblicos que presenta la lección.
6. Tome una hoja y copie el bosquejo de la lección. Escriba en cada punto una guía que le ayude al momento de dar la clase.
7. Siga cada punto como indica el libro, realice preguntas a la clase y haga que la lección sea lo más participativa posible. La participación de las personas es de gran ayuda en el proceso de aprendizaje.
8. No olvide ir llenando la Hoja de actividad de los participantes en el transcurso de la clase. Esto puede ayudarles a las personas para que repasen la lección en su casa o usen la Hoja de actividad en sus devocionales.
9. Cada lección trae un Versículo para memorizar. Llévelo a la clase memorizado, y tome tiempo para que las personas lo memoricen.
10. Finalice la lección con una oración; y esté atento por si un estudiante tiene alguna necesidad que haya surgido de la lección y ore por ella o él.
11. Mantenga contacto con las personas que particiapan en su clase o grupo de estudio. Utilice todos los medios disponibles; y haga sentirles que son importantes para Dios y que usted está orando por ellos.

Consejos para la vida

Primer trimestre

Los beneficios de la sabiduría

Lección 1

Marco Rocha (Argentina)

> **Pasaje bíblico de estudio:** Proverbio 2:5-22
> **Versículo para memorizar:** "Porque Jehová da la sabiduría, y de su boca viene el conocimiento y la inteligencia" Proverbio 2:6.
> **Propósito de la lección:** Que el alumno conozca los beneficios de Dios para quienes vivan sabiamente.

Introducción

Puede comenzar la clase pidiendo a sus estudiantes que den ejemplos o testimonios de decisiones sabias y necias, y sus respectivas consecuencias. A medida que vayan respondiendo, ayúdelos a reconocer que todos los días los seres humanos tomamos decisiones. Algunas de ellas fueron tan importantes que cambiaron nuestra vida para siempre, como cuando nos arrepentimos de nuestros pecados y reconocimos a Cristo como nuestro Señor y Salvador. Otras decisiones se dan en el ámbito de la vida cotidiana, cuando todos los días elegimos salir a estudiar, trabajar o realizar alguna tarea.

Explique que cada decisión inevitablemente tiene consecuencias, las cuales serán positivas, si la decisión fue sabia; o negativas, si esta fue necia. Tomando como referencia los ejemplos y testimonios compartidos, divida a sus estudiantes en grupos para que elaboren una definición propia de decisión sabia y necia respectivamente. Luego, pida a cada grupo que escoja a uno de sus miembros para que lea los resultados, mientras usted los escribe en el pizarrón. Concluya la actividad explicando que, en el sentido bíblico, una persona sabia no solamente es alguien que conoce (la palabra "sabiduría" tiene raíz semítica, y proviene del idioma asirio "conocer"); sino que es aquel que pone ese conocimiento en práctica. En un mundo tan cambiante y lleno de desafíos como el que nos toca vivir en la actualidad, para vivir sabiamente es indispensable conocer y evidenciar a Cristo en toda nuestra manera de vivir, aplicando siempre las verdades de la Palabra de Dios. Así podremos experimentar los beneficios de la vida sabia, los cuales desarrollaremos en esta lección.

I. Conocimiento y sabiduría de Dios (Proverbio 2:5-7)

El libro de los Proverbios se puede interpretar como una antología de la sabiduría hebrea, sabiduría que no fue meramente intelectual o secular; sino principalmente la aplicación de los principios de una fe revelada a las tareas del diario vivir.

La búsqueda de sabiduría nos lleva inevitablemente a Dios, fuente de todo conocimiento e inteligencia (v.6). Por tanto, el primer beneficio de vivir sabiamente es tener comunión con Él; la bendición de poder habitar en su presencia; encontrar guía y consuelo en su Palabra; y recibir el poder para vivir en santidad y servirle. En nuestros días, abundan los gurús, las filosofías y los materiales de autoayuda que prometen a las personas los conocimientos necesarios para vivir sabiamente. Sin embargo, la realidad es que no es posible hallar sana sabiduría fuera de la fuente verdadera que es Dios. Frente a los desafíos y conflictos de la vida, muchos de ellos inexplicables racionalmente, los creyentes cuentan con la maravillosa experiencia de la comunión con Dios, experiencia que los impulsa a caminar en integridad, a tomar decisiones sabias y a transitar por esta vida bajo la poderosa protección de su Señor, convirtiéndose así en agentes de transformación de la realidad que los rodea. "De esta manera, la sabiduría se convierte en la habilidad dada por Dios para tratar inteligentemente con las experiencias variadas de la vida, que resulta en bendición para todos los involucrados" (Taylor, Richard. Diccionario Teológico Beacon. EUA: CNP, 1995, p.611).

La sabiduría es un regalo de Dios (v.7a; Santiago 1:5); y también es una búsqueda que el creyente realiza con sinceridad, mientras avanza por una senda que es difícil, pero cuya recompensa es la victoria sobre las tentaciones, y la inteligencia divina para vivir conforme a su voluntad. Si bien todos los aspectos de la sabiduría no se manifiestan inmediatamente en la vida del creyente; al confiar, honrar y tener comunión con Dios, el cristiano transita por un proceso de crecimiento constante que lo impulsa a tomar cada vez mejores decisiones, acordes al propósito de Dios para su vida. En este proceso aprende a buscar la voluntad de Dios; a dejarse guiar por su Palabra, a crecer en la oración y en la fe tomando decisiones sabias diariamente.

11

II. Entendimiento del buen camino (Proverbio 2:8-11)

El segundo beneficio de la sabiduría es el entendimiento y la libertad. Es Dios mismo quien se ocupa de otorgarnos el poder necesario para vivir rectamente y transitar por el buen camino (v.8). Una de las claves para una vida victoriosa se encuentra en la capacidad que Dios nos otorgó para comprender la realidad desde su perspectiva, la perspectiva de la santidad. Cuando el creyente se consagra al Señor y camina en santidad; entonces transita por la vida con seguridad y victorioso sobre el mal. Además, la experiencia del caminar santo le permite vivir en libertad, tal como se afirma en Juan 8:32 donde leemos: "y conoceréis la verdad, y la verdad os hará libres". Por tanto, la sabiduría que debe anhelarse no es la que se obtiene por medio de la reflexión humana; sino por la revelación divina. "Esta sabiduría está encarnada en Jesucristo "en quien están escondidos todos los tesoros de la sabiduría y del conocimiento" (Col. 2:3). En sus seguidores, las señales de la sabiduría son humildad, santidad y semejanza a Cristo (Stg. 3:13-18)" (Taylor, Richard. Diccionario Teológico Beacon. EUA: CNP, 1995, p.612).

Santiago 1:5-6 dice: "Y si alguno de vosotros tiene falta de sabiduría, pídala a Dios, el cual da a todos abundantemente y sin reproche, y le será dada. Pero pida con fe, no dudando nada; porque el que duda es semejante a la onda del mar, que es arrastrada por el viento y echada de una parte a otra"; demostrando así que si pedimos con fe la sabiduría a Dios, Él nos la va a dar. Por tanto, cuando el creyente pide sabiduría, recibe uno de los mayores tesoros que Dios ha guardado para sus hijos que caminan en rectitud: la capacidad para edificar una vida plena, abundante y justa, bajo su protección divina.

La sabiduría capacita al creyente para desarrollar una vida con los valores del reino de Dios.

Los valores en la vida del cristiano, son los valores bíblicos, que son el fundamento para la realización individual y comunitaria; y aunque existen en el mundo valores similares, sólo el Creador los puede transformar otorgándoles una perspectiva más amplia, la perspectiva del propósito de Dios para la humanidad. En esto consiste vivir sabiamente.

El libro de Proverbios exalta el valor de la sabiduría, de la autodisciplina, de la educación, y brinda orientación sobre distintos aspectos de la vida social, civil y personal. Por eso, es que en este pasaje se observa la necesidad de discriminar entre los valores, siendo el axioma guía, el temor de Dios.

Aunque en la sociedad se promuevan prácticas y valores contrarios a los del reino de Dios, el creyente que vive sabiamente tendrá el entendimiento y la fortaleza para no negociar ni claudicar en los valores que Dios mismo grabó en su corazón para que pueda transitar por el buen camino.

III. Libertad de malas compañías (Proverbio 2:12-15)

El tercer beneficio de la sabiduría es ser liberado del mal camino (v.12). Todos los días se difunden noticias en los medios de comunicación donde se cuentan historias de personas que han elegido caminos opuestos al camino de la justicia y la santidad. Estas historias reflejan el fracaso de la humanidad al alejarse de Dios y transitar por caminos que la esclavizan al pecado y a la muerte. Pero quien escogió el camino de la sabiduría trazado por Dios, recibe el poder necesario para rechazar los atractivos que presentan esos caminos que terminan en ruina. "En este pasaje se describe el carácter del "hombre inicuo". Es un hombre que habla perversidades y su lenguaje es retorcido. Anda por sendas tenebrosas, se alegra en el mal y se deleita en ver a otro seguir esa misma senda perversa. Sus veredas son torcidas, es decir, contrarias a lo que es verdadero y moralmente recto" (Chapman, Purkiser, Wolf y Harper. Comentario Bíblico Beacon, tomo 3. EUA: CNP, 1985, p.351).

La sabiduría permite al creyente evaluar correctamente sus acciones e interpretar espiritualmente las consecuencias, evitando así la compañía de personas necias y perversas cuyos caminos de pecado las tienen inmersas en las tinieblas y que incluso invitan a otros a entrar en esos senderos, buscando mediante argumentos y acciones pecaminosas derrumbar el discurso recto y la conducta buena.

Estas personas necias no sólo hacen mal; sino que se gozan del mismo, ya que conociendo el camino recto decidieron dejarlo en pos de sus propias perversiones, las cuales también difunden y promueven. En esta presentación de diferentes caminos, el creyente que vive sabiamente ha elegido el de Dios, que lo lleva a la vida abundante, a la paz y la justicia. La sabiduría de Proverbios pone a Dios en el centro de la vida del hombre, sabiduría que habría de hallar su plena revelación en Jesucristo (Colosenses 2:3), a quien el apóstol Pablo llamó "la sabiduría de Dios" (1 Corintios 1:24). La sabiduría, por tanto, está en recibir la gracia de Dios, y vivir diariamente en armonía con sus propósitos redentores para nosotros.

IV. Libertad de la mujer perversa (Proverbio 2:16-19)

El cuarto beneficio de vivir sabiamente es ser librado de la mujer extraña (v.16). Esta expresión ("mujer extraña") refiere a una mujer que no está ligada a un hombre por vínculos legales; sino como prostituta o adúltera, que abandonó a su compañero de juventud y el pacto de su Dios (v.17). Representa la senda que se opone al camino de la sabiduría, y cuyo fin es la muerte.

Diariamente, miles de creyentes en todo el mundo salen victoriosos ante tentaciones de apariencia atractiva; pero que ocultan caminos de dolor y muerte. En esto se hace notable la provisión divina de la fortaleza necesaria para resistir, andando en el Espíritu, y no satisfaciendo los deseos de la carne, tal como se describe en Gálatas 5:16.

En este consejo de un maestro hacia su joven alumno, la sabiduría se presenta como poder para librar al joven de la trampa de la adúltera, no dejándose atrapar por sus palabras persuasivas (Proverbio 2:16b). Pues así como el hombre necio abandonó el camino recto para seguir sendas perversas, esta mujer abandonó a su marido afectando su relación con Dios, y abandonando el pacto que había hecho con Él; afectando también a sus familiares; y demostrando así que quien caiga en la trampa del adulterio sólo encontrará un camino de pecado cuyo fin es la muerte.

La sabiduría, entonces preservará al creyente frente a tentaciones que buscan corromper el cuerpo, templo vivo del cristiano (1 Corintios 6:19), mediante la práctica de lujurias carnales que batallan contra su integridad.

Así como la infidelidad matrimonial corrompe el plan de Dios para la familia, la infidelidad a Dios aleja al creyente de la sabiduría que le permite caminar en santidad hacia la eternidad. Resistir sabiamente la tentación de la mujer adúltera representa también para el creyente el resistir la presión del mundo que, en nombre del "amor", promueve la sensualidad y la lujuria, buscando desviarlo del camino justo por el que está transitando.

V. Vida íntegra y fructífera (Proverbio 2:20-22)

El quinto beneficio de la sabiduría es llevar una vida íntegra y fructífera (v.20). Uno de los temas principales del libro de Proverbios es la conducta personal, donde el estilo de vida debe ser motivado por "el temor del Señor" (Proverbios 1:7, 9:10), representado en "las ideas de honradez, integridad, veracidad, humildad, prudencia, pureza sexual, liberalidad, dominio propio, laboriosidad, compasión, justicia y apacibilidad" (Taylor, Richard. Explorando la Santidad Cristiana, tomo III. EUA: CNP, 1985, p.57).

Mientras para quienes caminan en su necedad y perversión sus caminos son perdición hacia la muerte; para el justo la vida es un camino de santidad que lo prepara para la eternidad (v.21). De esta manera, la vida íntegra conduce al creyente por la vida recta y, a la vez, expone a quienes neciamente toman otros caminos. Mientras los necios caminan engañados, mintiendo y promoviendo sus perversiones, e incluso recibiendo halagos por su astucia, el fin que los espera es un futuro de condenación (v.22). Pero para los creyentes las situaciones de la vida, aun aquellas más difíciles y complejas por las que deben atravesar en su caminar diario, les permitirán experimentar las primicias de lo que vivirán en la eternidad. Experiencias como el consuelo del Señor en los momentos duros de la vida, la vida santa donde abunda el fruto del Espíritu Santo, y la adoración como estilo de vida, permitirán al creyente experimentar hoy lo que vivirá eternamente.

Conclusión

En el mundo que vivimos, donde los creyentes convivimos con personas que, aun conociendo el camino correcto, viven neciamente y promueven sus acciones perversas, Dios nos otorgó a sus hijos la posibilidad de acceder al tesoro de la sabiduría por medio de la fe, y transitar así por un camino santo cuyo fin es la eternidad.

Los beneficios de la sabiduría

Hoja de actividad

Versículo para memorizar: "Porque Jehová da la sabiduría, y de su boca viene el conocimiento y la inteligencia" Proverbio 2:6.

I. Conocimiento y sabiduría de Dios (Proverbio 2:5-7)

¿Hacia dónde nos lleva la búsqueda de sabiduría?

_____

_____

¿Cómo podemos acceder a la sabiduría?

_____

II. Entendimiento del buen camino (Proverbio 2:8-11)

¿Cuáles son las señales de que la sabiduría vive en nosotros? Dé ejemplos prácticos

_____

_____

¿Cómo se relaciona la integridad con el obrar con justicia y con el hablar la verdad en el corazón?

_____

_____

III. Libertad de malas compañías (Proverbio 2:12-15)

Mencione tres ejemplos sobre la manera en que se promueven argumentos y acciones pecaminosos. Luego escriba qué debe hacer el creyente frente a ello.

_____

_____

IV. Libertad de la mujer perversa (Proverbio 2:16-19)

¿Qué medidas concretas puede tomar usted en su vida para salir victorioso frente a las tentaciones?

_____

_____

V. Vida íntegra y fructífera (Proverbio 2:20-22)

Mencione tres ejemplos sobre cómo se manifiesta la vida sabia del creyente en distintos ámbitos de la vida cotidiana (universidad, trabajo, comunidad, etc.).

_____

_____

Conclusión

En el mundo que vivimos, donde los creyentes convivimos con personas que, aun conociendo el camino correcto, viven neciamente y promueven sus acciones perversas, Dios nos otorgó a sus hijos la posibilidad de acceder al tesoro de la sabiduría por medio de la fe, y transitar así por un camino santo cuyo fin es la eternidad.

Consejos para una vida equilibrada

Walter R. Rodríguez (Uruguay)

Pasaje bíblico de estudio: Proverbio 3:1-12
Versículo para memorizar: "Nunca se aparten de ti la misericordia y la verdad; átalas a tu cuello, escríbelas en la tabla de tu corazón" Proverbio 3:3.
Propósito de la lección: Que el alumno aprenda y practique cuatro consejos de buena salud espiritual y relacional.

Introducción

Hay más de una manera de estudiar un libro de la Biblia, y lo mismo es cierto para un pasaje bíblico. Usted puede tomarlo aislado del resto del libro en el que se encuentra el pasaje; puede tomarlo como una pieza de literatura y hacer hincapié en las figuras y recursos literarios que el escritor usó; o puede considerarlo en el contexto de toda la enseñanza que la Biblia nos provee. En esta lección, trataremos de ubicar el pasaje de estudio dentro del contexto bíblico. Así que, veremos qué nos recomiendan estos proverbios.

Partamos de la convicción de que la Biblia es más que un libro religioso. Ciertamente, esta nos guía a una forma o estilo de vida. Al explorar cada uno de los versículos en el pasaje de Proverbio 3:1-12, se nota que se espera que cada creyente tenga conceptos, valores y conductas que demuestren una sana relación con Dios, con uno mismo y con los semejantes.

Veamos a continuación cuatro buenos consejos que están perfectamente alineados con la enseñanza total de la Biblia.

I. Consejo N.° 1: sea un discípulo en serio (Proverbio 3:1-4)

En los versículos del 1 al 4, encontramos valores de convivencia que se apoyan en una relación seria y meditada con Dios, tanto a nivel individual como a nivel corporativo.

A. "… no te olvides de mi ley…" (v.1)

Esto se refiere a las pautas de vida que Dios le dio al pueblo judío durante el proceso formativo, desde Abraham hasta la consolidación del pueblo en la tierra prometida. Se refiere a las enseñanzas resumidas en los Diez Mandamientos, ampliadas y explicadas en todo el Pentateuco (de Génesis a Deuteronomio). El énfasis de este consejo implica estudiar con interés lo que Dios tiene que decirnos. Por ejemplo: "Y amarás a Jehová tu Dios de todo tu corazón, y de toda tu alma, y con todas tus fuerzas" (Deuteronomio 6:5); y "… amarás a tu prójimo como a ti mismo…" (Levítico 19:18b). El mismo Señor Jesucristo citó estos dos versículos juntos (Mateo 22:37-39) diciendo: "De estos dos mandamientos depende toda la ley y los profetas" (Mateo 22:40). Estos pasajes enseñan claramente que una relación sana y creciente con Dios se apoya en tres dimensiones: espiritual (amar a Dios de todas las maneras posibles); emocional (amarse uno mismo); y ético-social (amarás a tu prójimo). En estas tres instancias, amar es mucho más que un sentimiento. En la dimensión espiritual, amar significa aprender las enseñanzas de Dios en las Escrituras, incorporarlas como valores y practicarlas en la vida cotidiana. En otras palabras, la conducta del individuo da testimonio de la presencia de Dios en su vida. Mateo 12:34b dice: "… de la abundancia del corazón habla la boca". En la dimensión emocional, amar implica reconocerse y apreciarse en la justa medida (Romanos 12:3); respetarse y cuidar todos los aspectos de nuestro ser (cuerpo, alma y espíritu). Es estar al tanto de lo que somos capaces, así como de nuestros defectos, logros, equivocaciones y fracasos. Implica también enmendarse, perdonarse y superarse. En la dimensión ético-social, amar implica ser justo, evitar el uso de una norma doble (exigente para otros, benévola para uno mismo); en otras palabras, tener para uno las mismas exigencias y expectativas que tengamos para otros. La medida que se debe tener es bastante fácil de establecer: como a mí mismo.

B. "porque largura de días y años de vida y paz te aumentarán" (v.2)

El escritor de Proverbios usa esta forma literaria, el proverbio, que es "un dicho breve, sentencioso y axiomático, cuya esencia es la antítesis o la comparación" (Halley, Henry H. Compendio Manual de la Biblia. S.p.: Editorial Moody, s.a., p.242). Esta segunda parte, lejos de ser una negociación en la que Dios promete una recompensa al que cumpla con la primera parte (v.1), es una consecuencia natural de organizar la vida alrededor de las enseñanzas, instrucciones y preceptos del Padre. La versión Dios Habla Hoy dice: "y tendrás una vida larga y llena de felicidad" (v.2 DHH).

C. "Nunca se aparten de ti la misericordia y la verdad…" (v.3)

En la versión Dios Habla Hoy, leemos este mismo versículo de la siguiente manera: "No abandones nunca el amor y la verdad…" (DHH). Los proverbios bíblicos tienen más que ver con la vida cotidiana, que con declaraciones doctrinales. Así que, la recomendación "átalas" y "escríbelas" se toman como literales. De hecho, los judíos portaban filacterias: "cajitas cuadradas, hechas de piel de animales limpios, dentro de las cuales se guardaban cuatro pasajes de la ley escritas en pergaminos. Los judíos se las ataban al brazo y a la cabeza con tiras de cuero" (Nelson, Wilton H., editor. Diccionario Ilustrado de la Biblia. EUA: Editorial Caribe, 1982, p.231). La recomendación (v.3) se refiere a características que identifican la forma de ser de una persona; no es algo que el individuo hace, sino que son manifestaciones del carácter de la persona: "… átalas a tu cuello…", es decir que se vean, que te adornen; "escríbelas en… tu corazón", esto es, que formen parte de los valores de tu vida.

D. "y hallarás gracia y buena opinión …" (v.4)

¿Qué otras cosas podrían significar estas palabras; sino reputación, buen nombre e identidad? Alguien que conozco tomó un nuevo empleo recientemente. Es una persona profesional y altamente calificada para ese trabajo, además de contar con más de diez años de experiencia en su profesión. Conversando conmigo se quejaba de que no gozaba del respeto que merece. Llegamos a la conclusión de que la reputación no se construye con líneas en un currículo (hoja de vida o resume); sino con hechos que durante un tiempo irán demostrando qué clase de profesional y qué clase de persona es.

II. Consejo N.° 2: defina el camino para su vida (Proverbio 3:5-8)

La persona adulta y madura tiene la capacidad de evaluar las circunstancias en las que está inmersa. Tiene un conocimiento real de sí misma, de sus fortalezas y de sus debilidades, lo cual le permite transitar la vida de tal manera que puede aprovechar adecuadamente las alternativas y oportunidades que se presenten.

A. "Fíate de Jehová de todo tu corazón…" (v.5a)

El término "corazón", en este contexto, debe ser definido; porque el significado que tuvo para el escritor bíblico es sensiblemente diferente del significado que hoy se le asigna. El corazón, en la Biblia, "es el centro de la vida física, espiritual y mental… Las Escrituras generalmente se refieren a la 'totalidad de la vida interna que incluye el pensamiento, sentimiento y volición'… las cualidades morales se relacionan principalmente con el corazón (Mt.5:8; Hch.15:9; Pr.4:23)" (Taylor, Grider y Taylor. Diccionario Teológico Beacon. EUA: CNP, 1995, p.156). En otras palabras, confíe en Dios en todas las áreas posibles de la vida.

"Fíate" (v.5), "Reconócelo" (v.6), "teme… apártate" (v.7) son todas voces imperativas; es decir, órdenes o asuntos que el individuo debe atender, decisiones que debe tomar. El escritor bíblico les dio a sus lectores inmediatos la responsabilidad de construir, con esos consejos, su camino para la vida. La dependencia total de Dios significa buscar el consejo de Él; reconocer su mano divina que guía el camino; tenerle presente en todo lo que la persona haga; y apartarse del mal.

El camino del creyente está necesariamente marcado por esta relación con Dios, que es dinámica y que se afirma y profundiza a medida que lo conocemos mediante el estudio de las Escrituras.

B. "… no te apoyes en tu propia prudencia… No seas sabio en tu propia opinión" (vv.5b,7a)

La versión Dios Habla Hoy dice: "… no en tu propia inteligencia… No te creas demasiado sabio" (vv.5b,7a DHH). El escritor reconoció que el individuo puede ser prudente y sabio, lo cual seguramente contribuye para el éxito en la vida; pero aun así, no es suficiente. Señaló que la actitud de vida debe ser de humildad y total dependencia de Dios. El escritor del libro de Romanos dijo: "… a cada cual que está entre vosotros, que no tenga más alto concepto de sí que el que debe tener, sino que piense de sí con cordura, conforme a la medida de fe que Dios repartió a cada uno" (Romanos 12:3). ¿Cómo se logra esto? Pensando en Dios en todo lo que se hace; leyendo y estudiando la Biblia; siendo hacedores de ella; y practicando disciplinas espirituales como la oración y la meditación. En realidad, la prudencia personal lleva a dejar la puerta abierta a la posibilidad de estar equivocados, y a prestar atención a la guía del Señor.

C. "… él enderezará tus veredas… será medicina a tu cuerpo…" (vv.6b,8)

En este camino de la vida, Dios nos ha dado la capacidad de tomar decisiones; pues tenemos libre albedrío y la gracia divina, la cual nos capacita. En la segunda parte de Proverbio 3:6, el escritor bíblico les indicó a los lectores que la práctica de las enseñanzas de Dios, junto con una actitud humilde que reconoce la necesidad de dirección, tiene estas consecuencias tan positivas.

Cuando un hijo comienza a valerse por sí mismo, los

padres hacen bien en apoyarlo y estimularlo, aunque mantienen una cercana supervisión y vigilancia, como cuando quiere comer solo o comienza a caminar. Los padres permanecen al lado de su pequeño mientras este va creciendo y transformándose en el ser autónomo que está llamado a ser. La actitud opuesta puede ser negligencia y/o sobreprotección, cualquiera de las dos opciones no permiten desarrollar con éxito la labor de padres. Los hijos deben saber, sin lugar a dudas, que sus padres están para respaldarlos, vigilarlos, estimularlos y acompañarlos. Dios hace lo mismo con sus hijos.

III. Consejo N.° 3: sea coherente (Proverbio 3:9-10)

A.   "Honra a Jehová con tus bienes…" (v.9)

Con este consejo, el escritor bíblico no se refirió sólo al diezmo, como tampoco a promover generosidad en las ofrendas que traían al templo. El consejo involucra todos los bienes del individuo. En nuestro contexto actual, debe honrarse a Dios con todo aquello que la persona estime apreciable o considere de valor, tales como dinero, propiedades, títulos académicos, inversiones, influencia, etc. Sin duda este tercer consejo apunta a una relación coherente con el Señor. Todo lo que somos; todo lo que podemos llegar a lograr; todo lo que es importante y valioso; y el uso que se haga de estas cosas mostrará una relación de afecto profundo con el Padre celestial. Usando la figura de los bienes materiales, el proverbista trató de no dejar lugar para las hipocresías y las simulaciones religiosas. Pues existen personas que parecen creyentes comprometidos en el templo; pero en realidad, son sólo una fachada. Sin duda, permitir que la autoridad de Dios incluya los bienes materiales personales requiere compromiso y madurez.

B. "y serán llenos tus graneros con abundancia…" (v.10)

¿Es esto una transacción comercial de "tú me das y yo te doy"? ¿Es esto una invitación para hacer una inversión promisoria? De ninguna manera. Partimos de la base de que "tus graneros" y "tus lagares" son expresiones relativas. Dios dice: "… porque mío es el mundo y su plenitud" (Salmo 50:12b). Referido a este proverbio, Earl Wolf dice: "El hombre… es mayordomo y todo lo que tiene pertenece a Dios" (Wolf, Earl C. Comentario Bíblico Beacon, Proverbios, tomo III. EUA: CNP, 1982, p.482). La dirección divina guía a mejores decisiones, al uso sabio de las cosas valiosas para la persona; recuerde la Parábola de los talentos (Mateo 25:14-30). Si bien no se promete

prosperidad, el equilibrio que le da a la vida la confianza en Dios y la obediencia a su voluntad permite que la persona se desarrolle en forma balanceada y que aproveche mejor las cualidades que Dios le dio y las oportunidades que Él mismo pone delante de sus hijos.

IV. Consejo N.° 4: aprenda de la disciplina (Proverbio 3:11-12)

La última parte del pasaje bíblico de estudio se refiere a la disciplina (vv.11-12).

A nadie le gusta recibir un castigo (merecido o no); aunque aquí el consejo tiene que ver con la actitud con que debe experimentarse la disciplina. Una actitud humilde tiende a preguntar: "¿Cuál es la lección que debe aprenderse? ¿Qué es lo que hay que corregir?" Estas preguntas promueven aprendizajes, cambios y crecimiento. Todo esto fortalece la relación con Dios, y le hace mejor persona. Aun en aquellas circunstancias que pueden parecer totalmente injustas e inmerecidas, debemos recordar las palabras de Pablo: "Y sabemos que a los que aman a Dios, todas las cosas les ayudan a bien…" (Romanos 8:28).

Este consejo no se refiere a una aceptación pasiva, fatalista de la disciplina que el Señor impone; sino a una aceptación dinámica. Esta actitud tiene que ver con los tres consejos anteriores: saber a cabalidad lo que Dios enseña, confiar plenamente en Él, y establecer una relación "integral" que abarque todas las áreas de la vida; a fin de entender que hay una o más lecciones vitales para aprender.

La gran tentación en medio de la disciplina es sentirse víctima o ser rebelde; pero en ninguno de los dos casos habrá aprendizaje valioso para la vida. Preguntarse: "¿Por qué yo?, o ¿por qué a fulano no le ocurre ningún evento desafortunado?", no cambiará nada; sólo será una distracción que interrumpe el desarrollo personal.

Conclusión

Si prestamos atención al total de la enseñanza contenida en la Biblia, y resistimos la tentación de transformar un libro como este en un simple instrumento de religión; encontraremos las herramientas necesarias para ir entendiendo para qué estamos aquí. Es muy estimulante saber hacia dónde nos dirigimos y cómo llegar allí; es decir, tener una hoja de ruta que ayude a que nuestra vida esté cumpliendo la voluntad de Dios; y saber que tenemos una misión: compartir los valores de convivencia que el cristiano desarrolla y que la sociedad necesita.

Consejos para una vida equilibrada

Hoja de actividad

Versículo para memorizar: "Nunca se aparten de ti la misericordia y la verdad; átalas a tu cuello, escríbelas en la tabla de tu corazón" Proverbio 3:3.

I. Consejo N.° 1: sea un discípulo en serio (Proverbio 3:1-4)

¿Cómo puede hacer para que la Biblia se fije en su memoria y llegue a ser parte de su manera de pensar?

_____

_____

II. Consejo N.° 2: defina el camino para su vida (Proverbio 3:5-8)

Explique el versículo 5 de manera que se pueda entender en este tiempo.

_____

¿Cómo expresaría lo que dice el versículo 7 para que su comunidad entienda?

_____

_____

III. Consejo N.° 3: sea coherente (Proverbio 3:9-10)

Mencione dos o tres formas en que se puede reconocer a Dios en la vida del creyente.

_____

_____

Explique en forma breve la idea de honrar a Dios con los bienes.

_____

_____

IV. Consejo N.° 4: aprenda de la disciplina (Proverbio 3:11-12)

¿Qué cosas están incluidas en "bienes y primicias"?

_____

_____

¿Cómo explicaría la idea de castigo, corrección y represión que pueda venir de Dios?

_____

_____

Conclusión

Si prestamos atención al total de la enseñanza contenida en la Biblia, y resistimos la tentación de transformar un libro como este en un simple instrumento de religión; encontraremos las herramientas necesarias para ir entendiendo para qué estamos aquí. Es muy estimulante saber hacia dónde nos dirigimos y cómo llegar allí; es decir, tener una hoja de ruta que ayude a que nuestra vida esté cumpliendo la voluntad de Dios; y saber que tenemos una misión: compartir los valores de convivencia que el cristiano desarrolla y que la sociedad necesita.

¿Qué complace a Dios?

Marco A. Velasco (Costa Rica)

Pasaje bíblico de estudio: Proverbio 6:16-19
Versículo para memorizar: "Seis cosas aborrece Jehová, y aun siete abomina su alma" Proverbio 6:16.
Propósito de la lección: Que el alumno busque establecer relaciones interpersonales armoniosas en la casa, el trabajo y la iglesia, abandonando prácticas maliciosas que destruyen la armonía con quienes se relaciona cada día.

Introducción

El pensamiento hebreo bíblico ve al ser humano como un ser relacional, tanto en su dimensión física, emocional, espiritual como social. De modo que el hombre y la mujer obedecen o desobedecen a Dios con todo su ser, y no sólo con una parte de este, a través de sus relaciones interpersonales.

En los versículos del pasaje bíblico de estudio, veremos cómo la forma en que nos relacionamos con las personas en los diferentes ámbitos (familia, trabajo, iglesia, etc.) agradará o desagradará a Dios. Si elegimos por los actos que el Señor aborrece, destruiremos amistades, familiares y la iglesia de Dios. Pero si elegimos dejar de hacer tales cosas que Dios detesta, y hacer lo contrario, que es lo que agrada al Señor, es decir, en lugar der ser orgullos, buscamos ser humildes, en lugar de levantar falsos testimonios contra otros, escogemos usar un lenguaje que edifique a las personas, en lugar de abusar del poder e influencia que tenemos sobre otros, optamos por el poder del amor para construir relaciones interpersonales y aportar para una comunidad que agrade al Señor escribiremos historias muy distintas a las que posiblemente vivimos en el pasado.

"Nuestro pasaje (Proverbio 6:16-19) forma parte de la primera sección del libro de Proverbios (1:1-9:18). Más específicamente, está dentro del capítulo 6:1-19, donde aparecen cuatro poemas relacionados con la necedad (vv.1-5,6-11,12-15 y 16-19)" (Forestell, T. Proverbios. Comentario Bíblico San Jerónimo, tomo II. Madrid: Cristiandad, 1971, p.419).

El libro de Proverbios, en el capítulo 6, hace mención de la necedad como un problema para atender y seguir la sabiduría. La necedad no sólo es una actitud; sino un camino que se hace con nuestras palabras y actos. En Proverbio 5:23, se hace mención de sus graves consecuencias: "Morirá por su falta de disciplina; perecerá por su gran insensatez [necedad]" (NVI).

Por su estilo y forma literaria, el pasaje de Proverbio 6:16-19 está relacionado a los proverbios numéricos que también se encuentran en otros lugares, como por ejemplo en Proverbio 30:15-31. El proverbio numérico aparece también en otras partes de la Biblia, dentro del Antiguo Testamento. Así pues, otros ejemplos de proverbios numéricos son Salmo 62:11, Amós 1:3,6,9,11 y Miqueas 5:5.

El pasaje bíblico de estudio enumera los miembros del cuerpo: ojos, lengua, manos y pies, así como también el corazón. Todos estos aparecen al servicio del mal en sus diferentes manifestaciones; pero esto puede abandonarse si se sigue el sendero de la sabiduría (Proverbio 6:20-23).

I. Lo que aborrece el Señor (Proverbio 6:16)

La Nueva Versión Internacional dice: "Hay seis cosas que el Señor aborrece" (v.16a NVI). El verbo que se traduce como "aborrecer", también puede traducirse como "abominación". Ambos términos tienen que ver con las relaciones humanas y la relación con Dios; y se oponen a "amar". Se trata de formas de relacionarnos y actitudes que distancian y dañan a las personas. Pero sobre todo, afectan nuestra relación con Dios. Cuando dañamos a alguien por un acto o algo que decimos, vemos las consecuencias de ello en el tipo de relaciones que se establecen. Los años de amistad con amigos se pierden; los que fueron buenos hermanos ya no lo son más, y quizá para siempre si no son cristianos.

Estos actos maliciosos también afectan nuestra relación con Dios. Él considera que son abominables y detestables. Las consecuencias serán lamentables no sólo para el presente; sino también para el futuro y la eternidad.

La segunda parte del versículo 16 dice: "... y siete que le son detestables" (v.16b NVI). La palabra "detestable" no implica "... un cambio de sentido sino un deseo de hacer la forma sinónima más acabada" (Lyons. Proverbios, Comentario Bíblico Mundo Hispano. Colombia: EMH, 2004, p.101). El término "detestable", o "abominable", tuvo gran importancia en la vida de Israel. Los animales y los sacrificios, los tipos de alimentos, como ciertas aves o peces, fueron abominables y prohibidos como alimento humano (Levítico 11:10,13 y Deuteronomio 14:3).

En nuestro pasaje de Proverbio 6:16-19, el sabio escritor no intentó dar un significado ritualista a los términos "detestable" y "abominable", más bien subrayó la dimensión relacional en el ámbito de la vida cotidiana.

La actitud del Señor hacia tales actos considerados como "detestables" o "abominables", también le recordaron al hijo que las relaciones con otras personas pueden ser mutuamente excluyentes por los valores que se sostienen (v.16b). Tales actos desagradables que enumera el pasaje de estudio se dieron como advertencia y para poner de conocimiento que quienes los practiquen se excluirán de la posibilidad de relacionarse adecuadamente con Dios por la naturaleza maliciosa de esas prácticas. Y porque en el fondo se trata de un asunto de santidad.

Asimismo, en el pasaje bíblico que estudiamos hoy, el mensaje implícito es el siguiente: ¡Deja de practicar los actos maliciosos! Son cosas detestables que no agradan al Señor.

II. Violencia contra el inocente (Proverbio 6:17)

Proverbio 6:17a dice: "los ojos que se enaltecen…" (NVI). La serie numérica comienza con los ojos. En algunos de nuestros países en Latinoamérica, hay dichos sobre los ojos o la mirada. Por ejemplo: "Miradas que matan". "Cuando hablo, me gusta que me miren a los ojos", entre otros. La mirada está asociada con nuestra actitud. Dice también en Proverbios: "Hay gente cuyos ojos son altivos y cuyos párpados están levantados en alto" (Proverbio 30:13 RVR77). Una mirada puede denotar una actitud de superioridad, de altivez u orgullo.

Una mirada no es una cosa insignificante. Su relación con el orgullo manifiesta una forma de superioridad que tiene como fin menospreciar al prójimo.

Proverbio 6:17b dice: "… la lengua que miente…" (NVI). Este es el segundo asunto en la serie numérica. El tema de la lengua aparece en Proverbios en otras ocasiones (12:19,22, 21:6, 26:28). Así pues, también leemos lo siguiente: "Los labios mentirosos son abominación a Jehová; pero los que son sinceros alcanzan su favor" (Proverbio 12:22 RVR77).

El Nuevo Testamento tomó el tema de la lengua y lo profundizó: "Y la lengua es un fuego, un mundo de iniquidad. La lengua está puesta entre nuestros miembros, y contamina todo el cuerpo, e inflama el curso de la existencia, siendo ella misma inflamada por el infierno" (Santiago 3:6 RVR77). Esto lo dijo Santiago, el hermano del Señor Jesús, a las iglesias cristianas a quienes escribió y que experimentaron un problema serio con el uso pecaminoso de la lengua.

Santiago le escribió a la iglesia de Cristo para decirle por qué tenían tantos problemas con su forma de hablar. Primero, mencionó que "… ningún hombre puede domar la lengua…"; segundo, "… que es un mal que no puede ser refrenado…"; y tercero, "… llena de veneno mortífero" (Santiago 3:8 RVR77).

Pero no dejó a los hermanos de la iglesia sin ayuda. Como pastor, les dijo que lo que parecía ser un problema irremediable, podía componerse si la iglesia lograba oír con cuidado (Santiago 1:19). Con relación a esto, les dijo que hay dos clases de sabiduría: una terrenal y otra celestial (Santiago 3:15-18). Y era necesario que pidieran la sabiduría "que es de lo alto" (v.17, cf.1:5). Finalmente, Santiago les dijo a los hermanos que se acercaran a Dios, limpiaran sus manos y los de doble ánimo que purificaran sus corazones (Santiago 4:8). ¡Esto es exactamente lo que la iglesia debe hacer hoy!

Proverbio 6:17c dice: "… las manos que derraman sangre inocente" (NVI). Esta es la tercera cosa mencionada en la serie numérica. Se trata del abuso de poder en la relaciones familiares o sociales. La desigualdad social crea las condiciones que producen el abuso de poder del fuerte hacia el débil. Además, esta acción de derramar sangre inocente, viola al menos dos mandamientos del decálogo. Primero, el sexto mandamiento: "No matarás" (Éxodo 20:13 RVR77); y también el octavo mandamiento: "No hurtarás" (Éxodo 20:15 RVR77).

La violencia en nuestros países latinoamericanos va en aumento. ¿Qué podemos hacer para enfrentarla? La oración que se atribuye a Francisco de Asís dice: "Hazme un instrumento de tu paz…" Además, este siervo hizo recordar a la iglesia que mientras estemos en esta tierra, tenemos la misión de anunciar la paz o shalom de Dios, que significa paz en el sentido más amplio del término. Pero para tener paz, debe haber justicia y reconciliación entre los hombres.

David, por el abuso de su poder como rey, tomó una mujer que no le pertenecía; y asesinó a un hombre. La violencia está estrechamente relacionada en casi todas sus formas con el abuso de poder: varones que abusan del poder que les otorga la cultura; padres que abusan de sus hijos; madres que maltratan psicológicamente a sus hijos o hijas; pastores que abusan de su liderazgo; jefes de oficina que acosan; etc. Todo esto está relacionado con el abuso de poder. Es menester preguntarnos: "¿Cómo podemos detener la avalancha de violencia que existe en la actualidad?"

III. Maquinación de lo malo (Proverbio 6:18)

La Biblia dice: "el corazón que hace planes perversos…" (NVI). Ahora el pasaje apunta al corazón, el número cuatro en la serie numérica. En la mentalidad hebrea, el corazón es el centro del ser humano, donde se toman todas las decisiones, esto incluye pensamientos y emociones (Proverbio 6:14). Si algo va mal en el corazón, todas las cosas van mal.

Es cierto que el Señor rechazó cada una de estas acciones que se han enumerado hasta aquí; pero también ofreció una solución. La primera fue oír, escuchar y obedecer (Santiago 1:19,22-23,25). Segundo, adquirir sabiduría (Santiago 1:5). En resumen, Santiago dijo que hay que purificar nuestros corazones (Santiago 4:8); y en Mateo 5:8, nuestro Señor Jesús dijo: "Bienaventurados los de corazón limpio…" (Mateo 5:8 RVR77). ¡La provisión de Dios para vencer los males mencionados en el pasaje de estudio es más grande y más efectiva para enderezar nuestros caminos!

Proverbio 6:18b dice: "… los pies que corren a hacer lo malo" (NVI). Este es el quinto elemento de la serie numérica. Es una imagen metafórica de una actitud que nace de un corazón malvado, y que se pone "en movimiento" para realizar sus planes perversos lo antes posible. ¿Lo puede ver correr? Tal persona muestra desesperación por apresurarse a hacer lo malo. "O quizá están apresurados para crear un lugar donde se puede hacer el mal" (Lyons. Proverbios, Comentario Bíblico Mundo Hispano. Colombia: EMH, 2004, p.103).

IV. Sembrar discordia entre hermanos (Proverbio 6:19)

En el último versículo del pasaje bíblico de estudio, leemos: "el falso testigo que esparce mentiras" (v.19a NVI). Este sexto elemento de la serie numérica es una violación al noveno mandamiento: "No hablarás contra tu prójimo falso testimonio" (Éxodo 20:16 RVR77).

El falso testimonio puede comenzar con un rumor simplemente, que después se esparce y puede llegar a hacerse "realidad", destruyendo así la reputación y el buen nombre de las personas. Otra forma de esparcir una mentira es la "colocación de etiquetas" que muchas veces hemos puesto a la gente, tales como "mala persona", "mal jefe", "mala madre", "iglesia de ricos", entre otras etiquetas. El apellido puede marcar el futuro de un adolescente si su familia (papá, hermano mayor o tío, etc.) tuvo un pasado malo.

Muchas de estas mentiras y rumores se dicen a espaldas de los agraviados. Pregunte: "¿Qué debemos hacer cuando oímos un rumor? ¿Permanecer en silencio y neutrales sobre el caso? O, ¿enfrentar la situación para 'defender' el buen nombre de una persona, un hermano o familiar? E incluso, si tuviéramos todas las evidencias del caso (pecado), ¿qué nos llama a hacer la Escritura?" (cf. Santiago 5:19-20).

La segunda parte del último versículo de estudio dice: "… y el que siembra discordia entre hermanos" (NVI). Este es el séptimo acto malicioso de la serie. ¡Qué comunes son estos pecados en la iglesia! El hombre o mujer descritos en el pasaje de estudio de la lección es un creador o creadora de conflictos. Los podemos encontrar en casa, en el trabajo, y aun en la iglesia.

Santiago le recordó a la iglesia sobre la murmuración: "Hermanos, no habléis mal los unos de los otros. El que habla mal del hermano y juzga a su hermano…" (Santiago 4:11 RVR77). La lengua en su dimensión abominable nos pone en el lugar de Dios, "… que puede salvar y perder; pero tú, ¿quién eres para que juzgues al otro?" (Santiago 4:12b RVR77).

Lea esta Ilustración y permita que comenten esto se aplica a los valores en la actualidad: "El lío en la joyería".

"Una noche, un grupo de ladrones se metieron en una joyería. Pero en vez de robar cualquier cosa, simplemente cambiaron las etiquetas de los precios. Al día siguiente, nadie podía determinar lo que era valioso y lo que era barato. Las joyas caras de repente se habían convertido en baratas, y la bisutería, que previamente no tenía valor virtual alguno era de gran valor. Los clientes que pensaban que estaban adquiriendo las joyas valiosas estaban adquiriendo joyas falsas. Aquellos que no podían pagar los artículos marcados con precios altos estaban saliendo de la tienda con tesoros".

Reflexión final: "En nuestro mundo actual alguien vino y cambió las etiquetas de los precios. Es difícil diferenciar los valores verdaderos de los falsos. El mundo le pone un alto precio a valores que conducen a acciones autodestructivas" (Rice, W. Ilustraciones inolvidables. Florida: Editorial VIDA, 2010, p.76).

Conclusión

Existen consecuencias de nuestros actos, de lo que hablamos y de lo que decimos; si no en esta vida, el Señor nos enfrentará para pedir cuentas un día. "No os engañéis; Dios no pude ser burlado: pues todo lo que el hombre sembrare, eso también segará" (Gálatas 6:7). Por tanto, seamos prudentes y sabios en todas nuestras relaciones interpersonales. ¡Evitemos dañar a alguien!

¿Qué complace a Dios?

Hoja de actividad

Versículo para memorizar: "Seis cosas aborrece Jehová, y aun siete abomina su alma" Proverbio 6:16.

I. Lo que aborrece el Señor (Proverbio 6:16)

¿Cómo interpreta esta expresión "Hay seis cosas que el SEÑOR aborrece, y siete que le son detestables" (NVI)?

_____

¿Cómo afectan nuestra vida estas cosas?

_____

II. Violencia contra el inocente (Proverbio 6:17)

¿Qué actos maliciosos debemos evitar con relación a nuestra familia, congregación y lugares de trabajo según el versículo 17?

_____

_____

III. Maquinación de lo malo (Proverbio 6:18)

¿Qué actos maliciosos debemos evitar con relación a nuestra familia, congregación y lugares de trabajo según el versículo 18?

_____

_____

IV. Sembrar discordia entre hermanos (Proverbio 6:19)

¿Qué actos maliciosos debemos evitar con relación a nuestra familia, congregación y lugares de trabajo según el versículo 19?

_____

_____

Conclusión

Existen consecuencias de nuestros actos, de lo que hablamos y de lo que decimos; si no en esta vida, el Señor nos enfrentará para pedir cuentas un día. "No os engañéis; Dios no pude ser burlado: pues todo lo que el hombre sembrare, eso también segará" (Gálatas 6:7). Por tanto, seamos prudentes y sabios en todas nuestras relaciones interpersonales. ¡Evitemos dañar a alguien!

El adulterio no es una opción

César Barco (Ecuador)

Pasajes bíblicos de estudio: Proverbios 6:25-29,32-35, 7:6-27
Versículo para memorizar: "No codicies su hermosura en tu corazón, ni ella te prenda con sus ojos" Proverbio 6:25.
Propósito de la lección: Que el cristiano entienda que el adulterio y la prostitución nunca son opciones, pues sus consecuencias son letales.

Introducción

La Biblia menciona que el adulterio surgió por la descendencia de Caín, a través de Lamec, quien tuvo dos mujeres: Ada y Zila (Génesis 4:19) y en la historia de la deshonra de Dina, vemos que se menciona por primera vez la palabra "prostituta" (Génesis 34:31 DHH). A partir de allí, el adulterio y la prostitución han sido males que no se han podido erradicar. A pesar del diluvio universal (Génesis 7), que significó un intento de erradicar el mal existente (Génesis 6:11-13), en algún punto del devenir histórico, los descendientes de Noé volvieron a caer en lo mismo.

¿Por qué el adulterio y la prostitución no se han podido erradicar de nuestras sociedades? Porque su poder radica en el pecado que ha corrompido las relaciones sexuales en contraposición al orden divino de "Fructificad y multiplicaos" (Génesis 1:28) y "... se unirá a su mujer, y serán una sola carne" (Génesis 2:24).

Los pasajes a estudiar describen claramente el tema del adulterio, la prostitución y sus consecuencias.

I. No debemos desear el adulterio (Proverbio 6:25-29)

En este pasaje, podemos ver la diferencia entre una prostituta y una adúltera. Ambas están relacionadas con el acto sexual ilícito; pero una busca sólo una ganancia económica para subsistir mientras que otra busca lujos o placeres. Las siguientes versiones nos darán una mayor luz a lo que se refirió el pasaje de Proverbio 6:26. Usted puede compararlas con la versión Reina-Valera 1960.

1. Nueva Traducción Viviente: "Pues una prostituta te llevará a la pobreza, pero dormir con la mujer de otro hombre te costará la vida" (NTV).
2. Nueva Versión Internacional: "pues la ramera va tras un pedazo de pan, pero la mujer de otro hombre busca tu propia vida" (NVI).
3. Traducción en Lenguaje Actual: "Por una prostituta puedes perder la comida, pero por la mujer de otro puedes perder la vida" (TLA).
4. Biblia El Libro del Pueblo de Dios: "Porque el precio de una prostituta es un mendrugo de pan, pero una mujer casada anda a la pesca de una vida lujosa" (LPD).

¿Quién es una mujer ramera o prostituta? Es una mujer que intercambia su sexualidad por dinero, y no necesariamente por placer. Codiciar a una mujer ramera no es saludable ni para el cuerpo ni para la psique (mente); mucho menos para el espíritu. Como Pablo mencionó en 1 Corintios 6:15-16, 7:2,9 y 1 Tesalonicenses 4:3-4, él no dio otra solución para controlar la fuerza que tiene la sexualidad más que el matrimonio, el cual tiene que ser implementado de la forma adecuada.

Pregunte: "¿Quién es una mujer adúltera?" Es una mujer ajena; es la mujer de otro; ya sea casada o conviviente, es la mujer de mi prójimo (Proverbio 6:29). Aquí vale aclarar que mencionamos una pareja que convive; porque el hecho de que una pareja no esté casada por civil e iglesia no significa que aquel hombre y aquella mujer no sean una sola carne, si mantienen una vida relacional e íntima. Será el deber cristiano guiarlos a ambos a formalizar su matrimonio ante Dios y los hombres. Así que, de igual manera se comete adulterio cuando se busca una persona ajena que no es la pareja de uno.

Pregunte: "¿Por qué surge el pecado del adulterio tanto en los varones como en las mujeres?" Para que una mujer haya llegado a ser adúltera, necesitó de un varón que no era su esposo; y de modo análogo, el varón necesitó una mujer que no era su esposa. Uno de los factores que incide para que se cometa adulterio es no encontrar conformidad en la pareja. Tiene que ver con nuestra realidad, es la historia de siempre.

El versículo de Proverbio 6:25 nos da otra respuesta. La razón es la codicia. El término hebreo es "kjamád"; y es el mismo término utilizado para el décimo mandamiento santo: "No codiciarás…" (Éxodo 20:17). El mandato es no deleitarse con la mujer del prójimo; es decir, no se deseará a la mujer del prójimo.

Los versículos de Proverbio 6:25-26 mencionan que aquella mujer adúltera prende con sus ojos y caza la preciosa alma del varón; o sea, para lograr su objetivo y apoderarse de su amante, cederá a cualquier impulso sexual. Dando a entender también que su amante caerá ante sus encantos y quedará presa de ella.

Para el cristiano, lo mejor es controlar el cuerpo por el poder santificador del Espíritu Santo, dominando cualquier tipo de deseo sexual inadecuado. Valga aclarar que la entera santificación no corrige los deseos sexuales inapropiados de inmediato; pero sí son controlados hasta llegar a ser corregidos por medio de la pureza de corazón. H. Orton Wiley y Paul T. Culbertson comentan al respecto: "Algunas veces los apetitos pervertidos existen por un tiempo considerable en los que tienen corazones limpios… No obstante, tanto los apetitos naturales como los pervertidos están tan sujetos al poder de Dios, que deben ser corregidos o reglamentados a través de la fe" (Wiley, H. Orton y Culbertson, Paul T. Introducción a la Teología Cristiana. EUA: CNP, 1992, p.393).

Por tanto, los deseos sexuales inadecuados, es decir, los deseos o apetitos pervertidos con relación a la sexualidad, deben ser controlados y no satisfechos (Romanos 13:13-14). No es nada provechoso codiciar a una mujer ni a un hombre ajenos.

Para finalizar este punto, el escritor bíblico mencionó en Proverbio 6:27-29, que ya sea que un varón busque a una ramera o una adúltera, cualquiera sea el caso, habrán consecuencias. Los efectos de buscar intimar con una mujer prostituta van desde perder la comida hasta empobrecer; pues gastará su dinero cada vez que solicite su servicio sexual, aunque el pasaje también sugiere que a tal varón le sobrevendrá la pobreza. Sin embargo, las consecuencias de buscar a una mujer adúltera demandará en el peor de los casos la vida misma por parte del afectado.

II. Las artimañas del adulterio (Proverbio 7:6-23)

La mujer tiene mucho poder para atraer sexualmente a un varón. Su sexualidad demuestra no sólo el tipo de poder que ella posee; sino también demuestra la debilidad y poca fuerza de voluntad de un varón hacia ella. Con relación a esto, el proverbista mencionó una serie de elementos que la mujer adúltera utilizó:

A. Aplicó su belleza física (v.10)

Esta mujer estaba "vestida de manera seductora…" (NTV), y "con atavío de ramera…" (RVR60). Ella sacó a relucir su sensualidad por medio de su vestimenta. Por eso, siempre se hace el llamado a que las damas cristianas se vistan de una manera que resalte su belleza; pero con pudor, dentro y fuera de la iglesia. Se trata de que ellas realcen su belleza femenina con la indumentaria, no de despertar lujuria. Para la generación actual, se debería ejercer un ministerio de asesoría de imagen en las iglesias, tanto para varones como para mujeres; pues se ve que en muchos casos no tienen un buen criterio en la elección y/o uso de su vestimenta.

B. Le brindó amor físico (vv.13,18)

La mujer adúltera se echó al cuello de aquel varón mencionado, y le besó (v.13); es decir, le brindó romance. Una de las expresiones más tiernas que se puede ver en una pareja es cuando la mujer abraza el cuello de su cónyuge, mientras él la abraza por la cintura. Lamentablemente, la mujer adúltera utilizó de este elemento romántico.

C. Le brindó una falsa espiritualidad y devoción a Dios (v.14)

Esta mujer era "temerosa de Dios"; porque ofreció sacrificios de paz (Levítico 3), y pagó sus votos (Eclesiastés 5:4). La falsa idea que hoy está convenciendo a muchos cristianos es creer que Dios les envía como pareja a un hombre o a una mujer casados que creen en Dios. No hay nada espiritual en el adulterio; ¡no se engañen!

D. Salió a su encuentro buscándolo con diligencia (v.15)

Ella fue diligente y buscó a su amante constantemente. Esto con el afán de crearle la falsa ilusión que él era necesario para ella.

E. Preparó su cama aseándola, adornándola y perfumándola (vv.16-17)

La cama o el lecho es el lugar de amor de una pareja. Ahí es donde no sólo se encuentra el deleite mutuo; sino también es donde se producen las reconciliaciones, donde se conciben a los hijos, y donde se halla paz. Para la mujer adúltera, el lugar mejor cuidado fue el lecho donde durmió con su víctima conduciéndolo a la muerte.

F. Tuvo una actitud alegre (v.18)

La mujer adúltera hizo todo lo posible por alegrarse y alegrar en amor sexual a su pareja. En otras palabras, en quedar satisfecha y en satisfacer.

G. Utiliza palabras suaves (v.21)

La mujer adúltera utilizó palabras amables, amorosas e incluso palabras referentes al acto sexual que llevó al despertar de su amante.

En esta descripción, la mujer adúltera estaba brindando un afecto carente en su amante: besos, caricias, romance, palabras de amor, buena actitud, espiritualidad y una cama atractiva. Esto es lo que muchos matrimonios carecen por la negligencia de atención de esos detalles; ya sea por falta de tiempo, el estrés, el cansancio, lo cual consigue lo que dice el viejo dicho popular: "Se busca afuera lo que no se encuentra en casa".

Aunque el proverbista mencionó en el versículo 7 la falta de entendimiento por parte del que va a caer en adulterio; muchas veces este mal irrumpe en los matrimonios por falta de afecto en la persona por parte de su pareja (sea el hombre o la mujer). Y en esta falta de entendimiento, la persona piensa que la mejor opción es adulterar. ¡Grave error!

La solución a lo anterior es que la pareja cristiana construya el afecto necesario para no ver al adulterio como solución a los problemas de su vida afectiva. Que estas necesidades sean suplidas, no por la propuesta del adulterio; sino por la propuesta que Dios brindó: ¡un matrimonio pleno!

III. Consecuencias del adulterio (Proverbios 6:32-35, 7:24-27)

La versión Reina-Valera de 1960 dice: "… el que comete adulterio… corrompe su alma…" (Proverbio 6:32). El que comete adulterio se destruye totalmente. La siguiente versión lo expresa de una mejor manera: "Pero el que se enreda con la mujer de otro comete la peor estupidez: busca golpes, encuentra vergüenzas, ¡y acaba perdiendo la vida!" (Proverbio 6:32 TLA).

Luego, en Proverbio 6:33 el escritor bíblico describió cómo actuaría un varón cuando es traicionado por su mujer. No obstante, el varón y la mujer cristianos santificados no deberían tener esta actitud de venganza si han sido víctima de una infidelidad por parte de su pareja. Aunque ciertamente esto es difícil, no es imposible; pues en Cristo existe el perdón (Mateo 6:14-15, 18:35) y la reconciliación, entendiendo que muchas veces esto sucede, porque el matrimonio ha sufrido un desgaste que ha llevado a uno de los cónyuges a esa situación.

No vale la pena corromper el alma por querer experimentar relaciones sexuales con otra pareja. Una vez más se cumple el mandato dado a la primera pareja, Adán y Eva, antes de la caída; y lo cual fue confirmado por nuestro Dios y Salvador Jesucristo (Génesis 2:24; Mateo 19:5).

El proverbista mencionó: "Camino al Seol es su casa, que conduce a las cámaras de la muerte" (Proverbio 7:27). ¿Por qué razón una persona desearía a una mujer ramera o a una adúltera si la va a conducir a la muerte?

La respuesta es porque le ofrece placeres carnales a una persona que vive atada a estos placeres carnales, placeres a los que tal vez una mujer con pudor no cedería o como dijimos anteriormente porque la relación matrimonial se encuentra desgastada o dañada. Si bien esto último no es justificable, lamentablemente es la consecuencia de muchos adulterios.

Con la proliferación de la pornografía, la cual ha vendido a toda esta generación la idea de que el sexo en forma desordenada no solamente se debe experimentar, sino también practicar; han venido consecuencias devastadoras para la salud sexual. Con respecto a esto, lea lo siguiente: "Existen más de 200 tipos de virus del papiloma humano (VPH). Alrededor de 40 tipos pueden infectar tu área genital (tu vulva, vagina, cuello uterino, recto, ano, pene y escroto) así como tu boca y garganta. Estos tipos de VPH se propagan durante el contacto sexual…" (Recuperado de https://www.plannedparenthood.org/es/temas-de-salud/enfermedades-de-transmision-sexual-ets/vph, el 29 de septiembre de 2019).

Las consecuencias del adulterio o del participar en la prostitución, en muchas ocasiones, terminan en un crimen pasional, y en muchos casos afecta la salud física y mental; pues en su mayoría, todo adulterio produce enfermedades físicas y mentales. Asimismo, produce trastornos psicológicos; porque la persona que tiene un amante, miente para encubrir su otra relación. No tiene paz en el dormir; no tiene paz financiera, pues gasta en su hogar y en la amante; vive malhumorado, peleando tanto con la esposa como con la amante y los hijos, etc. Todo esto conduce a la persona a arruinar su vida.

Lo peor de todo lo mencionado es que el adulterio produce muerte espiritual; pues termina nuestra relación con Dios. Por esto, fue prohibido en el decálogo divino (Éxodo 20:14; Deuteronomio 5:18). El Señor Jesús lo volvió a confirmar (Mateo 5:27), aclarando que con el deseo solamente también se adultera sin necesidad de llegar al contacto físico. Finalmente, Pablo dijo que ningún adúltero heredará el reino de los cielos (1 Corintios 6:9-10; Gálatas 5:19-21).

Conclusión

La iglesia no escapa a la realidad del adulterio. Por falta de conocimiento y de santidad, no pocos han llegado a practicar relaciones sexuales no adecuadas, trayendo como consecuencia muerte espiritual y heridas en la familia, iglesia, trabajo, etc. El adulterio no trae nada bueno; ofrece mucho, pero da poco. Es mejor sujetar nuestra sexualidad al matrimonio, en la santidad de Dios; pues el adulterio ya no es una opción para los que han sometido su carne a Cristo.

El adulterio no es una opción

Hoja de actividad

Versículo para memorizar: "No codicies su hermosura en tu corazón, ni ella te prenda con sus ojos" Proverbio 6:25.

I. No debemos desear el adulterio (Proverbio 6:25-29)

¿Por qué cree usted que un varón o una mujer adultera?

_____

_____

¿Qué pasará con los que adulteren según los versículos del 25 al 29?

_____

_____

¿Qué menciona Pablo en Romanos 13:13-14 con relación a la carne?

_____

II. Las artimañas del adulterio (Proverbio 7:6-23)

Mencione artimañas que utiliza la mujer adúltera para conseguir un amante, según Proverbio 7:10,13-18,21.

_____

_____

¿Cómo podemos evitar esta búsqueda de un hombre o mujer ajenos?

_____

_____

III. Consecuencias del adulterio (Proverbios 6:32-35, 7:24-27)

Según Proverbio 6:32-35, ¿cuáles son las consecuencias de una traición conyugal?

_____

_____

¿Cómo debe actuar una persona cristiana si ha sido víctima del adulterio, según Mateo 6:14-15, 18:35?

_____

_____

Conclusión

La iglesia no escapa a la realidad del adulterio. Por falta de conocimiento y de santidad, no pocos han llegado a practicar relaciones sexuales no adecuadas, trayendo como consecuencia muerte espiritual y heridas en la familia, iglesia, trabajo, etc. El adulterio no trae nada bueno; ofrece mucho, pero da poco. Es mejor sujetar nuestra sexualidad al matrimonio, en la santidad de Dios; pues el adulterio ya no es una opción para los que han sometido su carne a Cristo.

¡Tenga cuidado con sus palabras!

Enrique Daniel Sardiello (Argentina)

Pasajes bíblicos de estudio: Proverbios 10:19-21,31-32, 18:21, 21:23
Versículo para memorizar: "En las muchas palabras no falta pecado; mas el que refrena sus labios es prudente" Proverbio 10:19.
Propósito de la lección: Que el alumno comprenda la importancia de poner atención a lo que habla.

Introducción

Había un jovencito que continuamente profería malas palabras y/o expresiones hirientes. Un día, su padre le dio una bolsa con clavos, y le dijo que cada vez que perdiera la calma; y que ello le indujera a decir algo malo, que él mismo clavase un clavo en la cerca que estaba detrás de la casa.

El primer día, este adolescente clavó 37 clavos en la cerca. Al día siguiente, menos 30; y así con los días posteriores fue disminuyendo la cantidad de clavos que clavaba. Este jovencito se iba dando cuenta de que era más fácil controlar lo que decía a las personas, que clavar los clavos en la cerca.

Finalmente, llegó el día en que este adolescente no dijo nada malo ni hiriente a nadie. Entonces, alegre se lo dijo a su padre; y añadió que ya había conseguido, por fin, controlarse en sus palabras.

Su padre, muy contento y satisfecho, sugirió entonces a su hijo que por cada día que controlase sus palabras, sacase un clavo de la cerca.

Los días se pasaron y el jovencito pudo finalmente decir a su padre que ya había sacado todos los clavos de la cerca. Entonces, el padre abrazó a su hijo, y juntos se encaminaron hacia la cerca. Al llegar, le dijo: "¡Mira, hijo, has trabajado duro para clavar y quitar los clavos de esta cerca; pero fíjate en todos los agujeros que quedaron en la cerca! ¡Jamás será la misma! Lo que quiero decirte es que cada vez que hables algo malo, dejarás una cicatriz, como estos agujeros en la cerca. Podrás pedir perdón a la persona ofendida sí; pero la herida o la cicatriz de ella estará siempre allí. De modo que «el que refrena sus labios es prudente». ¡Recuerda siempre ello, hijo mío!"

Dios le dio al ser humano la capacidad de comunicarse. Para ello, el uso de las palabras es fundamental, aunque existen varias formas de comunicación. La palabra es la unidad lingüística que, agrupada correctamente, con la debida entonación y definida intención, nos permite expresarnos, darnos a conocer, transmitir y recibir información, etc.

Respecto de esta capacidad, a lo largo de la Escritura, encontramos el "cómo" y el "para qué" deben ser el uso de nuestras palabras, teniendo en cuenta el alto valor que Dios le otorga al buen uso de ellas.

Con nuestras palabras, bendecimos (decimos cosas buenas a otros) o maldecimos (decimos cosas malas a otros). Estos son dos aspectos que siempre están presentes. Las palabras que decimos tienen tanto poder para hacer bien como para destruir. El apóstol Santiago lo expresó de la siguiente forma: "Con ella bendecimos al Dios y Padre, y con ella maldecimos a los hombres, que están hechos a la semejanza de Dios. De una misma boca proceden bendición y maldición…" (Santiago 3:9-10a); y claramente añadió: "… Hermanos míos, esto no debe ser así" (Santiago 3:10b). La exhortación del Padre es que aquello que hablemos sea siempre de bendición, lo cual se puede lograr con dominio propio y la ayuda del Espíritu Santo.

Analicemos a continuación algunos consejos prácticos que encontramos en el libro de Proverbios, los cuales nos ayudarán a hacer un buen uso de lo que decimos o hablamos.

I. Es de prudentes refrenar la lengua (Proverbios 10:19-20, 18:21, 21:23)

La Real Academia Española (RAE) define a la palabra "diplomacia" de la siguiente manera: "Rama de la política que se ocupa del estudio de las relaciones internacionales" (Recuperado de https://dle.rae.es/diplomacia?m=form, el 29 de noviembre de 2019). Y como especialidad encargada del estudio de las relaciones internacionales, su consideración es imprescindible para la convivencia pacífica entre las naciones. En razón de ello, los diplomáticos deben estudiar y ejercitarse mucho; tanto para comunicarse correctamente, como para hacerlo con cuidado.

Tiene tanta importancia lo que se dice, como lo que no se dice; y esto último, a veces, aun más. Las Escrituras hablan sobre la mesura en nuestras expresiones; e incluso hay un refrán popular muy conocido que dice: "En boca cerrada, no entran moscas". Este dicho popular alienta a que no seamos distraídos, apresurados o impetuosos en nuestras expresiones.

La Biblia dice en Proverbio 10:19 lo siguiente: "En las muchas palabras no falta pecado; mas el que refrena sus labios es prudente". La primera parte de este versículo nos advierte que cuando hablamos mucho, es muy fácil que caigamos en pecado, aun sin quererlo conscientemente; sea en agresión, expresiones no edificantes, etc. Y en la segunda parte, este versículo da el título de "prudente" a la persona que se ejercita en refrenarse al hablar.

Cada uno de nosotros podemos dar un vistazo retrospectivo en nuestra vida, y reconocer cuántos problemas o discusiones inútiles nos hubiéramos evitado si en algunas circunstancias hubiésemos callado a tiempo. Esta verdad la encontramos declarada en las Escrituras cuando leemos: "El que guarda su boca y su lengua, su alma guarda de angustias" (Proverbio 21:23).

En nuestro contexto político latinoamericano, escuchamos cada vez más la siguiente expresión: "Nadie resiste un archivo", lo cual comunica dos asuntos: primero, que todos tenemos un pasado; y segundo, que muchas veces hemos hablado de modo apresurado. Desconcertadamente, esas expresiones del pasado no coinciden con nuestro accionar o declaraciones del presente.

Piense en cuántos políticos y personas destacadas de todos los ámbitos han sido confrontados y avergonzados por las inconsistencias entre sus palabras dichas y sus hechos realizados, del pasado y del presente respectivamente. Es imposible no recordar, en este punto, que Santiago dedicó 12 versículos en el capítulo 3 de su epístola para hablar de la lengua y la necesidad de controlarnos en nuestro hablar.

Es muy alentador recordar, y tener muy en cuenta, lo siguiente: "… Si alguno no ofende en palabra, éste es varón perfecto, capaz también de refrenar todo el cuerpo" (Santiago 3:2b).

Es muy cierto, y hasta cómico, lo que dice Matthew Henry sobre este versículo: "De ordinario, los que hablan demasiado dicen cosas que no deberían decir, pues entre muchas palabras no pueden faltar palabras ociosas. Hay personas a quienes les gusta oírse a sí mismas y ni se percatan del tedio que causan a los que las oyen. Es, pues, señal de prudencia poner freno a la lengua. Por algo le puso Dios doble puerta: una de hueso, los dientes; otra de carne, los labios" (Henry, Matthew y Lacueva, F.

Comentario Bíblico de Matthew Henry. España: Editorial CLIE, 1999, p.674). Por tanto, ¡seamos prudentes en nuestras declaraciones!

En Proverbio 18:21, se muestra con mucha claridad el poder que tiene nuestra lengua (palabras). ¡Es tanto el poder que tiene: poder de vida y de muerte! Verdaderamente, con nuestras palabras podemos "matar" a alguien (denigrarlo, maltratarlo, calumniarlo, etc.); o podemos alentar, bendecir, potenciar, impulsar poderosamente a otros.

Merece destacarse especialmente la segunda parte del versículo mencionado que afirma rotundamente que aquellos que tengan cuidado con sus palabras serán los primeros beneficiados.

En la misma línea de pensamiento está Proverbio 21:23, que establece que debemos cuidarnos en nuestras palabras. ¡Esto nos librará de angustias!

II. Las palabras de los justos animan a otros (Proverbio 10:21)

El desarrollo del primer punto nos puede hacer pensar equivocadamente que el buen cristiano debe ser una persona totalmente silenciosa; a fin de no caer en pecado u errores al hablar. ¡Nada más lejos de la realidad!

Es verdad que nuestras palabras pueden destruir; pero también es muy cierto que nuestras palabras pueden edificar, bendecir y ser de provecho a muchos. Así pues, es muy interesante leer lo que Proverbio 10:21 dice: "Los labios del justo apacientan a muchos, mas los necios mueren por falta de entendimiento". Comprendemos que con nuestras palabras podemos "apacentar", vale decir, convertirnos cada uno de nosotros en un buen pastor. ¡Qué maravillosa es una congregación, clase, célula, etc., en la que cada uno de sus integrantes ha decidido ser, en hechos y palabras, un elemento de sostén y edificación para sus compañeros!

En I Tesalonicenses 5:11 dice: "Por lo cual, animaos unos a otros, y edificaos unos a otros, así como lo hacéis", nos da a entender que esa era la práctica normal de la iglesia de Tesalónica; pues era "obligatoria" para todos, muy diferente a como es ahora, que por comodidad y falta de visión, le dejamos ese privilegio al pastor o al liderazgo de la iglesia local.

Este segundo punto de la lección nos ayuda a seguir controlándonos y refrenándonos; pero ya no desde una visión egoísta y egocéntrica de cuidarnos solamente a nosotros. Esto dado que nos abre la mente a todo el potencial que podemos explotar si usamos correctamente nuestras expresiones.

¡Anímese a pastorear sin nombramiento, sin proclamación pública; sino solamente por obediencia a Dios, y por amor a sus hermanos! ¡Hágalo! Usted será bendecido, y será de bendición.

Reflexione en este versículo: "[Dios] Envió su palabra, y los sanó, y los libró de su ruina" (Salmo 107:20). ¡Qué privilegio y honor tan grande el poder actuar como Dios!

¡Vivifique, anime, conforte y edifique con sus palabras!

Por otra parte, tome en cuenta la segunda porción de Proverbio 10:21 que dice: "...mas los necios mueren por falta de entendimiento". Si usted lo desea, con sus palabras convertirse en una gran "pastor sin nombramiento", como ya lo hemos mencionado anteriormente. Tenga cuidado en no pasar por alto esta recomendación; pues tal decisión le puede asignar a usted el título de "necio", y esto puede afectarle mortalmente.

III. Las palabras de los justos agradan a Dios (Proverbio 10:31-32)

El escritor bíblico nos ofrece en el texto una variedad de aspectos que caracterizan la vida de los justos; y uno de ellos es el buen uso de sus palabras, que va más allá de un lenguaje fino o elocuente. Tampoco se trata de un lenguaje que incluya algún tipo de beneficio personal; sino por el contrario, es un lenguaje que busca producir edificación en el oyente. El texto de Proverbio 10:31-32 nos provee una orientación de cómo se identifica a una persona por lo que habla.

El Señor Jesús, hablando acerca de este mismo tema, se refirió diciendo: "El hombre bueno, del buen tesoro de su corazón saca lo bueno; y el hombre malo, del mal tesoro de su corazón saca lo malo; porque de la abundancia del corazón habla la boca" (Lucas 6:45).

Normalmente, escuchamos a muchas personas hablando diariamente, lo cual incluye lógicamente a nuestros hermanos de la iglesia; pero debemos tener presente que lo que se habla denota en cierta medida quién es la persona. Para el proverbista, lo que uno habla denota la clase de fuente: un corazón justo o malvado. Examinemos las palabras de los justos, que son las que agradan a Dios; porque siempre expresan lo siguiente:

A. Sabios consejos

La Biblia dice: "La boca del justo da sabios consejos, pero la lengua engañosa será cortada" (Proverbio 10:31 NTV). Cuando un justo es el que habla, lo que dice contiene la sabiduría de Dios; y sus consejos son productivos para la vida del que lo escucha.

Pregunte: "¿Cómo discernir que lo que se oye es un buen consejo?" Un buen consejo está acorde a la Palabra de Dios; y revela lo que Él ha dicho en el tiempo oportuno. El buen consejo sale de la boca de los justos, gente íntegra que ama a Dios, y vive únicamente para agradarle.

Muchas personas, incluyendo creyentes, cometen errores por buscar el consejo en la persona equivocada. Porque a veces se busca lo que se quiere escuchar; y no lo que Dios quiere hablarnos.

Escuchemos el consejo sabio, la orientación precisa sólo de personas justas que agradan a Dios. Al mismo tiempo, también nos toca directa o indirectamente, aunque no queramos, ofrecer consejos y/o dar dirección. Esto nos impone el reto de vivir de tal modo que nuestras palabras sean las de un justo que ofrece sabios consejos.

B. Palabras provechosas

Proverbio 10:32 dice: "Los labios del justo hablan palabras provechosas, pero la boca del malvado habla perversidad" (NTV).

Uno de los males que más afecta a la sociedad y a la iglesia son los labios que hablan perversidad: la murmuración, el chisme (1 Timoteo 5:13), palabras obscenas (Efesios 4:29), la mentira, y la adulación (Judas 16), lo cual destruye familias, hogares, iglesias, creando ambientes tensos y desfavorables.

A las personas que hablan así, el proverbista los catalogó como malvados. Contrario a esto, es lo que sale de la boca de los justos: "palabras provechosas", lo cual significa que estas sirven, que traen provecho a quien las escucha y que cumplen propósitos divinos (1 Corintios 2:13). Estas son palabras de exhortación, edificación (2 Corintios 12:19), represión y de enseñanza.

Dios quiere que lo que hablemos sirva en alguna medida a todos los que nos escuchan. Los justos se convierten en la boca de Dios para otros; así que de un corazón regenerado y una vida de comunión con el Espíritu, sólo puede salir de sus labios: "palabras provechosas" (Proverbio 10:32a NTV); "cosas bonitas" (Proverbio 10:32a TLA); "cosas agradables" (Proverbio 10:32a DHH).

Hagamos una evaluación personal cada día de las palabras que decimos; y observemos si realmente estas están agradando a Dios. Escriba su plan para agradar a Dios con respecto a las palabras.

Puede pedir a sus alumnos que le muestren con ejemplos de la vida cotidiana, cómo sus palabras pueden ser provechosas.

Conclusión

Gracias, Dios, por la posibilidad que me diste de poder comunicarme con otras personas. Que tu Espíritu me guíe a usar sus palabras en diferentes circunstancias para edificación de quienes las escuchan.

¡Tenga cuidado con sus palabras!

Hoja de actividad

Versículo para memorizar: "En las muchas palabras no falta pecado; mas el que refrena sus labios es prudente" Proverbio 10:19.

I. Es de prudentes refrenar la lengua (Proverbios 10:19-20, 18:21, 21:23)

¿Qué enseñanza encontramos en los siguientes versículos?

Proverbio 10:19-20 _____

Proverbio 18:21 _____

Proverbio 21:23 _____

¿Qué dice el libro de Santiago sobre el poder de la lengua?

_____

_____

Sin escribirlo, recuerde alguna circunstancia de su vida, en la que hubiera sido mejor guardar silencio.

_____

_____

II. Las palabras de los justos animan a otros (Proverbio 10:21)

¿Cómo debemos usar nuestras palabras en nuestra relación con el prójimo?

_____

_____

Recuerde a algún hermano que, sin ser el pastor, le animó en algún momento de su vida cristiana. Prométase recordárselo y agradecerle.

III. Las palabras de los justos agradan a Dios (Proverbio 10:31-32)

Escriba su plan para agradar a Dios con respecto a las palabras.

_____

_____

De acuerdo con el texto bíblico, diga qué clase de palabras sale de la boca de los justos.

_____

_____

Conclusión

Gracias, Dios, por la posibilidad que me diste de poder comunicarme con otras personas. Que tu Espíritu me guíe a usar sus palabras en diferentes circunstancias para edificación de quienes las escuchan.

Las matemáticas de la generosidad

Natalia Pesado (EE. UU.)

Pasaje bíblico de estudio: Proverbio 11:24-26,28
Versículo para memorizar: "El alma generosa será prosperada; y el que saciare, él también será saciado" Proverbio 11:25.
Propósito de la lección: Que el alumno comprenda el llamado inequívoco de Dios a la generosidad.

Introducción

Desde hace muchos siglos ya, la sociedad suele distinguir a las personas por su estatus social; es decir, por el valor de sus adquisiciones. Las posesiones de una persona, o su familia, pueden ser muy variadas: bienes inmuebles (por ejemplo: viviendas, casa de vacaciones, edificios de alquiler o negocios, haciendas con terreno, etc.); medios de transporte (automóviles, aviones o jets, barcos o yates, etc.); posesiones (aparatos tecnológicos, muebles, alimentos, ropa, joyas, etc.); acceso a servicios de salud, servicios de limpieza, servicios de viajes, servicios de entretenimiento; entre otros. Y generalmente, mientras más pertenencias de valor tenga una persona; más respeto y admiración social podrá recibir.

Es por esa misma razón que la mayoría de las personas tienden a acumular posesiones y dinero. Muchos trabajan varias horas por semana para poder obtener mayores ingresos; y después poder adquirir posesiones, ya sea mayor cantidad de ellas o de más calidad. En la psicología, se ha desarrollado el término "adicción al trabajo" para denominar este fenómeno actual en el que una persona prácticamente "vive para trabajar". Esto, ya que el trabajo y las ganancias que dicho trabajo produce son el enfoque principal de esta clase de personas. El fenómeno de la "adicción al trabajo" hace que la persona casi no invierta tiempo ni energía para relajarse, pasar tiempo con amigos y/o familia, o pasar tiempo descansando y durmiendo; porque puede ver estas actividades como una "pérdida de tiempo". Sin embargo, es todo lo contrario; pues pasar tiempo en actividades de ocio renuevan la mente y el cuerpo.

En completo contraste con la ambición egoísta de acumular pertenencias y/o estatus social, encontramos la virtud de la generosidad. Esta puede ser descrita como una santa disposición del alma para invertir, sin medidas ni egoísmo, en el bienestar de otra persona. La generosidad demuestra activamente un amor radical, como sólo encontramos en el corazón de Dios.

En la lección de hoy, estudiaremos con detenimiento el llamado de Dios hacia sus hijos; de nunca olvidar que las posesiones y su acaparamiento no deben ser la prioridad en nuestras vidas, sino que las posesiones que tengamos deben ser utilizadas para la gloria de Dios.

El llamado de Dios hacia sus hijos es a utilizar cualquier recurso material del cual se disponga para bendecir a otros alrededor. Una vez más, Dios nos llama a amar a nuestro prójimo como Él nos ama.

I. La "contradicción" de la generosidad (Proverbio 11:24)

En Proverbio 11:24, leemos: "Hay quienes reparten, y les es añadido más; y hay quienes retienen más de lo que es justo, pero vienen a pobreza". En este versículo, se nos presenta una verdad que puede parecer contradictoria inicialmente; pues se afirma: "Quienes son generosos, reciben en abundancia…" (v.24 TLA). El ser generosos implica compartir con otros los bienes que podamos tener a nuestra disposición. El compartir y dar, en la ciencia de las matemáticas, implica un ejercicio de resta y de división; es decir, de una cantidad determinada resultan cantidades más pequeñas.

Por el contrario, la segunda parte de este versículo resalta el concepto de la abundancia: "… reciben en abundancia…" (v.24 TLA). Matemáticamente, este concepto significa suma o multiplicación; el ejercicio por el cual la cantidad resultante es mayor que la inicial. Aunque las matemáticas puedan ser muy complicadas para muchos estudiantes de escuela, la mayoría de las personas entienden que al dar, generalmente queda menos. Por ejemplo, cuando pagamos al comprar algo, nos queda menos cantidad de dinero. También podemos observar que hasta un niño de tres o cuatro años tiene dificultades al compartir galletas o juguetes; porque entiende que si da, queda menos para sí mismo.

La aparente contradicción de este pasaje está en la

idea de que al ser generosos, es decir, al dar de nuestros bienes a otros; el resultado será que vamos a tener más nosotros mismos. Sin embargo, el versículo de Proverbio 11:24 es una promesa que afirma: "Quienes son generosos, reciben en abundancia…" (TLA). Esta promesa nos invita a pensar en el ámbito espiritual, más allá de simples matemáticas concretas. Esta promesa nos recuerda que Dios está en control de todo; y que al amar a otros con generosidad, compartiendo nuestros bienes materiales, Dios promueve esta generosidad y amor en el corazón de otros también; y el resultado es abundancia aun para el propio dador alegre. En este versículo con promesa, el cálculo matemático es el siguiente: al restar, el resultado será una cantidad mayor. Dios mismo se encarga de bendecir de manera sobrenatural a aquellos que son generosos.

Esta madurez de pensamiento llega solamente con la madurez espiritual de caminar con Cristo, y experimentar su amor sacrificial. Dios desea que sus hijos e hijas no piensen como niños o niñas de cuatro años, que acaparan sus juguetes o las galletas de la merienda; sino que desea que sus hijos amados demuestren el verdadero amor de Dios al mundo, por medio de la generosidad. Debemos pedirle a nuestro Padre celestial que forme en nosotros un deseo de generosidad; que sea el mismo deseo que Él mismo nos ha demostrado a nosotros al darnos la vida y todas las bendiciones espirituales.

II. La profundidad de la generosidad (Proverbio 11:25)

Proverbio 11:25 dice: "El alma generosa será prosperada; y el que saciare, él también será saciado". En este versículo, se habla del alma generosa; y podemos comprender que la generosidad que Dios desea en sus hijos, no es simplemente un comportamiento externo, sino una acción que comienza en el corazón de la persona.

El alma es la parte más interna e íntima del ser humano. En la naturaleza alejada de Dios, el alma humana es muy egoísta, poniendo como prioridad lo que trae satisfacción personal e inmediata, y pensando solamente en el beneficio y avance personal. Sin embargo, este versículo nos demuestra que existe el "alma generosa"; es decir, el alma que en la profundidad de la persona promueve el amor que es expresado en compartir generosamente con el prójimo.

El versículo 25 concluye diciendo: "… y el que saciare, él también será saciado". La saciedad o satisfacción es una palabra que implica plenitud. Físicamente, la saciedad es "… la percepción que tiene el cuerpo humano de no tener necesidad inmediata de ingesta de alimentos. Se trata de una respuesta homeostática del organismo, dirigida a restablecer el equilibrio en cuanto la demanda de nutrientes queda satisfecha" (Recuperado de https://es.wikipedia.org/wiki/Saciedad, el 08 de septiembre de 2019).

Verdaderamente, en la sociedad actual, hay muy poca verdadera satisfacción. El ser humano buscar ser saciado con sustancias intoxicantes, prácticas sexuales, entretenimiento, posesiones excesivas, etc.; pero el equilibrio de paz duradera no se alcanza. La realidad es que la plena satisfacción nunca llega por estos medios. La única verdadera satisfacción del alma es poder sentir esa satisfacción del amor de Dios que llena el alma humana como la pieza perfecta de un rompecabezas o puzzle; la única verdadera satisfacción del alma es saber que la voluntad de Dios es hecha. Esta voluntad de Dios es el amor que se comparte con otras personas. El versículo que estamos estudiando es claro: "… el que saciare, él también será saciado" (v.25). Obviamente, esto implica que en las matemáticas de Dios, Él mismo se encarga de satisfacer en el momento de necesidad al que ha sido bueno en saciar a otros. Pero esta verdad también implica que al saciar a otros, también nosotros somos instantáneamente satisfechos; sentimos esa satisfacción al ver la voluntad de Dios hecha completa en el mundo. En este ámbito de madurez espiritual, el satisfacer a los demás es más satisfactorio que satisfacernos a nosotros mismos. Esto es así, porque Dios nos ha creado para relacionarnos con otros en amor y generosidad.

¡Qué maravilla saber que Dios puede darnos un alma generosa; pues esa es su naturaleza! Como amados hijos de Dios, que hemos experimentado la satisfacción de su amor ágape, debemos pedirle a Él que moldee nuestra alma para ser generosa, y para buscar satisfacer a otros que están en necesidad. Dios seguramente está esperando que hagamos esta oración de corazón; a fin de poder comenzar esta obra en nosotros.

III. El alcance de la generosidad (Proverbio 11:26)

Proverbio 11:26 advierte: "Al que acapara el grano, el pueblo lo maldecirá; pero bendición será sobre la cabeza del que lo vende". Este mismo versículo en la versión bíblica de Traducción en Lenguaje Actual explica: "Al que esconde el trigo para venderlo más caro, la gente lo maldice; al que lo vende a buen precio, la gente lo bendice".

Este versículo 26 nos ayuda a entender el alcance de la influencia de la generosidad. Nuestra generosidad, o la falta de esta, tiene una influencia en la comunidad a nuestro alrededor. El egoísmo en el alma de alguien puede llegar a presentarse también en las relaciones laborales o de negocios con otras personas. Un ejemplo puede ser el tratar con otras personas acerca de vender un producto material o algún servicio (por ejemplo, un mecánico de automóviles, un arquitecto o constructor, un doctor, un maestro, un psicólogo, un empleado de limpieza, etc.) que se convierte en una negociación por el precio que se cobrará. En Proverbio 11:26, la enseñanza es clara: la comunidad alrededor llega a darse cuenta si una persona busca enriquecerse a costa de otros; es decir, vender algo que otros necesitan, a un precio más caro de lo que es justo, aprovechándose así de la necesidad del prójimo para autoenriquecerse. Actualmente, hay empresas que se aprovechan de los más necesitados poniendo negocios de préstamos con intereses altos en comunidades donde viven las personas más pobres. Dichas empresas hacen esto sabiendo que las personas con mayor necesidad suelen pedir más préstamos (en comparación con aquellas personas que ganan más dinero); y de este modo, estas empresas se enriquecen con los altos intereses de los pagos de las deudas. A estas prácticas se las llama "préstamos abusivos"; y hacen que una persona de condición económica baja, quede aun con más deuda y/o pobreza.

Dios, que es sumamente justo, llama a sus hijos a no participar de estas prácticas. La sabiduría de este proverbio nos indica que el que hace préstamos abusivos o negocios injustos será maldecido por su comunidad. Por el contrario, este proverbio también nos indica el camino correcto; pues dice que "bendición será sobre la cabeza del que lo vende" (Proverbio 11:26). Podemos notar que no dice necesariamente "regalar" el grano; ya que debemos reconocer que hacer negocios de compraventa de productos y servicios es una forma digna de trabajar para autosostenerse y mantener a una familia. No obstante, este versículo sí dice que se debe vender a "buen precio", para bendición de la comunidad y de uno mismo.

Entonces, sea cual sea nuestra ocupación en la sociedad donde vivimos, Dios advierte que la bendición sólo vendrá al manejar los intercambios de negocios con justicia. Con la guía de Dios, somos capaces de bendecir a nuestra comunidad y recibir el beneficio de un sustento digno. Una vez más, vemos que las matemáticas de Dios son maravillosamente sabias.

No dudemos en rogarle al Señor cada día para que nos guíe en cada responsabilidad y decisión que tenemos que tomar en el trabajo. Él desea que sus hijos e hijas sean luz y sal en el mundo; es decir, que sean un ejemplo de justicia cristiana en los intercambios laborales.

IV. El resultado de la generosidad (Proverbio 11:28)

En Proverbio 11:28, vemos lo siguiente: "El que confía en sus riquezas caerá; mas los justos reverdecerán como ramas". En este último versículo de estudio para hoy, el consejo se simplifica y se resume con una verdad contundente: el peligro de las riquezas es confiar en ellas. Podemos comprender que las riquezas (incluyendo los negocios o las posesiones) no son implícitamente pecaminosas; pero el gran riesgo está en que el ser humano llega a confiar en ellas muy fácilmente. Por consiguiente, el gran problema es que las riquezas no son dignas de confianza; pues no salvan, no restauran y no duran. El único Dios verdadero que tiene poder salvador y restaurador es Jehová. Por eso, el Señor nos llama a confiar solamente en Él; porque si nuestra confianza está en cualquier otra cosa, no estaremos bien.

En la segunda parte del versículo 28, podemos ver una vez más, el consejo de la Palabra de Dios resumido con máxima claridad: "los justos reverdecerán como ramas". La versión Traducción en Lenguaje Actual aclara: "Quien confía en sus riquezas, se encamina al fracaso; pero quien es honrado camina seguro al triunfo" (Proverbio 11:28). Entonces, podemos estar seguros de que aunque ser generosos y honrados pueda ser difícil para la naturaleza humana egoísta; no debemos darnos por vencidos, pues con la ayuda de Dios, podemos ser verdaderamente justos y generosos, y así disfrutar de la gran bendición de la generosidad: podremos reverdecer como ramas. Esto es verdaderamente un milagro que ocurre después de un invierno congelado y largo. De igual manera, nuestra vida puede ser como esos árboles que producen incontables hojas, y luego flores, y aun más tarde, frutos; porque la generosidad produce vida. Eso es el verdadero triunfo del amor de Dios: produce vida en nosotros y en otros.

Conclusión

Debemos decidir cada día de nuestra vida practicar la generosidad; empezando por confiar en las matemáticas de Dios, rogándole que nos dé un alma generosa, ejerciendo la generosidad justa en nuestras relaciones laborales, y finalmente, disfrutando del bienestar verdadero como resultado. El plan de Dios siempre vale la pena; ¡pongámoslo en práctica!

Las matemáticas de la generosidad

Hoja de actividad

Versículo para memorizar: "El alma generosa será prosperada; y el que saciare, él también será saciado" Proverbio 11:25.

I. La "contradicción" de la generosidad (Proverbio 11:24)

¿Cómo podría explicarle la "contradicción" de la generosidad a un joven o niño pequeño?

_____

_____

¿Cómo podemos vivir una vida de generosidad práctica?

_____

_____

_____

II. La profundidad de la generosidad (Proverbio 11:25)

Reflexionando en usted mismo/a, ¿diría que tiene un alma generosa? ¿En qué formas considera que lo demuestra?

_____

_____

¿Cómo piensa usted que se puede desarrollar un alma generosa?

_____

_____

_____

III. El alcance de la generosidad (Proverbio 11:26)

¿Cuál es su reacción frente a las injusticias que se dan en los ambientes laborales o de negocios?

_____

_____

IV. El resultado de la generosidad (Proverbio 11:28)

¿Qué significa para usted la frase "triunfar en la vida"? ¿Qué significa tal expresión en el ambiente secular?

_____

_____

¿Cómo podemos ver el concepto anterior a la luz de Proverbio 11:28?

_____

_____

Conclusión

Debemos decidir cada día de nuestra vida a practicar la generosidad; empezando por confiar en las matemáticas de Dios, rogándole que nos dé un alma generosa, ejerciendo la generosidad justa en nuestras relaciones laborales, y finalmente, disfrutando del bienestar verdadero como resultado. El plan de Dios siempre vale la pena; ¡pongámoslo en práctica!

Dominio sobre la ira

Jessica Nogales de Castro (España)

Pasajes bíblicos de estudio: Proverbios 15:1,18,28, 16:32
Versículo para memorizar: "La blanda respuesta quita la ira; mas la palabra áspera hace subir el furor" Proverbio 15:1.
Propósito de la lección: Que el alumno tenga el conocimiento bíblico de cómo conducir el sentimiento de la ira.

Introducción

Las emociones juegan un papel sumamente importante en nuestras vidas. A lo largo de nuestra existencia, experimentamos alegrías, miedos, frustraciones, satisfacciones, etc.; y cada una de ellas nos lleva a una determinada acción. Todo ser humano manifiesta sus emociones de diferentes formas. Algunos son más expresivos que otros; pero de una u otra manera, las emociones están allí presentes. Hay personas que rápidamente dejan notar lo que sienten; en cambio, otras lo guardan hasta el punto en que llega un momento en el que explotan.

Existen todo tipo de emociones: positivas, como la alegría, sorpresa, satisfacción, gratitud y otras que pueden ser negativas, como el enojo, el resentimiento y la ira. Cada una de ellas tendrá consecuencias buenas o malas, dependiendo de nuestra actitud; pero lo que hay que tener bien claro es que todas son manejables. Para esto, será fundamental el tener una buena educación emocional y una correcta relación con Dios.

Dios, por medio de su Palabra, nos ha dejado enseñanzas que nos proveen la educación emocional que necesitamos. Sólo hace falta tomar la Biblia, escudriñarla, y poner en práctica todo lo que ella nos manda. Un gran ejemplo de esto es el libro de Proverbios. Este es muy conocido por impartir consejo y sabiduría en cada una de sus líneas.

Tanto para el pueblo de Israel de aquella época, como para nosotros hoy, el libro de Proverbios sigue siendo de mucha importancia, gracias a que de él recibimos la amonestación que necesitamos para tomar buenas decisiones en nuestro diario vivir. Y hablando específicamente de la emoción de la ira, los versículos que hoy vamos a estudiar nos darán una guía de cómo debe ser nuestra actitud frente a situaciones que propician enojo, rabia o ira.

I. Tardar en airarse (Proverbios 15:18, 16:32)

Una de las cosas que el ser humano no soporta es que toquen su orgullo. Cuando esto sucede, inmediatamente sale a relucir el león que todos llevamos dentro, para aniquilar con palabras o acciones a aquellos que lo han hecho. Esta actitud sólo manifiesta el grado de madurez que tenemos; y cuánto estamos consagrando nuestra vida al Señor.

La Biblia nos dice en Efesios 4:26 lo siguiente: "Airaos, pero no pequéis; no se ponga el sol sobre vuestro enojo". Note que Dios no nos dice que no sintamos enojo; pues Él sabe que esta es una emoción positiva hasta cierto punto. Al respecto, un artículo del diario El País, en su edición digital, menciona lo siguiente: "Muchas personas reaccionan con rabia cuando se sienten amenazadas. Es un estado de alerta que genera adrenalina a través de la activación del sistema nervioso simpático para que podamos combatir lo que en un momento se interpreta como una amenaza. En su acepción más positiva, la ira tiene como objetivo darnos fuerza para protegernos y poder sobrevivir" (Recuperado de https://elpais.com/elpais/2014/02/27/eps/1393528152_152247.html, el 14 de octubre de 2019).

Dios nos hizo así, y lo que Él hace es perfecto. No obstante, lo que Efesios 4:26 nos quiere dar a entender es que tengamos dominio sobre nuestra ira. Recuerde que el Señor no nos pide nada que no podamos ser capaces de hacer. En la carta de 2 Timoteo 1:7, dice que Él nos ha dado espíritu de poder y de dominio propio. ¡Maravilloso! Eso significa que todos los que somos hijos de Dios estamos capacitados para dominar nuestro enojo o ira.

También, Proverbio 15:18 nos habla un poco de la consecuencia de la ira y el beneficio que trae dominarla. Veamos a continuación ello.

A. Consecuencias del enojo (Proverbio 15:18a)

La Biblia dice: "El hombre iracundo promueve contiendas…" (v.18a). Pregunte: ¿Cómo es una persona iracunda? Según la RAE, "iracundo" significa: "1. adj. Dicho de una persona: Que tiene o muestra ira. 2. adj. Dicho de una persona: Propensa a la ira…" (Recuperado de

Es decir, una persona iracunda es alguien que no tiene control de sí misma, y que fácilmente se enoja. Por lo tanto, una consecuencia de la ira es que nos hace vivir irritados, en peleas y discordias constantemente.

Por lo general, cuando las personas están enojadas, hacen o dicen cosas sin tener en cuenta el daño que pueden causar. Asimismo, si dejamos que la ira crezca en nuestro corazón; esto nos puede llevar a sufrir muchas desgracias.

En la actualidad, una de las consecuencias más notables de la falta de control sobre la ira son las víctimas mortales por violencia de género. El informe de la ONU indica que 87,000 mujeres fueron asesinadas en el 2017 en todo el mundo (Recuperado de https://www.unwomen.org/es/what-we-do/ending-violence-against-women/facts-and-figures, el 17 de octubre de 2019).

Es terrible lo que puede llegar a hacer una persona que se deja llevar por la ira. Esta condición afecta a todas las personas que están a su alrededor, llegando a dejar traumas de por vida. Por eso es que la falta de control sobre nuestro enojo puede, incluso, apartarnos de nuestras amistades, compañeros de trabajo, seres queridos y de cualquier persona que consideramos importante para nosotros. Las consecuencias de la ira no controlada son nefastas; no vale la pena vivir de esa manera.

B. Beneficios de la prudencia (Proverbio 15:18b)

Asimismo, en la Palabra de Dios leemos: "… el que tarda en airarse apacigua la rencilla" (v.18b). Uno de los beneficios de aquel que se autocontrola es que tiene paz, y vive en paz con los que lo rodean; ya que tiene la habilidad de sobrellevar cualquier situación difícil que se le presente con sabiduría. De esta manera, cumple lo que Romanos 12:18 dice: "Si es posible, en cuanto dependa de vosotros, estad en paz con todos los hombres".

Otro beneficio del autocontrol es que fortalece la fe y el carácter del individuo. Este tipo de personas no se deja influenciar con facilidad por lo que puedan decir o hacer los demás. Más bien, toma las riendas de su vida; y decide vivir haciendo lo que es correcto ante los ojos de Dios. La Biblia dice: "El necio muestra en seguida su enojo, pero el prudente pasa por alto el insulto" (Proverbio 12:16 NVI). Entonces, podemos decir que aquella persona que controla su ira es una persona de fe; porque no busca arreglar las cosas a su manera, sino que sabe esperar el tiempo y la manera de Dios.

II. Pensar para responder (Proverbio 15:28)

Proverbio 15:28 nos habla de la diferencia entre lo que dice el justo y el impío. El justo, alguien que ha rendido su boca al temor de Dios, medita para edificar con sus palabras; mas no así el perverso e impío que es llevado por la maldad que hay en su corazón (Lucas 6:45). El justo, antes de hablar, tiene el buen hábito de pensar para no caer en la tentación del impío. Para ello, a través de un análisis, veamos tres aspectos importantes para saber hablar.

A. Piense qué va a hablar

Nunca debemos dar una respuesta sin antes haber constatado que lo que vamos a decir será de bendición o edificación para quien lo escucha. Santiago nos enseñó: "Por esto, mis amados hermanos, todo hombre sea pronto para oír, tardo para hablar, tardo para airarse" (Santiago 1:19). En otras palabras, el consejo que les dio Santiago a los destinatarios de su carta fue que meditaran en cada una de sus palabras antes de decirlas. Primero, debemos escuchar, y mientras lo hacemos, vamos analizando lo que debemos decir o no; y finalmente, hablar si es necesario.

La Palabra de Dios dice: "No empleen un lenguaje grosero ni ofensivo. Que todo lo que digan sea bueno y útil, a fin de que sus palabras resulten de estímulo para quienes las oigan" (Efesios 4:29 NTV). A partir de hoy, cada vez que usted tenga el impulso de decir algo, primero deténgase y pregúntese: "¿Lo que voy a decir va a ser de edificación o bendición para la vida de mi hermano/a?" Después de reflexionar en ello y confirmar que así será, continúe; de lo contrario, podría meterse en un tremendo lío, haciendo evidente que lo aconsejable era callar.

B. Piense a quién va a hablar

Otro aspecto que debemos tener en cuenta, antes de decir algo, es el hecho de saber a quién nos estamos dirigiendo. En los tiempos actuales, en nuestra sociedad, se está perdiendo el valor del respeto. Un joven puede decirle lo que quiera a un adulto sin pensar que puede faltarle el respeto al hablarle de tú a tú.

Por otro lado, es importante saber quién es el receptor del mensaje; porque puede pasar que se esté hablando cosas que no sean apropiadas para la edad del receptor y vaya a confundirle más, en vez de ayudarle a la comprensión. Sucede esto cuando el orgulloso quiere hacer ver cuánto sabe de algo dirigiéndose a alguien que recién se ha convertido a Cristo.

Piense a quién va a hablar; también, tenga en cuenta el grado de madurez, el contexto en el que vive, el grado de confianza que tiene con el receptor, o si es una persona creyente o no. Todos estos factores serán decisivos para dar una respuesta acertada.

C. Piense en cómo va a hablar

Después de haber tenido en cuenta los dos aspectos

anteriores, haría falta uno más, que es el cómo. Ahora que ya hemos pensado en lo que vamos a decir y a quién se lo vamos a decir; debemos pensar en cómo se lo vamos a decir, o sea, la manera en que nos expresaremos. A todo el mundo no le puedo hablar de la misma manera. Hay gente que no se incomoda; sin embargo, hay otras personas que con mucha facilidad se ofenden.

Comúnmente, la gente se jacta cuando dice las cosas "sin filtro"; en otras palabras, es directa y no mide las consecuencias. Y frente a esto, se justifican diciendo que son personas sinceras. ¡Cuidado! Nada tiene que ver la sinceridad con la falta de tino y autocontrol de una persona.

La manera en cómo decimos las cosas influye altamente en la respuesta de las personas a nuestro alrededor. Como la tercera ley de Newton, "también conocida como Principio de acción y reacción, nos dice... si un cuerpo A ejerce una acción sobre otro cuerpo B, éste realiza sobre A otra acción igual y de sentido contrario" (Recuperado de https://www.ecured.cu/Tercera_Ley_de_Newton, el 03 de diciembre de 2019). Nuestro Señor Jesús también enseñó que con la misma medida que medimos a los demás seremos medidos (Mateo 7:2b). Tengamos presente que cada acción nuestra (ya sean hechos, dichos, gestos, etc.) siempre provocarán una reacción hacia nosotros mismos. Por ende, debemos tratar y hablar a los demás con el mismo cuidado que queremos que otros tengan con nosotros.

III. Respuesta blanda (Proverbio 15:1)

La Palabra de Dios dice: "La blanda respuesta quita la ira..." (v.1). Algunos sinónimos de la palabra "blanda" son "apacible, suave, tierno", etc. Todos estos términos transmiten una idea positiva. Otras versiones de la Biblia dicen: "La respuesta apacible" (NTV); "La respuesta amable" (NVI). Una palabra amable siempre será como agua que apaga el fuego en medio de una conversación alterada. En la Biblia, encontramos muchos ejemplos de esto. Veamos uno de ellos:

Abigail y Nabal (1 Samuel 25). Nabal era un hombre muy rico, tenía muchos animales; pero a la vez, la Palabra lo describe como un hombre duro y de malas obras (vv.2-3). Sin embargo, a Abigail la presenta como una mujer de buen entendimiento y de buena apariencia (v.3). David, que estaba en el desierto huyendo de Saúl, mandó a diez de sus hombres jóvenes a pedirle a Nabal que lo ayudara con algunas provisiones; ya que él, junto con sus hombres, había cuidado de sus pastores todo el tiempo que estuvieron apacentando sus ovejas en el campo (vv.5-7). Pero Nabal les respondió con mucha dureza, haciendo muestra del egoísmo y soberbia que había en su corazón (vv.10-11). Esta respuesta áspera encendió el furor en el corazón de David; de tal manera que él se dejó llevar por su ira, y decidió ir con sus hombres a matar a Nabal y toda su gente (v.13).

Hasta aquí, podemos ver que la ira es como una bola de nieve, que va creciendo y haciéndose cada vez más grande conforme le vamos dando cabida en nuestro corazón. Como Santiago 3:5 dice: "... ¡cuán grande bosque enciende un pequeño fuego!" (haciendo referencia a la lengua). Un insulto lleva a otro; una ofensa lleva a otra ofensa; y esto no terminará hasta que una de las dos partes reaccione y cambie su actitud, y por ende, su respuesta.

Retornando a la historia que se estaba narrando, ocurrió que Abigail, esposa de Nabal, al enterarse por medio de sus siervos de todo lo que había ocurrido actuó rápidamente (vv.14-17). La Biblia dice, desde el versículo 18 en adelante, que Abigail tomó muchas provisiones. Todo eso lo puso sobre sus asnos; y lo mandó con sus siervos para darle a David; y ella fue con ellos sin dar aviso a su marido. Cuando Abigail vio a David, se postró delante de él; y le pidió perdón por la actitud que tuvo su esposo. Le habló de tal manera que David tuvo una reacción opuesta a la que tuvo con Nabal, su marido (vv.23-34). Abigail logró que David recapacitara en cuanto a su forma de actuar, y desistiera de su deseo de destruir a Nabal; porque sus palabras fueron suaves y estuvieron llenas de humildad y sabiduría. De esta manera, Abigail logró salvar a toda su familia, y también salvarse ella misma. ¿Se da cuenta lo que puede producir la blanda respuesta?

Conclusión

Dado que en "la ira del hombre no obra la justicia de Dios", desde hoy pida a Dios que le ayude a ser pronto para oír, tardo para hablar y tardo para airarse. Nuestras vidas son el reflejo de Cristo para los que aún no lo conocen; y por esta razón, nuestra forma de actuar, de hablar y de reaccionar será un testimonio vivo para los que nos rodean.

Dominio sobre la ira

Hoja de actividad

Versículo para memorizar: "La blanda respuesta quita la ira; mas la palabra áspera hace subir el furor" Proverbio 15:1.

I. Tardar en airarse (Proverbios 15:18, 16:32)

¿Qué nos recuerda 1 Timoteo 1:8?

_____

_____

Enumere algunas consecuencias de la insensatez ante la falta de saber controlar la ira.

_____

_____

¿Cuáles son los beneficios de saber comportarse prudentemente ante la ira?

_____

_____

II. Pensar para responder (Proverbio 15:28)

¿Cuáles son los tres aspectos importantes antes de dar una respuesta acalorada?

1. _____

2. _____

3. _____

III. Respuesta blanda (Proverbio 15:1)

¿Qué aprendió hoy de la historia de Abigail y su esposo, ante David?

_____

_____

¿Cuáles son los tres consejos de Santiago 1:19?

_____

_____

Conclusión

Dado que en "la ira del hombre no obra la justicia de Dios", desde hoy pida a Dios que le ayude a ser pronto para oír, tardo para hablar y tardo para airarse. Nuestras vidas son el reflejo de Cristo para los que aún no lo conocen; y por esta razón, nuestra forma de actuar, de hablar y de reaccionar será un testimonio vivo para los que nos rodean.

Consejos para padres e hijos

Loysbel Pérez Salazar (Cuba)

Lección 8

Pasajes bíblicos de estudio: Proverbios 1:8, 13:24, 19:18,26-27, 20:20, 22:6,15, 23:13-14, 30:17

Versículo para memorizar: "Cesa, hijo mío, de oír las enseñanzas que te hacen divagar de las razones de sabiduría" Proverbio 19:27.

Propósito de la lección: Que cada alumno aplique los consejos que contiene la Palabra de Dios para padres e hijos.

Introducción

Sobre la relación padres-hijos, tenemos una variedad de opiniones de cómo criar a los niños. No se cursa una escuela para ser padres; no existe un modelo único de crianza; y aunque las iglesias han creado ministerios para la familia que ayudan muchísimo, y diferentes instituciones sociales dan patrones de enseñanza, es el diario vivir en el hogar, la escuela perfecta. Tenemos que afirmar que es difícil criar; y aun más cuando tenemos en cuenta que trabajamos con seres humanos de libre albedrío, y únicos. Eso hace que las situaciones que se nos presentan nunca sean las mismas; y el procedimiento que funcionó con alguien no funciona con otro. De ahí que hijos de los mismos padres, con la misma crianza, asuman conductas diferentes.

Pero de lo que estamos seguros es que existen algunos consejos de parte del Creador en su Palabra para padres e hijos, que funcionan en todos los casos. Veamos algunos de estos consejos.

I. Los hijos necesitan corrección (Proverbios 13:24, 19:18, 22:15, 23:13-14)

Es muy importante la corrección en la vida de los hijos y la Biblia enseña que debe hacerse a edad temprana cuando todavía hay tiempo. Las diferentes citas del libro de Proverbios nos hablan acerca de ello.

A. Corrección por amor (Proverbio 13:24)

Leemos en la Palabra de Dios: "Si amas a tu hijo, corrígelo; si no lo amas, no lo castigues" (v.24 TLA).

La Biblia está afirmando que una demostración de amor hacia los hijos es la disciplina, el castigo. Hay padres a quienes les cuesta disciplinar; porque les da lástima hacerlo. Pero si no se ejecuta ello; el carácter de su hijo o hija se estará deformando, y será tarde cuando se quiera hacer algo al respecto. Entonces, se trata de corregir lo mal hecho; pues las malas acciones tienen consecuencias. Así también lo establece el Padre con nosotros, sus hijos. No se puede aplaudir lo mal hecho ni dejarlo sin corrección. También es importante el cómo se corrige; pero no se debe tener temor de ejercer la corrección. Los hijos lo aplaudirán cuando sean mayores; y entenderán el porqué de sus disciplinas.

B. Corrección urgente (Proverbio 19:18)

La Biblia dice: "Corrige a tu hijo antes de que sea muy tarde; no te hagas culpable de su muerte" (v.18 TLA). Existe una urgencia de corrección en edades tempranas. A veces, los niños repiten palabras obscenas que escucharon; y los padres se ríen ante la "gracia" en lugar de corregirlos y enseñarles. Ocurre también que los hijos no obedecen a la primera voz en tono bajo; y se adaptan a varias repeticiones en volumen alto. Muchas veces, esta situación se permite en casa. Debe enseñárseles a los niños a obedecer en todo lugar, sin necesidad de gritar ni de repetir las indicaciones varias veces. Esta es una enseñanza que debe existir desde la infancia. Se les debe enseñar a los niños límites para que respeten a sus padres y a toda autoridad.

C. Corrección física (Proverbio 23:13-14)

Asimismo, la Biblia señala esto: "A los niños hay que corregirlos. Unos buenos golpes no los matarán" (v.13 TLA); y también: "La disciplina física bien puede salvarlos de la muerte" (v.14 NTV). Aquí el texto bíblico nos habla del tipo de disciplina o corrección, haciendo énfasis en la corrección física. En la actualidad, existe mucha división de criterios al respecto, aun dentro de la iglesia, en cuanto a si se debe corregir con golpes o no a los hijos. La Biblia afirma que sí debe hacerse ello; y la práctica también lo apoya. Sin embargo, hay que mencionar que no se trata de quebrantar el cuerpo del niño ni dar golpes desenfrenadamente o pegar con ira. El uso de la disciplina física siempre debe ir acompañado con diálogo verbal; y debe ser aplicado posteriormente a una advertencia de corrección. El niño siempre debe saber el porqué está sucediendo la corrección física. Unas nalgaditas o pellizquitos vienen bien en algún momento oportuno. El objetivo principal es corregir una conducta para que incorpore a su vida las buenas acciones y deseche las malas.

II. Los hijos tienen deberes hacia sus padres (Proverbios 19:26, 20:20, 30:17)

Si bien es cierto esta expresión: "Nunca se deja de ser padre", refiriéndose a la atención que sigue aun cuando los hijos son mayores de edad; también es cierto que los deberes de los hijos hacia los padres tampoco cesan. La Biblia trata este tema con mucha importancia.

A. Respeto y cuidado (Proverbio 19:26)

La Palabra de Dios dice: "No hay hijo más malo ni más sinvergüenza que el que roba a su padre y echa a la calle a su madre" (v.26 TLA). El robar es un pecado bien declarado en la ley de Dios; pero en este texto, se acentúa aún más, porque la falta es contra el padre. Los hijos tienen el deber de cuidar a sus padres, de darles protección y de respetarlos. Este caso bíblico de hijos que roban a sus padres, y otros que echan a sus madres a la calle, sigue sucediendo en la actualidad; pero no es lo que Dios aprueba.

Los hijos cuando alcanzan mayoría de edad tienen el deber, en alguna medida, de proveer para sus padres, ayudarles en su alimentación y demás cosas que demanden en la vida. El cuidado de los padres incluye muchos asuntos espirituales y materiales, que van desde una visita para conversar con ellos hasta estar en un hospital a su lado. No se trata de echarlos a la calle; se trata de cuidarlos y darles toda la atención que como hijos podemos hacer.

A veces, los hijos se justifican por haber tenido padres que no cumplieron con sus roles o sus expectativas. Pero no importa cómo fueron nuestros padres, el deber como hijos siempre se tiene que mantener. La Biblia no dice que hay que honrar a los padres buenos; simplemente dice: "… Honra a tu padre y a tu madre; y: El que maldiga al padre o a la madre, muera irremisiblemente" (Marcos 7:10). El deber de honrar a los padres no tiene en cuenta el cómo fueron ellos con los hijos; sino simplemente, es el deber de cada hijo. No importa lo que usted pueda haber vivido; Dios quiere que cumpla su deber hacia sus padres, y eso le traerá su bendición.

B. No maldecir (Proverbio 20:20)

Otro mandamiento en Proverbios señala: "El que maldice a sus padres morirá antes de tiempo" (v.20 TLA). El término "maldecir" se presta para varias interpretaciones; pero el usado en este texto, según contiene la versión de la Septuaginta (LXX), es el verbo "kakologeo". El significado de este verbo es el siguiente: "hablar mal (kakos, mal; lego, hablar). Se traduce con el verbo maldecir en Mt 15.4 y Mc 7.10; pero el Señor se refiere a hablar mal del padre y de la madre" (Vine, W. E. Diccionario Teológico VINE. EUA: Editorial Caribe, 1999, p.1132).

Según las leyes del Antiguo Testamento, el "maldecir a los padres" se podía castigar hasta con la muerte (Levítico 20:9). Así que uno de los deberes de un hijo es nunca hablar mal de sus padres (maldecir). Las palabras que salen de la boca pueden ser más dolorosas e hirientes que golpes físicos. La palabra dicha tiene una dimensión tanto para lo bueno como para lo malo que, a veces, no valoramos. Dios está en contra de maldecir a los padres; de pronunciar palabras negativas e hirientes.

Si practicamos lo contrario a maldecir, debemos decir que los hijos estamos para bendecir a nuestros padres, de hablar lo que es edificante. Esto no significa que no se reconozcan errores, o que no se señale lo mal hecho; sino que se haga con el propósito de ayudar. Hay quienes se justifican diciendo: "Pero lo que estoy diciendo de ellos es la verdad". Esta expresión puede ser ambigua desde la perspectiva que se observe; pero suponiendo que sea cierta, la verdad hay que decirla, pero cargada de amor, y nunca de resentimientos, amargura u odio.

C. Aprecio y obediencia (Proverbio 30:17)

Asimismo, en la Biblia leemos: "El que desobedece y desprecia a sus padres, bien merece que los cuervos le saquen los ojos y que los buitres se lo coman vivo" (v.17 TLA). Unas de las acciones claves en el deber de un hijo hacia sus padres es la obediencia. Generalmente, los padres quieren lo mejor para sus hijos; y la Biblia nos manda a obedecerlos, sabiendo que esta obediencia debe salir de una conducta recta dictada por el Creador. Hay golpes que los hijos reciben en la vida por no obedecer el consejo de los padres; pues no escuchan, y es donde vienen problemas que se podían haber evitado. El ejemplo de obediencia más grande lo tenemos en Cristo, obedeciendo a su Padre celestial mientras estuvo aquí en la tierra. De Él, tenemos el paradigma de obediencia.

La desobediencia a los padres en la cultura israelita se veía como algo muy grave. De ahí que el texto sugiere la muerte para la persona que incurre en esta falta. La recomendación es obedecer, que significa hacer lo que nos piden nuestros padres, incluso cuando no se está de acuerdo en hacerlo; pero que desde el entendimiento de ellos es lo que debe hacerse. Lógicamente, tal obediencia no se trataría nunca de la violación de principios bíblicos ni de algo que ponga en peligro la vida.

El texto bíblico también nos habla del desprecio a los padres, lo cual a veces se agudiza cuando ellos son ancianos. El deber es apreciarlos, lo cual incluye gestos, palabras y acciones de amor hacia ellos. Se trata de no dejarlos al abandono; sino mantener viva esa relación.

Puede darse el caso de alguien que diga: "¿Cómo apreciar y obedecer a alguien que nunca se ocupó de mí?" Ese es el deber más glorioso que puede suceder; y si su vida ha sido cambiada por Cristo, con todo amor se realizará. Porque no se trata de retribuir algo; sino de expresar lo que Dios ha dispuesto como un deber de hijo. En ese caso necesario, debemos sacar cosas del corazón, y disponerlas en los brazos del Señor para con amor poder apreciar a nuestros padres.

III. Los hijos necesitan instrucción y enseñanza (Proverbios 1:8, 19:27, 22:6)

Es básico instruir continuamente a los hijos. Esto es una tarea del día a día para los padres. En el pueblo judío, era parte indispensable de la vida diaria enseñar a los hijos a amar y agradar a Dios con todo su ser. Esta instrucción se hacía varias veces en el día y en diferentes lugares (Deuteronomio 6:4-9). Enseñar e instruir en la vida espiritual es fundamental para la vida de los hijos, así como toda enseñanza que le ayude a convivir íntegramente en la sociedad.

A. Para que actúen con sabiduría (Proverbio 19:27)

La Palabra de Dios dice: "Hijo mío, si dejas de escuchar la instrucción, le darás la espalda al conocimiento" (v.27 NTV). La instrucción trae conocimiento y sabiduría. A eso no se le puede dar la espalda; o sea, dejar a un lado. Esto lo que quiere expresar el texto, el cual da suma importancia a saber escuchar la instrucción; porque de ahí depende cuánto conozcamos, y a su vez la posibilidad de poder aplicar ese conocimiento a nuestro contexto de vida. A veces, los hijos piensan que se las saben todas. Y ha ocurrido que los padres ofrecen un consejo, una instrucción, y no se les hace caso; y después, ocurre lo que papá o mamá había predicho.

La sabiduría y el conocimiento de los hijos depende en gran medida de la instrucción y enseñanzas de los padres. Esto no se lo puede dejar a la escuela; pues hay una responsabilidad que asumir. Existe una variedad de enseñanzas e instrucciones que los padres deben enseñar a sus hijos, tales como las siguientes:

- A cultivar el amor a Dios (oración, lectura de la Biblia, altar familiar, disciplinas espirituales, etc.).
- A ejercer su don, y cumplir el propósito de Dios.
- Educación relacional (dar gracias, pedir disculpas y/o perdón, solicitar permiso, normas de buen comportamiento, etc.)
- Educación sexual (conocer su cuerpo, sus límites, el uso de su sexualidad correctamente, etc.).
- Relaciones en los diferentes ámbitos (en la familia, escuela, etc.)
- Comportamiento en el trabajo (con los superiores, con los subalternos, honestidad, compromiso, etc.).

Los hijos son el mayor legado de los padres; por esta razón, la enseñanza e instrucción consiste en un vaciamiento que tendrá su mayor impacto si ese conocimiento es escuchado y aplicado. En cada evento de su vida, los hijos necesitan la instrucción de sus padres para que actúen con sabiduría. Aun cuando no quieran escuchar y obedecer, debe seguirse enseñando e instruyendo; pues esas palabras siempre tienen un impacto espiritual, y nunca irán al vacío.

B. Del padre y la madre (Proverbio 1:8)

La Biblia también amonesta: "Oye, hijo mío, la instrucción de tu padre, y no desprecies la dirección de tu madre" (v.8). La enseñanza es de ambos padres; esto es crucial en el texto bíblico. Lamentablemente, vivimos en una sociedad donde un alto porcentaje de los hijos crece sin uno de los dos padres. Generalmente, el padre es el ausente; y de ahí la expresión de varias madres: "He tenido que ser madre y padre a la vez". Esta expresión denota el gran sacrificio hecho por aquella mamá para criar a sus hijos, sin tener a su lado la figura paternal. Pero esta concepción está completamente alejada del patrón divino. Dios creó tanto al padre como la madre con una responsabilidad compartida sobre los hijos. Cada uno de ellos aporta algo diferente en la crianza, lo cual colabora con la completa armonía del hogar. Los hijos necesitan a ambos padres en su crecimiento; y así lo estableció el Creador.

Como padres, tenemos el deber de enseñar a nuestros hijos siempre por medio de la Palabra de Dios; y como hijos, tenemos el deber de escuchar a ambos padres, siempre que la enseñanza no actúe en contra del modelo dictado por Dios en su Palabra. El diseño de la familia lo estableció el Creador; nadie más que Él sabe cómo debe funcionar.

En esta sección de la lección, se puede pedir testimonios que respalden lo beneficioso de escuchar las enseñanzas de los padres.

C. Fundamental en la niñez (Proverbio 22:6)

La mayoría, o quizá todos, conocemos este versículo: "Instruye al niño en su camino, y aun cuando fuere viejo no se apartará de él" (v.6).

Son muchos los testimonios escuchados de hijos cristianos ya ancianos que recuerdan la enseñanza de sus padres, y se mantienen agradando a Dios. Los padres tienen un impacto poderoso en la vida de sus hijos a través de sus palabras y su testimonio de vida.

Es de suma importancia la instrucción en la niñez; que no pase esa etapa sin el aprendizaje y la enseñanza necesarios. Esto ha sido comprendido y aplicado por todas las civilizaciones hasta la actualidad.

Aunque la práctica nos ha demostrado que es posible que los hijos se aparten de lo enseñado, y podamos pensar que el texto no se cumpla a cabalidad; lo que la Biblia nos quiere transmitir como principio es que la enseñanza a los hijos siempre quedará en su corazón, aun cuando quizá la dejen de cumplir en alguna etapa de su vida. No obstante, el deber como padres quedó cumplido. Si se tiene el alto privilegio de ser cristiano y tener hijos pequeños; no deje de sembrar la Palabra de Dios en su vida, y de tener tiempos familiares donde pueda enseñarles a ser un verdadero discípulo de Cristo. Además, es importante que nuestros hijos también vean cómo sus padres aman a Dios, y le sirven a Él. Esto quedará grabado siempre en su corazón.

Conclusión

La Palabra de Dios nos manda a disciplinar a nuestros hijos y no debemos dejar de cumplir con esa responsabilidad. Y como hijos debemos escuchar y honrar a nuestros padres siempre.

Consejos para padres e hijos

Hoja de actividad

Versículo para memorizar: "Cesa, hijo mío, de oír las enseñanzas que te hacen divagar de las razones de sabiduría" Proverbio 19:27.

I. Los hijos necesitan corrección (Proverbios 13:24, 19:18, 22:15, 23:13-14)

Mencione los aspectos estudiados en clase sobre la corrección a los hijos.

_____

_____

Explique con sus palabras uno de esos aspectos.

_____

_____

II. Los hijos tienen deberes hacia sus padres (Proverbios 19:26, 20:20, 30:17)

Mencione los deberes que tienen los hijos hacia los padres.

_____

_____

Explique con sus palabras uno de esos aspectos.

_____

_____

III. Los hijos necesitan instrucción y enseñanza (Proverbios 1:8, 19:27, 22:6)

¿Qué enseñanzas e instrucciones deben enseñar los padres a sus hijos?

_____

_____

¿A quiénes les corresponde la enseñanza de los hijos; y en qué etapa de su vida es fundamental ello?

_____

_____

Conclusión

La Palabra de Dios nos manda a disciplinar a nuestros hijos y no debemos dejar de cumplir con esa responsabilidad. Y como hijos debemos escuchar y honrar a nuestros padres siempre.

Cuatro cosas que Dios odia

Dorothy Bullón (Costa Rica)

Pasajes bíblicos de estudio: Proverbios 20:10,19,22-23,25, 24:29, 25:21-22, 26:20,22

Versículos para memorizar: "Jesús le dijo: Amarás al Señor tu Dios con todo tu corazón, y con toda tu alma, y con toda tu mente. Éste es el primero y grande mandamiento. Y el segundo es semejante: Amarás a tu prójimo como a ti mismo" Mateo 22:37-39.

Propósito de la lección: Que el estudiante descubra la sabiduría práctica que ofrecen los proverbios en cuanto al engaño, el chisme, la venganza y los votos.

Introducción

El libro de Proverbios ofrece profundos conocimientos y una sabiduría excepcional sobre cómo vivir una vida feliz y pacífica, llena de honra y respeto para Dios. Los principios rectores del libro mencionado son estos: "Confía en el Señor con todo tu corazón…" (Proverbio 3:5 NBLA); y "El temor del Señor es el principio de la sabiduría…" (Proverbios 1:7, 9:10 NBLA). En esta lección, se van a estudiar cuatro áreas donde debemos caminar con cuidado en la vida: evitar engañar a la gente, no chismear, no vengarse de la gente, y no hacer votos a la ligera.

I. Engañar al que vende y al que compra (Proverbio 20:10,23)

¿Un kilo de papas pesa siempre 1,000 gramos; o alguien ha alterado la balanza? Cuando se llena el tanque de un carro, ¿se lo hace con un litro de gasolina verdadera; o con un poco de agua? ¿Y qué de la publicidad engañosa? "Coca-Cola, vende felicidad"; McDonald's dice que su comida es "saludable"… Por todos lados, nos venden "bienestar". Nos damos cuenta que el gobierno o los políticos, las empresas y los negociantes, o los medios de comunicación, nos mienten en reiteradas ocasiones. Pareciera que la sociedad considera el engaño como virtud.

El escritor de Proverbios nos advirtió: "Pesa falsa y medida falsa, ambas cosas son abominación a Jehová" (v.10). "Abominación son a Jehová las pesas falsas, y la balanza falsa no es buena" (v.23). El diccionario en línea define la palabra "abominación" de la siguiente manera: "1. Rechazo y condena enérgica de algo que causa repulsión…" (Recuperado de www.google.com/search abominación, el 30 de septiembre de 2019).

Dios se preocupa por las prácticas comerciales. La Biblia ordena pesas y medidas honestas. La sabiduría incluye honestidad e integridad en los tratos financieros y profesionales. La verdad y la rectitud exigen que tratemos cada transacción con precisión y cuidado. Si queremos las bendiciones de Dios, y poder evitar su juicio; entonces tenemos que considerar la advertencia de este proverbio.

El comercio fraudulento, y las pesas y medidas imprecisas son una manera de romper dos de los Diez Mandamientos. Los cristianos nunca deben usar medidas falsas; porque esto implica mentir sobre lo que se está vendiendo. Y además es equivalente al robo; pues adquiere de un comprador más de lo que este debería pagar. Los pesos y las medidas injustos están prohibidos en toda la Escritura (ver Levítico 19:35-36; Oseas 12:7; Amós 8:5-6; Miqueas 6:10-11).

Pregunte: "¿Siempre somos honestos en nuestras transacciones con dinero? ¿Si alguien nos da más vuelto de lo que corresponde, lo devolvemos? ¿Pagamos todos los impuestos con honestidad? ¿Nos alegramos cuando vendemos algo por un costo superior a su valor? ¿Cómo saber que la gente nos está engañando? ¿Qué debemos hacer en estos casos?"

II. Andar en chismes, o con gente chismosa (Proverbios 20:19, 26:20,22)

Un chismoso es aquel que tiene información privilegiada sobre las personas; y revela esa información a aquellos que no tienen por qué saberlo. A todos les gusta una buena historia, ¿verdad? Bueno, no necesariamente. ¿Qué pasa con las personas de la historia? ¿A ellas les gustaría oír lo que estamos diciendo de ellas? Difundir rumores sólo perjudica a otros, y destruye nuestra credibilidad. ¿Quién va a confiar en nosotros cuando piensan que se lo diremos a los demás? Chismear es una manera de juzgar a la gente. Las palabras son poderosas, pueden alentar o destruir. Proverbio 26:22 dice: "Las palabras del chismoso son como bocados suaves, y penetran hasta las entrañas".

En estos tiempos, se observan fuegos forestales de enormes dimensiones causados a veces por un cigarrillo encendido, o un fuego pequeño en un terreno. Santiago 3:5 dice: "Así también la lengua es un miembro pequeño, pero se jacta de grandes cosas. He aquí, ¡cuán grande bosque enciende un pequeño fuego!" El escritor de Proverbios describió el lado positivo del asunto: "Sin leña se apaga el fuego, y donde no hay chismoso, cesa la contienda" (Proverbio 26:20).

Pregunte: ¿Cuáles son los resultados o los efectos del chisme? El chisme malogra las relaciones, destruye la confianza, y el dolor asociado con el chisme se siente después de que se pronuncian las palabras. La Biblia nos advierte sobre el peligro de nuestra lengua cuando la usamos de manera incorrecta; y la describe diciendo de ella que está "llena de veneno mortal" (Santiago 3:7-8). Chismear no tiene sentido. A menudo, nos unimos a una discusión simplemente para sentirnos incluidos; pero no hay beneficio en maltratar a otra persona o difundir rumores.

Dios no creó a los humanos para que se juzguen, y señalen las imperfecciones de todos los demás. De hecho, la Biblia ordena repetidamente que nos amemos unos a otros (Juan 13:34-35); que tratemos a los demás como nos gustaría que nos traten (Mateo 7:12); y que amemos a nuestro prójimo como a nosotros mismos (Mateo 22:39). Aunque somos bendecidos con la libertad de expresión, el plan de Dios para nosotros no incluye una lengua altanera (Gálatas 5:13; Efesios 4:29). Proverbio 20:19 dice: "El que anda en chismes descubre el secreto; no te entremetas, pues, con el suelto de lengua".

Pregunte: ¿Qué hacer cuando alguien viene a decirle: "Sabes, te cuento lo de…"? Si deseamos evitar los chismes; debemos concentrarnos en crear declaraciones útiles y alentadoras. Hay que detener la conversación que trae chismes; y así sabrán que nosotros no escuchamos tales asuntos. Debemos recordar la regla de oro: si no queremos que la gente hable de nosotros; entonces no debemos participar en el chisme.

Pregunte: "¿Es posible chismear en Facebook o WhatsApp? ¿Somos tentados a pasar noticias, que podrían ser falsas, a nuestras amistades? ¿Cómo podemos discernir noticias falsas?"

III. Usar la venganza (Proverbios 20:22, 24:29, 25:21-22)

¿Qué hacer cuando alguien nos hace algo malo? ¿Cómo se siente si el vecino envenena a su perro? ¿O peor aún, cuando un chico de la urbanización viola a su hija? ¿O cuando su esposa sale con otro hombre? ¿O su esposo es mujeriego? El ser humano tiene una reacción normal frente a tales hechos. Se pregunta: "¿Por qué esto? ¿Qué puedo hacer ahora? Odiarlo, lo quiero muerto…" Estas son reacciones humanas; pero siendo nosotros ciudadanos del reino de Dios reflexionemos en cómo debemos reaccionar y actuar.

El principio de represalia lex talionis (la ley del talión) era común tanto en los códigos judíos como en otros antiguos códigos de leyes del Cercano Oriente. La pena judicial de "ojo por ojo, diente por diente" se establece en Éxodo 21:24 como un medio para poner fin a las disputas, es decir, como un castigo judicial. Pero no debemos tomar la ley en nuestras propias manos. Proverbio 24:29 nos advierte: "No digas: Como me hizo, así le haré; daré el pago al hombre según su obra". La Biblia tiene mucho que decir acerca de la venganza. Tanto en el hebreo como en el griego, las palabras que se traducen como "venganza" o "revancha", significan devolver mal por mal. Sin embargo, Dios se reserva para sí mismo el derecho a hacer justicia ("vengarse"): "No os venguéis vosotros mismos, amados míos, sino dejad lugar a la ira de Dios; porque escrito está: Mía es la venganza, yo pagaré, dice el Señor" (Romanos 12:19; ver también Deuteronomio 32:35 y Hebreos 10:30). Como cristianos, tenemos que seguir el mandato del Señor Jesús: "… Amad a vuestros enemigos, bendecid a los que os maldicen…" (Mateo 5:44), dejando la "venganza" a Dios.

Hay dos casos/ejemplos en el Antiguo Testamento que ilustran lo terrible que puede ser la venganza. En Génesis 34, leemos la historia de Dina, una hija del patriarca Jacob, que fue violada por un príncipe cananeo llamado Siquem. Enamorado de Dina, luego Siquem pidió su mano en matrimonio al patriarca Jacob (v.8); pero los hermanos de Dina se llenaron de deseos de venganza. Simeón y su hermano Leví engañaron a los hombres de la ciudad diciendo que primero tenían que circuncidarse antes del matrimonio (vv.13-15). Los cananeos obedecieron en buena fe; mas cuando estaban débiles y con dolor, los hijos de Jacob se vengaron violentamente de ellos atacándoles y matándolos (v.25). Hicieron una injusticia sin medida en toda la comunidad, y terminaron como enemigos.

En Jueces 14 y 15, Sansón se vengó cruelmente de los filisteos; porque se burlaron de él. En ambos casos, se hicieron de enemigos no sólo personales; sino también para su pueblo. Proverbio 20:22 dice: "No digas: Yo me vengaré; espera a Jehová, y él te salvará".

Pero el libro de Génesis nos narra otra historia (Génesis 37-47). José, hijo de Jacob, por envidia, fue vendido por sus hermanos como esclavo a los ismaelitas quienes a su vez lo vendieron después en el mercado de esclavos en Egipto. La Biblia narra cómo sufrió José en Egipto, y cómo después llegó a ser el vicerregente (gobernador) encargado de distribuir los granos en tiempos de hambruna. Hay una escena bella en el último capítulo de Génesis, versículos 15 al 21. Los hermanos de José, al morir su padre Jacob, tuvieron miedo de que José se vengue de ellos; pero él, en lugar de vengarse, los perdonó. Proverbio 25:21-22 dice: "Si el que te aborrece tuviere hambre, dale de comer pan, y si tuviere sed, dale de beber agua; porque ascuas amontonarás sobre su cabeza, y Jehová te lo pagará". En la cruz, Jesús oró: "... Padre, perdónalos, porque no saben lo que hacen..." (Lucas 23:34a). Orar por nuestros enemigos, perdonarlos, y poner las cosas en las manos de Dios es el sabio consejo de la Biblia.

IV. Hacer votos a la ligera (Proverbio 20:25)

Proverbio 20:25 dice: "Es peligroso que el hombre le prometa algo a Dios y que después reconsidere su promesa" (DHH). Eclesiastés 5:4 dice: "Cuando hagas una promesa a Dios, no tardes en cumplirla, porque a él no le agradan los necios. Cumple lo que prometes" (DHH). ¿Cuántos de nosotros hemos pasado al altar conmovidos por un mensaje, y hemos dicho: "Señor, si me ayudas; yo prometo..."? O tal vez, una familia decida dar sus diezmos y ofrendas al Señor; pero con el pasar del tiempo, ya no lo hacen. También en nuestro matrimonio hicimos votos de fidelidad y de mutuo cuidado. Algunas personas decidieron dedicar sus vidas a Dios y su servicio; mas atraídos por los negocios, se olvidaron de su promesa.

En la Biblia, leemos muchas promesas que Dios hace en nuestro favor, y las cuales siempre tienen condiciones. Y Dios cumple lo que promete. La narración bíblica menciona casos de votos cumplidos. Ana prometió que si tuviera un hijo lo dedicaría al Señor (1 Samuel 1:11). Cuando el bebe nació, Ana cumplió su promesa: "Por este niño oraba, y Jehová me dio lo que le pedí. Yo, pues, lo dedico también a Jehová; todos los días que viva, será de Jehová. Y adoró allí a Jehová" (1 Samuel 1:27-28). El rey David prometió que no descansaría hasta encontrar un hogar para el Señor y construir el tabernáculo (Salmo 132:2-5).

El proverbio de estudio nos advierte de no prometer algo que no debemos, o no habremos de cumplir. Jefté hizo un voto precipitado a Dios diciendo que haría un holocausto a Dios de lo primero que saliera de su casa cuando regresara a esta, si Dios le daba la victoria en la batalla. Cuando regresó a casa victorioso, su única hija fue la primera en salir corriendo y saludarlo (Jueces 11:29-40). El voto de Jefté fue precipitado y en contra de la voluntad de Dios; ya que el sacrificio humano era un pecado (Deuteronomio 12:30-31).

En el Nuevo Testamento, vemos a Pedro en la última cena prometiendo seguir a Jesús hasta las últimas consecuencias; pero Él le advirtió que esa misma noche iba a negarle (Mateo 26:33-35). Ananías y Safira prometieron dar un monto de su dinero; pero escondieron una parte con fatales consecuencias (Hechos 5:1-11).

Jesús, en el Sermón del Monte, aconsejó a simplemente no hacer votos: "... No juréis en ninguna manera; ni por el cielo, porque es el trono de Dios; ni por la tierra, porque es el estrado de sus pies; ni por Jerusalén, porque es la ciudad del gran Rey. Ni por tu cabeza jurarás, porque no puedes hacer blanco o negro un solo cabello. Pero sea vuestro hablar: Sí, sí; no, no; porque lo que es más de esto, de mal procede" (Mateo 5:34-37; ver también Santiago 5:12). Tanto Jesús como Santiago dijeron que es mejor no hacer ningún voto, que hacer un voto y no cumplirlo.

Tampoco debemos engañar a nuestros hijos prometiéndoles cosas; y luego olvidarnos de nuestra promesa. Es importante en un mundo que se ha llenado de ruido y palabras ociosas, estar al tanto de lo que estamos prometiendo al Señor, a nuestro cónyuge, a nuestra familia y aun al mundo. Debemos ser sabios en cómo usamos nuestras palabras. Pregunte: "¿Es pecado romper un voto o promesa? ¿Puede un cristiano jurar como testigo en una corte con la mano sobre la Biblia?"

Conclusión

La santidad implica andar en amor, ser lleno del Espíritu de Dios para mostrar en nuestras vidas el fruto del Espíritu. Una persona que camina cerca del Señor deberá abstenerse de participar en chismes; no se vengará de las personas que la atacan o la tratan mal; será escrupulosamente honesta en todas sus transacciones; y no prometerá lo que no podrá cumplir.

Cuatro cosas que Dios odia

Hoja de actividad

Versículos para memorizar: "Jesús le dijo: Amarás al Señor tu Dios con todo tu corazón, y con toda tu alma, y con toda tu mente. Éste es el primero y grande mandamiento. Y el segundo es semejante: Amarás a tu prójimo como a ti mismo" Mateo 22:37-39.

I. Engañar al que vende y al que compra (Proverbio 20:10,23)

¿Por qué es importante ser justos en todos nuestros negocios?

_____

_____

¿Cuáles dos mandamientos se rompen cuando falsificamos las pesas?

_____

II. Andar en chismes, o con gente chismosa (Proverbios 20:19, 26:20,22)

¿Cuáles son los efectos de los chismes en la sociedad?

_____

¿Cómo evitar el escuchar chismes?

_____

III. Usar la venganza (Proverbios 20:22, 24:29, 25:21-22)

¿Por qué Dios prohíbe que nos venguemos de nuestros enemigos?

_____

¿Cuál es la enseñanza bíblica acerca del trato con nuestros enemigos? (Deuteronomio 32:35; Mateo 5:44; Romanos 12:19 y Hebreos 10:30).

_____

IV. Hacer votos a la ligera (Proverbio 20:25)

¿En qué momentos hacemos votos o promesas?

_____

¿Qué dicen Jesús y Santiago acerca de hacer promesas?

_____

¿Alguna vez usted ha hecho una promesa al Señor? ¿La cumplió? Tome unos momentos para reflexionar en su actuar.

Conclusión

La santidad implica andar en amor, ser lleno del Espíritu de Dios para mostrar en nuestras vidas el fruto del Espíritu. Una persona que camina cerca del Señor deberá abstenerse de participar en chismes; no se vengará de las personas que la atacan o la tratan mal; será escrupulosamente honesta en todas sus transacciones; y no prometerá lo que no puede cumplir.

Una vida sin alcohol

Noemi Santiago Anzueto y Nemias Morales (México)

Lección 10

Pasaje bíblico de estudio: Proverbio 23:29-35

Versículos para memorizar: "No mires al vino cuando rojea, cuando resplandece su color en la copa. Se entra suavemente; mas al fin como serpiente morderá, y como áspid dará dolor" Proverbio 23:31-32.

Propósito de la lección: Que el estudiante conozca las consecuencias del consumo de alcohol para la vida espiritual, física, psicológica, emocional, familiar y social; y tome la decisión de no ingerir bebidas alcohólicas, para poder conducirse santo a la presencia de Dios.

Introducción

El alcohol es una de las drogas que, por su fácil obtención y poderosa propaganda que recibe, se ha convertido en un verdadero problema social. Hablar del alcohol en el mundo cristiano siempre es un tema que causa debate. Unos están a favor de su uso con medida; y otros, de una abstinencia total. Aunque la Biblia no prohíbe explícitamente el consumo de alcohol; no se puede negar que existen varios pasajes bíblicos que recomiendan mantenerse alejado de esta sustancia. De modo que, sin lugar a dudas, la Palabra de Dios condena la embriaguez y sus efectos.

La Organización Mundial de la Salud (OMS) brinda datos estadísticos de la situación global del consumo de alcohol (Información resumida de https://www.who.int/substance_abuse/publications/global_alcohol_report/en/, el 14 de noviembre de 2019). He aquí algunos de esos datos:

- 1 de cada 20 muertes en el mundo está asociada al alcohol.
- De todas las muertes atribuibles al alcohol, el 28% se debe a lesiones causadas por accidentes de tránsito, por autolesiones como el suicidio, o por violencia interpersonal.
- El 21% de las muertes vinculadas al alcohol se debió a trastornos digestivos; y el 19%, por enfermedades cardiovasculares.

En la región de América, el 22% de todas las muertes por lesiones son atribuibles al consumo de alcohol. La realidad en América Latina muestra que los bebedores más incidentes son los adolescentes. La estadística muestra que más de una cuarta parte de los jóvenes de 15 a 19 años de todo el mundo (lo que equivale a un 27%) bebe alcohol.

Ante esta realidad, deberíamos preguntarnos cuáles son las causas por las que cada vez más jóvenes a muy temprana edad se están iniciando en el consumo de las bebidas alcohólicas y otras sustancias adictivas.

I. Perfil del alcohólico (Proverbio 23:29-30)

Una persona que sufre de alcoholismo en la actualidad es considerada como una persona enferma. Las características que suele tener una persona alcohólica las describió perfectamente el escritor en el libro de Proverbios. Así pues, en Proverbio 23:29, describió que una persona que bebe demasiado tiende a volverse quejumbrosa, sufrida, angustiada, triste, además de presentar moretones sin motivos. Al principio, el alcohólico comienza con una cerveza o una copa, después toma dos, y así sucesivamente, hasta que hace efecto en su cuerpo; y llega un momento en que la sustancia consumida desinhibe a la persona. En ese estado, el individuo puede volverse violento, irrespetuoso o tener diferentes maneras de comportamiento. Al siguiente día, algunas personas sienten culpabilidad por lo que han cometido.

Actualmente, los psicólogos también han determinado cuáles son las características que definen a un alcohólico. La revista científica "Consejo Estatal Contra las Adicciones del Estado de Querétaro", México, publicó algunos rasgos de personalidad de alguien que consume alcohol. Dichas características son las siguientes:
- Inmadurez emocional
- Dependencia emocional
- Necesidad de llamar la atención
- Incapacidad para amar, para dar y recibir. Sin embargo, puede hablar muy bien del amor, como sucede en el caso de poetas, escritores y compositores alcohólicos.
- Problemas sexuales tales como homosexualidad latente, promiscuidad o inseguridad sexual
- Soledad existencial. Se siente solo, escéptico, indiferente, y ajeno a todo. Compensa esta situación rodeándose de personas que le den "por su lado", y lo admiren.
- Impulsividad. Actúa por impulsos cortos. No es constante, no persevera casi en nada.
- Vive en un mundo de fantasía, el cual sueña con frecuencia.

- El alcohólico tiene un miedo vago a todo y a nada: una angustia existencial. Como consecuencia y compensación a sus miedos, puede desarrollar una conducta agresiva.
- Incapacidad para integrarse. Como el alcohólico está desintegrado interiormente, no se acepta a sí mismo y se evade. Tampoco puede integrarse a un grupo (a menos que sea para tomar).
- Es muy sensible emocionalmente; todo lo conmueve. Los demás consideran a veces que los alcohólicos son fuertes; pero en realidad, son frágiles y endebles. Lo que ocurre es que el consumo del alcohol los lleva a una anestesia emocional.
- Incapacidad de tolerancia a la frustración. Es introvertido, tímido e inseguro. Ante un fracaso, genera resentimiento hacia otras personas y autocompasión. Se siente a la vez culpable y víctima; y en suma, desdichado.
- Incapacidad de tolerancia al sufrimiento. No se enfrenta a él mismo; sino que se evade.

El proverbista nos recordó muchos de los efectos nocivos del alcohol. Estos traen dolor y tristeza, contiendas y quejas, heridas y enrojecimiento de ojos (Proverbio 23:29). La ingesta de bebidas embriagantes traerá estas penas y un sinnúmero de tragedias a la vida de la persona.

II. La tentación del alcohólico (Proverbio 23:31-32)

Actualmente, el sector más vulnerable al consumo del alcohol son los adolescentes; debido a que en la etapa que están viviendo existen constantes cambios en todas las áreas de su vida. El consumo de bebidas alcohólicas en las reuniones sociales es frecuente en muchos lugares del mundo. Todos sabemos que el pecado nos aleja de Dios; de modo que tristemente, el ser humano que vive bajo el poder del mal vive sin la capacidad de vencer la tentación. Pero en Cristo, el ser humano recibe el poder del Espíritu Santo para salir vencedor de la tentación (1 Corintios 10:13; 2 Timoteo 1:7). Esta es tan sutil; pues puede presentarse ya sea de parte de un amigo o un familiar que invita a probar, en un ambiente festivo o "inofensivo", un vaso de bebida alcohólica. Y además dicha "invitación" se da en las presiones personales y sociales, en las que el individuo se ha desarrollado.

La bebida embriagante también funciona como las drogas. Esto, porque genera una reacción en el sistema nervioso que hará que la persona quiera ingerir más de dicha sustancia; y llega un punto en que un poco ya no es suficiente. Así, el vino puede ser agradable en muchos niveles: en cómo se ve, huele, sabe y hace sentir. No obstante, estos aspectos "agradables" nunca justifican su uso (Proverbio 23:31-35). La imagen que presenta el texto bíblico es de aquellos que ingieren bebidas alcohólicas, y se han emborrachado con ellas; y que siempre están buscando que les sirvan más de esa bebida, es decir, los que van buscando la mistura (v.30).

El consumo de cualquier cantidad de alcohol, sea en forma de vino o cualquier otra bebida, con la intención de relajarnos es una tentación cuyo fin es atentar contra nuestra integridad. Se dice que un poco de vino es saludable para el organismo; pero el testimonio para los que han salido del alcoholismo debe ser parte de nuestro amor al prójimo. Aun cuando sea un consumo moderado en nuestro contexto latinoamericano, donde tanto daño ha hecho el consumo de esta sustancia, la comunidad de fe debe ser restauradora y ayudar a los que luchan por salir de esta práctica; ya que batallan constantemente contra la tentación de las bebidas alcohólicas. Como lo describió el sabio Salomón, tal sustancia pica como un veneno que lleva a los ojos a ver cosas extrañas, y al corazón a preferir cosas perversas (v.33). Para vencer la tentación, debemos tomar la decisión de ser fieles a Dios, de huir de ella, buscar la ayuda del Espíritu Santo y de la familia de Cristo, como apoyo en medio de las flaquezas; a fin de que no pequemos contra Dios.

III. Algunas consecuencias del alcoholismo (Proverbio 23:33-35)

Proverbio 23:33 dice: "Tus ojos mirarán cosas extrañas, y tu corazón hablará perversidades". El alcoholismo altera el estado físico, emocional y espiritual de las personas. La lengua crece rebelde; el corazón pronuncia cosas contrarias a la razón, a la religión y a la cortesía común.

Los siguientes versículos dicen: "Serás como el que yace en medio del mar, o como el que está en la punta de un mastelero. Y dirás: Me hirieron, mas no me dolió; me azotaron, mas no lo sentí; cuando despertare, aún lo volveré a buscar" (vv.34-35). La persona que ingiere bebidas alcohólicas se ahogará en su pecado y miseria si no le da la oportunidad a Cristo de transformarlo. El único pensamiento del que consume bebidas alcohólicas gira en torno a buscar otro trago: "… cuando despertare, aún lo volveré a buscar" (v.35). Este versículo nos muestra sobre el temperamento y condición de una persona alcohólica. Su anhelo es más de lo mismo: alcohol. La agencia del departamento de salud y servicios humanos C.D.C indica que las consecuencias que puede acarrear para sí un alcohólico son las siguientes:

• Físicas: cáncer, enfermedades en el hígado, cefaleas, diabetes, gastritis, problemas cardiovasculares, insomnio, pancreatitis, apoplejía (es decir, un infarto o una hemorragia cerebral), deficiencias nutricionales, degeneración cerebral, disfunción eréctil, entre otras.
• Psicológicas: depresión, ansiedad, ira, celotipia (imposibilidad de controlar los celos), epilepsia, psicosis y demencia alcohólica.
• Sociales: desestructuración familiar, problemas laborales, problemas económicos, accidentes, maltrato, etc.

Como podemos observar, las consecuencias del consumo de bebidas embriagantes producen una destrucción total en la vida del ser humano y de las personas de su entorno. El alcohol no sólo daña la salud física; sino que destruye familias. Los padres alcohólicos dan un mal ejemplo a sus hijos; y llevan una vida de pareja que termina muchas veces en divorcio, y lo cual genera otros males, como la violencia doméstica e intrafamiliar.

El Dr. Jaime Ponce Alcocer hizo una publicación titulada "Los estragos del alcoholismo en la familia". En este escrito, dice que el alcohólico tiende a volverse agresivo y destructivo no sólo con él mismo; sino con toda su familia y su entorno social. Cuando hay un alcohólico dentro de la familia, "todos se enferman"; unos consumiendo alcohol y otros tratando de evitarlo. Él escribió también que las consecuencias que produce en la familia una persona alcohólica son temor, tensión, estrés, discusiones, incumplimiento, culpabilidad, reproches, incomunicación y secretos. Esto puede llegar a afectar el desarrollo de los hijos; y aunque el alcoholismo no es hereditario, los hijos de un alcohólico tienden a padecer el mismo trastorno.

El consumo de alcohol sólo ofrece un consuelo temporal. La verdadera solución solamente la encontramos cuando entendemos el mal que nos hace y buscamos la ayuda de Dios.

IV. Tomando una decisión sabia (Proverbio 20:1)

Proverbio 20:1 dice: "El vino es escarnecedor, la sidra alborotadora, y cualquiera que por ellos yerra no es sabio". Cuando una persona ha caído en el alcoholismo, es muy difícil salir de esa condición. Se cree por los psicólogos que esta enfermedad no es curable. Un alcohólico siempre será alcohólico; pero puede aprender a vivir cada día tomando la decisión de no caer nuevamente. Es una restauración de su modo de vida; un cambio en sus relaciones interpersonales; y una constante lucha por no recaer.

Proverbios invita a actuar con sabiduría; es de necios continuar en el estado de embriaguez. Por el contrario, salir de esta adicción es un acto de valientes y de sabiduría.

Como se ha presentado en esta lección, quien está sumergido en este vicio hace que su vida y la de su familia estén en destrucción. El dejar de consumir bebidas alcohólicas no sólo es un acto de la voluntad humana; es un acto de restauración total donde la gracia de Dios puede transformar la realidad del adicto y de su familia. El poder del Espíritu Santo es fortaleza para el vicioso para que pueda salir de esa condición. Esto es una restauración espiritual por la gracia de Cristo Jesús para salvación de la persona. También es un proceso de restauración de las emociones tan dañadas del individuo, dándole la seguridad de que es un hijo de Dios; y haciéndole ver a través del Espíritu Santo que no está solo, que no lucha solo.

Nuestro Señor Jesús desea restaurar la familia, el vínculo conyugal que fue destruido por causa del consumo del alcohol; desea restaurar la relación padres-hijos, y las vidas de estos últimos que tanto daño sufren al ver a un familiar sumergido en este vicio. Asimismo, nuestro Dios desea restaurar la economía del hogar afectado brindando sabiduría para una buena mayordomía de las finanzas; desea además restaurar el tiempo. A partir de ahí, es tiempo que se comienza a usar sabiamente para pasar con la familia, o invertirlo en cosas productivas. Y también desea restaurar el desempeño en el trabajo; pues cuando uno es libre de este vicio, sin duda, su desempeño laboral comenzará a ser mejor.

Dios puede transformar la realidad del alcohólico, sea este joven, adulto, anciano, mujer o varón. El anhelo de nuestro Salvador es que podamos ser libres de la esclavitud que esta bebida ocasiona; pero también la iglesia debe ser una comunidad de apoyo, de perdón y de restauración. La iglesia debe ayudar a las personas que vienen a ella luchando con estas adicciones; ser una comunidad de acompañamiento, de comprensión y paciencia; y generar un ambiente de confianza para la familia.

Conclusión

El alcoholismo es un problema social muy serio. Ha lastimado la vida de las personas que caen en él, afectando su desarrollo físico, social, familiar, emocional y psicológico. La iglesia, como comunidad de fe, debe abrir sus brazos de amor a aquellos que están luchando contra este problema de adicción; y ayudarlos en su proceso de restauración familiar, y en el proceso de intimar con Dios cada día. En el poder del Espíritu de Dios, es posible ser vencedores.

Una vida sin alcohol

Hoja de actividad

Versículos para memorizar: "No mires al vino cuando rojea, cuando resplandece su color en la copa. Se entra suavemente; mas al fin como serpiente morderá, y como áspid dará dolor" Proverbio 23:31-32.

I. Perfil del alcohólico (Proverbio 23:29-30)

¿Cuáles son las características que identifican a una persona alcohólica?

_____

_____

¿Por qué no debemos de embriagarnos? (v.30).

_____

_____

II. La tentación del alcohólico (Proverbio 23:31-32)

¿Qué consecuencias trae desear el consumo de vino? (v.31)

_____

_____

¿Cómo podemos vencer la tentación de ingerir bebidas alcohólicas?

_____

_____

III. Algunas consecuencias del alcoholismo (Proverbio 23:33-35)

Como iglesia, ¿cómo podemos ayudar a las personas que llegan con este vicio del alcoholismo a nuestras comunidades de fe?

_____

_____

¿En quién encontramos verdadera sanidad y liberación de toda adicción a las bebidas alcohólicas?

_____

IV. Tomando una decisión sabia (Proverbio 20:1)

Frente a comentarios o sentencias de muchas personas que dicen que un alcohólico nunca podrá dejar el vicio en el que está sumergido, ¿qué debemos decir y/o hacer nosotros como hijos de Dios y a la luz de la Biblia?

_____

Conclusión

El alcoholismo es un problema social muy serio. Ha lastimado la vida de las personas que caen en él, afectando su desarrollo físico, social, familiar, emocional y psicológico. La iglesia, como comunidad de fe, debe abrir sus brazos de amor a aquellos que están luchando contra este problema de adicción; y ayudarlos en su proceso de restauración familiar, y en el proceso de intimar con Dios cada día. En el poder del Espíritu de Dios, es posible ser vencedores.

El corazón que tiene odio

Eudo Prado (Venezuela)

Pasaje bíblico de estudio: Proverbio 26:24-26

Versículo para memorizar: "El que odia disimula con sus labios; mas en su interior maquina engaño" Proverbio 26:24.

Propósito de la lección: Que el alumno aprenda a no idealizar a las personas en base a sus palabras; sino que considere sus verdaderas intenciones.

Introducción

"La redacción de los proverbios que se encuentran en los caps. 25-29 es el trabajo de los sabios en el tiempo de Ezequías, unos 250 años después del reinado de Salomón" (*Comentario Bíblico Mundo Hispano, tomo 9: Proverbios, Eclesiastés y Cantares*. EE. UU.: Editorial Mundo Hispano, 1995, p.26).

Quizá esta recopilación de dichos sabios estuvo relacionada con el interés del rey Ezequías en la renovación del culto (2 Crónicas 30); y en que los mismos (proverbios) fueran leídos y enseñados públicamente por los levitas.

Dios trajo gran prosperidad a este rey cuando dispuso su corazón para obedecer a Dios; y lo hará con nosotros también, si seguimos su ejemplo.

Cabe señalar también el propósito didáctico del pasaje de estudio. Su finalidad principal es enseñarnos a ser prudentes en nuestras relaciones con otras personas. Esto, en el entendido de que no siempre hay sinceridad en las palabras; sino que algunas veces suelen esconder malas intenciones.

I. El engaño de las palabras bonitas (Proverbio 26: 24a)

Las palabras son falsas cuando no tienen congruencia con las acciones de quien las pronuncia. Esta es la idea reiterada en la primera parte de los tres versículos de estudio (vv.24-26).

A. Palabras disfrazadas de bondad

La primera mención del versículo 24 es acerca de la persona que simula bondad o amistad, cuando en realidad esconde malas intenciones.

En los tiempos bíblicos, este tipo de actitud era muy común en la sociedad. Quizá fue uno de los males más reiterados en las relaciones entre los reyes y dignatarios

en el Antiguo Testamento; aunque también se presentaba en las relaciones cotidianas (cf. Génesis 34; Jueces 4:17-21).

En el mundo de hoy, donde las relaciones entre las personas son cada vez más triviales y carentes de compromiso, el mensaje contenido en estos proverbios tiene una gran pertinencia.

La conversación amable es el medio que usa la persona para disimular el odio que tiene odio para disimularlo. Este es el cuadro que nos presenta el pasaje bíblico de estudio: "La falta de sinceridad en las muestras que los hombres hacen de amistad, y el uso que de esas apariencias hacen para sus maquinaciones perversas, se presentan aquí como algo corriente (v.24): El que odia a su prójimo y planea hacerle algún perjuicio, pero disimula (oculta sus intenciones) con sus labios, y habla amablemente, como Caín con Abel, este hombre, *maquina engaño en su interior* esto es, guarda en su mente el mal que intenta hacer a su prójimo" (Henry, Matthew. *Comentario Bíblico de Matthew Henry*. España: Editorial CLIE, 1999, p.699).

Advirtiendo este mismo mal, Jesús instruyó a sus discípulos a no poner una confianza excesiva en las personas que no tienen temor de Dios; sino a ser prudentes en sus relaciones. Les enseñó a no ser ingenuos; sino a considerar la maldad presente en el mundo, y a ser "prudentes como serpientes, y sencillos como palomas" (Mateo 10:16).

Por su parte, el apóstol Pablo habló de hombres esclavos de "las concupiscencias de sus corazones"; llenos hasta rebosar de toda forma de vicios, entre los cuales mencionó también los "engaños y malignidades" (Romanos 1:29). Esta es, sin duda, la condición del mundo en que vivimos. Siendo que algunas personas son muy hábiles para usar su lengua en detrimento de los demás y en beneficio propio; nos conviene atender urgentemente estos principios morales.

Reflexione en lo siguiente: "¡Cuántas veces hemos visto cómo un falso enamorado, por medio de lindas palabras, ha embaucado a una jovencita ingenua, arrastrándola a acciones inapropiadas que luego ella ha lamentado amargamente!" Algunos vendedores hábiles, con mucha sagacidad de palabras, venden cualquier cosa innecesaria o de mala calidad a las personas fácilmente manipulables. Aun, muchas congregaciones han sido trastornadas por algún individuo que, a través de palabras engañosas, llega a causar divisiones. Y así pudiéramos mencionar infinidad de ejemplos de la vida cotidiana sobre el asunto. De allí la importancia de escuchar el sabio consejo de la Palabra de Dios contenido en estos hermosos proverbios.

Puesto que las palabras no siempre son sinceras, y pueden llevar malas intenciones escondidas detrás de ellas, la sabiduría bíblica nos aconseja a no confiarnos de buenas a las primeras. Debemos dar cierto tiempo prudencial para comprobar si realmente son palabras verdaderas.

B. Un sabio consejo a los jóvenes

Estos consejos contenidos en los proverbios de estudio son necesarios especialmente a las nuevas generaciones que carecen de la experiencia requerida para conducirse en ciertas áreas importantes de la vida. Por ejemplo, una nueva amistad, un noviazgo o matrimonio decidido apresuradamente, o una asociación comercial sin conocer lo suficientemente a la otra persona, pueden resultar en un "fiasco" y traer gran sufrimiento.

La Palabra de Dios, que es llena de sabiduría, nos aconseja sobre cada aspecto de la vida; pero algunas veces, hacemos caso omiso de sus advertencias.

"La educación proverbial espera ahorrar a los jóvenes muchos momentos de tragedia y de dolor que son productos del engaño de los diversos malvados. A través de todo el libro de Proverbios se puede sentir este espíritu de urgencia. El maestro de la sabiduría sabe que se trata de la salvación y la perdición de una vida. Se transforma en el heraldo del evangelio de la sabiduría divina, base para la vida exitosa" (Carro, Poe y Zorzoli (editores). *Comentario Bíblico Mundo Hispano, tomo 9: Proverbios, Eclesiastés y Cantares.* EE. UU.: Editorial Mundo Hispano, 1995, p.46).

Pregunte: ¿Qué debemos hacer para evitar el engaño en un mundo tan falso? Una medida importante que podemos tomar es sopesar suficientemente la calidad moral de las personas con quienes nos relacionemos, basándonos no en las palabras que son tan fáciles de decir; sino en el conjunto de sus acciones. Seguramente, así nos evitaremos mucho dolor y sufrimiento, tanto a nosotros mismos como a otros; porque casi siempre las cosas que nos acontecen afectan a muchas personas, especialmente a nuestra familia.

II. El corazón falso esconde cosas feas (Proverbio 26:24b,25b)

El punto anterior nos ha mostrado que, detrás de las expresiones amigables de ciertas personas, puede haber escondido un mundo de malas intenciones. El corazón del hombre es muy hábil para esconder el engaño. En esta parte de la lección, estudiaremos las expresiones finales de los versículos 24 y 25: "… mas en su interior maquina engaño… porque siete abominaciones hay en su corazón", las cuales profundizan el sentido de lo que el proverbista quiere enseñarnos.

A. Sólo Dios conoce el corazón engañoso

En cuanto al engaño presente en el corazón del ser humano, es necesario mencionar que este es un tema reiterado de las Sagradas Escrituras.

La Biblia dice:"Engañoso es el corazón más que todas las cosas, y perverso; ¿quién lo conocerá? Yo Jehová, que escudriño la mente, que pruebo el corazón…" (Jeremías 17:9-10). Sólo Dios puede conocer realmente lo que esconde el corazón de una persona. Por eso, únicamente con la ayuda de su Palabra y del Espíritu Santo podemos enfrentar el corazón engañoso.

A veces, nos encontramos en una relación con alguien que nos genera dudas, o nos sentimos víctimas de algún engaño. En casos como estos, la oración es un medio poderoso que puede alcanzarnos la victoria. A través de la oración, podemos pedirle a Dios sabiduría y discernimiento espiritual. Necesitamos vestirnos de toda la armadura de Dios para enfrentar las maquinaciones de Satanás (Efesios 6:13), el padre de mentira (Juan 8:44). Dios puede darnos el discernimiento necesario para reconocer un espíritu engañoso y la sabiduría requerida para librarnos de su astucia. Sólo necesitamos confiar nuestras dudas a Dios. Proverbio 3:5 dice:"Fíate de Jehová de todo tu corazón, y no te apoyes en tu propia prudencia".

B. El engaño nace de un corazón corrompido

La parte final de Proverbio 26:25 es de gran importancia para el entendimiento del pasaje de estudio. Dice: "… porque siete abominaciones hay en su corazón".

El número "siete" es sumamente significativo en la Biblia. Básicamente, es el número que indica plenitud o totalidad. "Es un número sagrado entre los pueblos del Oriente Medio… Son innumerables las ocasiones en que se usa este número como simbólico y sagrado" (Lockward, Alfonso. Nuevo Diccionario de la Biblia. EE. UU.: Editorial Unilit, 1992, p.758).

La otra palabra clave es "abominaciones". La Biblia habla de ciertas cosas que Dios abomina. Por ejemplo, dice que Él abomina "la lengua mentirosa" y "el corazón que maquina pensamientos inicuos" (Proverbio 6:16).

La palabra "abominación" indica aquello que "produce desagrado o repulsión, sobre todo desde el punto de vista moral y religioso" (Lockward, Alfonso. Nuevo Diccionario de la Biblia. EE. UU.: Editorial Unilit, 1992, p.11).

Podemos observar aquí la idea de una plenitud de corrupción moral, aunque en apariencia la persona se muestre bondadosa. También se observa el principio de que toda simulación o engaño es aborrecido por Dios; considerado como "abominación" para Él.

La idea principal que se presenta en esta parte de la lección es la siguiente: "Hay un contraste entre las palabras del individuo y las siete abominaciones (una corrupción total; ver 6:16–19; Luc. 8:2 para María Magdalena con los siete demonios) en su corazón... Hay un dicho que reza: 'Contra siete vicios hay siete virtudes', así Dios da los recursos para evitar los vicios" (Carro, Poe y Zorzoli (editores). Comentario Bíblico Mundo Hispano, tomo 9: Proverbios, Eclesiastés y Cantares. EE. UU.: Editorial Mundo Hispano, 1995, p.248).

Dios ha prometido prometió santificar el corazón de todo aquel que pone su confianza en Cristo, no importando cuán corrompido haya estado su corazón. La santificación es la purificación del corazón de toda aquella corrupción moral aborrecible por nuestro Dios santo, la cual tenemos arraigada profundamente cuando estamos separados del Señor (Romanos 6:22; 1 Corintios 1:30).

III. Las verdaderas intenciones salen al descubierto (Proverbio 26:26)

En su parte final, el pasaje de estudio señala el impacto del odio en las relaciones interpersonales. La expresión "su maldad será descubierta en la congregación" (v.26), puede enseñarnos varias cosas importantes que se estudiarán a continuación.

A. La lengua falsa está llena de veneno

Este tipo de actitudes, como lo es la simulación o hipocresía, suele involucrar e impactar casi siempre a otras personas.

Generalmente, las malas intenciones que algunas personas albergan en su corazón llegan a causar problemas a grupos de amigos, familias, iglesias y comunidades enteras. Algunas veces, desencadenan tan graves conflictos en las relaciones que parece imposible solucionarlos.

A esto mismo hace referencia la frase "raíz de amargura" que se menciona en Hebreos 12:15. Es una mala disposición que no sólo afecta a quien la guarda; sino que envenena las relaciones interpersonales. Cuando la raíz de amargura usa la lengua para canalizar su odio, las palabras se convierten en un arma letal. La lengua pecaminosa está "llena de veneno mortal" (Santiago 3:8).

La afirmación "su maldad será descubierta en la congregación" (Proverbio 26:26b) indica que las situaciones problemáticas que se originan a causa del odio disimulado, muchas veces hacen necesario que la congregación tome partido, o que dichas problemáticas deban ventilarse a nivel público.

¡Cuánto dolor nos evitaríamos si fuésemos más cuidadosos a la hora de dar credibilidad a las personas!

B. El engaño al descubierto

El odio disimulado no soporta el escrutinio de la verdad. En el momento menos pensado, aparece alguna contradicción entre las palabras y las acciones del que engaña. Jesús dijo que no puede "el árbol malo dar frutos buenos" (Mateo 7:18). De este mismo modo, el engaño no puede mantenerse en el tiempo; aunque es lamentable que muchas veces sea descubierto cuando ya ha causado muchos males.

La persona hipócrita inevitablemente está destinada a la condena moral pública, la cual casi siempre es muy vergonzosa.

Con relación a Proverbio 26:26, el comentarista Matthew Henry dijo: "Alguien ha dicho que el amor es la mejor armadura, pero el peor manto, y quienes se lo ponen con engaño sacarán de él el mismo provecho que sacó Acab cuando se disfrazó, pero no pudo evitar la muerte" (Henry, Matthew. Comentario Bíblico de Matthew Henry. España: Editorial CLIE, 1999, p.699).

"Finalmente, el v.26 muestra que la verdad vence, afirmando el dicho popular: 'La verdad como el aceite también sale a la superficie', aquí en la congregación o asamblea, públicamente" (Carro, Poe y Zorzoli (editores). Comentario Bíblico Mundo Hispano, tomo 9: Proverbios, Eclesiastés y Cantares. EE. UU.: Editorial Mundo Hispano, 1995, p.248).

Esto también destaca la importancia del consejo y la vigilancia de las personas mayores. La vejez, generalmente, representa experiencia; porque "En los ancianos está la ciencia, y en la larga edad la inteligencia" (Job 12:12). De modo que el consejo de los ancianos puede ayudarnos a evitar el engaño. Muchas veces, rechazamos la orientación o el consejo de personas experimentadas por pretender ser independientes; y caemos en una actitud de autosuficiencia que no nos conviene. La Palabra de Dios nos exhorta: "Retén el consejo, no lo dejes; guárdalo, porque eso es tu vida" (Proverbio 4:13).

Conclusión

Quien oculta sus malas intenciones tras una fachada de aparente bondad, engañando a su prójimo con palabras hipócritas, no quedará sin castigo; pues la Biblia dice que Dios "de ningún modo tendrá por inocente al malvado" (Éxodo 34:7).

El corazón que tiene odio

Hoja de actividad

Versículo para memorizar: "El que odia disimula con sus labios; mas en su interior maquina engaño" Proverbio 26:24.

I. El engaño de las palabras bonitas (Proverbio 26:24a)

¿Cuál es el medio principal que usa la persona que tiene odio para disimularlo?

_____

_____

¿Qué espera la educación proverbial con relación a los jóvenes?

_____

_____

II. El corazón falso esconde cosas feas (Proverbio 26:24b, 25b)

¿Qué podemos pedir a través de la oración para evitar el engaño?

_____

_____

¿Qué indica la palabra "abominación"?

_____

_____

III. Las verdaderas intenciones salen al descubierto (Proverbio 26:26)

¿Qué indica la siguiente expresión: "su maldad será descubierta en la congregación" (v.26b)?

_____

_____

¿Por qué es importante atender el consejo de personas mayores?

_____

Conclusión

Quien oculta sus malas intenciones tras una fachada de aparente bondad, engañando a su prójimo con palabras hipócritas, no quedará sin castigo; pues la Biblia dice que Dios "de ningún modo tendrá por inocente al malvado" (Éxodo 34:7)

Trabajo, fundamento y unión

Jefferson Estévez (Ecuador)

Pasaje bíblico de estudio: Proverbio 30:25-27
Versículo para memorizar: "Ve a la hormiga, oh perezoso, mira sus caminos, y sé sabio" Proverbio 6:6.
Propósito de la lección: Que el estudiante se comprometa a crecer en su vida cristiana.

Introducción

El libro de Proverbios contiene muchos consejos y/o declaraciones breves, pero sabias, acerca de cómo vivir una vida alineada con el propósito bíblico. La sabiduría que contiene este libro escrito en su mayoría por el rey Salomón abarca casi todo aspecto de la vida. Uno de los temas fundamentales en los que se centra Proverbios es la conducta básica de la persona justa; y en la relación debida del ser humano con Dios. Dentro de este libro, podemos encontrar hermosos y profundos pasajes; y sus mensajes siguen refrescando el mundo actual. Al analizar Proverbios, aprenderemos palabras de sabiduría que nos permitirán acercarnos al Señor; y específicamente, por medio del estudio de Proverbio 30:25-27, consideraremos a tres animales de diferentes especies con el fin de que podamos reflexionar en nuestra vida cristiana y encontrar consejo para nuestros días.

I. De las hormigas: su trabajo y preparación para alimentarse y alimentar (Proverbio 30:25)

La versión Traducción en Lenguaje Actual dice: "Las hormigas, insectos muy pequeños que guardan comida en el verano, para tener suficiente en el invierno" (v.25). Este versículo nos enseña que existen aspectos que podemos aplicar de la forma de vida de las hormigas, insectos muy pequeños; pero muy fuertes y trabajadores, ya que se preparan toda su vida. Durante los tiempos de verano, recogen y almacenan sus alimentos (que van a servir para ellos y para sus pequeños); para estar preparados para los días difíciles, cuando el invierno y el alimento escasee. En algunas ocasiones, hemos visto a una hormiga cargar un alimento que es mucho más grande que su estatura, e ir con mucho esfuerzo a través de un camino dificultoso; pero con una meta fija: llegar a su hormiguero y contribuir con alimento para las nuevas generaciones.

Proverbio 6:6 hace esta recomendación: "Ve a la hormiga, oh perezoso, mira sus caminos, y sé sabio". En este versículo, este insecto puede enseñarnos una gran lección de esfuerzo y provisión; pues trabaja tan fuertemente para mantenerse con vida antes de que los tiempos cambien, y así estar preparado. Este es un consejo muy valioso para nosotros; ya que en la vida cristiana debemos de esforzarnos mucho en todas las áreas. Josué 1:9 dice: "Mira que te mando que te esfuerces y seas valiente…"

De las hormigas, podemos aprender su trabajo y preparación.

El esfuerzo es parte del crecimiento en la vida cristiana. Dios le dijo a Josué: "Solamente esfuérzate y sé muy valiente, para cuidar de hacer conforme a toda la ley que mi siervo Moisés te mandó; no te apartes de ella ni a diestra ni a siniestra, para que seas prosperado en todas las cosas que emprendas" (Josué 1:7).

Es necesario mantenernos en los caminos de Dios por medio de la alimentación espiritual de la Palabra. Esta es nuestro alimento y los cristianos están dejando de consumirlo; por eso, vemos a muchos de ellos que no progresan en su vida espiritual, y son arrastrados por el pecado o viven una vida cristiana sin compromiso. La falta de tiempo, el cansancio, la falta de entendimiento son excusas comunes para no alimentarse de la Palabra de Dios. La carencia de una buena alimentación espiritual trae inmadurez, inconstancia y flaqueza en todo momento, y se agudiza más en los momentos difíciles, hasta el punto de extraviar al cristiano del redil del Señor.

A. Las hormigas trabajan muy duro para alimentarse

De esta manera, ellas están preparadas para los días malos. ¡Ellas saben que vendrán temporadas cuando el alimento escaseará; por ello, deben estar preparadas, sino morirán! De la misma manera, los cristianos debemos de esforzarnos y prepararnos por medio del alimento espiritual que es la Palabra de Dios. Juan 6:27 dice: "Trabajad, no por la comida que perece, sino por la comida que a vida eterna permanece…" Este alimento del que se habla en el evangelio de Juan es la promesa de un alimento que nunca se terminará, y el cual trae un regalo que perdurará para la vida eterna. En este tiempo, muchos de los cristianos se alimentan cada vez menos de la comida espiritual; y en momentos de tentación o de prueba, fracasan. No debemos de descuidar nuestra vida espiritual. Debemos de crear en nosotros el hábito de estudiar, leer, escudriñar la Palabra de Dios; y para eso, debemos de esforzarnos en dar la prioridad e importancia debida al alimento espiritual. Las siguientes son pautas que le ayudarán a usted a formar el buen hábito de alimentarse de la Palabra de Dios constantemente.

1. Separe un tiempo diariamente para la lectura de la Biblia.
2. Aléjese de toda distracción que interrumpa su lectura bíblica.
3. Escoja un plan de estudio y/o de lectura de las Sagradas Escrituras.
4. Ayúdese de libros como herramientas para la interpretación bíblica (comentarios bíblicos, mapas, diccionarios bíblicos, entre otros).

B. Preocupación por la vida futura

Debemos de ser muy responsables en ir construyendo un futuro económico o material para los tiempos venideros. Por ejemplo: esforzarnos para cuando llegue nuestra vejez, y tener un seguro médico; por la educación de nuestros hijos; entre otros. No obstante, aunque estos pensamientos son muy valiosos, hay algo mucho más importante que nuestro futuro material, y este es nuestro futuro eterno. Debemos de vivir creciendo espiritualmente de modo permanente, lo cual es testimonio de una vida de adoración y obediencia a Dios. Por tanto, es necesario acercarnos más a Cristo por medio de la comunión constante con Él, y poniendo nuestras vidas al servicio del reino de los cielos. Cristo ha preparado un futuro eterno para sus hijos. Juan 14:2 señala: "En la casa de mi Padre muchas moradas hay; si así no fuera, yo os lo hubiera dicho; voy, pues, a preparar lugar para vosotros". Hay una inimaginable recompensa para los hijos e hijas de Dios que permanecen fieles hasta el final; así que hay que seguir con la mirada puesta en Jesús, y no desmayar hasta obtener el galardón de la vida eterna (Apocalipsis 2:10). Es probable que como cristianos descuidemos esta área muy valiosa de nuestra vida; y si no estamos preparándonos constantemente y alimentándonos adecuadamente, nuestra vida cristiana desfallecerá. Hay que tomar conciencia de que los días malos se acercan. Estos serán tiempos cuando la falsa doctrina, una interpretación manipulada, estarán cada vez más a la mano del cristiano que no se alimenta de la maravillosa Palabra de Dios. Tengamos mucho cuidado de no caer, y separarnos de Dios.

II. De los conejos: sabiduría para refugiarse (Proverbio 30:26)

La Biblia dice: "los tejones, animalitos que por ser indefensos hacen sus cuevas entre las rocas" (v.26 TLA). Los conejos son animales muy débiles y vulnerables; son punto de cacería para las fieras; y además, en tiempos del Antiguo Testamento, eran considerados animales impuros. Levítico 11:5 dice: "El conejo… será impuro para ustedes" (NVI). Este es un animal poco esforzado; pero muy sabio. Así, en muy pocas ocasiones, cava su madriguera; pues la mayoría de veces busca su refugio en las rocas, un lugar donde se siente seguro de todo el peligro que le acecha.

A. Aprendiendo de los conejos

Estos animales por no ser fuertes buscan refugiarse de forma segura, y lo consiguen entre las rocas. De ellos, debemos aprender eso; porque no somos fuertes, y necesitamos resguardarnos en el mejor refugio: el Dios eterno.

B. El Salmo 61:1-2

La Biblia dice: "Oye, oh Dios, mi clamor; a mi oración atiende. Desde el cabo de la tierra clamaré a ti, cuando mi corazón desmayare. Llévame a la roca que es más alta que yo" (vv.1-2). ¡En un clamor desesperado, David elevó una oración cuando su corazón desmayaba; y encontró un lugar seguro! Esa seguridad se encuentra en la roca: Jesucristo.

Pedro hizo una declaración del fundamento del cristiano. Mateo 16:16-18 lo expresa diciendo: "… Tú eres el Cristo, el Hijo del Dios viviente. Entonces le respondió Jesús: Bienaventurado eres, Simón, hijo de Jonás, porque no te lo reveló carne ni sangre, sino mi Padre que está en los cielos… y sobre esta roca edificaré mi iglesia…" La confesión de Pedro: "… el Hijo del Dios viviente", es el fundamento del cristianismo; y este fundamento es Cristo, la roca de la salvación. Sobre Él está edificada nuestra fe, nuestro refugio y salvación.

Como seres humanos, somos presa fácil para el enemigo. Nuestra tendencia pecaminosa nos hace vulnerables a las acechanzas del mal. Debemos reconocer que necesitamos de la roca; pues solos somos incapaces de encontrar refugio en medio de los afanes de la vida. Y es probable que intentemos luchar por nuestros propios medios, buscando la salvación y no la logramos; porque buscamos incorrectamente en los bienes materiales, en las religiones, en ideologías, y en los propios esfuerzos humanos.

C. Cristo es la roca

¡Acerquémonos a la roca! I Corintios 10:4 señala: "y todos bebieron la misma bebida espiritual; porque bebían de la roca espiritual que los seguía, y la roca era Cristo". Pablo nos refirió que Cristo es la fuente de toda bendición; Él es nuestro refugio, en Él estamos seguros; fuera de Él corremos un peligro inminente, aun más cuando nos refugiamos en nuestros logros o en las cosas materiales.

A pesar de nuestra indiferencia con Dios, y aunque no merecemos ni siquiera su mirada, Él está listo para recibirnos en sus brazos, así como aquel padre acogió a su hijo menor que se había ido del hogar paterno y había terminado malgastando la herencia que le dio (Lucas 15:11-32). Este amoroso padre siempre estuvo atento al regreso de su hijo; y a eso se le llama gracia. Es de sabios edificar las bases sobre la roca (Mateo 7:24-28). La comparación de un hombre sabio es con aquel que construye su casa sobre la roca. Esta construcción no perecerá; y aunque pase por tormentas y desastres, tal edificación seguirá en pie. Cristo es la roca eterna. Esta roca venció la muerte y vive por la eternidad. Corramos con seguridad a refugiarnos en Jesús, como el conejo se refugia entre las rocas. Vayamos confiados a protegernos en los brazos del Señor.

III. De las langostas: su unidad (Proverbio 30:27)

La Biblia dice: "Las langostas... no tienen rey, y salen todas por cuadrillas" (v.27). Estos animales eran temidos por su gran poder de destrucción. Los vemos en la plaga acontecida al pueblo egipcio: "Porque si te niegas a dejar ir a mi pueblo, he aquí, mañana traeré langostas a tu territorio" (Éxodo 10:4 LBLA). Y también se menciona a estos insectos en el último libro de la Biblia: "Y del humo salieron langostas sobre la tierra, y se les dio poder como tienen poder los escorpiones de la tierra" (Apocalipsis 9:3 LBLA). Lo sorprendente es que aunque las langostas no tienen un guía visual o líder, destacan por la coordinación y unidad que tienen.

El texto de Proverbio 30:27 nos enseña que las langostas, sin tener un líder, se mantienen unidas. ¡Cuánto más la iglesia debe vivir en unidad; ya que tiene al más extraordinario de todos los líderes: Cristo! El ejemplo de las langostas resalta la veracidad para actuar en unión y coordinación. Así pues, con mucha seguridad, una langosta no es de mucha preocupación; pero miles pueden terminar con muchísimas hectáreas de cosecha. Esto lo logran, porque se mantienen unidas en pos de cumplir con lo que se han propuesto. Si aplicamos el mismo principio de unidad para todo lo que Dios nos ha mandado; el resultado será como Él espera.

A. Cristo nuestra guía

Efesios 1:22 dice: "y sometió todas las cosas bajo sus pies, y lo dio [a Cristo] por cabeza sobre todas las cosas a la iglesia". La cabeza guía al cuerpo: "y él es la cabeza del cuerpo que es la iglesia..." (Colosenses 1:18). Cristo también es el buen pastor que guía a sus ovejas al redil, y las mantiene seguras. Aunque no lo vemos físicamente; sí podemos hacerlo por medio de la fe. Sabemos que Él está guiándonos, y nosotros seguimos sus pisadas. Debemos ser sumisos a sus palabras y demandas; y dejar que Él gobierne por completo nuestras vidas. Además, es nuestro Maestro; y nosotros, sus discípulos. Él es la cabeza de la iglesia; y nosotros somos parte del cuerpo. De esta manera, todo lo que hacemos es por orden y coordinación de Él. Colosenses 1:18 señala: "y él es la cabeza del cuerpo que es la iglesia, él que es el principio, el primogénito de entre los muertos, para que en todo tenga la preeminencia".

B. La unión en el Espíritu Santo

Sin la obra del Espíritu Santo, sería imposible la unidad en el cuerpo de Cristo. La iglesia primitiva es la máxima expresión de la obra del Espíritu Santo. Él unía a los discípulos en un mismo sentir. La obra de Dios en el primer siglo no habría podido lograrse sin la obra del Espíritu Santo. La iglesia caminaba como un verdadero cuerpo; pues cada quien cumplía sus funciones con alegría y esmero sin tener miedo aun hasta de morir.

La iglesia primitiva caminaba con un solo propósito a pesar de las diferencias de clases sociales y cambios culturales. La Palabra dice en Hechos 2:44 lo siguiente: "Todos los que habían creído estaban juntos, y tenían en común todas las cosas". En estos tiempos actuales, la iglesia debe seguir viviendo la unión por medio del Espíritu Santo para cumplir el propósito por el cual ha sido establecida (Hechos 1:8). Una iglesia guiada por el Espíritu Santo es utilizada por Dios para proclamar el mensaje del Reino y la verdad del Rey, que trae libertad al mundo cautivo y que irradia una luz que hace retroceder las tinieblas.

Conclusión

Como hijos de Dios, debemos de escuchar y practicar los consejos bíblicos, alimentarnos espiritualmente, mantenernos en el fundamento que es Cristo, y cumplir como cuerpo de Cristo, siendo testigos hasta los confines de la tierra. Es necesario esforzarnos, permanecer unidos, y dejarnos guiar por el Espíritu Santo.

Trabajo, fundamento y unión

Hoja de actividad

Versículo para memorizar: "Ve a la hormiga, oh perezoso, mira sus caminos, y sé sabio" Proverbio 6:6.

I. De las hormigas: su trabajo y preparación para alimentarse y alimentar (Proverbio 30:25)

Escriba dos maneras cómo usted considera que se prepara para el futuro eterno.

_____

_____

¿Qué disciplinas espirituales practica usted para alimentarse espiritualmente?

_____

_____

II. De los conejos: sabiduría para refugiarse (Proverbio 30:26)

¿Qué lección nos enseña Dios a través de considerar el actuar de los conejos?

_____

_____

Explique con sus propias palabras, por qué Cristo es nuestro fundamento.

_____

_____

III. De las langostas: su unidad (Proverbio 30:27)

¿Qué lección nos enseña Dios a través de considerar el actuar de las langostas?

_____

_____

¿Cómo podría aportar un cristiano a la unión del cuerpo de Cristo?

_____

_____

Conclusión

Como hijos de Dios, debemos de escuchar y practicar los consejos bíblicos, alimentarnos espiritualmente, mantenernos en el fundamento que es Cristo, y cumplir como cuerpo de Cristo, siendo testigos hasta los confines de la tierra. Es necesario esforzarnos, permanecer unidos, y dejarnos guiar por el Espíritu Santo.

Sabiduría de la mujer que teme a Dios

Lección 13

Francisco Borralles (México)

Pasaje bíblico de estudio: Proverbio 31:13-22,25-26,30
Versículo para memorizar: "Engañosa es la gracia, y vana la hermosura; la mujer que teme a Jehová, ésa será alabada" Proverbio 31:30.
Propósito de la lección: Que el estudiante reconozca que la mujer que honra a Dios hallará gracia delante de Él.

Introducción

Recientemente, circulaba en Internet un vídeo que se hizo viral; porque mostraba una terrible realidad: los padres enganchados al móvil, que se aíslan por completo y desatienden las peticiones de sus hijos. Ese fue el caso de una madre que hizo "oídos sordos" a las repetidas quejas de su hija para que le preste atención. Ese polémico vídeo presenta cómo la adicción de los padres al móvil provoca un gran daño en los hijos.

De forma similar a lo anteriormente expuesto, en la actualidad existen muchas maneras en que los padres (y de manera particular, las madres, por el tema que nos ocupa) desatienden su hogar; y, por lo tanto, no reparan en las necesidades de toda su familia. Las razones de esta situación pueden ser igualmente diversas. Por ejemplo: horarios laborales, compromisos sociales, agotamiento físico y/o emocional debido a las presiones del modo de vida actual, etc.

Las consecuencias de ese abandono familiar suelen ser terribles: baja autoestima en los hijos, deficiente comunicación familiar, y problemas en las habilidades sociales de los integrantes de la familia.

La Biblia nos exhorta a que, como hijos e hijas de Dios, seamos perfeccionados, hasta alcanzar "la medida de la estatura de la plenitud de Cristo" (Efesios 4:12-13). Es decir, este pasaje presenta a nuestro Señor Jesucristo como modelo de conducta para todo cristiano.

En el pasaje de estudio, Proverbio 31:10-31 se presenta a "la mujer virtuosa"; y se encuentran descritas detalladamente acciones que hacían las mujeres de aquella época. Considerando que el libro mencionado trata "de la moral y de la piedad aplicada a la vida diaria"; y que se "refiere al mundo, mostrando las cosas a evitar y a seguir, poniendo en evidencia el gobierno de Dios, en el que cada uno recoge lo que sembró, sosteniendo que la integridad de las relaciones terrenas no pueden ser violadas con impunidad" (Vila, Samuel y Scuaín, Santiago. Nuevo Diccionario Bíblico Ilustrado. España: Editorial CLIE, 1985, p.964).

En esta lección, nos referiremos a la enseñanza de los preceptos de Dios para el caminar diario de la vida humana, y específicamente el actuar de la mujer en su vida personal, en la interacción con su esposo, con su familia y con la sociedad.

I. Atiende bien su hogar (Proverbio 31:13-14,17-19,21)

Consideremos dos definiciones muy breves de la palabra "hogar": "... 2. m. Casa o domicilio. 3. m. Familia, grupo de personas emparentadas que viven juntas..." (Recuperado de https://dle.rae.es/?id=KYIGBW2, el 03 de octubre de 2019). Es en este ámbito donde la Biblia comienza a establecer las características presentadas por la mujer virtuosa (este último término puede ser utilizado como sinónimo de "íntegra o ejemplar").

Es significativo que, de inicio, se enumeren las características relacionadas con el aspecto material que requiere todo hogar. Encontramos estas directrices en los versículos 13, 14, 17, 18, 19 y 21. En estos, podemos observar que una mujer virtuosa es aquella que tiene la habilidad, la fortaleza física, así como la voluntad para desarrollar diversos tipos de trabajo según su situación y/o condición (v.13). También hace evidente su experiencia como administradora, ya que ve "que van bien sus negocios" (v.18); y puede disponer de los recursos que necesita para el funcionamiento de su casa. Asimismo, no está a merced de las circunstancias con las que la vida cotidiana nos rodea, ya sean estas de tipo naturales (inclemencias, catástrofes, factores meteorológicos, entre otros), o de tipo financiero, como las variaciones en la economía nacional. Toda su familia, toda su casa, están preparadas para hacerles frente a todas estas situaciones y aspectos que se presentan como factores externos.

El conjunto de todas estas actividades descritas en los párrafos anteriores requiere un considerable esfuerzo, iniciando por mencionar el aspecto físico; puesto que es de todos conocida la capacidad que tienen las mujeres encargadas de conducir una casa, para aportar aun lo que parece estar más allá de sus fuerzas, manifestando la bendición provista por nuestro Señor expresada por medio del profeta Isaías cuando dijo: "Él da esfuerzo al cansado, y multiplica las fuerzas al que no tiene ningunas" (Isaías 40:29).

De la misma forma en que Aarón y Hur sostuvieron los brazos de Moisés en la guerra con Amalec (Éxodo 17:12), Dios sostiene los brazos y toda la integridad física de la mujer virtuosa cuando está dispuesta a aportar incluso más de lo que por sí misma puede hacer. En cuanto al aspecto emocional, estamos seguros de que Jehová alza sobre ella su rostro, y pone en ella paz (Números 6:26).

Pero la plenitud de la gracia de Dios se muestra en el aspecto espiritual, en toda mujer que tiene a su cargo una casa que atender y un hogar al cual servir y vestir de honra, siempre que ella se mantenga en comunión constante con Jesucristo; pues es Él quien da la capacidad para desempeñar y afrontar toda situación que se presente. Esto fue comprobado personalmente y enunciado de forma concluyente por el apóstol Pablo, así como lo indica Filipenses 4:11-13.

II. No teme al futuro y actúa con sabiduría (Proverbio 31:25-31)

En la primera parte de Proverbio 31:25, el escritor bíblico señaló que la mujer virtuosa está simbólicamente vestida de fuerza y honor. A continuación, se trata la importancia de estos elementos.

A. La importancia de la vestidura

Podemos apreciar, sin necesidad de mucho análisis, cuán necesario es usar la vestidura adecuada según la ocasión que corresponda. Esto también adquiere suma importancia en el aspecto espiritual, respecto de lo cual podemos citar los siguientes ejemplos:

En la carta a los efesios, el apóstol Pablo realizó la siguiente indicación: "Vestíos de toda la armadura de Dios..." (Efesios 6:11). Es notable el énfasis que hizo en la palabra "vestíos". Es decir que dijo contundentemente que a todo cristiano le corresponde realizar esta acción para sí mismo, la cual tendrá una maravillosa consecuencia: "estar firmes" ante cualquier artimaña con la cual el enemigo de nuestras almas quiera comprometer nuestra fidelidad a Dios.

Hallamos otro aspecto de suma importancia en Apocalipsis 19:6-8. En este pasaje, encontramos una multitud que alaba a Dios diciendo: "... han llegado las bodas del Cordero... Y a ella [su esposa] se le ha concedido que se vista de lino fino..." Consideremos que para el tema que nos ocupa, la expresión "se le ha concedido" tiene un valor muy especial; porque deja en claro que la vestimenta de la esposa del Cordero no ha sido adquirida por ella misma, sino que alguien le ha dado la autorización para portar como vestidura representativa "las acciones justas de los santos" (v.8).

Como hemos visto, ya desde tiempos antiguos el tema de la vestidura tenía un valor simbólico y espiritual. Esto se encuentra debidamente resaltado no sólo en el libro de Proverbios; sino también en las cartas de Efesios y Apocalipsis. Esta temática de la vestimenta ocupa un lugar privilegiado en el corazón de cualquier mujer; pues el estar bien vestida siempre es un anhelo y algo que la llena de alegría. Esto es algo muy hermoso; pero a su vez, la Palabra de Dios muestra que la mejor vestidura de una mujer está en las cualidades espirituales que pueda poseer, las cuales favorecen no sólo su vida, sino a las personas de su alrededor.

B. Vestida de fuerza y honor (v.25a)

Proverbio 31:25 inicia con esta aseveración: "Fuerza y honor son su vestidura", mencionando que la mujer ejemplar ha sido revestida primeramente con la fortaleza que le es necesaria para afrontar todas las tareas que tiene como un deber delante de sí, tal como se describe en los versículos del 13 al 24. Fundamentando esta propuesta, podemos encontrar un ejemplo bíblico que nos indica que la fortaleza viene directamente del Señor; porque de esta forma confirma su pacto con sus hijos. Así pues, encontramos que el escritor de Deuteronomio advirtió: "Cuídate de no olvidarte de Jehová tu Dios... no suceda que comas y te sacies... y digas en tu corazón: Mi poder y la fuerza de mi mano me han traído esta riqueza" (Deuteronomio 8:11-12,17). Asimismo, encontramos un texto donde Dios afirma, a través del profeta Isaías, que "... los que esperan a Jehová tendrán nuevas fuerzas..." (Isaías 40:31). Esto confirma que la fuerza, como aplicación de una capacidad física o moral, es un atributo otorgado a los que esperan la manifestación del poder de Dios en su vida.

Pero además de la fuerza, la mujer virtuosa porta también como vestidura el honor. Esta cualidad (que hace referencia a honorable) completa la figura llena de dignidad que presenta esta mujer ante los demás. Esto, ya que por la definición misma de "honor" ("... 2. m. Gloria o buena reputación que sigue a la virtud, al mérito o a las acciones heroicas, la cual trasciende a las familias, personas y acciones mismas de quien se la granjea...", recuperado de https://dle.rae.es/?id=KdBUWwv, el 28 de octubre de 2019), la imagen de ella ha trascendido el respeto de su propia familia y gente que la rodea, recibiendo gloria y buena reputación.

C. Se ríe de lo por venir (v.25b)

Con los antecedentes mencionados, será fácil entender la frase que titula este tercer subpunto; puesto que toda persona que porte en sí misma fuerza y honor (capacidad para afrontar la adversidad, y el respeto obtenido por su forma de actuar) no tendrá ninguna preocupación al respecto. Es decir, no habrá evento humano que la amedrente, de tal manera que al hacer planes o prever cualquier aspecto de su vida, en realidad estará sumamente confiada y lo expresará visiblemente mediante una sonrisa como señal de la alegría de su corazón (Proverbio 15:13). Por lo tanto, cuando el proverbista dijo que la mujer íntegra "se ríe de lo por venir" (Proverbio 31:25b), expresó la misma convicción demostrada por el apóstol Pablo cuando escribió: "¿Quién nos separará del amor de Cristo?... somos más que vencedores por medio de aquel que nos amó" (Romanos 8:35,37).

D. Imparte consejos sabios (v.26)

Dos grandes aspectos a enfocar, partiendo de la hermosa declaración enunciada en Proverbio 31:26, son los siguientes: habla con sabiduría, y demuestra clemencia en su trato hacia los demás. Aun con un estudio somero de la Palabra de Dios, podemos distinguir que la sabiduría es una cualidad grandemente reconocida, y es establecida como un requisito en el actuar de los hijos de Dios. La mujer virtuosa demuestra su dependencia y obediencia a Dios al dirigirse con respeto a los demás.

También, hace uso de la sabiduría que le fue otorgada por Dios al decir lo correcto en el lugar y momento exactos; y sabe cuándo permanecer en silencio y está atenta a las necesidades de su prójimo. Al abrir su boca para dirigirse a alguien (por ejemplo, sus empleados, sus hijos o su esposo), es como si estuviera entregando un maravilloso regalo, el cual de acuerdo a las circunstancias y el momento en que es entregado, resulta ser un obsequio que es recibido con agrado y como una bendición que Dios entrega a través de aquella sierva.

La mujer ejemplar tiene el conocimiento, la capacidad y la habilidad para demostrar clemencia y misericordia, antes que emitir un juicio acerca de la actitud o del comportamiento de las demás personas. También sabe dar instrucciones con amabilidad y respeto, y actúa con delicadeza al aportar ideas y opiniones en las conversaciones y/o acuerdos con su esposo.

E. Teme a Dios (v.30)

El concepto "temor a Dios" quizá sea uno de los más difíciles de definir, de comprender y aun de aceptar como un principio bíblico; pero el cual debe estar presente en nuestra relación con nuestro Señor. Por esta razón, y partiendo de un concepto bibliográfico, tenemos que la sabiduría "... puede significar sencillamente reverencia y respeto; puede calificarse como reconocimiento de la majestad, poder y santidad de Dios.

En el cristiano debe permanecer un temor reverente

como parte del deber humano, lo cual le ayuda a andar rectamente. El temor a Dios da al creyente el valor de dominar el temor que viene de los contratiempos, inclusive de la muerte misma" (Nelson, Wilton M. Diccionario Ilustrado de la Biblia. EUA: Editorial Caribe, 1981, p.647). Por lo tanto, la mujer que manifiesta en su vida, en sus pensamientos y en sus acciones, el respeto y la reverencia a Dios; podrá andar rectamente y sin temor de los contratiempos y opiniones de su entorno. Es el tipo de mujer que no es reconocida por sus atributos físicos (de acuerdo al concepto del mundo); sino que será reconocida por lo que ha obtenido como fruto de su temor a Dios, en su educación, vida moral personal, y en la de su familia entera.

F. Susana Wesley: una mujer ejemplar

Podría parecer que a través de esta lección se presenta un modelo idealista o idealizado de una mujer; y que, por lo tanto, es un imposible en la realidad. Sin embargo, veamos a continuación la breve semblanza de una mujer sumamente respetada en el ámbito cristiano, precisamente por las características de mujer virtuosa que evidenció en su vida.

Susana Wesley nació en Inglaterra, en el año 1669. Su padre fue el clérigo Samuel Annesley, quien le permitió permanecer junto a él, en su estudio, cuando se reunían allí hombres famosos para discutir temas teológicos y filosóficos. Siendo muy joven, aprendió griego, latín y francés. A los 19 años, se casó con Samuel Wesley, dedicando su vida a la crianza y cuidado de su familia.

Susana Wesley fue la madre de John Wesley y Charles Wesley. El primero cambió la manera de predicar; y generó cambios en su época que hasta el día de hoy siguen vigentes. Charles, por su parte, llegó a ser uno de los más grandes escritores de himnos de todos los tiempos.

Ella administraba las finanzas de su hogar, mantenía su casa, y manejaba los esfuerzos campesinos de la familia. Ella dedicaba tiempo cada mañana y cada tarde para estar a solas con Dios, orando y meditando en las Escrituras. Una oración frecuentemente presente en sus tiempos con el Señor era la siguiente: "Ayúdame, Señor, a recordar que religión no es estar confinada en una iglesia o en un cuarto, ni es ejercitarse solamente en oración y meditación, sino que es estar siempre en tu presencia" (Recuperado de https://casadepaziglesia.wixsite.com/casadepazbogota/single-post/2018/04/10/Biograf%C3%ADa-Susana-Wesley, el 29 de octubre de 2019).

Conclusión

De la misma forma que Dios se manifestó poderosamente a través de la vida de tantas mujeres que le honraron, también puede y desea hacerlo hoy en la vida de cada una de sus hijas.

Sabiduría de la mujer que teme a Dios

Hoja de actividad

Versículo para memorizar: "Engañosa es la gracia, y vana la hermosura; la mujer que teme a Jehová, ésa será alabada" Proverbio 31:30.

I. Atiende bien su hogar (Proverbio 31:13-14,17-19,21)

Mencione algunas causas que usted observa en su comunidad que provocan que los padres desatiendan a sus hijos.

_____

_____

Pedir a los varones asistentes a la clase que mencionen todas las actividades que consideran que una mujer realiza en su hogar. Contrastar las respuestas de ellos con las opiniones de las mujeres presentes en la clase.

II. No teme al futuro y actúa con sabiduría (Proverbio 31:25)

¿Cuál debe ser la actitud de una mujer ejemplar con relación a lo por venir?

_____

¿Qué acciones considera usted que debe tomar en su vida respecto del futuro; a fin de seguir creciendo en integridad?

_____

¿A qué se refiere la frase "ley de clemencia" que se menciona en Proverbio 31:26?

_____

_____

_____

¿Cómo puede una persona (mujer u hombre) seguir creciendo en sabiduría de lo alto?

_____

_____

Mencione algunas características de valor moral que la mujer virtuosa debe evidenciar en su relación con...
a) su hogar: _____
b) sus hijos: _____
c) su familia: _____
d) su esposo: _____
Aporte ideas para definir en grupo la frase "temor a Dios". Luego, escriba lo que esa declaración implica en su vida, de modo personal.

_____

_____

Conclusión

De la misma forma que Dios se manifestó poderosamente a través de la vida de tantas mujeres que le honraron, también puede y desea hacerlo hoy en la vida de cada una de sus hijas.

Mayordomos responsables

Segundo trimestre

Generalidades de la mayordomía

Mary Prado (Venezuela)

Pasajes bíblicos de estudio: I Crónicas 29:11-18; Lucas 12:42-46; Romanos 14:7-8; I Corintios 6:18-20

Versículo para memorizar: "Porque ¿quién soy yo, y quién es mi pueblo, para que pudiésemos ofrecer voluntariamente cosas semejantes? Pues todo es tuyo, y de lo recibido de tu mano te damos" I Crónicas 29:14.

Propósito de la lección: Que el alumno conozca los aspectos generales de la mayordomía cristiana descritos en la Biblia.

Introducción

En uno de sus famosos sermones ("El buen mayordomo"), Juan Wesley consideró que ningún apelativo dado al ser humano en la Biblia "concuerda mejor con el estado presente del humano que el de mayordomo" (González, Justo L. Obras de Wesley, tomo III-Sermones III. EUA: Wesley Heritage Foundation, Inc., s.a., p.219). Eso significa que nuestra responsabilidad hacia Dios constituye la base principal de la mayordomía.

Siendo este un tema del cual se habla mucho en la Biblia, pero que a veces no es tan enseñado en la iglesia; nos conviene estudiarlo detenidamente. En esta lección, aprenderemos que hay una idea central que cruza todas las enseñanzas bíblicas sobre este tema: Dios es el gran "porqué" o el motivo principal de la mayordomía cristiana.

I. El concepto de mayordomía (Romanos 14:7-8; I Corintios 6:18-20)

"Mayordomía" es una palabra con un concepto profundo. Indudablemente, deberíamos enseñar más sobre la mayordomía debido a su gran importancia en la vida cristiana. Sin embargo, como ha dicho un autor, la mayordomía "ha sido en ocasiones un término ausente en el pensamiento religioso y teológico" (Turnbull, Rodolfo G., ed. Diccionario de la Teología Práctica-Mayordomía. EUA: Iglesia Cristiana Reformada, 1976, p.5). Tal vez, esto ha sucedido por desconocimiento, omisión o, simplemente, por desinterés.

En esta primera parte de la lección, se busca apreciar en una forma amplia el concepto de la mayordomía cristiana a través de algunas ideas fundamentales que explicarán su significado.

A. Mayordomía es sometimiento al señorío de Cristo

Nuestro primer pasaje de estudio es Romanos 14:7-8.

Aquí se nos enseña que la mayordomía no se trata sólo de dinero; sino que tiene que ver con nuestro sometimiento al señorío de Cristo, de todas las áreas de la vida. Esto quiere decir que Dios espera que seamos buenos administradores de su creación, de nuestros propios cuerpos, de los bienes espirituales (dones, talentos, capacidades, etc.), del dinero y otras cosas materiales, de la familia, del tiempo, de la relación con nuestros semejantes, etc. No hay ningún aspecto de la vida que se escape de nuestra responsabilidad hacia Dios. Pablo lo enseñó así al hablarnos del señorío de Cristo: "Porque ninguno de nosotros vive para sí, y ninguno muere para sí. Pues si vivimos, para el señor vivimos; y si morimos, para el Señor morimos. Así pues, sea que vivamos, o que muramos, del Señor somos" (vv.7-8). Aquí Pablo recalcó el señorío de Cristo como la norma de vida del cristiano.

La palabra "Señor" se traduce del término griego Kýrios, que significa "señor, soberano, poderoso…De las 718 veces en que se usa kýrios en el NT, la mayoría de ellas aparecen en los escritos lucanos (210) y en las cartas paulinas (275)… Dios resucitó a Jesús de entre los muertos y lo elevó a la dignidad de kyrios universal. Al hacerlo le 'dio el nombre que sobrepasa a todo nombre (Flp 2, 9 ss; cf. Is 45, 23 ss), es decir, su propio nombre de señor y en consecuencia el puesto correspondiente a tal nombre" (Coenen Lothar, Beyreuther Erich y Bietenhard, Hans. Diccionario Teológico del Nuevo Testamento, vol. IV. España: Ediciones Sígueme, 1994, pp.203,205-206). Entonces, practicar una mayordomía cuidadosa evidencia nuestra sujeción al señorío de Jesús en todo lo que somos y hacemos.

B. Mayordomía tiene que ver con santificación

Como consecuencia de lo anteriormente señalado, se entiende que en la mayordomía se expresa la santificación cristiana. Pero, ¿qué significa esto? Veamos lo que nos enseña nuestro siguiente texto de estudio: "Huid de la fornicación… ¿O ignoráis que vuestro cuerpo es templo del Espíritu Santo, el cual está en vosotros, el cual tenéis de Dios, y que no sois vuestros? Porque habéis sido comprados por precio; glorificad, pues, a Dios en vuestro cuerpo y en vuestro espíritu, los cuales son de Dios" (1 Corintios 6:18-20). El cuidado y santificación de nuestro propio ser es parte fundamental de la mayordomía cristiana. Dios nos creó con un propósito sublime; y tenemos que ejercer una buena mayordomía de los dones divinos. La impureza sexual, por ejemplo, es contradictoria con la mayordomía cristiana. Robertson dice: "La fornicación constituye una violación de los derechos de Cristo en nuestros cuerpos (vv.13-17) y también arruina el cuerpo mismo…incluso la glotonería y la embriaguez, así como la drogadicción, son pecados hechos sobre el cuerpo…" (Robertson, A. T. Comentario al Texto Griego del Nuevo Testamento. España: Editorial CLIE, 2003, p.436). Entonces, la mayordomía es más que el sólo hecho de dar nuestros diezmos y ofrendas; significa llevar una vida apartada del mal y consagrada plenamente a Dios.

II. Principios que sustentan la mayordomía (1 Crónicas 29:11-18)

Ahora bien, si nos preguntamos por qué debemos practicar la mayordomía; podemos examinar una serie de principios bíblicos que nos dan la respuesta. Algunos de estos principios los vamos a encontrar en el pasaje de estudio de esta sección.

A. Dios es el dueño de todo

El primer principio, sin duda, es el más importante de la mayordomía cristiana. El rey David así lo reconoció como lo leemos en 1 Crónicas 29:11-12.

Teniendo en perspectiva la prerrogativa divina de "dueño de todo" es que podemos apreciar correctamente nuestra responsabilidad hacia Él. La dificultad de algunos cristianos de "consagrar su bolsillo" a través de una buena mayordomía sólo indica su desconocimiento de quién es Dios.

La suprema verdad de que Dios es el dueño de todo es el fundamento donde el cristiano debe poner la confianza de su corazón. "Ninguna otra cosa en la Biblia, incluyendo la doctrina de la mayordomía, tendrá sentido o alguna verdadera importancia si echamos de menos el hecho de que Dios es el creador y tiene todos los derechos de propiedad ("¿Qué es mayordomía bíblica?" Recuperado de https://gotquestions.org, el 18 de febrero de 2017).

Comprender esta verdad de que Dios es dueño, tiene un propósito práctico en la vida cristiana. La mayordomía se ejerce a través de la santidad práctica y la adoración. "A fin de que recordemos que Dios es el propietario, Él nos ha ordenado las obligaciones de tributarle nuestra ala-banza y culto, y nuestros dones" (Purkiser, W. T., red. Explorando Nuestra Fe Cristiana. EUA: CNP, 1994, p.553).

B. Lo que somos es en virtud de quién es Dios

Los seres humanos fuimos creados "a imagen y semejanza" de Dios (Génesis 1:26-27). Lo que somos refleja su grandeza y bondad hacia nosotros. No tenemos nada bueno inherente a nosotros mismos. Nuestra inteligencia, talentos, capacidades, cualquier virtud y cualidad, todo, absolutamente todo, proviene de su poder y sabiduría. Por eso, David dijo en este pasaje: "Porque ¿quién soy yo, y quién es mi pueblo, para que pudiésemos ofrecer voluntariamente cosas semejantes?..." (1 Crónicas 29:14a). Pablo también lo enseñó a los corintios: "Porque ¿quién te distingue? ¿o qué tienes que no hayas recibido? Y si lo recibiste, ¿por qué te glorías como si no lo hubieras recibido?" (1 Corintios 4:7).

C. Todo lo que poseemos y damos al Señor Él mismo lo ha provisto

A veces, pensamos que le estamos haciendo un favor a Dios al dar para su obra; pero en esto estamos completamente equivocados. En este pasaje de 1 Crónicas 29, tenemos una gran enseñanza al respecto.

David hizo los preparativos para la construcción del templo que luego edificaría su hijo Salomón; y para ello, dio riquezas innumerables así como también lo hizo el pueblo de Israel. Pero, aquí el rey David reconoció que todo esto provenía de la misma mano de Dios: "… Pues todo es tuyo, y de lo recibido de tu mano te damos" (v.14b).

Uno de los denominados Nombres Divinos en el Antiguo Testamento es "Yahvéh jireh (Jehová aparece o proveerá, Gn. 22:14)…A través de los siglos, creyentes en Dios interpretan este título como una promesa de que él 'suplirá todo lo que os falta conforme a sus riquezas en gloria en Cristo Jesús' (Fil. 4:19)" (Hoff, Pablo. Teología Evangélica, tomo 1/ tomo 2. EUA: Editorial Vida, 2005, p.200). Dios es la fuente de nuestra provisión; y Él "nos da todas las cosas en abundancia para que las disfrutemos" (1 Timoteo 6:17b).

D. La mayordomía trae bendición amplia

El último principio que estudiaremos es una de las bendiciones que trae consigo la mayordomía: la abundancia. Pero, aunque bíblicamente la prosperidad viene como una bendición de Dios por la fidelidad y por su gracia; ello no significa que la prosperidad material sea sinónimo de bendición, o que la pobreza se deba al pecado. Todas las circunstancias que los creyentes viven en su vida obedecen al propósito de Dios. David expresó: "Oh Jehová Dios nuestro, toda esta abundancia que hemos preparado para edificar casa a tu santo nombre, de tu mano es, y todo es tuyo" (1 Crónicas 29:16). Este es el reconocimiento de que la prosperidad viene de Dios.

Vemos otro ejemplo en el caso de José, en Egipto. Muchas personas fueron bendecidas a causa de la fidelidad de José en la mayordomía: "… Jehová bendijo la casa del egipcio a causa de José, y la bendición de Jehová estaba sobre todo lo que tenía, así en casa como en el campo" (Génesis 39:5).

Al ser fieles a Dios en nuestra mayordomía, Él no sólo bendice nuestra propia vida; sino que prospera todo aquello que hagamos, convirtiéndose ello en una bendición para otros (Génesis 39:23).

III. Características de un buen mayordomo (Lucas 12:42-46)

La siguiente verdad que estudiaremos es que, la mayordomía está relacionada directamente al carácter cristiano. Por tanto, un cristiano que ejerce correctamente su mayordomía refleja en su conducta valores correctos que le llevan a hacer el bien y cumplir la voluntad del Señor en todo cuanto le ha encomendado. Examinemos a continuación algunas de las características de un buen mayordomo en nuestro último pasaje de estudio ubicado en Lucas 12:42-46.

A. Un buen mayordomo es fiel y prudente

Esta primera característica está íntimamente ligada a la integridad y la honestidad con que administramos todo cuanto el Señor nos ha dado, tanto delante de Él como de los hombres. La buena mayordomía tiene que ver con la integridad moral. "La integridad en nuestro mundo de hoy implica la incorruptibilidad moral" ("¿Qué dice la Biblia acerca de la integridad?" Recuperado de https://gotquestions.org., s.f.). Por otra parte, ser prudente es ser cauteloso, no desprevenido; sino alguien que hace las cosas de forma previsiva. No pierde su tiempo en cuestiones vanas; sino que está preparado y tiene todo en orden. Todo cuanto somos y poseemos, incluyendo nuestro cuerpo, debemos administrarlo con cordura, para evitar daños propios y también a otros. La prudencia significa también, rendir nuestra propia voluntad al propósito del Señor; y ejercer dominio propio sobre actitudes y acciones que puedan llevarnos al descuido de nuestros deberes.

El Señor espera de nosotros que, como buenos mayordomos, administremos todo lo que ha puesto en nuestras manos con amor y sabiduría para que sea de bendición, y los que nos rodean también sean beneficiados (v.42).

B. Un buen mayordomo es laborioso

Otro asunto al que la buena mayordomía da importancia es a la laboriosidad. La ociosidad y la pereza son inconsistentes con el concepto de la mayordomía cristiana. En la parábola de Jesús, el mayordomo fiel "actuó durante la ausencia de su amo exactamente en la misma forma en qué lo habría hecho si éste hubiese estado presente" (Turnbull, Rodolfo G., ed. Diccionario de la Teología Práctica-Mayordomía. EUA: Iglesia Cristiana Reformada, 1976, p.68). "Bienaventurado aquel siervo al cual, cuando su señor venga, le halle haciendo así. En verdad os digo que le pondrá sobre todos sus bienes" (vv.43-44). Esto nos habla de la importancia que tiene para Dios el cumplimiento diligente de nuestras asignaciones y responsabilidades en la vida familiar, profesional, eclesial, etc. Pablo dijo al respecto: "En lo que requiere diligencia, no perezosos…" (Romanos 12:11).

C. Un buen mayordomo es responsable

Un buen mayordomo tiene una clara conciencia de sus responsabilidades. Cada uno de nosotros tiene responsabilidades que le han sido asignadas y por las cuales tendremos que dar cuenta algún día como el mayordomo de la parábola (Romanos 14:12). Algún día, seremos examinados por nuestra mayordomía.

Recordemos lo que dijo el Señor en Lucas 12:45-46; todos tenemos responsabilidades con Dios, con la familia, con la iglesia, con el prójimo, con el trabajo, etc. ¿En qué forma cumplimos con nuestras responsabilidades? Por ejemplo, tenemos la responsabilidad de trabajar honradamente para ganar nuestro sustento (2 Tesalonicenses 3:6-12). También, la de proveer para nuestras familias; y el omitir dicha responsabilidad es negar la fe y ser peor que un incrédulo (1 Timoteo 5:8). Y, ¿qué de nuestras responsabilidades laborales? El cristiano debe ser el mejor trabajador posible (Efesios 6:5-6). En el cumplimiento de todas nuestras responsabilidades, tanto en la obra de Dios como en la vida personal, como lo indican todos estos textos bíblicos relacionados, debe estar la búsqueda del cumplimiento de la voluntad de Dios y agradarle a Él (1 Corintios 10:31).

Conclusión

La mayordomía cristiana es un concepto profundo que indica, entre otras cosas, un sometimiento al señorío de Cristo; y vivir una vida plenamente consagrada a Él. La mayordomía también significa tener una clara conciencia de nuestra responsabilidad delante de Dios y del hecho de que algún día tendremos que presentarnos ante Él para rendir cuentas de todo aquello que nos encomendó.

Generalidades de la mayordomía

Lección 14

Hoja de actividad

Versículo para memorizar: "Porque ¿quién soy yo, y quién es mi pueblo, para que pudiésemos ofrecer voluntariamente cosas semejantes? Pues todo es tuyo, y de lo recibido de tu mano te damos" I Crónicas 29:14.

I. El concepto de mayordomía (Romanos 14:7-8; I Corintios 6:18-20)

Defina en sus propias palabras qué es la mayordomía cristiana.

_____

_____

¿Cuáles son algunas áreas de la vida que incluyen la mayordomía?

_____

_____

II. Principios que sustentan la mayordomía (I Crónicas 29:11-18)

¿Cuál es el principio más importante de la mayordomía?

_____

_____

¿En qué formas nuestra buena mayordomía podría bendecir la vida de otros?

_____

_____

III. Características de un buen mayordomo (Lucas 12:42-46)

¿Cuáles son tres características de un buen mayordomo?

_____

_____

¿Qué significa la responsabilidad en la mayordomía?

_____

_____

Conclusión

La mayordomía cristiana es un concepto profundo que indica, entre otras cosas, un sometimiento al señorío de Cristo; y vivir una vida plenamente consagrada a Él. La mayordomía también significa tener una clara conciencia de nuestra responsabilidad delante de Dios y del hecho de que algún día tendremos que presentarnos ante Él para rendir cuentas de todo aquello que nos encomendó.

Mayordomos
de la creación

José Barrientos (Guatemala)

Pasajes bíblicos de estudio: Génesis 1, 2, 3; Salmo 24:1, 104
Versículo para memorizar: "De Jehová es la tierra y su plenitud; el mundo, y los que en él habitan" Salmo 24:1.
Propósito de la lección: Que el alumno comprenda que el uso y cuidado de la creación es una responsabilidad del cristiano.

Introducción

"Decepción por cumbre del clima". Así tituló un medio de comunicación una de sus publicaciones en diciembre de 2019 con relación a la convención de estados participantes del COP25 que se realizó en Madrid, España. El asunto en esta reunión era que los países, cuyas grandes empresas generan mayores emisiones de dióxido de carbono (CO_2), asumieran responsabilidad con la reducción de los efectos de la contaminación (Información recuperada de https://www.pressreader.com/guatemala/prensa-libre/20191216/281646782031297, el 01 de enero de 2020). Esto haría parecer que las personas individuales no tendríamos responsabilidad; sin embargo, conservar mensajes en el correo electrónico contribuye al incremento de CO_2, que junto con las emisiones de las grandes industrias, entre otras causas, han generado un incremento fuerte de este componente químico en el ambiente. Pero tampoco cuidamos el ambiente cuando utilizamos muchos químicos para realizar la limpieza del hogar, no desechamos los desperdicios de la manera correcta, cuando no ahorramos la mayor cantidad de agua posible, cuando arrojamos la basura en la calle o playas.

El año 2019 estuvo marcado por una polémica global sobre los incendios en reservas naturales, acusaciones y rechazos de responsabilidad. Este conjunto de temas nos ayuda a comprender que en el cuidado del planeta existe una responsabilidad compartida, en la cual el pueblo evangélico, tanto en forma individual como colectiva, tiene un rol que cumplir, en particular por el compromiso que se deriva del conocimiento bíblico sobre la creación.

I. El Dios creador (Génesis 1, 2; Salmo 24:1)

A. El principio

La Palabra de Dios es clara en comunicar que lo que existe es obra de un Dios creador. Podemos citar el pasaje de Génesis 1, el cual es sin duda la descripción de la creación de los cielos y la tierra, con especial énfasis en el planeta Tierra, cuyo nombre dio Dios al referirse a lo seco luego de hacer la separación de las aguas. Así, a la voz de Dios, fueron sucediéndose cada uno de los efectos que Él nos dice en la Biblia: las plantas (vv.11-12); los cuerpos espaciales que denominó lumbreras, en particular el sol y la luna (vv.14-17); luego los animales terrestres (vv.24-25); los monstruos marinos y los peces (vv.20-21); así como las aves (v.20). Dios fue observando todo lo que iba sucediendo en la creación; y le dio un calificativo: "vio... que era bueno" (Génesis 1:12,18,21,25). El Manual 2017-2021 de la Iglesia del Nazareno, en el Párrafo 923, expresa: «La Iglesia del Nazareno cree en el relato bíblico de la creación: "En el principio creó Dios los cielos y la tierra" (Génesis 1:1). Estamos abiertos a explicaciones científicas sobre la naturaleza de la creación mientras que nos oponemos a cualquier interpretación del origen del universo y de la humanidad que rechace a Dios como el Creador...» (Iglesia del Nazareno. Manual 2017-2021. EUA: CNP, 2018, p.322). Hasta aquí, ¿quién podría reclamar propiedad alguna sobre esta creación, sino su Creador?

B. Una creación prominente

Dios continuó en su creación, y ese fue el momento de mayor relevancia. En Génesis 1:26, Dios expresa el siguiente paso que dio: "... Hagamos al hombre... conforme a nuestra semejanza..."; e incluyó: "... señoree... en toda la tierra..." Hay en ello una instrucción que Dios dio acerca de cómo habrían de relacionarse el hombre y el resto de la creación.

En ese momento, con el hombre ya incluido en la creación, el calificativo de Dios por su creación fue más contundente: "... bueno en gran manera..." (v.31). En Génesis 5:1-2, leemos que Dios creó al hombre, varón y hembra los creó. Génesis 2 amplía la descripción de la creación de Dios en un momento previo a la creación del hombre, anticipando su función en el huerto del Edén. En el versículo 5 dice: "... ni había hombre para que labrase la tierra". Vemos aquí el significativo valor del hombre para Dios en el proceso de su creación, así como una previsión en cuanto al destino de lo creado.

C. El papel del hombre en la creación

Dios, el Creador, tenía dentro de sus planes que el hombre labrara la tierra como actividad destinada a producir beneficios de formas diversas. El trabajo es una de las formas como se desarrolla el carácter, considerando que requiere una etapa de reflexión sobre lo que se va a hacer, es decir, elaborar un plan de trabajo, una secuencia de hechos destinados a lograr un fin determinado. Luego, pasar a la acción realizando las labores que implica; y experimentando la satisfacción de lo realizado, que podría ser lo propuesto, o bien la necesidad de modificar. Así Dios dejaría al ser humano cultivar el huerto, desarrollando la creatividad que incorporó el diseño a su imagen y semejanza.

El trabajo es una bendición para la vida del ser humano. La designación del ser humano para cultivar el huerto era un privilegio que sólo correspondía otorgarlo al dueño, al Creador de lo existente. Por esa razón, reconocer a Dios como el Creador del cielo y la tierra es una verdad que la Palabra de Dios reitera para beneficio de la creación. Eso le recuerda al ser humano que su función no es la de dueño; sino la de cuidador. El Manual 2017-2021 de la Iglesia del Nazareno expresa tal condición a través de lo que llama "mayordomía". En el Párrafo 32 de dicho Manual, encontramos el significado que para nosotros como iglesia tiene la mayordomía:"Las Escrituras enseñan que Dios es el dueño de todas las personas y de todas las cosas. Por lo tanto, somos sus mayordomos tanto de la vida como de las posesiones. Debemos reconocer que Dios es el dueño y que nosotros somos los mayordomos, porque daremos cuenta personalmente a Él por el desempeño de nuestra mayordomía…" (Iglesia del Nazareno. Manual 2017-2021. EUA: CNP, 2018, pp.48-49). La Palabra de Dios nos afirma que la tierra es de Dios. El Salmo 24:1 es explícito al afirmarlo:"De Jehová es la tierra y su plenitud…" En la actualidad, existe mayor atención en "el registro de propiedad intelectual". Esto se refiere al registro, que realizan quienes diseñan y producen algo nuevo, ante alguna autoridad que dé fe de su autoría; y así evitar que otros lo copien, a menos que paguen al diseñador. La Palabra de Dios hace una afirmación de la propiedad del Creador. Isaías 45:18 enfatiza que Él creó la tierra con el fin de ser habitada. En el Nuevo Testamento, esta afirmación persiste: Efesios 3:9 reitera que Dios fue quien creó todas las cosas; y aun en Apocalipsis 10:6, se repite que Él fue quien creó la tierra y lo que está en ella. Así, siendo Dios el Creador, es a su vez dueño de la tierra; pero la hizo para ser habitada, y diseñó al ser humano para que señoreara en ella (Genesis 1:28).

II. Responsabilidad en el uso de los recursos (Génesis 3)

A. La consecuencia del pecado

Génesis 3 relata el infortunio de la desobediencia del ser humano. Cuando la serpiente tentó a la mujer sobre las instrucciones de Dios, ella tenía muy claro que de todo árbol podían comer, excepto del árbol del bien y del mal (Génesis 2:16-17). De igual manera, cuando fue tentado el varón, él no ignoraba la instrucción de Dios. De modo que la desobediencia de ambos los dejó a expensas de la advertencia que Dios les había hecho si desobedecían a esa clara instrucción:"morirás" (Génesis 2:17). Tras el desacato, Dios sacó al hombre y la mujer del huerto (Génesis 3:23-24). Con ello, se desencadenaron otras consecuencias: la mujer sufriría al dar a luz y el trabajo dejaría de ser placentero e impondría fatiga y sudor (Génesis 3:16-19); además significaba la muerte espiritual que es la separación del hombre del Dios creador.

B. La responsabilidad del ser humano

Dios ha permanecido fiel a sus promesas. Es un Dios que no abandona a su creación. Por ello, aunque su creación iba a enfrentar las consecuencias de su desobediencia; tendría la oportunidad de producir y alimentarse. Empero, aun cuando el ser humano pudiera vivir en la abundancia, siempre experimentaría las consecuencias como el riesgo a los desastres, las enfermedades e incluso la muerte física, que lo separaría de cualquier posesión. Job tenía claridad al respecto:"y dijo: Desnudo salí del vientre de mi madre, y desnudo volveré allá..." (Job 1:21). Por su parte, el Salmo 115:16 es revelador de la misericordia de Dios para con su creación:"Los cielos son los cielos de Jehová; y ha dado la tierra a los hijos de los hombres". El plan de Dios siempre fue que el ser humano labrara la tierra, se enseñoreara de la creación. Según Génesis 2:15, Dios tomó al hombre y a la mujer y los puso en el huerto para que lo labraran. Encontramos entonces que hay una responsabilidad en el cuidado y uso de los recursos que Dios nos ha puesto al alcance. Estos están para nuestro beneficio; pero no somos dueños de ellos. Por lo tanto, también corremos el riesgo de ser despojados de dichos recursos, en caso nuestra mayordomía no sea del agrado del dueño, nuestro Dios y Creador. El cuidado de los recursos es una actitud que le agrada a Él; pero beneficia al ser humano. Un río contaminado, un bosque quemado y cualquier deterioro producido por la mano del hombre, defraudaría aquel criterio que Dios vertió sobre su creación: ¡en gran manera bueno! Pregunte:"¿Acaso las personas nos gozaríamos al estar en la rivera de un río contaminado?"

Las fallas en la mayordomía, así como la avaricia del ser humano, han llevado a formas impropias y destructivas de los recursos que Dios en su creación nos ha dado.

III. Responsabilidad en el cuidado de la creación (Salmo 104)

A. Dios ejemplifica el cuidado

En el Salmo 104, vemos cómo Dios cuida de su creación. Ninguna de sus criaturas queda fuera de su control. Él nos muestra con ello que tenemos una responsabilidad en el cuidado de la tierra. Cada uno de los recursos de los que somos provistos es una bendición; pero incorporan una responsabilidad en su cuidado también. Ninguno de los elementos de la naturaleza queda fuera de la magnificencia de Dios. El salmista relató cómo el viento y el fuego son parte de la grandeza divina (v.4). Reiteró la descripción de la creación en cuanto a la separación de las aguas y la tierra a la voz de Dios (vv.6-9). Declaró la dirección divina en la distribución de las aguas, y el beneficio que brindan a la naturaleza como a los animales del campo, beneficiados estos por los arroyos (vv.10-12). Relató el actuar de la mano de Dios en la producción de hierbas para los animales; y las plantas para el alimento del hombre (vv.14-15). También se admiró de cómo hizo Dios todo con sabiduría (v.24). La impresionante relación de los grandes monstruos marinos y su alimentación, la cual viene de la mano del Señor y ocurre en una inmensidad de agua en la que los barcos cada vez más grandes navegan, sin que su presencia altere la dimensión de los mares (vv.25-28). Este salmo termina de la misma manera como inició: "Bendice, alma mía, a Jehová" (vv.1,35).

B. El papel de la iglesia

Respecto del cuidado de la creación, el Manual de la Iglesia del Nazareno 2017-2021 en su Párrafo 924 expresa: "Creemos, con profundo aprecio por la creación de Dios, que debemos esforzarnos por demostrar cualidades de mayordomía que ayuden a preservar la obra de Dios. Reconocemos que somos copartícipes en el sostenimiento de la integridad de nuestro entorno, aceptamos esta responsabilidad individual y colectivamente" (Iglesia del Nazareno. Manual 2017-2021. EUA: CNP, 2018, p.322). El aprecio por la creación se traduce en actitudes que tienden al cuidado de ella. El mensaje de salvación tiene como efecto principal en la vida del creyente la transformación. Esta se manifiesta en su forma de pensar y actuar. Estudios como el que ahora realizamos, destinado a comprender que el uso y cuidado de la creación de Dios es una responsabilidad del cristiano, contribuyen a esa transformación. El cristiano, nacido de nuevo, transformado, debe ser orientado en cuanto al cuidado de la creación, a partir de la comprensión de su condición de mayordomo. Instruir acerca del compromiso de participar en el cuidado de la creación, con orientaciones específicas, facilitará cumplir con esa responsabilidad.

C. Ejemplos de participación

1. En la ciudad de San Miguel, El Salvador, la Iglesia del Nazareno Emanuel realizó un trabajo de reforestación en calles y parques. Luego de unos pocos años, los árboles plantados ofrecían agradable sombra. Al ser notorio ello, la autoridad local tomó contacto con los feligreses, e incorporó la actividad mencionada como un proyecto compartido. Esto contribuyó en la reforestación; pero lo más importante: dio testimonio de vidas transformadas por el evangelio.

2. La página web de la Iglesia del Nazareno (https://nazarene.org/es/article/iglesia-en-costa-rica-se-compromete-al-cuidado-del-medio-ambiente) relata el compromiso que la Iglesia del Nazareno de Los Ángeles, en Costa Rica, asumió con la protección del medio ambiente, mediante su incorporación en un programa del gobierno. Su involucramiento consiste en la promoción del uso de alternativas reusables, sustituyendo los platos, vasos y otros desechables. Además, alentó en la congregación el reciclaje. Esto permitió resultados similares al ejemplo anterior.

Conclusión

Dios es el dueño de todo lo que existe; nosotros somos mayordomos de su creación. Esta convicción debe ser practicada y comunicada en la vida de la iglesia. Informarse sobre las formas de contribuir a la preservación de la creación es parte del compromiso de la iglesia y una forma de hacer integral su misión, llevando el evangelio y enseñando con su vida el aprecio por la creación de Dios.

Mayordomos de la creación

Hoja de actividad

Versículo para memorizar: "De Jehová es la tierra y su plenitud; el mundo, y los que en él habitan" Salmo 24:1.

I. El Dios creador (Génesis 1, 2; Salmo 24:1)

¿Cómo explicaría la verdad acerca de que Dios es el Creador del cielo y la tierra?

_____

_____

¿Cómo relaciona Génesis 1:1 con Salmo 24:1?

_____

_____

¿Cómo relaciona la creencia de la Iglesia del Nazareno sobre la función del ser humano después de la creación, con Génesis 2:5d?

_____

_____

_____

II. Responsabilidad en el uso de los recursos (Génesis 3)

¿Qué efecto produjo el pecado en el ser humano (vv.23-24)?

_____

_____

¿Cómo manifiesta Dios su misericordia para con el hombre y la mujer pese al pecado de este (Salmo 115:16)?

_____

_____

¿Qué efecto produce en Dios y en el ser humano el cuidado en el uso de la creación?

_____

_____

III. Responsabilidad en el cuidado de la creación (Salmo 104)

¿Cómo manifiesta Dios el cuidado de su creación (v.24)?

_____

Considerando los ejemplos vistos, ¿qué actividades que ejerciten cualidades de mayordomía de la creación pueden realizar usted y su congregación?

_____

Conclusión

Dios es el dueño de todo lo que existe, nosotros somos mayordomos de su creación. Esta convicción debe ser practicada y comunicada en la vida de la iglesia. Informarse sobre las formas de contribuir a la preservación de la creación es parte del compromiso de la iglesia y una forma de hacer integral su misión, llevando el evangelio y enseñando con su vida el aprecio por la creación de Dios.

La mayordomía en las parábolas de Jesús

Mary Prado (Venezuela)

Pasajes bíblicos de estudio: Mateo 25:14-30; Lucas 12:42-48, 16:1-15

Versículo para memorizar: "El que es fiel en lo muy poco, también en lo más es fiel; y el que en lo muy poco es injusto, también en lo más es injusto" Lucas 16:10.

Propósito de la lección: Que el alumno comprenda que la fidelidad es una cualidad esencial de la mayordomía cristiana.

Introducción

La figura del mayordomo era muy emblemática en los tiempos de Jesús; y es por eso que la usó en varias de sus parábolas. Acorde a estas historias de la vida cotidiana, Dios nos considera como los mayordomos de sus bienes; y espera de cada uno de nosotros una buena administración.

De acuerdo a la Biblia, llegará el día en que cada uno de nosotros tendremos que presentarnos ante Dios para dar cuenta de nuestras responsabilidades; y debemos estar preparados para ese momento crucial siendo fieles y diligentes (Romanos 14:10; 2 Corintios 5:10).

Las parábolas de Jesús que estudiaremos en la presente lección nos enseñan las cualidades necesarias para desempeñar una mayordomía fiel y responsable.

I. ¿Quién es un mayordomo fiel y prudente? (Lucas 12:42-48)

Todo cristiano debe estar preparado para el momento en que deberá entregarle cuentas a Dios por su mayordomía. La mayordomía cristiana significa sencillamente la administración correcta de los bienes de Dios sobre los cuales Él nos ha puesto a cargo.

La primera de las parábolas que estudiaremos es la historia del "siervo infiel" que aparece en Lucas 12:42-48. Esta parábola enfatiza la necesidad de estar preparados para el momento de nuestra rendición de cuentas ante Dios. La conciencia de que en cualquier momento tendremos que presentarnos ante nuestro Señor, con el fin de darle razón de nuestra mayordomía, nos debe llevar a procurar dos cualidades principales: fidelidad y prudencia.

A. La fidelidad en la mayordomía (vv.42-45a)

La fidelidad tiene que ver con honestidad, confiabilidad y constancia. Es todo lo contrario a la falsedad o indignidad de confianza. Es importante conocer lo que era un mayordomo en los tiempos bíblicos: "En el oriente, el mayordomo tenía unos poderes casi ilimitados. Era un esclavo como los demás, pero estaba a cargo de los otros. Un mayordomo de confianza gobernaba la casa de su amo y administraba su hacienda" (Barclay, William. Comentario al Nuevo Testamento. España: Editorial CLIE, 1999, p.330). Así que una de las cualidades principales que se requería de un buen mayordomo era la fidelidad.

Nosotros somos siervos de confianza de nuestro Señor. Él nos ha dado a cada uno de sus hijos e hijas dones, talentos y otros bienes que debemos cuidar y administrar con una actitud honesta y confiable, poniéndolos al servicio de su Reino. Asimismo, es necesario ser constantes en nuestra mayordomía, aun cuando las circunstancias que nos rodeen sean difíciles, reconociendo la importancia de la diligencia en el cumplimiento de nuestras responsabilidades, no importando cuáles sean.

Una de las enseñanzas principales que nos da esta parábola es el descuido en el cual cayó el siervo infiel al observar la tardanza de su amo (v.45a). En nuestra mayordomía, debemos estar siempre preparados. "No hay nada más fatal que el creernos que hay tiempo de sobra. Jesús dijo: 'Me es necesario hacer las obras del que me envió entre tanto que el día dura, la noche viene, cuando nadie puede trabajar' (Juan 9:4)" (Barclay, William. Comentario al Nuevo Testamento. España: Editorial CLIE, 1999, p.330).

Por lo tanto, una actitud fiel en nuestra mayordomía nos lleva a desempeñarnos no sólo como si el Señor viniese hoy mismo; sino también con la conciencia de que Él está siempre presente, y que le servimos a Él y no al hombre. Pablo nos exhortó: "Y todo lo que hagáis, hacedlo de corazón, como para el Señor y no para los hombres; sabiendo que del Señor recibiréis la recompensa de la herencia, porque a Cristo el Señor servís" (Colosenses 3:23-24).

B. La prudencia en la mayordomía (vv.45b-48)

La otra virtud que Dios espera en un buen mayordomo es la prudencia. Esta indica una disposición mesurada y equilibrada en todos los asuntos de la vida. Pero de acuerdo a la parábola, el siervo infiel no actuó de esta manera; sino que lo hizo alocadamente. Tomó la actitud equivocada de creerse el dueño de los bienes; y comenzó a disponer de ellos a su antojo. Así empezó a "golpear a los criados y a las criadas, y a comer y beber y embriagarse" (v.45b). Sin embargo, de un momento a otro, cuando menos se lo esperaba, regresó su señor sorprendiéndole en aquella actitud de disolución.

Barclay señala algunas cosas resaltantes en su comentario: "Nadie sabe el día ni la hora en que la eternidad invadirá el tiempo y habremos de dar cuenta. ¿Cómo queremos que nos encuentre Dios?

(i) Querríamos que nos encontrara con nuestra tarea terminada. Para muchos de nosotros la vida está llena de cabos sueltos: tenemos cosas sin acabar, y cosas a medio hacer, cosas aplazadas y cosas que ni siquiera hemos intentado...

(ii) Querríamos que Dios nos encontrara en paz con los demás.

(iii) Querríamos que Dios nos encontrara en paz con Él" (Barclay, William. Comentario al Nuevo Testamento. España: Editorial CLIE, 1999, p.330).

La parábola del siervo infiel llega a su clímax cuando este es sorprendido in fraganti, y recibe la severidad del juicio de su señor (v.46). Pero es importante notar a través del versículo 48 lo siguiente: "La severidad del juicio será en proporción a la cantidad de conocimiento de la voluntad de Dios que pudo haberse logrado, pero que se desobedeció. Mucha luz implica mucha responsabilidad" (Earle y otros. Explorando el Nuevo Testamento. EUA: CNP, 1985, p.210).

Pensar seriamente en esto nos hace sentir abrumados por nuestra responsabilidad. Todo el conocimiento y la preparación que tenemos implica una mayor responsabilidad en nuestra mayordomía. Debemos ser temerosos de Dios, y cumplir fielmente con lo que Él nos ha encomendado.

II. Mayordomo infiel; pero astuto para usar los recursos (Lucas 16:1-15)

La segunda parábola que estudiaremos se encuentra en Lucas 16:1-15, y puede llamarse la parábola del "mayordomo astuto".

Este pasaje tiene como propósito principal enseñar la importancia de actitudes correctas del cristiano frente a las riquezas y los bienes materiales que el Señor ha puesto en sus manos para que los administre hasta su llegada.

A. El fiel en lo poco es fiel en lo mucho (vv.1-12)

Como en la parábola anterior, la historia trata de un mayordomo infiel que disipó los bienes de su amo. Sin embargo, siendo llamado a cuentas, sagazmente ganó la amistad de los deudores de su amo rebajándoles las deudas con el fin de tener su apoyo en el futuro, cuando fuera despedido de su empleo.

Ante la triste perspectiva de perder su trabajo, el mayordomo malo se encontró en una profunda crisis: "... ¿Qué haré? Porque mi amo me quita la mayordomía. Cavar, no puedo; mendigar, me da vergüenza" (v.3). Varias razones, tal vez, le impedían a este hombre poder emplearse en otra ocupación. Quizá la avanzada edad, o posiblemente el orgullo, serían las principales. Pero de repente una chispa de luz vino a su mente: reduciría las cuentas de los deudores de su amo con el fin de ganar la amistad de ellos. Esta fue una decisión sagaz, aunque injusta y deshonesta con su señor.

"Como una aplicación adicional en contra de la conclusión injustificada de que uno puede ser descuidado o deshonesto en asuntos financieros y todavía recibir la aprobación de Dios..." (vv.8-9) "...el Señor indica que la fidelidad y la honradez en las cosas pequeñas no son cosas insignificantes. La vida es toda una pieza. Si una persona es deshonesta en las cosas pequeñas, es deshonesta, y no se le pueden confiar responsabilidades más grandes. Las verdaderas riquezas, las de Dios, las bendiciones de la riqueza espiritual, no serán confiadas a una persona que sea infiel en su mayordomía de riquezas materiales..." (vv.10-12) (Earle, Ralph y otros. Explorando el Nuevo Testamento. EUA: CNP, 1985, p.217).

Vemos, que la fidelidad es una cualidad esencial de la mayordomía cristiana. La administración de los bienes materiales es una prueba de nuestra capacidad para administrar los bienes espirituales.

B. No se puede servir a Dios y a las riquezas (vv.13-15)

El cristiano debe ser completamente honesto en el manejo del dinero. La mayordomía cristiana implica estar libre de la picardía, la doble intención, la deshonestidad y la avaricia con relación al dinero, lo cual se manifiesta en el mundo.

El amor al dinero es una de las principales causas de caída espiritual en muchos cristianos hoy. Una actitud de fidelidad en nuestra mayordomía requiere incluir a Dios en todas las decisiones de la vida en cuanto al dinero.

"En el aspecto individual, el creyente debe buscar el conocimiento y la voluntad de Dios para cada decisión sobre recursos financieros, bienes raíces, otros artículos de valor, tiempo, influencia u oportunidad..." (Calcada, S. Leticia, ed. Diccionario Bíblico Ilustrado Holman. EUA: B&H Español, 2014, p.1024). Es decir, la mayordomía lo abarca todo.

"Y oían también todas estas cosas los fariseos, que eran avaros, y se burlaban de él" (v.14). Los fariseos se sintieron confrontados por la enseñanza de Jesús; y en rechazo, asumieron una actitud burlona. Jesús les advirtió que aun cuando pretendían presentarse justos delante de los hombres, Dios conocía sus corazones y las disposiciones abominables que estos encerraban (v.15).

La avaricia es una mala disposición condenada expresamente en la Biblia; y debe rechazarse por aquellos que ejercen el servicio cristiano (1 Tesalonicenses 2:5; 1 Timoteo 3:3). En general, es una actitud que va en contra de la santidad cristiana. "Una concentración mental plena dedicada a la obtención de dinero no es compatible con una consagración de todo corazón a Dios" (Calcada, S. Leticia, ed. Diccionario Bíblico Ilustrado Holman. EUA: B&H Español, 2014, p.996).

III. Mayordomos sabios para incrementar lo que se les da (Mateo 25:14-30)

Cada uno de los cristianos, como mayordomos del Señor, debemos esforzarnos y usar para el avance del reino de Dios todo lo que Él ha puesto en nuestras manos.

La parábola que estudiaremos en esta última parte de la lección es la conocida como "Parábola de los talentos", y la cual se encuentra en Mateo 25:14-30. Esta historia nos enseña que debemos usar y multiplicar los talentos que Dios nos dio.

A. Edifique la obra del Señor (vv.14-21)

Para comenzar el estudio de este pasaje, comprendamos bien lo que era el talento. Un talento no era una moneda; sino una medida de peso de aproximadamente 34 kilogramos, y se asociaba generalmente con el oro y la plata (Calcada, S. Leticia, ed. Diccionario Bíblico Ilustrado Holman. EUA: B&H Español, 2014, pp.1076,1230).

"…Señor, cinco talentos me entregaste; aquí tienes, he ganado otros cinco sobre ellos" (v.20). La idea aquí es la sobreedificación. El siervo a quien le fueron dados cinco talentos trabajó con ellos; y ganó otros cinco talentos. Es decir, hizo crecer las ganancias de su señor.

El dinero en esta parábola simboliza nuestras habilidades, dones, ministerio, etc.; y la ganancia obtenida es todo aquello que representa el crecimiento del reino de Dios. El Señor recompensa a quienes así hacen: "…sobre poco has sido fiel, sobre mucho te pondré; entra en el gozo de tu señor" (v.21).

Notemos que la recompensa a la cual se refiere aquí no tiene que ver con riquezas materiales; sino más bien con un estado preeminente al lado de su señor, que aquí se designa como "el gozo de tu señor". En otras palabras, se refiere a la comunión con Dios, y todo lo que ella implica.

En la vida cristiana, el gozo se define como un "estado de deleite y bienestar que resulta de conocer y servir a Dios… El gozo en el Señor capacita a las personas para disfrutar de todo lo que Dios ha dado" (Calcada, S. Leticia, ed. Diccionario Bíblico Ilustrado Holman. EUA: B&H Español, 2014, pp.677,678).

B. Use bien lo que el Señor le ha dado (vv.15-30)

El amo de la parábola repartió a cada siervo una cantidad de talentos conforme a la capacidad de cada uno de ellos (v.15). Como hemos visto, los talentos representan los recursos o habilidades que Dios nos ha dado. Pero, aunque "Dios da a las personas diferentes dones… No es el talento de la persona lo que importa; lo que importa es cómo lo use. Dios nunca exige de nadie habilidades que no tenga; pero exige que cada persona use a tope las habilidades que posea. Todas las personas no tienen los mismos talentos; pero pueden ser iguales en el esfuerzo. La parábola nos dice que sea cual fuere el talento que tengamos, pequeño o grande, debemos ponerlo al servicio de Dios" (Barclay, William. Comentario al Nuevo Testamento. España: Editorial CLIE, 1999, p.178).

Sin embargo, existen aquellos cristianos que no hacen uso de sus dones y talentos; sino que se conforman con estar inactivos en la iglesia, sin hacer nada para que la obra de Dios crezca y avance. Son como el hombre que recibió un talento, y que "fue y cavó en la tierra, y escondió el dinero de su señor" (v.18). Este hombre, llamado el siervo inútil, no recibió recompensa alguna por parte de su amo; sino una dura reprensión y juicio (vv.26-28).

Esta parábola nos enseña lo siguiente: "Los hombres deben invertir sabiamente todo lo que reciban en la tarea del Reino, y que los que hagan eso serán alabados y recibirán una responsabilidad mayor. El dejar de invertir lo que uno tiene resultará en su condenación… El hombre de un talento había dejado de hacer inversión alguna, por temor de que resultare erróneo y él fuera castigado… Frecuentemente los hombres dejan de hacer una consagración cabal a Dios por un temor que emana de una idea equivocada de cómo es Dios" (Earle y otros. Explorando el Nuevo Testamento. EUA: CNP, 1985, p.138).

Quizá el temor a usar infructuosamente lo que el Señor nos ha dado sea uno de los principales fracasos en la mayordomía cristiana; pero recordemos que contamos con la gracia de Dios quien nos hace ministros capaces (2 Corintios 3:5).

Conclusión

La mayordomía cristiana tiene que ver con la fidelidad a Dios, aun en las cosas más sencillas de la vida. La manera como administramos los bienes materiales indica nuestra confiabilidad o no para cuidar las cosas espirituales. Por otro lado, el alcance de nuestra responsabilidad delante de Dios se mide en proporción a los bienes que Él nos ha confiado.

La mayordomía en las parábolas de Jesús

Hoja de actividad

Versículo para memorizar: "El que es fiel en lo muy poco, también en lo más es fiel; y el que en lo muy poco es injusto, también en lo más es injusto" Lucas 16:10.

I. ¿Quién es un mayordomo fiel y prudente? (Lucas 12:42-48)

Defina en sus palabras qué es la mayordomía cristiana.

_____

_____

¿Cuál es una actitud equivocada de la mayordomía infiel?

_____

_____

II. Mayordomo infiel; pero astuto para usar los recursos (Lucas 16:1-15)

¿Por qué es tan importante la fidelidad en la mayordomía de las cosas pequeñas?

_____

_____

¿Cómo aplicaría en forma práctica a su vida el versículo 13?

_____

_____

III. Mayordomos sabios para incrementar lo que se les da (Mateo 25:14-30)

¿Con cuál personaje de la "Parábola de los talentos" cree usted que se pueden identificar los cristianos que no usan sus dones y talentos? Explique.

_____

_____

¿Qué representan los talentos?

_____

_____

Conclusión

La mayordomía cristiana tiene que ver con la fidelidad a Dios, aun en las cosas más sencillas de la vida. La manera como administramos los bienes materiales indica nuestra confiabilidad o no para cuidar las cosas espirituales. Por otro lado, el alcance de nuestra responsabilidad delante de Dios se mide en proporción a los bienes que Él nos ha confiado.

Mayordomos en el trabajo

Patricia Picavea (Argentina)

Pasajes bíblicos de estudio: Génesis 1:28, 2:15, 3:17-19; Éxodo 36:1; Salmo 75:6-7; Proverbios 20:4, 12:27; Efesios 4:28; Colosenses 3:17,23-24

Versículo para memorizar: "Y todo lo que hacéis, sea de palabra o de hecho, hacedlo todo en el nombre del Señor Jesús, dando gracias a Dios Padre por medio de él" Colosenses 3:17.

Propósito de la lección: Que el alumno entienda que el trabajo es bendición de Dios; y como mayordomos de lo que Él nos da, debemos ver al trabajo como un recurso para nuestro sustento, para bendecir a otros y para dar buen testimonio de nuestro Señor.

Introducción

Nada de lo que tenemos nos pertenece; ni las propiedades, ni el tiempo, ni los hijos, ni siquiera nuestra vida. Todo es de Dios, Él es dueño de todo. La Biblia nos dice que todo lo que hay en los cielos y en la tierra le pertenece a Dios: "Dios es dueño de toda la tierra y de todo lo que hay en ella; también es dueño del mundo y de todos sus habitantes" (Salmo 24:1 TLA); "¡Dios mío, a ti te pertenecen la grandeza y el poder, la gloria, el dominio y la majestad! Porque todo lo que existe es tuyo. ¡Tú reinas sobre todo el mundo!" (1 Crónicas 29:11 TLA).

Por ende, eso nos convierte en simples mayordomos de todo lo que existe y poseemos. Como mayordomos de todo, ¿cuál debe ser nuestra perspectiva del trabajo? ¿Qué nos dice la Biblia? ¿Cuál es nuestra parte? ¿Cuál es la parte de Dios? ¿Quién creó el trabajo: Dios o el diablo? ¿El trabajo es una bendición, o una maldición que recibimos por el pecado?

A lo largo de un período de 25 años, la persona común pasa más de 70,000 horas de su vida trabajando. La mayor parte de la vida de un adulto está dedicada al trabajo. Pero muchas veces, con el trabajo viene la disconformidad, el cansancio, el aburrimiento y algún otro grado de descontento.

A todo esto, a veces debemos sumar el miedo a perder el empleo, los sueldos inadecuados, el exceso de trabajo y un sinnúmero de presiones que contribuyen a este alto grado de descontento. Sin importar cuál sea su profesión u oficio, aun si usted se encuentra en un ministerio cristiano, todos en algún momento hemos sentido un grado de frustración. Veamos qué nos dice la Palabra con respecto a este tema.

I. La perspectiva bíblica del trabajo (Génesis 1:28, 2:15, 3:17-19; Efesios 4:28)

El trabajo fue instituido por Dios antes de la caída; porque el trabajo fue mandato divino antes de que Adán y Eva cometieran pecado. Cuando Dios creó al hombre y a la mujer, a ambos les dio la responsabilidad de trabajar y administrar su creación: "Fue así como Dios creó al ser humano tal y como es Dios. Lo creó a su semejanza. Creó al hombre y a la mujer, y les dio esta bendición: «Quiero que se reproduzcan, quiero que se multipliquen, quiero que llenen la tierra y la pongan bajo su dominio. Que dominen a los peces del mar y a las aves del cielo, y a todos los seres vivos que se arrastran por el suelo»" (Génesis 1:27-28 TLA).

A pesar de lo que se piensa hoy sobre el trabajo, este fue creado por Dios para beneficio, distracción y ocupación del hombre y la mujer, en un ambiente sin pecado. Por esta razón, no debemos decir que el trabajo es consecuencia de la maldición del ser humano por haber pecado. La maldición, después de la caída, fue sobre la tierra. La Palabra dice: "maldita será la tierra por tu causa" (Génesis 3:17b); y como consecuencia de esa maldición, al hombre le costaría más trabajarla: "con dolor comerás de ella todos los días de tu vida" (Génesis 3:17c).

Después que Adán y Eva pecaron, el trabajo se tornó más difícil. Génesis 3:17-19 nos muestra eso.

El trabajo es importante, a tal punto que cuando Dios escribió los Diez Mandamientos, dijo: "Seis días trabajarás…" (Éxodo 34:21). El trabajo no es una opción; sino un mandamiento dado por Dios.

En el Nuevo Testamento, el apóstol Pablo dio una orden interesante en 2 Tesalonicenses 3:10 donde leemos: "… Si alguno no quiere trabajar, tampoco coma". El no trabajar nos lleva a estar desocupados y ociosos. Es interesante que Pablo no dijo: "El que no le guste trabajar, o el que no pueda trabajar". Es un mandato. No se puede vivir a expensas de otras personas; porque no es justo. Salvo que se tenga una discapacidad; todos deben trabajar y tener para su mantenimiento y el sostenimiento de su familia. "Si alguno no quiere trabajar, tampoco coma" afirmó el apóstol.

Cuando trabajamos duro, el descanso es bueno y reparador. Disfrutar de unas buenas vacaciones después de un año de mucho trabajo es renovador, placentero; y hace bien a nuestra mente y cuerpo. Las vacaciones, aunque las ocupemos en quehaceres de la casa o en actividades diferentes, son buenas y necesarias. Estas nos sacan de la rutina, y hacen que nuestra mente y cuerpo descansen del trabajo cotidiano.

Pablo nos enseñó que el tener un trabajo también nos dará para adquirir y poder compartir. Aun los que no trabajaban por motivos deshonestos; ahora que están en los caminos del Señor, deben trabajar para su sostén; pero también para tener y compartir con los demás: "Quien antes fue ladrón, debe dejar de robar, y ahora trabajar bien y con sus propias manos. Así tendrá dinero para ayudar a las personas necesitadas" (Efesios 4:28 TLA).

El trabajo nos sirve para:
1. Disciplinarnos (levantarnos cada mañana, organizarnos en las diferentes actividades fuera del horario de trabajo).
2. Sujetarnos (nos enseña a ponernos a las órdenes de un jefe; y hacer lo que se nos pide).
3. Desarrollar destreza (cualquier trabajo que realicemos hace que aprendamos a hacerlo, y seamos especialistas en ello).
4. Crear hábitos que nos acompañarán siempre (cumplir horarios de salida, de entrada, tomar vacaciones, cumplir los días de descanso, entre otros).
5. Crear hábitos que también nos ayudan en nuestra vida cristiana donde necesitamos disciplinarnos en asistir a la iglesia, la oración, la lectura de la Palabra, el servicio al prójimo, sujetarnos a Dios y a los líderes que Él coloca sobre nosotros.

Todos los trabajos honestos son dignos. En la Biblia, no hay diferencia: David fue pastor de ovejas, y luego rey. Algunos profetas fueron campesinos; Lucas era médico; y varios discípulos fueron pescadores. Lidia vendía telas; y Pablo hacía tiendas y era fariseo. Todos los trabajos honestos son dignos delante de Dios.

II. Dios y el trabajo (Éxodo 36:1; Salmo 75:6-7)

Éxodo 36:1 dice: "El SEÑOR ha dado sabiduría a Bezalel, a Aholiab y a los demás talentosos artesanos, y los ha dotado de habilidad para realizar todas las tareas relacionadas con la construcción del santuario. Que construyan y amueblen el tabernáculo tal como el SEÑOR ordenó" (NTV). Este pasaje nos muestra que Dios nos da a cada uno de nosotros habilidades únicas. Las personas tenemos muchas habilidades diferentes, destrezas manuales y capacidades intelectuales. En esto, no hay categoría; y las

podemos emplear en los diferentes trabajos que existen en nuestra sociedad; y hasta podemos inventar.

Cuando ponemos nuestro trabajo en las manos de Dios, vemos su bendición: "El SEÑOR estaba con José, por eso tenía éxito en todo mientras servía en la casa de su amo egipcio. Potifar lo notó y se dio cuenta de que el SEÑOR estaba con José, y le daba éxito en todo lo que hacía" (Génesis 39:2-3 NTV). Este y otros pasajes de esta misma historia nos muestran que Dios hace prosperar el trabajo en nuestras manos. Pero no lo hace prosperar para que nos enriquezcamos nosotros solos, sino para bendecir a otros; y para que como sus hijos, seamos testimonio fiel de lo que Dios hace en nuestras vidas.

El Señor es quien controla los ascensos: "Los elogios no vienen del este, ni del oeste ni del sur; vienen de Dios, que es el juez. A unos les quita el poder, y a otros se lo da" (Salmo 75:6-7 TLA). Aunque sorprenda, no depende del ser humano que se le mueva del puesto de trabajo donde está. Es importante entender que nuestras vidas están en las manos de Dios; y todo lo que sucede depende de Él. Hay que entender que lo que logramos no es sólo por nuestras propias fuerzas, por nuestra sabiduría e inteligencia; sino porque Dios lo permite.

Aunque el mundo no lo entienda; nosotros sí debemos saber que Dios tiene el control de todas las cosas. Debemos estar quietos; hacer nuestro trabajo de la mejor manera; que nuestro testimonio hable por sí solo; y dejar que Dios haga lo demás a su tiempo.

III. Mi parte como hijo de Dios en el trabajo (Proverbios 20:4, 12:27; Colosenses 3:17,23-24)

A. Trabaje representando al Señor

En Colosenses 3:17, dice: "Y todo lo que hagan o digan, háganlo como representantes del Señor Jesús y den gracias a Dios Padre por medio de él" (NTV). En este pasaje, se nos enseña que todo lo que hagamos o digamos representará al Señor. No importa si ocupamos el lugar de jefes o empleados; estamos llamados a servir y representar al Señor cualquiera sea nuestro puesto.

Por ejemplo, viendo esto en una situación cotidiana, si yo voy a un lugar y digo: "Esther no pudo venir, pero yo vine en nombre de ella". ¿Qué quiere decir esto? Significa que yo estaré representándola, hablaré en su lugar y haré lo que tenga que hacer en lugar de ella; quiere decir que si yo hablo mal y soy irrespetuosa, la que va a quedar mal es Esther, porque yo estoy en su lugar. Pero si yo cumplo correctamente con lo que se me pide; Esther quedará bien ante las personas. Lo que yo haga hará quedar bien o mal a Esther.

De igual manera, si nos llamamos cristianos; estamos representando a Cristo en nuestros trabajos. Todo lo que hagamos o digamos hablará de Él, y lo representaremos bien o mal según nuestro actuar; ya que nos identificamos como cristianos y representamos al Señor.

El testimonio se verá tanto entre los compañeros como delante de los jefes. Por esa razón, nuestro comportamiento debe ser correcto en todo momento y en todo lugar que nos encontremos trabajando.

B. Trabaje como para el Señor

Por otro lado, en Colosenses 3:23-24 dice: "Trabajen de buena gana en todo lo que hagan, como si fuera para el Señor y no para la gente. Recuerden que el Señor los recompensará con una herencia y que el Amo a quien sirven es Cristo…" (NTV). En este pasaje, Pablo nos habló de cómo debe ser nuestra actitud hacia el trabajo: no con desgano o pereza; porque por un lado, el trabajo es la fuente de nuestro sustento, y por otro lado, allí estamos mostrando a Cristo.

En el versículo 24, el apóstol se refirió a que aunque en la tierra nuestra recompensa no sea la que esperamos; al final, tendremos una herencia mayor con Cristo que es a quien realmente servimos.

El Señor es nuestro Rey; y finalmente, todo lo que hagamos debe ser como para Él. No importando cómo sea nuestro jefe; el trabajo lo debemos hacer como si el que nos lo pidiera fuera Jesús. Lo debemos hacer como si el beneficiario de ese trabajo fuera el Señor.

Reconociendo que el trabajo y las capacidades nos lo da Dios, y somos sus representantes en lo que hacemos; esto nos coloca en la posición de mayordomos de Él. La función de un mayordomo es estar a cargo de algo que se le asigna (casa, campo, empresa, familia, etc.). Cuando una persona es nombrada como mayordomo hoy, diríamos que es el representante y administrador del propietario. Este se convierte en alguien de suma confianza para el dueño; porque lo representará y cuidará sus intereses. ¿Será que nos sentimos así con el trabajo que Dios nos ha dado? ¿Damos buen testimonio del Señor en nuestro trabajo?

C. Trabaje duro, pero no se exceda

La Palabra de Dios siempre está en contra de la pereza. En el Antiguo Testamento, si bien Dios peleaba por su pueblo, también esperaba el trabajo de ellos. Así pues, en Jueces 18:9 leemos: "Levantaos, subamos contra ellos; porque nosotros hemos explorado la región, y hemos visto que es muy buena; ¿y vosotros no haréis nada? No seáis perezosos en poneros en marcha para ir a tomar posesión de la tierra".

En el libro de Proverbios, hay varios pasajes referentes a la pereza; incluso se compara al ser humano con las hormigas, quienes son un ejemplo de cómo alcanzar la sabiduría: "Ve a la hormiga, oh perezoso, mira sus caminos, y sé sabio" (Proverbio 6:6). Mostrando la importancia de trabajar para tener sustento, también dice: "Quien no trabaja en otoño se muere de hambre en invierno" (Proverbio 20:4 TLA).

En Eclesiastés 9:10, encontramos lo siguiente: "Todo lo que hagas, hazlo bien, pues cuando vayas a la tumba no habrá trabajo ni proyectos ni conocimiento ni sabiduría" (NTV). Esto nos enseña a no regatear con las responsabilidades que llegan a nosotros, y hacer las cosas bien, no haciendo trabajos mediocres; pues hay un tiempo limitado para lo que hacemos. El hacer las cosas correctamente nos hará ver buenos resultados: "Los perezosos ni siquiera cocinan la presa que han atrapado, pero los diligentes aprovechan todo lo que encuentran" (Proverbio 12:27 NTV).

Como se mencionó anteriormente, si bien es importante trabajar duro; debemos evitar los excesos que impiden que tengamos nuestros tiempos con el Señor, que atendamos nuestras familias o que descansemos lo necesario. El mandamiento del Señor fue claro: "Seis días trabajarás, mas en el séptimo día descansarás; aun en la arada y en la siega, descansarás" (Éxodo 34:21).

El trabajo excesivo para acaparar u obtener cosas que la sociedad impone, pero no son de suma importancia, hace que terminemos dejando de lado la valiosa relación familiar; y al decir "familiar", se hace referencia a familia nuclear: esposa e hijos (si los hubiera en casa todavía).

También, muchas veces, el exceso de trabajo nos hace sentirnos autosuficientes; y nos aleja de la fe en esperar la provisión de Dios, o su ayuda para ser buenos administradores de lo que tenemos. Recordemos las palabras de Jesús en Mateo 6:33 donde leemos: " Busquen el reino de Dios por encima de todo lo demás y lleven una vida justa, y él les dará todo lo que necesiten" (NTV). En ese pasaje, Jesús nos llama a poner orden en las prioridades, y a cumplir con "el trabajo" y la atención de "la familia", sin dejar otras muy importantes como el reino de Dios.

Conclusión

Todo lo visto nos debe hacer pensar que el trabajo es bendición de Dios; y como mayordomos de lo que Él nos da, debemos ver al trabajo como un recurso para nuestro sustento, para bendecir a otros y para dar buen testimonio de nuestro Señor.

Mayordomos en el trabajo

Hoja de actividad

Versículo para memorizar: "Y todo lo que hacéis, sea de palabra o de hecho, hacedlo todo en el nombre del Señor Jesús, dando gracias a Dios Padre por medio de él" Colosenses 3:17.

I. La perspectiva bíblica del trabajo (Génesis 1:28, 2:15, 3:17-19; Efesios 4:28)

¿Qué nos dice Génesis 1:28 con respecto al origen del trabajo? ¿A quiénes se les dio la responsabilidad de administrar todo?

_____

_____

¿Qué consecuencias trajo el pecado, según Génesis 3:17-19?

_____

_____

II. Dios y el trabajo (Éxodo 36:1; Salmo 75:6-7)

¿Qué le dice Salmo 75:6-7 con relación a Dios y a nuestros trabajos?

_____

_____

¿Qué le diría a alguien que constantemente se queja de su trabajo?

_____

_____

III. Mi parte como hijo de Dios en el trabajo (Proverbios 20:4, 12:27; Colosenses 3:17,23-24)

¿Cuál es mi parte como trabajador?

_____

_____

¿Cuáles son las tres recomendaciones dadas en este punto para los hijos de Dios en el trabajo? ¿Cómo está mi testimonio cristiano entre mis jefes y compañeros?

_____

_____

Conclusión

Todo lo visto nos debe hacer pensar que el trabajo es bendición de Dios; y como mayordomos de lo que Él nos da, debemos ver al trabajo como un recurso para nuestro sustento, para bendecir a otros y para dar buen testimonio de nuestro Señor.

Crianza responsable

Elizabeth Soto Venegas (Chile)

Pasajes bíblicos de estudio: Deuteronomio 6:6-9; Proverbios 22:6, 23:13-14; Efesios 6:4; 2 Timoteo 1:5

Versículo para memorizar: "Y vosotros, padres, no provoquéis a ira a vuestros hijos, sino criadlos en disciplina y amonestación del Señor" Efesios 6:4.

Propósito de la lección: Que el alumno conozca el los principios bíblicos de crianza para guiar los hijos a tener relaciones saludables con Dios, con su familia y la sociedad.

Introducción

La mayordomía cristiana abarca varias áreas interesantes que incluyen, sin lugar a dudas, la crianza responsable de nuestros hijos. A través de esta lección, veremos cómo Dios nos trazó la ruta para responsabilizarnos conscientemente de esta tarea. En el Antiguo Testamento y el Nuevo Testamento, Dios nos guía sabiendo que es necesario fortalecer los lazos familiares; y cimentar en estos una fe sólida basada en convicciones firmes.

Actualmente, se habla de pautas, prácticas y creencias respecto de la crianza. Para comenzar, es necesario definir qué es crianza. Según Eraso, Bravo y Delgado, "crianza es el entrenamiento y formación de los niños por los padres o sus sustitutos; así como también los conocimientos, actitudes y creencias que los padres ocupan con relación a factores de protección, la importancia de los ambientes físico y social, y las oportunidades de aprendizaje de sus hijos en el hogar" (Eraso, J., Bravo, Y., & Delgado, M. Artículo: "Creencias, Actitudes y Prácticas sobre Crianza en Madres Cabeza de Familia en Popayán: Un Estudio Cualitativo". En Revista de Pediatría, vol. 41 (3), 2006, pp.23-40. Disponible en línea: https://www.researchgate.net/publication/308725881).

Según la investigación "Modelos Culturales de Crianza en Chile: Una mirada desde los niños y niñas de Chile", se identificaron seis modelos de crianza en la sociedad chilena, lo cual puede ser en otros países también. Veamos a continuación cada uno de dichos modelos (Información recuperada de https://www.worldvision.cl/blog/estos-son-los-6-modelos-de-crianza-presentes-en-la-familia-chilena, el 19 de mayo de 2020).

1. Ausente: modelo de crianza negligente en la que no existen expresiones de ternura ni de maltrato.
2. Autoritario o violento: modelo de crianza basado en el uso del castigo físico; y no incluye expresión de ternura.
3. Ambivalente sin reconocimiento: modelo de crianza que evidencia uso de maltrato y expresiones de ternura; pero tiene reconocimiento hacia niños y niñas.
4. Ambivalente con reconocimiento: modelo de crianza que evidencia uso de maltrato y expresiones de ternura; sin embargo, al mismo tiempo, establece relaciones con reconocimiento de la calidad de sujetos de niñas y niños.
5. Ternura sin reconocimiento: modelo de crianza que excluye cualquier tipo de violencia, incluye expresiones de ternura; pero no establece relaciones basadas en el reconocimiento de la calidad de sujetos de niñas y niños.
6. Ternura con reconocimiento: modelo de crianza que excluye cualquier tipo de violencia; incluye expresiones de ternura; y establece relaciones basadas en el reconocimiento de la calidad de sujetos de niños y niñas.

Hay madres, padres y adultos significativos que utilizan distintas estrategias y prácticas en el proceso de crianza y disciplina de sus hijas e hijos. Estas estrategias se mueven entre el afecto, el castigo, el reto y las prohibiciones; una ambivalencia que debería terminar para ser reemplazada por un estilo de crianza basado en la ternura y el reconocimiento que muestra el modelo bíblico, el cual filtra y orienta a los padres cristianos en la asignación dada por Dios, y permite que las relaciones interpersonales se desarrollen de forma saludable en el día a día a través de la responsabilidad parental. En esta lección, estudiaremos tres responsabilidades ineludibles que tiene un padre o madre creyente.

I. Responsabilidad de guiarlos a Dios (Deuteronomio 6:6-9; 2 Timoteo 1:5)

La palabra "guiar" según el diccionario Lexico es un verbo transitivo que significa "1. Ir delante de alguien o junto a él para indicarle el camino a seguir o para conducirlo hacia un lugar determinado. 2. Dirigir u orientar a una persona mediante consejos y enseñanzas" (Recuperado de https://www.lexico.com/es/definicion/guiar, el 19 de mayo de 2020). La Biblia, en Deuteronomio 6:6-9, nos enseña que es una responsabilidad asignada a ambos padres el guiar a sus hijos a Dios.

"La familia es uno de los pilares de la sociedad", puede leerse en la página web de la ONU (Organización de las Naciones Unidas), en su sección de "Temas Mundiales" (Recuperado de https://www.un.org/es/, el 19 de mayo de 2020). Por su parte, la Real Academia Española define a la palabra "familia" de la siguiente manera: "1. f. Grupo de personas emparentadas entre sí que viven juntas. 2. f. Conjunto de ascendientes, descendientes, colaterales y afines de un linaje" (Recuperado de https://dle.rae.es/familia?m=form, el 19 de mayo de 2020). Y en la actualidad, la familia puede estar integrada por diversos miembros, de los cuales no son todos consanguíneos. Por tanto, pueden identificarse varios tipos de familia como algunos que a continuación se detallan.

1. Familia nuclear: formada por la madre, el padre y los hijos; es la típica familia clásica.
2. Familia extendida: formada por parientes cuyas relaciones no son únicamente entre padres e hijos. Una familia extendida puede incluir abuelos, tíos, primos y otros consanguíneos o afines.
3. Familia monoparental: formada por uno solo de los padres (la mayoría de las veces la madre) y sus hijos. Puede tener diversos orígenes: padres separados o divorciados, donde los hijos quedan viviendo con uno de los padres; por un embarazo precoz, donde se constituye la familia de madre soltera; y por último, a causa del fallecimiento de uno de los cónyuges.
4. Familia ensamblada: está formada por agregados de dos o más familias (ejemplo: madre sola con hijos que se junta con padre viudo con hijos). En este tipo, también se incluyen aquellas familias conformadas solamente por hermanos o por amigos, donde el sentido de la palabra "familia" no tiene que ver con parentesco de consanguinidad; sino sobre todo, con sentimientos, convivencia y solidaridad entre quienes viven juntos en el mismo espacio.
5. Familia de hecho: este tipo de familia tiene lugar cuando la pareja convive sin ningún enlace legal.

Si nuestro Señor nos ha dado el privilegio de tener hijos, una importante verdad ineludible es llevarlos al conocimiento de Él. Nuestros primeros discípulos serán siempre nuestros hijos. Esta es nuestra primera tarea para quienes somos padres, y la cual es para toda la vida (Mateo 28:19-20). Otra verdad ineludible es que el modelaje de una conducta que refleja una sincera devoción a Dios y nuestra necesidad de dependencia de Él son muy necesarios; tanto es así que en Deuteronomio 4:9 el pueblo de Israel recibió la instrucción de llevar una conducta diaria que refleje al Dios al cual servimos. Y si leemos Deuteronomio 11:18-21, además notaremos que se agrega una promesa divina de larga vida.

Pablo reconoció, en 2 Timoteo 1:5, que Eunice y Loida, madre y abuela respectivamente de Timoteo, fueron responsables en la tarea de guiar y heredar su fe verdadera a su descendiente. La mejor herencia que los padres pueden dejar a sus hijos no son los bienes materiales que perecen; sino la fe verdadera en el Dios vivo.

II. Responsabilidad en educar (Proverbio 22:6; Efesios 6:4)

La palabra "educar", según la Real Academia Española, etimológicamente proviene del latín educāre; y significa: "1. tr. Dirigir, encaminar, doctrinar. 2. tr. Desarrollar o perfeccionar las facultades intelectuales y morales del niño…" (Recuperado de https://dle.rae.es/educar, el 19 de mayo de 2020). Aquí vemos la necesidad de comunicar sistemáticamente ideas, conocimientos o doctrinas, así como dar a conocer a alguien el estado de algo, informarle de ello, o comunicarle avisos o reglas de conducta extraídos de la misma fuente.

Sin lugar a dudas, si analizamos la primera parte del consejo del sabio hebreo que se encuentra en Proverbio 22:6 donde leemos: "Instruye al niño en su camino…"; podemos notar que tal mandato se está refiriendo no sólo a las aptitudes, habilidades o inclinaciones del infante, sino primordialmente a su educación moral inculcada por parte de sus padres. Esta educación es importante; porque entendemos que lo que caracteriza al ser humano no es sólo "vivir" y "saber" que vive; sino "hacer" de su vida una vida buena conforme al propósito de Dios, es decir, plenamente humana, pero con la voluntad divina. En este sentido, la familia ha testimoniado por milenios ser la institución que mejor acoge y forma al ser humano.

En la segunda parte de Proverbio 22:6, leemos: "… y aun cuando fuere viejo no se apartará de él". Estas son palabras reconfortantes para los padres fieles y piadosos. El Comentario Bíblico Beacon dice: "no han de interpretarse como una garantía absoluta. El ambiente solamente no salvará a nuestros hijos. Para hacer posible su salvación es necesario también el ejercicio de la libre elección por parte de ellos a fin de recibir la gracia siempre disponible de Dios" (Chapman y otros. Comentario Bíblico Beacon, tomo 3. Argentina: CNP, 2008, p.537). El consejo del escritor bíblico de Proverbios está más vigente que nunca; pues podemos ver en la actualidad cómo los padres y madres debemos estar muy alertas en la educación de nuestros hijos. En estos tiempos, cualquier ideología que se quiera transmitir lo hará a través de lo cotidiano. El conocimiento está a un clic de cualquier dispositivo con Internet, por lo que se vuelve importante conversar acerca de todos los temas con los niños, según la edad, pasándolos siempre por el filtro de la Palabra de Dios.

Asimismo, la enseñanza no debe ser sólo teórica. Los hijos necesitan ver la práctica de la vida cristiana en sus padres. Obviamente, esa tarea es desafiante. Es fácil hablar de Dios, de fe, de iglesia, de obediencia a los mandamientos, de estudiar la Biblia, de orar, de meditar, etc.; sin embargo, el discurso por sí solo no convence. Es necesario que esté acompañado del ejemplo, de un modelo. Este tipo de enseñanza (teórico y práctico) exige participación por parte de los padres, y tiempo compartido al lado del hijo; pues la mejor enseñanza cristiana no se consigue sólo en la formalidad de un culto, también puede ocurrir en la informalidad de una conversación en diferentes escenarios de la vida diaria.

Pablo nos advirtió que la educación no debe ser una imposición; sino más bien un consejo sabio. Colosenses 3:21 dice: "Padres, no exasperéis a vuestros hijos, para que no se desalienten"; y Efesios 6:4 señala: "Y vosotros, padres, no provoquéis a ira a vuestros hijos, sino criadlos en disciplina y amonestación del Señor". Si nos detenemos en la segunda parte del versículo de Efesios; podemos extrapolar que nuestra manera y modelo de crianza no necesariamente serán los mejores si sólo confiamos en nuestro criterio personal. Muchas veces, nuestros instintos son reacciones emocionales; es decir, acciones no pensadas adecuadamente. Incluso, a veces, son negativas o violentas. Debemos observar a nuestro Señor Jesucristo para ver cómo disciplinó y amonestó a sus discípulos en las Escrituras. Indudablemente, Él es el mejor modelo a seguir. Glorificó al Padre, porque le obedeció; y educó a sus discípulos guiándolos al Padre, como si fueran sus hijos. Este es el modelo que como padres y madres debemos seguir; siempre en amor.

III. Responsabilidad en corregir (Proverbio 23:13-14)

La palabra "corregir" procede del latín corrigĕre; y la primera definición de este verbo en el Diccionario de la lengua española es "enmendar lo errado" (Recuperado de https://dle.rae.es/corregir?m=form, el 19 de mayo de 2020); y otro significado registrado en el mismo diccionario también es "advertir, amonestar o reprender a alguien" (Recuperado de https://dle.rae.es/corregir?m=form, el 19 de mayo de 2020). Al poner atención al consejo del sabio escritor bíblico que se encuentra en Proverbio 23:13-14, podemos notar que se

nos recalca a los padres la responsabilidad respecto de la tarea redentora encomendada por Dios. Esto nos lleva a estar atentos, a amonestar con amor, aplicar disciplina, advertir y reprender; pero siempre respetando el libre albedrío de nuestros hijos, y la gracia divina de nuestro Señor en sus vidas.

La importancia de la disciplina es uno de los consejos enfatizados en la Biblia; porque este conjunto de reglas de comportamiento es algo que todos debemos tener en cuenta para ser personas productivas, y lo cual es mucho más fácil aprenderlo mientras aún somos pequeños. Los niños que tienen ausencia de una disciplina adecuada crecen con patrones oposicionistas desafiantes; les cuesta mantener respeto por la autoridad; presentan conductas disruptivas en diferentes contextos; son desobedientes; y a veces llegan a ser hostiles. Los estudios médicos, respecto de este tipo de conductas agravadas en niños, indican que se deben principalmente a prácticas parentales inadecuadas. Si los padres no consideramos corregir a nuestros hijos; corremos el riesgo de que a ellos les cueste estar dispuestos a obedecer y seguir a Dios. El Señor utiliza la disciplina para corregirnos y guiarnos por el camino correcto, así como para llevarnos al arrepentimiento de nuestras acciones. Como padres responsables, debemos tomar posición en la corrección de nuestros hijos; y bajo ningún punto de vista y de ninguna forma, se debe promover o encubrir el maltrato infantil como medio de disciplina dentro de las familias de la iglesia. La "disciplina positiva" es no violenta y respetuosa del niño como aprendiz; es una aproximación a la enseñanza para ayudarlos a tener éxito. Les da la información, y los apoya en su crecimiento. Un niño jamás debe ser disciplinado físicamente hasta el punto que pueda causarle un daño o maltrato físico. De hecho, el Manual de la Iglesia del Nazareno en el párrafo 916 declara que nuestra denominación aborrece el maltrato a los indefensos.

Conclusión

Las Escrituras nos muestran principios bíblicos de crianza responsable para los padres; y nos ayudan a reflexionar cómo mantener saludablemente nuestras relaciones interpersonales con nuestros hijos, a fin de poder juntos enfrentar seguros el día a día. Nuestras tareas esenciales de mayordomía como padres es guiarlos a Dios, educarlos y corregirlos con el amor divino, el cual nos inspira a no desalentarnos y a nadar contra la corriente en un mundo donde todo es relativo.

Crianza responsable

Hoja de actividad

Versículo para memorizar: "Y vosotros, padres, no provoquéis a ira a vuestros hijos, sino criadlos en disciplina y amonestación del Señor" Efesios 6:4.

I. Responsabilidad de guiarlos a Dios (Deuteronomio 6:6-9; 2 Timoteo 1:5)

De acuerdo con Deuteronomio 11:18-21, mencione el consejo bíblico, la promesa divina y un ejemplo de aplicación actual.

Consejo bíblico	Promesa divina	Aplicación actual

II. Responsabilidad en educar (Proverbio 22:6; Efesios 6:4)

¿Usted considera que se puede aplicar en la actualidad el consejo que el apóstol Pablo nos dejó en Efesios 6:4? Explique.

_____

_____

Mencione algunas situaciones que los padres pueden generar, y las cuales podrían llevar a ira a sus hijos.

_____

_____

III. Responsabilidad en corregir (Proverbio 23:13-14)

De cada versículo bíblico, extraiga una idea fuerza (esta suele estar compuesta por unas pocas palabras con un fuerte carácter simbólico y que reflejan, por sí solas, un significado completo). Luego coméntelas en grupo.

Versículo bíblico	Idea fuerza	Comentario
Proverbio 13:24		
Proverbio 22:15		
Proverbio 23:13-14		
Proverbio 29:17		
Hebreos 12:11		

Conclusión

Las Escrituras nos muestran principios bíblicos de crianza responsable para los padres; y nos ayudan a reflexionar cómo mantener saludablemente nuestras relaciones interpersonales con nuestros hijos, a fin de poder juntos enfrentar seguros el día a día. Nuestras tareas esenciales de mayordomía como padres es guiarlos a Dios, educarlos y corregirlos con el amor divino, el cual nos inspira a no desalentarnos y a nadar contra la corriente en un mundo donde todo es relativo.

Mi iglesia, mis reglas

Mariela López (Argentina)

Pasajes bíblicos de estudio: Hechos 6:1-6; Efesios 5:23; Colosenses 1:18; 1 Pedro 5:1-3
Versículo para memorizar: "Buscad, pues, hermanos, de entre vosotros a siete varones de buen testimonio, llenos del Espíritu Santo y de sabiduría, a quienes encarguemos de este trabajo" Hechos 6:3.
Propósito de la lección: Que el alumno comprenda que Jesús es el dueño de la iglesia, la cual requiere que sea bien administrada.

Introducción

En primer lugar, debemos tener claro cuál es el significado de la palabra "iglesia". Este término se traduce de la palabra griega ekklesia, la cual "literalmente significa reunión, asamblea, congregación… hace referencia a una congregación local o un conjunto regional de discípulos de Jesucristo (Hch 9:31; Rom 16:5; 1Co 1:2)… En ningún caso se utiliza ekklesia para referirse a un edificio (templo)" (Padilla, R., Acosta, M., y Velloso, R. Comentario bíblico contemporáneo. Argentina: Certeza Unida, 2019, p.1382).

En el Nuevo Testamento, Jesús habló de la iglesia en dos oportunidades. Una de ellas está registrada en Mateo 18:15-17. En esa ocasión, el Señor dio indicación acerca de cómo proceder con un hermano que peca contra otro; y también dejó claro que la iglesia "es el cuerpo local de creyentes que constituye el pueblo de Dios y tiene el poder interno para disciplinar" (Taylor, R., Grider, J. K., y Taylor, W. Diccionario Teológico Beacon. EUA: CNP, 1969, p.345).

La otra oportunidad cuando el Maestro trató el tema referido fue cuando Él les preguntó a sus discípulos: "… Y vosotros, ¿quién decís que soy yo? Respondiendo Simón Pedro, dijo: Tú eres el Cristo, el Hijo del Dios viviente. Entonces le respondió Jesús: …sobre esta roca edificaré mi iglesia; y las puertas del Hades no prevalecerán contra ella" (Mateo 16:15-18). Cuando el Señor habló de "esta roca", Él se estaba refiriendo a la declaración que acababa de hacer Pedro acerca de Él mismo como el fundamento de su iglesia. Es decir "que la existencia misma de la iglesia está vinculada a la Persona y a la deidad de Cristo… su resurrección será garantía suficiente de perpetuidad e indestructibilidad…" (Taylor, R., Grider, J. K., y Taylor, W. Diccionario Teológico Beacon. EUA: CNP, 1969, p.345). En la porción bíblica referida, Jesús utilizó una metáfora de la construcción; ya que no estaba hablando de un edificio físico, sino que el cimiento, roca o fundamento de la iglesia sería Él mismo, "Cristo, el Hijo del Dios viviente", y a la vez Él mismo se constituía como el perfecto arquitecto al "edificar" su iglesia.

La iglesia, lejos de ser un edificio, es el conjunto de personas que aceptaron a Jesucristo como Salvador y Señor; y quienes fieles a su Palabra, siguen sus pisadas y le sirven. En las cartas pastorales, se mencionan otras metáforas para referirse a la iglesia, tales como "familia de la fe" (Gálatas 6:10); "cuerpo" de Cristo (Colosenses 1:18); "casa de Dios" (1 Timoteo 3:15); "pueblo adquirido por Dios" (1 Pedro 2:9); entre otras. En todas las referencias encontradas, se puede ver que la iglesia tiene un solo dueño: Jesucristo.

I. La iglesia tiene un solo dueño (Efesios 5:23; Colosenses 1:18)

Jesucristo amó de tal manera la iglesia que se entregó a sí mismo como sacrificio por ella; a fin de santificarla y presentársela a sí mismo sin mancha. Esta ha sido comprada por precio de sangre; por lo tanto, Jesucristo es su único dueño y Señor (Efesios 5:23).

Tal como lo hizo Jesús mientras caminó en esta tierra cumpliendo su ministerio; "la iglesia es testigo del propósito de Dios para la vida humana: por lo que dice cuando proclama el evangelio, por lo que es incluyendo su carácter y su estilo de vida y por lo que hace incluyendo sus buenas obras. Es llamada a encarnar los valores de reino de Dios… y prolongar así la misión de Jesucristo en todo el mundo" (Padilla, R., Acosta, M., y Velloso, R. Comentario bíblico contemporáneo. Argentina: Certeza Unida, 2019, p.1382).

Para prolongar la misión de Jesús, la iglesia necesita el poder y la unción del Espíritu Santo. Jesús les habló a sus discípulos acerca de su partida; pero al mismo tiempo les afirmó que enviaría otro Consolador (Juan 14:16-26), ya que necesitarían poder para continuar el ministerio que les estaba encargando, y cumplir su mandato (Mateo 28:19-20). Les dio instrucciones a sus discípulos que no se fueran de Jerusalén hasta ser "investidos de poder desde lo alto" (Lucas 24:48-49); y momentos antes de ascender, volvió a decirles que serían bautizados con el Espíritu Santo (Hechos 1:5). Los discípulos permanecieron en oración y en unidad; pero sólo cuando llegó el

Pentecostés, fueron testigos a cientos de personas del poder de Dios, y fue así el nacimiento de la iglesia. Entonces, se puede afirmar que es un requisito, antes de comenzar cualquier ministerio o trabajo, que la iglesia deba ser investida de poder desde lo alto.

Analicemos lo que dice Hechos 20:28: "Tened cuidado de vosotros y de toda la grey, en medio de la cual el Espíritu Santo os ha hecho obispos para pastorear la iglesia de Dios, la cual Él compró con su propia sangre" (LBLA). Encontramos aquí el resumen de lo que venimos afirmando: Jesús es el único dueño de la iglesia; ya que la compró a precio de sangre. El Espíritu Santo es quien nos da la capacidad de pastorear el rebaño del Señor; mientras que de nosotros se espera total dependencia y sumisión a Él para cuidar nuestra vida personal y del rebaño, sin olvidar que nosotros mismos seguimos siendo ovejas.

II. La iglesia debe ser cuidada y apacentada (1 Pedro 5:1-2)

Es interesante notar que el apóstol Pedro utilizó las mismas palabras que recibió de Jesús cuando se le presentó resucitado, diciéndole: "… ¿me amas…?... Apacienta mis ovejas" (Juan 21:15-17). Luego de 30 años, Pedro escribió una carta dirigida a la iglesia, en la que expresaba su ruego a los ancianos: "Apacentad la grey de Dios…" (1 Pedro 5:2).

En primer lugar, Pedro, siendo apóstol de Jesucristo, no se valió de ese título; sino que dijo de sí mismo que ya era un anciano, junto con el resto de los ancianos de la congregación. "Los ancianos eran funcionarios maduros de la iglesia que actuaban como supervisores, tenían deberes administrativos y pastorales definidos" (Taylor y otros. Comentario Bíblico Beacon, tomo 10. EUA: CNP, 2008, p.308). Una de las tareas pastorales era "apacentar" la grey.

En segundo lugar, tomando la imagen de un pastor apacentando a sus ovejas es que se puede descubrir lo que se quiso expresar con ese mandato, y lo cual veremos a continuación.

A. Proveer alimento

Así como el pastor provee alimento a su rebaño, el Señor espera que a la iglesia se le provea el alimento espiritual que necesita. En la Gran Comisión, Jesús dijo que debíamos enseñar a sus nuevos seguidores todas las cosas que Él nos ha mandado (Mateo 28:19-20); y para los que ya son parte de la congregación, continuar brindándoles alimento sólido, a fin de que sigan creciendo hasta llegar a la estatura de la plenitud de Cristo (Efesios 4:13-14).

B. Proveer cuidado

Hay diversas situaciones en que una oveja se encuentra vulnerable. Por ejemplo, si está herida, si ha parido, si está enferma, etc. Así también en la iglesia, hay personas que necesitan recibir cuidado por algún tiempo.

Los acontecimientos que conllevan a ello pueden ser: al atravesar pérdidas familiares, crisis de diversos tipos (financieras, matrimoniales, laborales etc.), eventos traumáticos que dejan secuelas, enfermedades prolongadas, nacimiento o casamiento de los hijos, cambio de trabajo o de vivienda, etc. Todas ellas son situaciones en que la familia de la fe puede ser de apoyo y sostén, consuelo y cuidado para el que le ha tocado atravesar esos momentos.

C. Proveer seguridad

La oveja, al ser un animal de presa, cuenta con muchos depredadores (enemigos) que están pendientes de sus movimientos para devorarla. El pastor es quien le provee seguridad dentro del redil; y si es necesario, sale al encuentro del depredador para espantarlo, y así defender a su oveja. Es imposible que una oveja aislada sobreviva. Todos los cristianos, por el solo hecho de ser hijos de Dios, tenemos un enemigo que está siempre al acecho para tratar de "devorarnos" (1 Pedro 5:8). En la iglesia, encontramos refugio, respaldo, y enseñanza necesaria para usar la armadura de Dios y permanecer firmes al final del ataque (Efesios 6:11-18). Es imposible que un cristiano sobreviva de forma aislada sin ser parte de la iglesia como cuerpo de Cristo, como comunidad de cuidado y sostén.

En el Salmo 23, hay una hermosa metáfora sobre el pastor brindando seguridad a sus ovejas: "… unges mi cabeza con aceite…" (v.5). El pastor acostumbraba a poner aceite alrededor de la cabeza de las ovejas para mantener a los insectos molestos lejos de los ojos, oídos y boca; ya que las ovejas no se podían defender de dichos insectos, especialmente moscas. Estas últimas podían no sólo molestar; sino también poner gusanos, y provocar mucho dolor y graves infecciones (Información recuperada de https://bellezaverdaderablog.wordpress.com/2017/01/19/el-pastor-y-la-oveja-parte-1/, el 15 de mayo de 2020). Análogamente podemos decir que el Señor con su Espíritu Santo unge nuestra cabeza con su aceite, para mantener alejado al enemigo de nuestra mente, el cual intenta mentirnos, manipularnos, confundirnos, desanimarnos con malos pensamientos, etc.; pero es en el seno de la familia de la fe donde aprendemos a llevar "cautivo todo pensamiento a la obediencia a Cristo" (2 Corintios 10:5b).

D. Proveer espacio para el servicio

Cada oveja es una pieza fundamental para perpetuar y hacer crecer el rebaño. Algunas ofrecen sus crías; otras, su lana; otras, su calor para la época invernal; etc. Así, cada cristiano es una pieza fundamental en la iglesia de Cristo; de modo que todos deben encontrar su lugar o "propósito" como parte del reino de Dios, y ser útil en las manos del Señor.

El apóstol Pedro hizo una serie de recomendaciones sobre cómo se debe apacentar la grey (1 Pedro 5:2):

1. Voluntariamente y no por fuerza. Nadie puede cumplir la ley de Dios por obligación o por la fuerza. Se debe trabajar para que la persona conozca a Dios, lo ame y voluntariamente decida obedecerle y servirle.
2. Con ánimo pronto, y no por ganancia deshonesta. El servicio de los líderes al dirigir la iglesia debe ser por amor a Dios y al prójimo; cualquier otra motivación está equivocada, sea obtener reconocimiento, por ostentar fama o por ganar dinero. Aunque el obrero es digno de su salario (1 Timoteo 5:18); no debe ser esa la motivación del servicio.
3. Siendo ejemplo de la grey. Hay una frase popular que dice: "Haz lo que yo digo; pero no lo que yo hago". El líder debe ser ejemplo en todo, para que los seguidores "quieran imitarlo"; sus actos deben respaldar sus palabras.

Por lo antes dicho, es una enorme responsabilidad cuidar de los "bienes del Señor". El pastor y cada líder de cada iglesia local se transforman en mayordomos o administradores; es decir, en las personas que "cuidan" bienes ajenos. Jesús se lo pidió personalmente a Pedro; y él lo dejó escrito en su carta dirigida a la iglesia. Hoy, el Señor nos sigue diciendo a cada uno de nosotros también: "Apacentad la grey de Dios".

III. La iglesia debe ser bien administrada (Hechos 6:1-7)

La iglesia es un organismo vivo, compuesta por personas que necesitan una organización dinámica, principios estables que la sustenten, liderazgo con metas y prioridades claras que sean capaces de buscar el bien común sin perder de vista el mandato que como iglesia ha recibido del Señor: hacer discípulos semejantes a Cristo en las naciones (Mateo 28:19).

Si nos permitimos seguir con la metáfora de un rebaño; entonces se necesita una organización, y desarrollar determinadas rutinas para el manejo de las ovejas, para asegurarse que todas se alimentan, todas beban agua, a todas se las trasquile (quitar la lana), y que todas se encuentren aptas para reproducirse. En resumen, asegurarse que ninguna quede afuera del redil. Cuando nacen las crías, debe haber limpieza y espacio suficiente para las nuevas ovejitas que vendrán para integrar el rebaño. Al aumentar el número, se necesitará más espacio (agrandar el corral o buscar otro para llevar las que no entren), más gente entrenada para realizar las tareas de cuidado, etc.

En nuestro pasaje de estudio de Hechos 6:1-7, notamos la necesidad de una buena administración. Esto no significa que los apóstoles no estaban organizados; sino que cuando hubo crecimiento, se necesitó una reestructuración. Por ello, los apóstoles se vieron en la obligación de hacer cambios que den solución a los problemas que se habían presentado (v.1). Cuando hay crecimiento, es necesaria una reorganización; de lo contrario, el crecimiento se perderá o se producirán problemas tales como desorden, disconformidad, estancamiento, quejas, murmuración y críticas, tal como sucedió en la iglesia primitiva de aquella época.

Es de suma importancia que la iglesia no pierda la visión y el llamado que Dios le ha hecho (Mateo 28:19-20). En el caso de la iglesia del tiempo de Hechos, los apóstoles tenían claro que no debían descuidar la predicación de la Palabra y la oración por atender otros asuntos (Hechos 6:2). No obstante, sí eran responsables de buscar la solución al problema que se planteó en ese momento. Por esa razón, buscaron personas adecuadas para delegar en ellos la responsabilidad de la distribución de las raciones diarias (v.3).

Debemos tomar en cuenta que no se puede utilizar la misma estrategia u organización para cincuenta personas que para doscientas; y la que funciona con estas doscientas no resultará con mil personas. Esto nos lleva a reflexionar en la necesidad de entrenar y capacitar líderes para el servicio en todo momento.

La meta de toda iglesia debería ser trabajar intencionalmente con cada miembro de la congregación para que se convierta en una persona de buen testimonio (en su relación con el prójimo); llena del Espíritu Santo (con una profunda relación con Dios); de sabiduría (conocimiento de la Palabra de Dios); y así cuando sea el tiempo, se le podrá delegar tareas de servicio al Señor.

Como consecuencia de prepararse anticipadamente, entrenando intencionalmente a las personas y delegando actividades; activará el crecimiento. No hay dudas de que esta es la voluntad de Dios (v.7).

Aprendamos del agricultor: él delimita el territorio en el que piensa sembrar, cada día trabaja sacando malezas, ablandando la tierra, abonándola, prepara con esfuerzo cada surco en la totalidad del terreno, planta la semilla y espera la lluvia. Él es un buen administrador de su terreno. No espera que venga la lluvia para empezar a trabajar; porque si lo hiciera, ¡sería imposible que logre cosechar algo! Él trabaja, pues sabe que en algún momento la lluvia caerá y habrá producción. No debemos esperar que llegue el crecimiento para empezar a trabajar. Debemos "preparar" la iglesia; ya que "la lluvia vendrá", y con ella la bendición de que multitudes pasen de muerte a vida, sean llenos del Espíritu Santo, se transformen en discípulos maduros, y pasen a ser también entrenados para alcanzar a otros. Si esta no es nuestra prioridad; no estamos administrando bien los bienes del Señor.

Conclusión

La iglesia de Jesucristo tiene una única meta: glorificar a Dios y extender el reino de los cielos en la tierra. Dios, como dueño, dejó administradores que lleven adelante esta tarea, de la cual usted y yo somos parte. Él sigue diciendo: "… id, y haced discípulos…", y "Apacienta mis ovejas…" ¡Cumplamos con denuedo el deseo de su corazón!

Mi iglesia, mis reglas

Versículo para memorizar: "Buscad, pues, hermanos, de entre vosotros a siete varones de buen testimonio, llenos del Espíritu Santo y de sabiduría, a quienes encarguemos de este trabajo" Hechos 6:3.

I.   La iglesia tiene un solo dueño (Efesios 5:23; Colosenses 1:18)

De acuerdo a lo tratado, ¿quién es el dueño de la iglesia, y por qué?

_____

_____

¿Qué cualidades deberíamos encontrar en una iglesia cuyo dueño es Cristo?

_____

_____

II. La iglesia debe ser cuidada y apacentada (1 Pedro 5:1-2)

Considerando el siglo actual, ¿qué significa para Ud. el pedido del Señor que encontramos en la Escritura, el cual dice: "Apacienta mis ovejas"?

_____

_____

¿Usted cree que se aplica en la elección del liderazgo actual los requisitos mencionados por el apóstol Pedro? Explique y mencione ejemplos.

_____

_____

_____

III. La iglesia debe ser bien administrada (Hechos 6:1-7)

Teniendo presente el pasaje de Hechos 6 y lo expuesto en la lección, ¿cuál considera usted que fue la causa del problema que enfrentaron los apóstoles?

_____

_____

¿Qué pasos daría en su iglesia local para solucionar un problema de crecimiento?

_____

_____

Conclusión

La iglesia de Jesucristo tiene una única meta: glorificar a Dios y extender el reino de los cielos en la tierra. Dios, como dueño, dejó administradores que lleven adelante esta tarea, de la cual usted y yo somos parte. Él sigue diciendo: "... id, y haced discípulos...", y "Apacienta mis ovejas..." ¡Cumplamos con denuedo el deseo de su corazón!

Principios bíblicos para la mayordomía de las finanzas 1

Eudo Prado (Venezuela)

Lección 20

Pasajes bíblicos de estudio: Deuteronomio 8:11-18; Marcos 12:41-44; Lucas 15:11-17; 2 Corintios 9:6-15

Versículo para memorizar: "Cada uno dé como propuso en su corazón: no con tristeza, ni por necesidad, porque Dios ama al dador alegre" 2 Corintios 9:7.

Propósito de la lección: Que el alumno conozca los principios bíblicos básicos para la mayordomía de las finanzas.

Introducción

La mayordomía cristiana se define como la "responsabilidad de administrar todos los recursos de la vida para la gloria de Dios, reconociéndolo a Él como proveedor de todas las cosas" (Calcada, S. Leticia, ed. Diccionario Bíblico Ilustrado Holman. EUA: B&H Español, 2014, p.1023). Dios pide que cada uno de sus hijos seamos buenos administradores de todo lo que Él nos da. Obviamente, el dinero puede ser una de las principales causas de fracaso en la vida; si no lo administramos de acuerdo al propósito de Dios.

Esta lección nos presenta una serie de principios bíblicos sencillos para la mayordomía de las finanzas. Aquí estudiaremos algunos pasajes bíblicos claves donde Dios nos instruye acerca del uso correcto del dinero.

La mayordomía comienza por el reconocimiento de que nuestras riquezas y bienes le pertenecen a Dios. Expresamos una mayordomía fiel al darle generosamente a Él.

I. Reconozca que Dios es su fuente de provisión (Deuteronomio 8:11-18)

La prosperidad material, casi siempre, trae consigo al ser humano un sentido de autosuficiencia. Esto suele pasar no sólo en la vida de los no creyentes; sino también en la vida de muchos cristianos. Con frecuencia, cuando las cosas nos están saliendo bien, disminuye nuestro compromiso con Dios. Equivocada y, por supuesto, lamentablemente, nos olvidamos de que el Señor es la verdadera fuente de nuestras bendiciones; y nos atribuimos el éxito a nosotros mismos.

Deuteronomio 8:11-18, que es el pasaje de estudio en esta primera parte de la lección, nos enseña precisamente a no olvidarnos de la gratitud a Dios en reconocimiento de que Él es quien nos da todas las bendiciones a lo largo de nuestra vida.

A. Dele a Dios con un sentido de gratitud

En el pasaje mencionado de Deuteronomio, tenemos lo que podríamos considerar como el principio bíblico fundamental de la mayordomía de las finanzas: el reconocimiento de que Dios es el dueño de las riquezas y los bienes que poseemos, y por consiguiente, es la fuente verdadera de nuestra provisión.

Siguiendo los versículos 15 y 16, podemos enumerar cuatro bendiciones principales recibidas por el pueblo de Israel en su peregrinaje por el desierto hacia la tierra de Canaán, las cuales, sin duda, también disfruta el cristiano hoy en día:

1. La redención de la esclavitud, o salvación
2. La seguridad de la compañía y cuidado de Dios a través de los peligros de la vida
3. La provisión divina del sustento diario
4. La corrección y disciplina con el fin de perfeccionar el carácter

El reconocimiento de que todas estas cosas provienen de Dios es lo que nos conduce a la gratitud. Lo contrario es la manifestación de la autosuficiencia humana; el pensar que los bienes que adquirimos son debido a nuestras propias fuerzas (v.17).

La mayordomía de las finanzas comienza, pues, con una actitud de gratitud a Dios como el dador de todo lo que poseemos (v.18).

B. Dele a Dios por obediencia

Este pasaje, además, está enmarcado en el libro de Deuteronomio, el cual ha sido llamado muy apropiadamente "'el libro de la obediencia'... es sencillamente una reiteración y explicación parcial de leyes israelitas anteriores para beneficio de la nueva generación que se había criado en el desierto" (Unger, Merrill F. Nuevo Manual Bíblico de Unger. EE. UU.: Editorial Portavoz, 1987, p.109).

La amonestación de no olvidar a Dios, contenida en el

libro mencionado, debe considerarse como uno de los mandamientos de la ley moral divina en vigencia para la vida cristiana. El dar fielmente nuestros diezmos y ofrendas refleja la estricta obediencia a la Palabra de Dios.

Actualmente, algunas personas alegan que el diezmo no tiene vigencia; pues es un mandato del Antiguo Testamento. Pensar de esta manera es un gran error; porque diversos pasajes del Nuevo Testamento corroboran su vigencia. Jesús indirectamente confirmó la práctica del diezmo cuando dijo: "… sin dejar de hacer aquello [dar el diezmo]" (Mateo 23:23); y Pablo, al enseñar a los hermanos corintios sobre el deber cristiano de sostener con sus bienes la obra de Dios, toma algunos fundamentos de la ley de Moisés (1 Corintios 9:1-14). Así como aquella nueva generación de israelitas, muchos cristianos hoy corremos el peligro de olvidarnos de que Dios es quien nos concede todas las cosas debido a su gracia. Por ello, al obedecer la Palabra de Dios dando al Señor nuestros diezmos y ofrendas, estamos reconociendo que nuestra fuente de provisión no es una profesión, empresa, empleo, ni ninguna otra persona; sino únicamente Él.

II. Sea fiel en dar los diezmos, ofrendas y donaciones a Dios (Marcos 12:41-44; 2 Corintios 9:6-15)

Se ha dicho que el valor de una ofrenda se mide en proporción a lo que nos queda en el bolsillo después que la damos. La generosidad en dar a Dios de nuestros bienes materiales evidencia nuestra fidelidad y fe.

La mayordomía cristiana implica el cumplimiento de nuestras responsabilidades financieras con la obra de Dios.

El segundo principio básico de la mayordomía de las finanzas es dar generosamente a Dios. Lo estudiaremos a través de dos pasajes muy significativos del Nuevo Testamento: Marcos 12:41-44 y 2 Corintios 9:6-15.

A. Dele a Dios todo lo que tiene (Marcos 12:41-44)

El primer pasaje narra la historia de la ofrenda de la viuda pobre. Es importante que la narración comienza describiendo lo siguiente: "… Jesús sentado delante del arca de la ofrenda, miraba cómo el pueblo echaba dinero en el arca…" (v.41). Es significativo notar que el Señor no miraba "cuánto" echaban; sino "cómo" lo hacían. Esto nos indica la importancia que tiene para Dios la actitud o la disposición del corazón al momento de dar, bien sea diezmos, ofrendas o cualquier otro recurso financiero.

Las dos "blancas" que echó la viuda correspondían al valor de un cuadrante. Cada monedita tenía el valor aproximado de un centavo. La palabra "cuadrante" traduce "el término griego (Kodrantes), que se refiere a la moneda romana más pequeña" (Calcada, S. Leticia, ed.

Diccionario Bíblico Ilustrado Holman. EUA: B&H Español, 2014, p.1077). Esto quiere decir que la viuda pobre dio una ofrenda muy pequeña; pero era todo lo que tenía.

La conclusión de Jesús en los dos versículos finales: "… echó más que todos los que han echado en el arca; porque todos han echado de lo que les sobra; pero ésta, de su pobreza echó todo lo que tenía, todo su sustento" (vv.43-44), indica su agrado por la actitud de esta mujer pobre. Jesús observó que ella lo dio todo como un hermoso acto de adoración, confiando sus necesidades a Dios. Sabía que no le quedaría nada para "su sustento"; sin embargo, abrió su mano para entregar generosamente a Dios lo poco que tenía.

Al dar fielmente al Padre nuestros diezmos y ofrendas, aun a pesar de que tengamos abundantes necesidades y compromisos financieros, demostramos nuestra fidelidad a Él.

A veces, hay quienes pretenden eximirse del deber de dar a Dios alegando sus propias necesidades o las de su familia; pero bíblicamente, no existe fundamento para ello. La mayordomía cristiana se basa en el hecho de ser fieles en el cumplimiento de nuestras responsabilidades financieras con Dios. Hay preciosas promesas en la Biblia para quien da generosamente a Dios. Proverbio 3:9-10 es una de ellas: "Honra a Jehová con tus bienes, y con las primicias de todos tus frutos; y serán llenos tus graneros con abundancia, y tus lagares rebosarán de mosto".

B. Siembre en forma abundante (2 Corintios 9:6-15)

El siguiente pasaje, 2 Corintios 9:6-15, contiene lo que se ha dado a llamar como "la ley de la siembra y la cosecha" que aparece en el versículo 6. Así como en el ámbito de la agricultura es lógico que la cosecha sea en proporción a la cantidad de semilla sembrada; también lo es en el ámbito espiritual. El dar generosamente obtiene la bendición de Dios en provisión abundante (v.8).

La ocasión de este pasaje fue la colecta que dirigió Pablo, entre las iglesias de los gentiles, de una ofrenda especial para la iglesia de Jerusalén. Esta iglesia atravesaba grandes necesidades materiales. Este evento también se menciona en Romanos 15:25-26, donde se dice que era una "ofrenda para los pobres".

Disciplinadamente, las iglesias gentiles estaban reuniendo el donativo; y ahí Pablo exhortó a los corintios a dar generosamente para este fin. Barclay explica: "Pablo insiste en que nadie sale perdiendo por ser generoso. Dar es como sembrar. El que es mezquino a la hora de sembrar no puede esperar más que una cosecha mezquina, mientras que el que es generoso en la siembra, a su debido tiempo recogerá una cosecha generosa" (Barclay, William. Comentario al Nuevo Testamento. España: Editorial CLIE, 1999, pp.669-670). Dios no es deudor nadie y siempre está pendiente del que da: "A Jehová presta el que da al pobre, y el bien que ha hecho, se lo volverá a pagar" (Proverbio 19:17).

III. Administre bien, según los principios bíblicos (Lucas 15:11-17)

El tercer principio bíblico básico para la mayordomía de las finanzas es la buena administración. El pasaje de Lucas 15:11-17, parte de la "Parábola del hijo pródigo", nos servirá como guía para nuestro estudio. El hijo pródigo llegó a la ruina económica; porque "desperdició sus bienes viviendo perdidamente" (v.13).

¿Cómo puede un cristiano administrar correctamente los bienes que Dios le ha entregado? Sencillamente, con su bendición y aplicando los principios básicos de administración que encontramos en la Biblia.

En realidad, la historia del hijo pródigo la usaremos como un punto de referencia de alguien que no aplicó estos principios; y, por lo tanto, fracasó en su vida financiera.

A. Sea previsivo

El primero de los pasos en la buena administración es la previsión. De acuerdo a la ciencia de la administración prever es "imaginarse el futuro de la empresa para anticiparse a situaciones probables" (Hernández y Rodríguez, Sergio. Introducción a la Administración. México: McGraw-Hill Interamericana, 2006, p.72).

La falta de previsión fue uno de los errores del hijo pródigo. Sencillamente, él no previó para el tiempo de escasez que sobrevino de repente: "Y cuando todo lo hubo malgastado, vino una gran hambre en aquella provincia, y comenzó a faltarle" (v.14).

Muchas veces, sucede que cuando pasamos por un tiempo de abundancia económica comenzamos a "gastar como locos", sin pensar en el futuro; pero luego llegan los tiempos difíciles, donde pasamos a depender de otros para nuestra subsistencia. En este caso, fue la necesidad del alimento; pero en nuestro caso, puede tratarse de alguna enfermedad, un evento catastrófico o cualquier otra necesidad que se nos presente intempestivamente. La previsión es la cualidad que hace que administremos concienzudamente los recursos que tenemos, y pensemos en ahorrar para los proyectos de vida y los tiempos de dificultades.

B. Haga un presupuesto

El hijo pródigo "desperdició sus bienes viviendo perdidamente" (v.13). En otras palabras, llevó una vida sin control. Gastó su dinero en cosas superfluas y negativas para su propia vida. Para evitar el desperdicio de los bienes, es importante hacer un presupuesto. Un presupuesto "es un tipo de plan financiero para un período determinado o para un proyecto específico" (Hernández y Rodríguez, Sergio. Introducción a la Administración. México: McGraw-Hill Interamericana, 2006, p.74). En un presupuesto se considera los recursos que recibiremos y cómo planeamos gastarlos. Para cualquier proyecto que tiene que ver con el uso de dinero, es necesario un presupuesto. Es útil tanto para las finanzas personales, familiares, como para cualquiera otra área de nuestra vida.

El presupuesto nos ayuda a controlar cómo gastamos nuestro dinero con el propósito de "aprovecharlo"; es decir, utilizarlo más eficientemente.

C. Sea una persona laboriosa

Otro paso exitoso en la buena administración es la laboriosidad. La Biblia enseña con frecuencia la importancia del trabajo. Proverbio 28:19 dice: "El que labra su tierra se saciará de pan; mas el que sigue a los ociosos se llenará de pobreza".

Del hijo pródigo se dice que vivió perdidamente y malgastó sus bienes. Seguramente, este joven se hizo acompañar de amigos ociosos; y se dedicó exclusivamente al juego y la vagancia. Poco a poco, y a medida que consumía sus recursos, pero no producía nada; sus bienes se fueron terminando. Cuando vino a darse cuenta, ya no tenía absolutamente nada. Habiéndole tocado tomar el trabajo más abominable para un judío (el de apacentar cerdos), tomó conciencia de su condición miserable; y arrepentido, decidió volver a la casa de su padre (Lucas 15:14-19).

Una buena mayordomía nos lleva a trabajar disciplinadamente. Hay dos razones principales por las que el cristiano debe ser una persona de trabajo: en primer lugar, proveer para las necesidades de su familia (1 Timoteo 5:8); y en segundo lugar, el sostener la obra de Dios (Hechos 20:35).

Por otra parte, Pablo pidió que los ociosos sean amonestados (1 Tesalonicenses 5:14); y enseñó que "... Si alguno no quiere trabajar, tampoco coma" (2 Tesalonicenses 3:10).

La Biblia es rica en consejos e instrucciones con el fin de que podamos ser buenos mayordomos de los bienes que Dios ha puesto en nuestras manos. Lo importante es que no seamos oidores olvidadizos; sino hacedores de lo que la Palabra de Dios nos enseña.

Conclusión

La mayordomía de las finanzas es fundamental en la vida de todo cristiano. Nos asegura un buen uso del dinero, lo cual, nos proporciona bienestar a nosotros mismos y a otras personas. La base de la buena mayordomía es el dar fiel y generosamente a Dios, y administrar los bienes según los principios bíblicos.

Principios bíblicos para la mayordomía de las finanzas 1

Hoja de actividad

Versículo para memorizar: "Cada uno dé como propuso en su corazón: no con tristeza, ni por necesidad, porque Dios ama al dador alegre" 2 Corintios 9:7.

I. Reconozca que Dios es su fuente de provisión (Deuteronomio 8:11-18)

¿Cuál es el principio bíblico fundamental de la mayordomía de las finanzas?

_____

_____

¿En qué sentido dar nuestros diezmos y ofrendas es un acto de obediencia a Dios? Explique.

_____

_____

II. Sea fiel en dar los diezmos, ofrendas y donaciones a Dios (Marcos 12:41-44; 2 Corintios 9:6-15)

¿Por qué cree usted que Jesús se agradó de la ofrenda de la viuda?

_____

_____

¿En qué consiste la "ley de la siembra y la cosecha" respecto de la mayordomía?

_____

_____

III. Administre bien, según los principios bíblicos (Lucas 15:11-17)

¿Por qué es útil un presupuesto financiero?

_____

_____

¿Cuál es la importancia del trabajo en la buena mayordomía?

_____

_____

Conclusión

La mayordomía de las finanzas es fundamental en la vida de todo cristiano. Nos asegura un buen uso del dinero, lo cual, nos proporciona bienestar a nosotros mismos y a otras personas. La base de la buena mayordomía es el dar fiel y generosamente a Dios, y administrar los bienes según los principios bíblicos.

La ética en la mayordomía de las finanzas 2

Eudo Prado (Venezuela)

Pasajes bíblicos de estudio: Mateo 6:1-4; Romanos 13:7-8; I Timoteo 6:6-10

Versículo para memorizar: "porque raíz de todos los males es el amor al dinero, el cual codiciando algunos, se extraviaron de la fe, y fueron traspasados de muchos dolores" I Timoteo 6:10.

Propósito de la lección: Que el alumno conozca los fundamentos éticos cristianos para la mayordomía de las finanzas.

Introducción

En la lección anterior, estudiamos algunos principios bíblicos básicos para la mayordomía de las finanzas. Estos incluyen el reconocimiento de que todos los bienes le pertenecen a Dios, el dar generosamente y la buena administración. Dichos principios deben expresarse en acciones prácticas de la vida cotidiana.

Sobre la base de lo estudiado anteriormente, la presente lección aporta la profundización del aspecto ético de la mayordomía cristiana.

Como bien han señalado algunos autores, "La mayordomía cristiana es la respuesta total del individuo a la gracia de Dios. La mayordomía incluye el dinero. De hecho, por lo general se define en forma reducida solamente en términos de dinero. Pero la mayordomía es más que el dinero; es el yo… La forma de administrar lo que se le ha confiado, es la mayordomía cristiana" (Trull, J. E., y Carter, J. E. Ética Cristiana. EE. UU.: CBP, 1997, p.89). De modo que aquí nos referimos a cómo la administración del dinero refleja lo que realmente somos. Es decir, cómo nuestra relación con Dios determina el uso que le damos al dinero con relación a nosotros mismos y a los demás.

Por tratarse aquí un tema fundamental dentro del estudio de la mayordomía cristiana, invitamos al maestro a prepararse con la mayor diligencia posible para esta lección. Sobre todo, procure relacionar el conocimiento con las experiencias previas de los estudiantes. Le anticipamos un tiempo de gran bendición en su clase.

I. No vivir endeudado (Romanos 13:7-8)

El primer pasaje de estudio lo ubicaremos es Romanos 13:7-8. Estos dos versículos están enmarcados en la sección del libro conocida generalmente como "deberes cristianos" (Romanos 12, 13). Dentro de esos deberes que Pablo mencionó, se encuentra el de pagar cualquier deuda que se tenga.

A. El mandato de pagar toda deuda

Es importante notar que este es un mandato que trasciende el ámbito personal para ubicarse en el campo de las relaciones sociales. Pablo siempre tenía en mente cómo el desempeño de la conducta cristiana podría contribuir al testimonio del evangelio en el mundo: "Por ser el más grande misionero que hubo en el mundo, a excepción de Jesucristo mismo, Pablo se ocupa de mantener un buen orden social para que la causa de la proclamación del evangelio para la gloria de Dios pueda avanzar" (Hendriksen, William. Comentario al Nuevo Testamento: Romanos. EE. UU.: Libros Desafío, 2006, p.479).

La instrucción "No debáis a nadie nada…" (v.8) está ligada exegéticamente a la de "Sométase toda persona a las autoridades superiores…" (Romanos 13:1). Previamente, en el versículo 7, Pablo ordenó: "Pagad a todos lo que debéis; al que tributo, tributo; al que impuesto, impuesto; al que respeto, respeto; al que honra, honra". Como podemos ver, el mandato no se refiere exclusivamente a las deudas financieras; sino que incluye también las obligaciones morales que Pablo considera como deudas con la sociedad.

"La palabra que aquí se traduce 'respeto' indica a veces 'terror' (véase v. 3, más arriba), o 'temor'… Si tenemos en cuenta que aquí (en Ro. 13:7) Pablo exhorta a los romanos a darle a los funcionarios lo que les corresponde, la traducción 'respeto' parecería ser la mejor" (Hendriksen, William. Comentario al Nuevo Testamento: Romanos. EE. UU.: Libros Desafío, 2006, p.485).

En el mundo que vivieron los cristianos de la iglesia primitiva, el gobierno romano no era lo más justo que se podía pensar; y esto quizá podría ser argumentado por algunos creyentes para no cumplir con sus obligaciones fiscales. Sin embargo, la instrucción aquí es clara: "Por mucho que odiemos los impuestos, por más que el sistema fiscal sea corrupto e injusto, y aunque creamos que hay cosas mucho mejores hacia donde podría ir nuestro dinero, la Biblia ordena, sí, nos ordena que paguemos nuestros impuestos" (GotQuestions. "¿Qué dice la Biblia respecto al pago de impuestos?" Recuperado de www.gotquestions.org, el 25 de diciembre de 2019). Esto, por supuesto, incluye cualquier otra obligación que tengamos con el gobierno, otras instituciones de la sociedad, o personas particulares.

B. El amor: la deuda con todos

El versículo 8 señala, precisamente, el fundamento ético de la instrucción de pagar toda deuda. El amor es la obligación permanente que tiene el cristiano con todo ser humano; y al amar al prójimo, uno cumple automáticamente la ley.

"... Pero esta expresión, en el caso presente, no significa meramente 'por todos los hermanos creyentes'. Claro, no cabe duda que estos están incluidos de un modo especial (véanse 12:10,13; Gá. 6:10) pero al añadir: 'porque el que ama a su prójimo ha cumplido la ley' se aclara que se incluye a todos aquellos con quienes el creyente entra en contacto, y particularmente, por supuesto, aquellos que tienen necesidades especiales. De hecho, en cierto sentido nadie queda excluido de este amor que todo lo abarca" (Hendriksen, William. Comentario al Nuevo Testamento: Romanos. EE. UU.: Libros Desafío, 2006, p.487).

Aquí, entonces, entra a figurar el amor como el componente esencial de la mayordomía cristiana. El amor es considerado como una deuda que tenemos con todos, debido al mandamiento de amar al prójimo como a nosotros mismos (Mateo 22:34-40). Es una deuda permanente que jamás se termina. Cualquier deber cristiano, incluyendo la correcta administración del dinero, tiene como motivación esencial el amor de Cristo.

II. No amar el dinero (1 Timoteo 6:6-10)

La administración del dinero es quizá uno de las áreas de mayor desafío en la vida del cristiano. La razón es que vivimos en medio de un mundo completamente materialista. El dinero gobierna prácticamente las relaciones entre las personas en el mundo de hoy, con el sinnúmero de consecuencias éticas que ello acarrea.

Lamentablemente, muchos cristianos aún no han entendido la determinante sentencia de Jesús: "... No podéis servir a Dios y a las riquezas" (Lucas 16:13). En los tiempos del Nuevo Testamento, el apego materialista al dinero ya era un mal presente en la vida de muchos creyentes, e inclusive de muchos ministros. Este es el tema que abordaremos en nuestro siguiente pasaje de estudio que se encuentra en 1 Timoteo 6:6-10. El versículo 10 será el centro de nuestro enfoque: "Pues el amor al dinero es la raíz de toda clase de mal; y algunas personas, en su intenso deseo por el dinero, se han desviado de la fe verdadera y se han causado muchas heridas dolorosas" (NTV).

A. Piedad más contentamiento: la mayor ganancia

El querer tener más dinero no es el problema en sí mismo; sino el motivo por el cual lo queremos. Cuando el motivo es egoísta, por supuesto, no honra a Dios y no conviene a la vida del creyente.

"Existen muchas razones por las que alguien podría querer más dinero. Algunas pueden ser malas, pero otras podrían ser buenas. Si alguien quiere más dinero para aumentar su estatus, lujos o su ego, sin duda caería bajo la amonestación de esta sección de la Escritura. Pero si alguien quiere ganar más dinero para proveer lo suficiente para los que dependen de él, para ofrendar más a las causas que honran a Dios o para invertir en crear bienes y servicios que permiten que la comunidad prospere, entonces no sería malo querer más dinero" (Proyecto Teología del Trabajo. "La piedad con contentamiento es una gran ganancia [1 Timoteo 6:3-10, 17-19]". Recuperado de https://www.teologiadeltrabajo.org, el 25 de diciembre de 2019). En este sentido, se ubica la exhortación al "contentamiento" que se expresa en los versículos 6 al 9. La palabra "contentamiento" indica el sentido de satisfacción con lo que tenemos. No se trata de conformismo o falta de ambición de progreso material; sino de un sentido de gratitud a Dios por lo que tenemos, sea poco o sea mucho. Pablo expresó esta misma idea a los filipenses cuando les escribió desde la prisión: "No lo digo porque tenga escasez, pues he aprendido a contentarme, cualquiera que sea mi situación. Sé vivir humildemente, y sé tener abundancia; en todo y por todo estoy enseñado, así para estar saciado como para tener hambre, así para tener abundancia como para padecer necesidad. Todo lo puedo en Cristo que me fortalece" (Filipenses 4:11-13).

La mayor ganancia que debe procurar el cristiano es la espiritual. Muchas veces, la posibilidad de ganar más dinero o progresar materialmente puede ir en contra de la vida espiritual. En este caso, se debe valorar lo que es la voluntad de Dios para nuestra vida. Él siempre nos dará la dirección necesaria para tomar las decisiones importantes que contribuyan a nuestro desarrollo cristiano.

B. El amor al dinero como causa de sufrimiento

El último versículo del pasaje de esta sección (v.10) nos lleva a comprender de una manera práctica la inconveniencia de un enfoque no cristiano al valor del dinero. Al final de este mismo pasaje, el apóstol instruyó a Timoteo a enseñar a los "ricos de este siglo" (quizá signifique: "ricos en lo material"), "que no sean altivos, ni pongan la esperanza en las riquezas, las cuales son inciertas, sino en el Dios vivo, que nos da todas las cosas en abundancia para que las disfrutemos" (1 Timoteo 6:17).

"El amor… [al] dinero no es la única raíz de males, pero es una principal 'raíz de amargura' (Hebreos 12:15), porque 'destruye la fe, la raíz de todo lo bueno' [Bengel]; los vástagos de él son 'tentación, lazo, codicias, destrucción, perdición'" (Jamieson, R., Fauset, A. R., y Brown, D. Comentario Exegético y Explicativo de la Biblia, tomo II: El Nuevo Testamento. EE. UU.: CBP, 2002, p.578).

Es importante notar la fuerza de las palabras de Pablo aquí. Dijo que el amor al dinero, además de extraviar de la fe a una persona, puede traer consecuencias terribles a su vida. Es lo que indica la expresión: "fueron traspasados de muchos dolores" (1 Timoteo 6:10). "El vocablo para 'dolores' es el que se usa constantemente para expresar los dolores de parto, pero el verbo periépeiran significa traspasarse de parte a parte" (Henry, Matthew. Comentario Bíblico de Matthew Henry. España: Editorial CLIE, 1999, p.1756). Es decir, el amor al dinero trae consecuencias funestas tanto en lo espiritual como en lo material. Por lo tanto, debemos pedirle a Dios sabiduría para administrarlo de acuerdo a los elevados propósitos del reino de Dios.

III. No comentar lo que se da (Mateo 6:1-4)

Otro componente ético en la mayordomía de las finanzas es la actitud con que se da. Dios desea que demos por el motivo correcto. Un sentido de justicia, amor y generosidad es lo que debe impulsar el dar cristiano. La base bíblica para el estudio de esta última parte de la lección se encuentra en Mateo 6:1-4.

A. Quien da por vanagloria pierde la recompensa de Dios

Enmarcado en lo que se conoce como el "Sermón del Monte", nuestro pasaje de estudio corresponde a la enseñanza de Jesús a sus discípulos sobre cómo debían dar a los necesitados. Aquí toma como referente negativo la actitud hipócrita de los fariseos quienes se vanagloriaban al dar su limosna. Cuando los fariseos querían entregar algo a los pobres, acostumbraban a situarse en la esquina de una calle concurrida de Jerusalén y entonces hacían sonar una trompeta. Aunque su propósito era reunir a los necesitados para recibir los regalos, al mismo tiempo daban a otros una buena oportunidad de ser testigos de sus buenas obras. Una actitud semejante es inconsecuente con la humildad que caracteriza al obrar cristiano.

Es completamente antiético divulgar lo que damos. Al hacerlo, atraemos la atención hacia nosotros mismos; y nos atribuimos la gloria que le pertenece a Dios. Por otra parte, al ser una acción desagradable al Señor, nos perdemos la posibilidad de recibir su bendición.

B. Dios bendice en público a quien da en secreto

Jesús mandó a sus discípulos a dar a los necesitados. Aún más, les ordenó vender sus posesiones y dar para ayudar a otros. Al hacerlo, estarían guardando su "tesoro en los cielos", y obteniendo una ganancia eterna (Lucas 12:33-34). El libro de Hechos da cuenta de que los cristianos de la iglesia primitiva obedecieron literalmente a este mandato (Hechos 2:45, 4:36-37). Pero, también se narra el caso de Ananías y Safira, quienes simularon generosidad y fueron castigados con la pérdida de sus vidas (Hechos 5:1-11). Dios aborrece la hipocresía; y por lo tanto, espera que nuestras expresiones de generosidad sean genuinas.

La última parte de Mateo 6:3 dice: "… no sepa tu izquierda lo que hace tu derecha". Esta es una expresión hiperbólica, y al mismo tiempo es un modismo hebreo para un secreto.

"Dar limosna con la mano derecha es una expresión típicamente hebrea… es la mano del honor, del poder, de la protección y de la resolución. Que no se entere la izquierda expresa con viveza el secreto de la limosna, donde está su mejor cualidad. Darla simplemente porque es una obra buena, no porque da buen nombre al donante" (Henry, Matthew. Comentario Bíblico de Matthew Henry. España: Editorial CLIE, 1999, p.1087). Cuando damos con la actitud cristiana de la generosidad y buscando agradar a Dios y no a los hombres, Él se complace y nos bendice: "… y tu Padre que ve en lo secreto te recompensará en público" (v.4). Podemos esperar un fiel cumplimiento de la promesa de Lucas 6:38 que señala lo siguiente: "Dad, y se os dará; medida buena, apretada, remecida y rebosando darán en vuestro regazo; porque con la misma medida con que medís, os volverán a medir".

Conclusión

La mayordomía cristiana tiene sus fundamentos éticos claros. Está sustentada en deberes cristianos expresamente señalados en el Nuevo Testamento. Pero además de esto, procede del carácter de un discípulo lleno del amor de Cristo.

La ética en la mayordomía de las finanzas 2

Versículo para memorizar: "porque raíz de todos los males es el amor al dinero, el cual codiciando algunos, se extraviaron de la fe, y fueron traspasados de muchos dolores" 1 Timoteo 6:10.

I. No vivir endeudado (Romanos 13:7-8)

Explique brevemente la importancia del amor en la mayordomía cristiana.

_____

_____

En su opinión, ¿en qué forma la mayordomía cristiana puede contribuir al testimonio del evangelio en el mundo?

_____

_____

II. No amar el dinero (1 Timoteo 6:6-10)

Defina brevemente lo que es el "contentamiento cristiano".

_____

_____

Explique el significado de la siguiente expresión de 1 Timoteo 6: 10.

_____

_____

III. No comentar lo que se da (Mateo 6:1-4)

¿Qué significa la siguiente expresión: "… no sepa tu izquierda lo que hace tu derecha" (v.3)? _____

_____

_____

Explique cómo se puede poner en práctica esto hoy.

_____

_____

Conclusión

La mayordomía cristiana tiene sus fundamentos éticos claros. Está sustentada en deberes cristianos expresamente señalados en el Nuevo Testamento. Pero además de esto, procede del carácter de un discípulo lleno del amor de Cristo.

La mejor inversión

Eduardo Meza (Uruguay)

Pasajes bíblicos de estudio: Salmo 63:1; Proverbio 19:15; Eclesiastés 3:1; Ezequiel 16:49; Mateo 6:33, 28:20b; Lucas 19:11-27; Juan 14:27; 1 Corintios 3:16-17, 4:2; Efesios 5:1-33 6:1-4; 1 Timoteo 3:4-5, 4:8, 5:16.

Versículo para memorizar: "… aprovechando bien el tiempo, porque los días son malos" Efesios 5:16.

Propósito de la lección: Que el alumno aprenda la gran importancia de organizar el tiempo; pero considerando las áreas prioritarias de acuerdo al consejo de la Palabra de Dios.

Introducción

El apóstol Pablo expuso, en su epístola que escribió a los hermanos de Éfeso, su profunda preocupación en cuanto a las pruebas o evidencias tangibles de un hijo de Dios frente a las obras infructuosas de las tinieblas (Efesios 5:1-33). De acuerdo a este siervo de Dios, una de esas evidencias que eleva al grado de "sabio" o "entendido" a un hijo de Dios es cómo administra su tiempo; ya que también somos responsables delante de Dios en la administración del mismo. Respecto a esto, leamos lo siguiente: "… El tiempo es un talento que nos ha dado Dios, y es malgastado y perdido cuando no se utiliza de acuerdo con su diseño. Si hemos perdido nuestro tiempo hasta ahora, tenemos que duplicar nuestra diligencia para el futuro…" (Recuperado de https://bibliaparalela.com/comentario/ephesians/5-16.htm, el 11 de febrero de 2020). Por lo tanto, se presentará tres puntos para que usted pueda hacer la mejor inversión del tiempo que tenemos a nuestra disposición.

I. Establezca prioridades

A. Dedicar tiempo para Dios

Si existe una prioridad que no debe ser negociada por ninguna otra; es nuestra conexión íntima con nuestro Dios. Lamentablemente, estamos viviendo tiempos donde cada vez más vemos invertidas las prioridades; pues estamos respondiendo impulsivamente a armar nuestra agenda diaria para resolver lo urgente, dejando de lado lo importante. Esta ecuación invertida nunca traerá un buen resultado; ya que al descuidar darle diariamente a Dios el primer lugar en nuestras vidas por otras cosas seguramente valederas, con el pasar del tiempo, el resultado será vidas llenas de frustraciones, desaliento, desánimo y un desgaste emocional constante. Porque estamos luchando en nuestras fuerzas, y no en la confianza que trae nuestra intimidad con nuestro Padre todopoderoso. El rey David lo expresó en Salmo 63:1; y Jesús mismo,

siendo el Hijo de Dios, nuestro modelo perfecto en todo, nunca negoció su intimidad diaria con el Padre celestial. Las palabras del Maestro registradas en Juan 14:27 toman mucho sentido cuando nuestras prioridades están claramente establecidas: "La paz os dejo, mi paz os doy; yo no os la doy como el mundo la da. No se turbe vuestro corazón, ni tenga miedo". Esa paz viene de nuestra confianza que es el resultado de depositarnos cada día en las manos de quien prometió estar siempre con nosotros (Mateo 28:20b). Juan Wesley lo expresó de la siguiente manera: "Tengo tantas cosas por hacer, que dedico la mayor parte del tiempo a orar, antes de estar dispuesto a hacerlas" (Recuperado de https://frasescristianas.org/tag/john-wesley/, el 11 de febrero de 2020).

B. Dedicar tiempo para la familia

Si nuestras prioridades comienzan en nuestra intimidad con Dios y dedicando tiempo para aprender por medio de la Palabra; inevitable y sabiamente, nos llevarán al punto de cuidar la institución sagrada de la familia, en el modelo perfecto de Dios desde la creación del mundo.

El apóstol Pablo entendía claramente esta crucial realidad en el consejo que dio a la iglesia de Éfeso (Efesios 6:1-4) y a Timoteo (1 Timoteo 3:4-5). Cada pasaje bíblico, nos lleva a la grande e importante tarea que tenemos los que somos padres de invertir lo más valioso que Dios nos dio la familia.

La mayor excusa que escuchamos decir es que "no hay tiempo como antes", pero realmente no es así; ya que el día sigue teniendo el mismo número de horas que en los tiempos de nuestros abuelos. El asunto radica en que estamos llenando nuestras agendas de lo "urgente", y no dando tiempo a "lo importante". Son alarmantes las estadísticas actuales de divorcios, madres solteras, niños huérfanos, adulterios, abandonos, feminicidios, etc. Las transformaciones de las actuales situaciones familiares llegarán cuando implementemos intencionalmente el modelo de Dios descrito en su Palabra; y dediquemos tiempo a nuestra familia. Es la mejor inversión del recurso temporal que podemos hacer. Los que son casados necesitan tiempo invertido en su relación matrimonial; los padres necesitan tiempo invertido en sus hijos y viceversa; y así sucesivamente. Es inevitable que lo que sembremos, eso cosecharemos; por tal razón, debe ser nuestra decisión diaria e intencional brindar tiempo a la familia en cada uno de sus roles.

C. Dedicar tiempo laboral

Tan sagrado como dedicar tiempo para una búsqueda diaria de Dios, y tiempo brindado a la familia, está la de proveer para las necesidades del hogar. Existen equívocas interpretaciones de lo que significa confiar en Dios como proveedor; pues se lo coloca a Él en la posición de hacer lo que es responsabilidad de la persona, mientras esta abraza las terribles y desastrosas actitudes del "conformismo" y la "holgazanería". El mismo apóstol Pablo enseñaba con su ejemplo, en su oficio de hacer tiendas, que dichas actitudes no eran correctas. Leamos al respecto de este punto lo siguiente: "Los brazos adoloridos, dedos cansados y manos callosas eran una experiencia diaria para este elaborador de tiendas. Él pagó un alto precio por su integridad, pero sintió que bien valía la pena para completar la misión de Cristo… Ciertamente, Pablo consideraba la holgazanería – que era endémica en la sociedad greco-romana – como algo inapropiado para el creyente cristiano. Por lo tanto, él deliberadamente estableció el ejemplo del trabajo duro para sostenerse a sí mismo y llamó a los convertidos a imitarlo" (Recuperado de https://icmccarvajal.wordpress.com/2012/10/15/hacer-tiendas-y-el-llamado-apostolico/, el 11 de febrero de 2020).

Está claro también que en ninguna parte de sus escritos el apóstol Pablo instruyó a que la iglesia sea responsable de ser la proveedora de las familias, salvo en casos muy específicos que se menciona la atención a viudas (Hechos 6:1-3; 1 Timoteo 5:16). Por lo demás, la fe que tenemos nos debe dar la confianza diaria de que Dios nos abrirá una puerta para que usemos las habilidades y capacidades que nos ha dado, o para crear otras en medio de estos tiempos difíciles, aun en medio de la realidad económica de cada uno de nuestros países. Dios es fiel a su Palabra; Él nos dijo en Mateo 6:33 lo siguiente: "Mas buscad primeramente el reino de Dios y su justicia, y todas estas cosas os serán añadidas". Lo primero traerá como resultado lo siguiente, y Dios lo hará. Si lo hacemos así, estaremos haciendo la mejor inversión.

D. Dedicar tiempo personal

Dios desea que sus hijos tengan una vida integral saludable. Como mayordomos del Padre, somos responsables de todas las cosas que agendamos y damos prioridad. Una de esas responsabilidades es cuidar nuestro cuerpo, que es templo del Espíritu Santo (1 Corintios 3:16-17).

Así como tan importante es cuidar nuestra salud espiritual; de igual manera, es de vital importancia darle prioridad a los hábitos que nos permitirán gozar de una buena salud física. Ejercicio, una alimentación saludable, dormir bien, aseo personal, vacaciones, retiros intencionales, entre otros son parte de esos hábitos para ser buenos administradores de nuestro cuerpo. Contrariamente a la errónea interpretación, además de sacar el pasaje fuera de contexto, del versículo que Pablo menciona sobre que "el ejercicio corporal para poco es provechoso" (1 Timoteo 4:8); es preciso mencionar que este no se refiere a dejar de cuidar nuestra salud.

II. Organice su tiempo con horarios (Eclesiastés 3:1; 1 Corintios 4:2)

Pareciera para algunos que organizar, planificar o llevar una agenda de actividades es colocarse en algo rígido, sin libertad, como si fuera una "camisa de fuerza". Pero nada más alejado de la reveladora afirmación de Eclesiastés 3:1 de que "… y todo lo que se quiere… tiene su hora". Es decir, las cosas no ocurren como una simple coincidencia de eventos; sino como el resultado de administrar con intencionalidad uno de los recursos más valiosos que debemos saber invertir: el tiempo. Cuántas veces hemos escuchado decir a algunas personas, o quizá aun nosotros hemos dicho también, esta expresión: "¡No me alcanzó el día!" Esto para acentuar que no nos alcanzó el tiempo para lo que habíamos planificado hacer. Tal expresión es una alarma, una voz de alerta de que no hemos organizado nuestro tiempo. Hay que hacer lo que se debe hacer, en el momento que hay que realizarlo. Esto hace una gran diferencia en nuestra manera de usar sabiamente el tiempo. Reflexionemos en las siguientes preguntas:

A. ¿Qué se puede hacer para que nos alcance el tiempo?

Esto sólo ocurrirá cuando nos convirtamos en mayordomos de cada día, de cada mes y del año, organizándolos de tal manera que demos prioridad a lo importante en nuestras responsabilidades y metas.

B. ¿Cómo podemos organizar mejor el tiempo?

Una sugerencia es sencillamente, aprendiendo a usar una agenda. Es decir, antes de iniciar las actividades diarias, es necesario sentarse con un papel y lápiz, o puede ser también usando una aplicación de nuestros celulares o equipos electrónicos, para organizar con horarios lo importante del día, semana y así sucesivamente. Utilizar bien una agenda no sólo nos ayudará a organizar nuestra rutina; sino que maravillosamente también nos ayudará a perder menos tiempo y recordar los compromisos para no olvidarlos. Sin mencionar que hacerlo de esta manera, será una valiosa ayuda a nuestra memoria y nos mantendrá enfocados en lo importante que hacer del día. Como hijos de Dios, somos mayordomos, responsables de cuidar y atender todas las cosas que Él nos ha dado. Al respecto, en 1 Corintios 4:2 leemos: "Ahora bien, se requiere de los administradores, que cada uno sea hallado fiel". Empecemos a administrar bien lo que Dios nos ha entregado; y usémoslo como quienes daremos cuenta delante de Él por lo que hicimos cada día. No podemos olvidar que manejar una agenda no es algo que ocurre de un día para otro. Esto es una disciplina, un hábito que hay que cultivar. Organizar el tiempo no es una pérdida de tiempo; es una buena inversión para tener todo lo que se quiere. Repita, al iniciar cada día, el sentarse a organizar por escrito su tiempo. Lo importante de la agenda es que en ella escriba usted su plan diario, para que no se le olvide nada; y no colocar actividades que no estaban planeadas, o de último momento que no son importantes y pueden esperar. De este modo, le será más fácil organizar el plan del día.

C. ¿Cuál es la importancia de esto para nuestra salud?

Al respecto, vale mencionar una de las frases célebres de Juan Wesley, cuando dijo: "No tengo tiempo para tener prisa" (Recuperado de https://haciendo-discipulos.blogspot.com/2013/10/asi-pensaba-juan-wesley.html, el 11 de febrero de 2020). Es fácil entender, entonces, por medio de esta afirmación que el estrés, la enfermedad silenciosa que está ocasionando grandes estragos en la salud de muchos en la actualidad, podría evitarse aplicando estos básicos principios en cuanto a ser buenos mayordomos de nuestro tiempo. Usted podrá disfrutar de su día a día como un regalo de Dios, y con un poco menos de estrés; si tiene un poco más de organización. ¡Una agenda diaria puede convertirse en su gran aliada y una gran bendición para su salud!

III. No invierta mal el tiempo (Proverbio 19:15; Ezequiel 16:49; Lucas 19:11-27; Efesios 5:16)

Estos cuatro pasajes anticipados tienen en común lo siguiente: condenan la negligencia, la pereza y la ociosidad. Nunca, quien asume estas actitudes, tendrá buenos frutos, avance o progreso. Lo que sí es seguro es que se tendrá una desagradable recompensa.

Realmente, no debemos tener tiempo para perderlo o malgastarlo. Dios nos ha regalado una vida que debe ser aprovechada al máximo. Una sola vez nacemos, una sola vez tenemos cinco años, una sola vez tenemos doce años, quince años, veinte años… Y así cada año cumplido es una oportunidad de Dios para agradecerle por su fidelidad y cuidado; pero también para recoger lo que hemos sembrado en cada etapa de nuestra vida. Es triste cuando, al evaluar nuestro presente, llegamos a la conclusión de que hemos dejado correr el tiempo, para confrontarnos con la dura realidad de que no invertimos sabiamente cada minuto y hora de los que dispusimos.

Pregunte: "¿Qué cosas pueden ser ladrones de nuestro tiempo?" Primeramente, es pertinente mencionar que puede haber factores externos que surjan a último momento, los cuales tendremos que saber manejar para que no alteren demasiado nuestra agenda. Pero también hay factores o situaciones que nosotros permitimos o incluimos en nuestras actividades diarias que, al no estar agendados, nos roban el tiempo. Algunos de estos son los siguientes:

1. Correo electrónico, redes sociales y otros. Lo sabio es planificar un par de momentos al día para revisar correos y/o estar en redes sociales.
2. Aprender a decir "no". Esto es parte de entender en qué somos responsables de hacer prioritariamente; a fin de no caer en lo urgente.
3. No saber delegar, o delegar incorrectamente. De lo contrario, usted terminará haciéndolo todo, o haciendo lo que otro no supo hacer por no estar correctamente capacitado. Eso es una gran pérdida de tiempo.
4. Una deficiente organización de nuestro tiempo. Es más que claro que no organizar el tiempo nos llevará a perderlo.

Mientras Dios nos conceda todavía, en su gran misericordia, tener vida; estamos a tiempo de hacer la mejor inversión "aprovechando bien el tiempo…" (Efesios 5:16).

Conclusión

Los hijos de Dios somos llamados a vivir sabiamente, aplicando a nuestras vidas el consejo perfecto del Señor que nos guía para saber cómo invertir un importante recurso que tenemos a disposición: el tiempo.

La mejor inversión

Hoja de actividad

Versículo para memorizar: "aprovechando bien el tiempo, porque los días son malos" Efesios 5:16.

I. Establezca prioridades

¿A qué actividades dedica su tiempo personal?

_____

_____

¿A qué cosas considera usted que debe darle prioridad ahora en su vida como hijo/a de Dios?

_____

_____

II. Organice su tiempo con horarios (Eclesiastés 3:1; I Corintios 4:2)

Escriba de manera breve y detallada (con horarios) en las siguientes líneas la organización de un día suyo en la semana.

_____

_____

Según lo estudiado, ¿cuáles son las actividades prioritarias que deben estar agendadas todos los días?

_____

_____

III. No invierta mal el tiempo (Proverbio 19:15; Ezequiel 16:49; Lucas 19:11-27; Efesios 5:16)

¿Usted considera que ciertas actividades que actualmente realiza son un mal uso del tiempo? Comente.

_____

_____

¿Considera usted que actualmente está realizando actividades que generan un tiempo mal invertido en su diario vivir? Comente.

_____

_____

Conclusión

Los hijos de Dios somos llamados a vivir sabiamente, aplicando a nuestras vidas el consejo perfecto del Señor que nos guía para saber cómo invertir un importante recurso que tenemos a disposición: el tiempo.

Mayordomía del evangelio

Juan Sosa Sernaque (Perú)

Pasajes bíblicos de estudio: Mateo 28:19; 1 Corintios 1:17; 1 Juan 2:6
Versículo para memorizar: "Pues si anuncio el evangelio, no tengo por qué gloriarme; porque me es impuesta necesidad; y ¡ay de mí si no anunciare el evangelio!" 1 Corintios 9:16.
Propósito de la lección: Que el alumno comprenda el llamado a la evangelización, como un mandato de todo discípulo de Cristo.

Introducción

Muchas veces pensamos que la orden de predicar el evangelio es sólo para los pastores, evangelistas o para cierto número de personas; pero no es así. Lo que ocurre es que nos hemos acostumbrado a ser "cristianos de templo"; y sólo nos gusta asistir al lugar de reunión, pero nos hemos olvidado de nuestra misión para la cual el Señor Jesús nos ha llamado, que es anunciar el evangelio. Un día, Dios nos pedirá cuenta de cómo cumplimos esta orden.

La humanidad cada día se pierde más; y nos ha tocado, en medio de este mundo pecaminoso y oscuro donde impera el pecado, la maldad y la corrupción, anunciar el evangelio. Y tenemos que hacerlo bien.

Actualmente, encontramos a jóvenes que se pierden en la droga, en el alcohol, en la delincuencia; y necesitan de buenas noticias de salvación. Hay hogares que se están dividiendo; y los que más sufren son los niños, quienes necesitan igualmente de las buenas nuevas de salvación. Pero muchas veces, no nos duele ver este mundo así; y seguimos inactivos. Nos cruzamos de brazos; y no hacemos nada por darles a las personas las buenas nuevas.

Hoy, muchas iglesias invierten en todo, menos en evangelizar. Programan su tiempo para muchas labores; pero menos para cumplir con la Gran Comisión. En el año, se trazan muchas metas; sin embargo, casi ninguna es para cumplir la tarea encomendada. Tristemente, han dejado de lado este mandato; y no se realiza ni personalmente ni como iglesia. Es por eso que los templos están vacíos; y cuando ofrecen los informes, hay más pérdida de miembros que ganancia de nuevos. Y pareciera que ya se han acostumbrado a esto; y que hemos cambiado el imperativo de "id" por el de "venid". Es decir que se les dice a los feligreses que vengan al templo para predicarles, para enseñarles; y no vamos con ellos en busca de los perdidos, de los que realmente necesitan de Jesús.

Muchos creyentes se han vuelto "templistas"; sólo predican, cantan y enseñan dentro del lugar de reunión de la iglesia. Nadie nos dice nada allí, nadie se burla de nosotros; pero cuando invitamos a la congregación a predicar a un "aire libre" (afuera), muchos de nuestros hermanos no vienen, porque se avergüenzan de decir que son cristianos. Todo esto se da; puesto que no se ha experimentado lo bueno, lo agradable, lo bendecido que es anunciar las buenas nuevas de salvación.

Por eso, veamos los siguientes puntos para entender mejor lo que es predicar el evangelio.

I. Predicar el evangelio (Mateo 28:19; 1 Corintios 1:17)

A. Predicar el evangelio

Predicar se define como anunciar o dar a conocer; y el segundo se refiere a las buenas o gratas noticias de salvación. Por lo tanto, cuando anunciamos el evangelio, estamos dando buenas nuevas, buenas noticias a mucha gente que se está perdiendo de diferentes maneras en este mundo. Hay que ser muy responsables para cumplir este mandato que no es de hombre; sino de Cristo Jesús. Esto lo podemos leer en Mateo 28:16-20.

El Señor cumplió este mandamiento (Mateo 4:17); pues sabía que fue enviado para predicar el evangelio (Isaías 61:1). Luego, Él dio instrucciones para que lo cumplan también sus discípulos (Marcos 16:15-18); y ellos lo cumplieron (Marcos 16:20). El libro de Hechos afirma que esto lo hacían todos los días (Hechos 5:42).

Pablo tenía claro este mandato (1 Corintios 1:17). Este siervo de Dios dijo: "Pues si anuncio el evangelio, no tengo por qué gloriarme; porque me es impuesta necesidad; y ¡ay de mí si no anunciare el evangelio!" (1 Corintios 9:16).

Hermanos, ¡ay de nosotros, si no predicamos el evangelio! Es necesario predicar el evangelio. Si esto lo hiciéramos a diario; ¡cuánta gente salvaríamos! Muchas personas están esperando que alguien se les acerque, y les comparta las buenas nuevas de salvación.

Aunque evangelizamos con gozo y una pasión que nos mueve a cumplir con la misión que el Maestro nos encomendó, también Dios nos va a pedir cuentas de cómo usamos nuestro tiempo para la evangelización. Tristemente, hay varios cristianos que usan su tiempo para muchos asuntos efímeros; pero poco para cumplir esta orden divina.

B. Es una orden

La palabra "id" es un imperativo; y los imperativos son órdenes que deben de cumplirse. Y esto mucho más cuando viene de parte de Dios.

El Señor Jesús nos dejó esta orden en sus últimas instrucciones. Entonces, esta no es una opción; sino un mandato divino a cumplir. Muchos podrían pensar que esta orden fue solamente para los discípulos de Jesús; pero no es así. Los discípulos estaban bajo la autoridad de Jesús; por lo tanto, esta orden es para todos los que estamos bajo la autoridad de Dios, y para todos los que lo consideran a Cristo Jesús como su Señor.

Los mandamientos de Dios son perpetuos; es decir, no sólo fueron para ayer, también los son para hoy, y por tanto, para nosotros. Reflexione en esto: "¿Cómo estamos cumpliendo el mandato divino de «... Id... y predicad el evangelio...» (Marcos 16:15)?"

No necesitamos ser grandes predicadores, tampoco viajar lejos; porque cuando usted sale de su casa y ve a su alrededor, se percatará que hay mucha gente que necesita de Jesús. Hay gente que nos está esperando angustiada y necesitada del amor de Dios. Si todos fuéramos obedientes al mandato divino; ¡cuántas familias serían unidas, jóvenes restaurados por el poder de Dios; cuántos pueblos serían alcanzados y cambiados por el poder de Dios, y nosotros nos constituiríamos en instrumentos de Él! Sólo tenemos que esforzarnos personalmente, como equipo, como iglesia... Sería ideal que cada congregación cuente con un ministerio de evangelismo, cuyos integrantes sean capacitados y entrenados para realizar este trabajo. La iglesia debe apoyar este ministerio en todo su trabajo; y así cada día lleguemos a nuevos lugares, pero teniendo presente que la responsabilidad de predicar es de cada miembro de la iglesia, y no sólo de este equipo de evangelismo.

II. Enseñar lo que Jesús enseñó (Mateo 28:19)

A. ¿Qué enseñó el Señor Jesús?

La Biblia dice en Mateo 7:28 que la gente se admiraba de la doctrina del Señor Jesús; y Marcos 1:22 añade la razón de lo anterior: "... porque les enseñaba como quien tiene autoridad, y no como los escribas".

"La doctrina es el conjunto de principios, enseñanzas o instrucciones que se consideran como válidas; y que pertenecen a una escuela" (Diccionario lengua española. España: Editorial Océano, 1986, s.p.).

Jesús nos dejó sus enseñanzas, que no son de un hombre ordinario; sino que son de Él. Esta doctrina nos guía en el cumplimiento eficaz de la Palabra de Dios. Por lo tanto, cuando nosotros enseñamos, debemos dar las doctrinas de Cristo Jesús. Estas enseñanzas cambian vidas, restauran matrimonios, hacen feliz a la persona, sanan enfermedades y mucho más. Y la orden en la Gran Comisión de Mateo 28 para este tiempo también es que tenemos que enseñar. En estas épocas, es cuando nos ha tocado a nosotros enseñar la doctrina del Señor Jesús. Reflexione en lo siguiente: "¿Cómo estamos enseñando la doctrina del Maestro? ¿Qué dice la gente respecto de nuestras enseñanzas? ¿Cuál es la reacción de las personas cuando usted le habla del evangelio? ¿Se está preparando? ¿Desea que la gente se admire de las enseñanzas de Cristo que usted transmite?..." Para esto, es necesario una preparación espiritual; porque hay un enemigo que no quiere que enseñemos las Sagradas Escrituras... ¿Estamos preparados para enseñar las doctrinas de Jesús?...

No se trata de decir cualquier cosa; sino de enseñar los principios de Jesús. Es hacer verdaderos discípulos de Él; y así cuando las personas tengan que pasar pruebas, estén firmes en Jesucristo. Que podamos enseñar a la gente que hay que vivir los principios del Señor, y no por emociones.

Muchos nos contentamos con que la persona que oye las buenas nuevas de salvación se convierta; y allí la dejamos. Nos sentimos contentos por ello; pero nuestro trabajo o tarea debe terminar cuando la persona que hizo su decisión de fe sea un cristiano maduro en Cristo Jesús. Es decir que, luego de que se convierta, tenemos que invertir tiempo en el discipulado del nuevo convertido hasta que llegue a ser un discípulo semejante a Cristo.

Para anunciar la doctrina de Jesús, tenemos que estar preparados espiritualmente, y también bíblicamente; es decir, conocer bien la Palabra de Dios, ser un cristiano de oración. Pero tristemente, hay hermanos que no saben ni un texto bíblico. La pregunta es entonces ¿cómo vamos a cumplir nuestra tarea de enseñar; si no conocemos las Escrituras?

B. ¿Estamos cumpliendo con este mandato?

En Lucas 10:2, encontramos uno de los textos tristes de la Biblia: "... La mies a la verdad es mucha, mas los obreros pocos; por tanto, rogad al Señor de la mies que envíe obreros a su mies". ¿No considera usted que a Dios le deberían sobrar obreros?... Esto nos da a entender que no estamos cumpliendo con esta orden que el Señor nos ha dado.

La siguiente historia es una ilustración: "Un hermano llegó al templo con una persona que se había convertido recientemente; y se la presentó al pastor de la iglesia, y le dijo: «Pastor, le presento al hermano Pedro. Él se convirtió el día sábado. Allí se lo encargo. Si se pierde, es problema de usted»..."

Así está pasando con muchos hermanos en la actualidad, quienes piensan que basta con que las personas se conviertan y nada más; y no se preocupan por el discipulado de esos nuevos convertidos. Esta situación conlleva a que aquellos hermanos crezcan débiles espiritualmente; y cuando vengan las pruebas, ellos se irán.

Otros no hacen el trabajo de enseñar; pero si ya conocemos la doctrina de Cristo, la orden es que enseñemos también a otros.

¿Cómo invertimos nuestro tiempo para cumplir esta orden que Dios nos ha dejado? ¿Cómo se sentirá el Señor al ver que pasan los días; y muchos creyentes no hacen nada para cumplir con este mandato?

III. Vivir como Jesús (1 Juan 2:6)

Para poder vivir como Jesús, hay que saber bien para qué estamos en esta tierra, cuál es nuestra misión. Es decir, tener bien claro para qué Dios nos ha llamado; y hacernos las siguientes preguntas:

A. ¿Es posible vivir como Jesús?

Quizá deberíamos comenzar por decir que Jesús es el Hijo de Dios, que vino a la tierra como un hombre. Está escrito claramente en la carta a los hebreos que Él fue hecho en todo semejante a nosotros; pero no cometió pecado (Hebreos 2:17-18, 4:15-16).

En la Biblia, encontramos líderes como José, Daniel, Pablo quienes nos demostraron que sí se puede vivir como nuestro Señor Jesús, sin pecado. Estos hombres sabían qué es lo que querían lograr y cuál era su misión. Ellos estaban dispuestos a todo, con tal de agradar a Dios. Si

somos cristianos maduros; lo vamos a lograr. Pero la madurez cristiana no se obtiene solamente porque asistimos a la iglesia, cantamos bonito o tenemos tantos años en la iglesia. La madurez cristiana es relación con Dios a diario. Esto es disciplina; cuesta, pero trae bendición.

B. Saber para qué Dios nos ha llamado

Muchos viven sin ningún propósito en la vida. No tienen metas ni objetivos; pero se consideran cristianos, hijos de Dios. 1 Juan 2:6 dice: "El que dice que permanece en él, debe andar como él anduvo".

El joven rico pensó que con guardar los mandamientos era todo; pero no fue así. Jesús le dijo: "... Una cosa te falta..." (Marcos 10:17-22). Preguntémonos: "¿Cuántas cosas nos faltaran a nosotros?" Vivir como Jesús es dar un buen testimonio cristiano en todo lugar.

Leamos la siguiente ilustración: Un pastor preparó por medio año a los miembros de su congregación. Él les enseñaba cómo obtener la madurez cristiana. Después que ellos experimentaban lo que es la madurez cristiana, les decía: "Ahora vayan por los parques, por las calles, por los pueblos y prediquen. Si es posible, hablen". Enseñando que el verdadero evangelio se vive día a día con hechos más que con palabras.

Cuando vivimos como Jesús, sólo con nuestro testimonio evangelizaremos a mucha gente; y varias personas querrán ser como nosotros al ver el cambio que Dios ha hecho en nuestras vidas. Solamente tenemos que decirles a otros lo que el Señor ha hecho en nosotros. Él cambió nuestra vida pecaminosa; y ahora somos diferentes. Él nos sanó, restauró nuestro matrimonio, y mucho más. Tenemos que contar eso a nuestros amigos y familiares para la gloria de Dios. Por eso, es importante que si somos hijos de Él, vivamos a la altura de Cristo Jesús. Debemos estar seguros de que Él nos considere sus hijos.

Conclusión

Todos somos responsables; de cumplir la Gran Comisión. Este mandato no es sólo para algunos hermanos, o para cierto grupo de personas; sino que es para todos los discípulos de Cristo. El Señor Jesús se fue al cielo; pero pronto regresará, y nos pedirá cuenta de ello.

Mayordomía del evangelio

Hoja de actividad

Versículo para memorizar: "Pues si anuncio el evangelio, no tengo por qué gloriarme; porque me es impuesta necesidad; y ¡ay de mí si no anunciare el evangelio!" 1 Corintios 9:16.

I. Predicar el evangelio (Mateo 28:19; 1 Corintios 1:17)

De acuerdo con la lección, ¿cómo y a quiénes hay que evangelizar?

_____

_____

¿Qué es predicar?

_____

_____

II. Enseñar lo que Jesús enseñó (Mateo 28:19)

¿Qué nos enseñó Jesucristo?

_____

_____

¿Qué debemos enseñar nosotros?

_____

_____

III. Vivir como Jesús (1 Juan 2:6)

¿Usted considera que se puede vivir como Jesús? Explique.

_____

_____

¿Cuál es nuestra misión aquí en la tierra?

_____

_____

Conclusión

Todos somos responsables; de cumplir la Gran Comisión. Este mandato no es sólo para algunos hermanos, o para cierto grupo de personas; sino que es para todos los discípulos de Cristo. El Señor Jesús se fue al cielo; pero pronto regresará, y nos pedirá cuenta de ello.

La administración de los dones espirituales

Lección 24

Joel Castro (España)

Pasaje bíblico de estudio: 1 Pedro 4:10-11
Versículo para memorizar: "Cada uno según el don que ha recibido, minístrelo a los otros, como buenos administradores de la multiforme gracia de Dios" 1 Pedro 4:10.
Propósito de la lección: Que el alumno entienda todos los pormenores de la buena administración de los dones que Dios le ha depositado y confiado.

Introducción

Hace mucho tiempo, escuché una historia que ilustraba la diligencia del siervo de Dios. El relato dice:"En un recóndito campo de sembríos, vivía un padre con sus dos hijos, que trabajaban como humildes campesinos; y que tenían una ajustada economía. Un día, conversando el padre con sus hijos, les dijo que pensaba ir a la ciudad a trabajar para darles una mejor calidad de vida; y cumplir con su meta la cual era comprar una pequeña avioneta, para volver y llevarlos con él a la ciudad. El plan salió adelante; pero antes de partir el padre, y conociendo que el terreno estaba lleno de maleza y plantación, les demandó a sus dos hijos que prepararan desde ese momento un campo pequeño de aterrizaje para descender hacia ellos. Los hijos muy emocionados se comprometieron a preparar esa pista; aunque no sabían cuándo iba a regresar su padre, pero tenían la emoción de verse muy pronto. Al cabo de un tiempo, los hijos, una vez solos, pensaron que su padre tardaría en venir; porque comprar esa nave le iba a llevar mucho tiempo. Así que, día a día, posponían hacer el campo de aterrizaje; o de vez en cuando, hacían un poco, y luego se dejaban vencer por el cansancio. Después de un determinado tiempo, ya desilusionados por no volver ver a su padre, a lo lejos escucharon un ruido motorizado en el aire. Ambos se miraron, afligidos y confundidos; pero sobre todo impotentes, pues en ese momento sabían que no habían cumplido con preparar el terreno de aterrizaje. Todo estaba a medias. El padre no pudo tocar tierra; y tristemente, tuvo que regresar a la ciudad sin sus hijos".

De la misma manera, nuestro Dios, como buen Padre, quiere lo mejor para nosotros; y por medio de Jesucristo, nos dio la promesa de un regreso inminente (Apocalipsis 22:12,20). Mientras tanto, nos ha dejado deberes que cumplir mientras esperamos su promesa de regresar por su iglesia.

Si Cristo volviera en este instante; ¿lo recibiría con la alegría de haber hecho una buena administración, o cree que aún está a medias? ¿Con cuánto valoraría su propio desempeño en el ministerio que le encomendó Dios a través de sus dones? O como dice nuestro versículo para memorizar, ¿se considera usted un buen administrador del don o dones que ha recibido?

El apóstol Pedro, en su primera carta, mencionó cuatro afirmaciones para un autoexamen de cómo debemos trabajar en la obra de Dios (1 Pedro 4:10); porque el fin de todas las cosas se acerca (v.7a). Veamos cuáles son estas demandas.

I. "Cada uno según el don que ha recibido..." (1 Pedro 4:10a)

Bajo la base de estar ahora en Cristo, es decir, después de haber nacido espiritualmente y ser parte del pueblo de Dios (1 Pedro 2:9-10), el apóstol Pedro, en su epístola, nos habló de la buena administración de la gracia de Dios que ha sido depositada en nosotros una vez que hemos recibido a Cristo en nuestros corazones (1 Pedro 4:1-11). La gracia es un regalo como también los dones espirituales. Estos últimos son habilidades y capacidades especiales que Dios nos permite tener para su servicio.

Sí, hermano. Usted tiene un don o muchos dones. ¿Ya ha descubierto cuál(es) es/son? Hoy, tome en consideración las tres siguientes preguntas que le llevarán a un consejo sabio para reconocer sus dones:

A. Primero: ¿qué tanto consagramos nuestra vida al Señor?

Este es uno de los primeros pasos para detectar el don que Dios ha depositado en nosotros. Tanto Pedro como Pablo instaban como apóstoles del Señor a las iglesias de su tiempo a dejar las obras de la carne, y buscar más la presencia de Dios. Esto, porque en la consagración a Él, encontraremos la pasión no sólo de seguir a Jesús; sino también de servirle. Hay cristianos que no están usando realmente su don, a pesar de estar en activismo dentro de sus congregaciones y fácilmente se cansan, y entran en una especie de mecanismo de acción meramente humano. Por eso, ante algún problema o crisis, tienden a abandonar el servicio a través de sus dones, sin importarles para quién están sirviendo.

B. Segundo: ¿qué tanto obedece al llamado a servir?

Consagrar nuestras vidas a Cristo es importante; pero se ha descubierto otro detalle. Hay quienes que por su timidez no se involucran en el servicio, por el temor a fallar. La mejor forma de encontrar la habilidad en la cual uno se sienta realizado en el servicio a Dios es probando todas las oportunidades que pueda tener. Hable con su pastor, y aproveche las ocasiones cuando le den la confianza de servir en algún ministerio. En mi experiencia ministerial, he podido guiar a muchos cristianos a encontrar su verdadero don permitiéndoles muchas áreas de servicio. Esto ha sido de satisfacción para ellos; pues han podido descubrir que están sirviendo en lo que más pasión tienen. Y respecto a la pasión, nace la tercera pregunta que se verá a continuación.

C. Tercero: ¿con cuánta pasión está sirviendo?

Con esta pregunta, se quiere deslindar dos asuntos: el primero es servir, porque es la responsabilidad cristiana; y el otro es servir, porque es lo que le apasiona a uno a tal punto que no importa cuánto tiempo se necesite para realizarlo. En la iglesia, todos tenemos responsabilidades tales como evangelizar, orar, ofrendar, etc. Es decir, con respecto al evangelismo, el mandato es que evangelicemos; sin embargo, sólo algunos evangelizarán con una creatividad maravillosa, usando mucho más su potencial que el de un cristiano que no posea ese don. Toda la iglesia evangelizará; porque es testigo de Cristo. Pero otros que tienen el don de evangelismo, además de ser testigos, lo harán en ministerios específicos y usarán herramientas especiales con una pasión profunda. Esto es lo que debe hacer con el don específico que ha recibido de Dios. Pregunte: "¿En qué le apasiona servir con tal magnitud a su Señor y Salvador?"

Quiero terminar este punto reafirmándole que usted tiene mínimamente un don; y Dios le pedirá cuentas de lo que Él le confió. Sus características personales son especiales para trabajar con el don que el Señor ha depositado en usted. No deje que el tiempo siga pasando haciendo las cosas por obligación o por un simple conocimiento. Comience por reconocer el don que el Señor le ha dado; y sírvale con mucha pasión y devoción.

II. "... minístrelo a los otros..." (1 Pedro 4:10b)

Los dones del Espíritu Santo no son para nuestro provecho. Cuando Pablo habló de la razón (el para qué) de los dones enumerados en su primera carta a a la iglesia en Corinto, dijo que estos son para "provecho" (1 Corintios

12:7); es decir, para el bien de otros. En esa misma dirección, la exhortación hecha por Pedro expresa: "... minístrelo a los otros..." (1 Pedro 4:10b). El don no es para nuestro envanecimiento; esto lo trataremos en el último punto de la lección. Así como en el cuerpo humano todos los miembros se sirven el uno al otro; en el cuerpo de Cristo, todos debemos ayudarnos con un mismo fin o propósito. Esto lo explicó Pablo en 1 Corintios 12:12-27.

Pregunte: ¿cuál será el propósito de la ministración de los dones en otros? El mismo Pablo dio dos razones que queremos resaltar en Efesios 4:12-16.

A. Primero: para perfeccionar a los santos

"Perfeccionar" (Efesios 4:12a), aquí significa que usted con su don va a ayudar a formar y equipar a otros hermanos para que funcionen con sus respectivos dones en el servicio eclesial. Esto es interesante; pues nadie es más que otro, sino que todos nos ayudamos a desarrollar nuestros respectivos dones. Como en el cuerpo físico todos los miembros se ayudan para un solo propósito, así sucede lo mismo en el cuerpo de Cristo con el servicio de los dones. En el versículo 16, dice: "... se ayudan mutuamente, según la actividad propia [de su don] de cada miembro..." Es importante usar nuestro don; porque así podemos estar dentro de la cadena de crecimiento y edificación del cuerpo de Cristo.

B. "... para la edificación del cuerpo de Cristo"

El término "edificar" (Efesios 4:12b) nos da la idea de construir. Para ello, usted es un arquitecto que, a través de sus dones, edifica el cuerpo de Cristo. Y como toda edificación va hacia arriba, en la vida espiritual nuestro techo es "la estatura de la plenitud de Cristo" (Efesios 4:13,15), como cabeza, que se evidencia en una plena confianza en Él y en un pleno conocimiento de su amor. En este sentido, Pedro nos exhortó así: "Ustedes son piedras vivas que Dios está usando [con sus dones] para construir un templo espiritual..." (1 Pedro 2:5 TLA).

Volviendo a la enseñanza paulina, hay que tener en cuenta que todo recién nacido necesita ser edificado; y si usted no usa su don, cualquier bebé espiritual será arrastrado por la astucia de los falsos maestros (Efesios 4:14). El uso de su don ayudará a los bebés espirituales a no salir del camino correcto.

III. "... como buenos administradores..." (1 Pedro 4:10c)

Para Pedro, Dios no sólo necesita de simples administradores; sino de "buenos administradores" (1 Pedro 4:10c). La calidad de los administradores para Dios es de suma importancia. En Mateo 25, encontramos tres filtros para ser hallados dignos del reino de Dios. Así, en los versículos 1 al 13, Él nos demanda santidad, que se refleja en las cinco vírgenes prudentes; en los versículos 31 al 46, Él requiere de sus hijos que reflejen un amor solidario, como el grupo de la derecha; y por último (lo cual tiene que ver con nuestro tema), en los versículos 14 al 30, Él desea que seamos buenos trabajadores. En esta "Parábola de los talentos", el que recibió un talento hizo una administración pobre. Él pensó que con cuidarlo y no perder el único talento bastaba para dar buenas cuentas a su amo (v.25). Sin embargo, este le reprendió haciéndole ver otras alternativas que hubiera podido hacer para una buena administración del único talento (v.27). Pero ya era demasiado tarde. Así que si no queremos terminar en un juicio vergonzoso como este mayordomo; Dios nos demanda hoy que seamos buenos administradores de su multiforme gracia. ¡El servicio al Señor es cosa seria! ¿Cómo se puede ser un buen administrador?

A. Primero: negándonos a disimular que tenemos un don de Dios

¡Ya basta de seguir siendo un simple asistente a los cultos después de ser cristiano por muchos años! Es hora de entender que cada uno de nosotros tiene al menos un don; pero sobre todo, es hora de ponerse a trabajar, porque Dios quiere buenos administradores. ¿Qué cuentas daremos, si no hicimos nada con nuestro don?

B. Segundo: haciendo que la iglesia se beneficie con nuestro don

No hay mayor bendición que saber que otros están siendo favorecidos con el don que Dios ha depositado en nosotros. Nuestras congregaciones nos agradecerán cuando se sientan bendecidas con nuestro aporte de servicio. Por otro lado, es muy triste que haya congregaciones donde no se nota que los creyentes estén ejerciendo sus dones; y son simples miembros asistentes, sin usar sus dones al servicio del prójimo.

C. Tercero: negándonos a la carnalidad

"Ninguno puede servir a dos señores…", dijo Jesús (Mateo 6:24). Si le damos más lugar a nuestra carne; no tendremos un deseo genuino de descubrir nuestro don. E incluso cuando lo sepamos, no podremos servir con ahínco. Ante esta tentación, Pedro no tuvo reparos de exhortar a las congregaciones cristianas de su tiempo a que no den lugar a la carne (1 Pedro 4:2). Y esta advertencia va también para la iglesia de este siglo. Además, Jesús afirmó con contundencia: "… la carne para nada aprovecha…" (Juan 6:63). Sin embargo, si comenzamos a rendir nuestra vida al Espíritu Santo; usaremos nuestro don espiritual para edificación y bendición.

IV. "… para que… sea Dios glorificado…" (1 Pedro 4:11b)

Por último, los dones son para glorificar a Dios: "¿Has recibido el don de hablar en público? Entonces, habla como si Dios mismo estuviera hablando por medio de ti. ¿Has recibido el don de ayudar a otros? Ayúdalos con toda la fuerza y la energía que Dios te da. Así, cada cosa que hagan traerá gloria a Dios por medio de Jesucristo. ¡A él sea toda la gloria y todo el poder por siempre y para siempre! Amén" (v.11 NTV). Este versículo es bastante claro acerca del segundo propósito de nuestro servicio. Anteriormente, dijimos que los dones son para la edificación del cuerpo de Cristo; pero también es para glorificar a Dios. No obstante, no le damos la gloria a Él cuando…

A. No estamos sirviendo con nuestros dones espirituales

Pedro certificó que usted y yo hemos recibido el don; entonces debemos usarlo (v.11). El reconocido conferencista John Maxwell, en sus enseñanzas sobre "El arte de liderar", afirma: "usted roba a Dios de la gloria que Él se merece" (Maxwell, John. El arte de liderar. Argentina: Publicaciones SAM, 2012, p.17)… cuando no usa sus dones espirituales.

B. Usamos nuestros dones para ganancias deshonestas

Estas ganancias pueden venir a través de la obtención de dinero por el uso de los dones recibidos. Lamentablemente, algunos se constituyen en "seudocreyentes" (falsos creyentes); porque se hacen pasar por predicadores, cantantes, etc. que quieren los dones para usarlos de la manera que deseaba el mago Simón (Hechos 8:9-24), para su negocio egoísta. Esto se evidencia en sus lujos terrenales.

C. Cuando nos creemos los protagonistas de la obra de Dios

Esto sucede cuando el creyente roba la alabanza que debe ser sólo de Dios. A ningún sirviente del Señor debe motivarle los "likes" ni los seguidores; sino esconderse detrás de la cruz de Cristo en el desempeño de su don. Hay quienes cuidan más su prestigio; y caen en la tentación de negociar su don, buscando más los aplausos. El cumplir con la misión, a nuestro Señor Jesús le llevó a la muerte por amor. De modo similar, un/a hijo/a de Dios debe gastarse por amor ejerciendo su don espiritual.

Conclusión

En la escala del 1 al 5 (donde 1 es nada, y 5 mucho), ¿cuál es el verdadero análisis de su servicio a Dios mediante estas cuatro afirmaciones de Pedro? Los dones son una realidad en un cristiano. Ahora, simplemente esperamos saber cuál es la opinión del dador de toda buena dádiva acerca de nuestro servicio a Él. Comencemos a seguir los consejos estudiados.

La administración de los dones espirituales

Hoja de actividad

Versículo para memorizar: "Cada uno según el don que ha recibido, minístrelo a los otros, como buenos administradores de la multiforme gracia de Dios" 1 Pedro 4:10.

I. "Cada uno según el don que ha recibido…" (1 Pedro 4:10a)

¿Cuáles son las tres preguntas que ayudarán a un hijo de Dios a saber cuáles son sus dones espirituales?

_____

_____

¿Cuáles son sus respuestas a las preguntas anteriores?

_____

_____

II. "… minístrelo a los otros…" (1 Pedro 4:10b)

Según Efesios 4:12, ¿cuáles son los dos fines de la ministración de los dones espirituales?

_____

_____

¿Estos dos propósitos se cumplen en su vida cuando es ministrado con los dones de sus hermanos? ¿De qué manera?

_____

_____

III. "… como buenos administradores…" (1 Pedro 4:10c)

Según las tres secciones de versículos de Mateo 25, ¿qué le demanda el Señor para ser digno de su Reino?

_____

_____

¿Cómo se puede ser un buen administrador?

_____

_____

IV. "… para que… sea Dios glorificado…" (1 Pedro 4:11b)

¿En qué casos no se le da la gloria a Dios?

_____

Mencione algunos dones que usted tiene, y con los cuales está glorificando a Dios. Si aún no ha descubierto; pida ayuda a su maestro/a.

_____

_____

Conclusión

En la escala del 1 al 5 (donde 1 es nada, y 5 mucho), ¿cuál es el verdadero análisis de su servicio a Dios mediante estas cuatro afirmaciones de Pedro? Los dones son una realidad en un cristiano. Ahora, simplemente esperamos saber cuál es la opinión del dador de toda buena dádiva acerca de nuestro servicio a Él. Comencemos a seguir los consejos estudiados.

Mi cuerpo: propiedad de Dios

Ela González de Enriquez (Guatemala)

> **Pasajes bíblicos de estudio:** 2 Reyes 20:7; Salmo 136:25; Jeremías 29:11, 33:6; Mateo 6:25-26, 8:2; I Timoteo 5:23; Santiago 5:14-16; 2 Pedro 3:9; 3 Juan 2
>
> **Versículo para memorizar:** "Reconoced que Jehová es Dios; Él nos hizo, y no nosotros a nosotros mismos; pueblo suyo somos, y ovejas de su prado" Salmo 100:3.
>
> **Propósito de la lección:** Que el alumno aplique las recomendaciones ofrecidas en esta lección para la mayordomía de su cuerpo.

Introducción

Qué satisfactorio es estar con una persona de grata presencia! Se puede ver en ella un aspecto saludable, mirada tranquila, rostro sonriente, arreglo personal con pulcritud, ropa limpia; que irradia paz, alegría, confianza, seguridad y fuerza. Sin embargo, el afán de cada día va desgastando la salud en general. Entre otros factores, la mala alimentación, el no beber agua, la falta de ejercicio corporal, el no asistir al médico para una cita de rutina, la contaminación audiovisual, el congestionamiento vial, arduas y extensas labores, ponen en riesgo la salud dando como resultado personas estresadas, cansadas, malhumoradas y enfermas; y sobre todo, sin la búsqueda de Dios.

Se debe tomar conciencia de la forma en que se está administrando el cuerpo físico; y atender lo que Pablo escribió: "¿Acaso ignoran que el cuerpo de ustedes es templo del Espíritu Santo, que está en ustedes, y que recibieron de parte de Dios, y que ustedes no son dueños de sí mismos?" (I Corintios 6:19 RVC).

I. Salud preventiva (Jeremías 29:11; 3 Juan 2)

El deseo de Dios para su creación y su perfecto plan jamás serán el mal: "Pues yo sé los planes que tengo para ustedes –dice el SEÑOR–. Son planes para lo bueno y no para lo malo, para darles un futuro y una esperanza" (Jeremías 29:11 NTV). "Querido amigo, espero que te encuentres bien, y que estés tan saludable en cuerpo así como eres fuerte en espíritu" (3 Juan 2 NTV).

¿De qué forma se aporta para cumplir con el deseo de Dios? ¿Acaso no es cada quien responsable de una buena administración del cuerpo físico? Está comprobado bíblica, científica y médicamente que para gozar de bienestar físico es importante la salud preventiva, la cual consiste, entre otros, de los siguientes factores:

A. Buena alimentación, no satisfacción de comer

Los seres vivos necesitan del alimento para subsistir. Según la calidad de alimento que se ingiera, así será la calidad de vida. La alimentación ideal es aquella que incluye los nutrientes que el cuerpo humano necesita para mantenerse saludable. La misma debe ser de acuerdo con la edad, talla y tipo de actividad que el individuo realiza durante el día. Debe ser completa, equilibrada, suficiente, variada y contener diferentes alimentos de cada uno de los grupos que generalmente se clasifican en la pirámide alimenticia. Hay que tener presente que no todo lo que es comestible es nutritivo; pues existen algunos alimentos que no tienen componentes necesarios para el organismo, los cuales no deben incluirse en la comida diaria. A tales alimentos se le llama "comida chatarra"; ya que sólo cumple con llenar la necesidad de hacer sentir satisfecha a la persona, pero no es nutritiva.

El exceso de componentes como azúcar, alcohol, tabaco, grasas y otras sustancias puede derivar en enfermedades; y dañar el templo del Espíritu Santo. La alimentación sana y balanceada hará que el cuerpo esté preparado con defensas cuando llegue alguna enfermedad. La comida de calidad, en cantidad óptima y en el tiempo justo, traerá beneficios a la salud. El exceso de alimentos puede llevar a la obesidad mórbida; mientras que la falta de los mismos, a la anemia, desnutrición y trastornos alimenticios tales como anorexia y bulimia, que de no tratarse a tiempo llevarán a la muerte a la persona.

B. Beber agua

El agua siempre fue esencial para el ser humano. Cuando Moisés llevaba al pueblo de Israel por el desierto, Dios convirtió el agua amarga en agua dulce (Éxodo 15:22-25) para que el pueblo bebiera. Dios siempre se preocupó y suplió el agua necesaria.

También los pozos de agua siempre jugaron un papel importante para suministrar el vital líquido a los seres humanos y a los animales. Estos eran de mucho valor e importancia para el pueblo antiguo y las personas tenían que ir a lugares específicos para obetener este bien preciado.

Es necesario incluir en la dieta diaria agua potable, y disminuir el consumo de gaseosas, jugos con preservantes químicos y colorantes artificiales; a fin de que el organismo recupere la hidratación que se pierde durante el día, y los órganos del cuerpo puedan tener un buen funcionamiento.

C. Descansar

La Biblia dice: "Cuando llegó el séptimo día, Dios ya había terminado su obra de creación, y descansó de toda su labor" (Génesis 2:2 NTV). Nuestro mismo Señor dio el ejemplo del descanso, al final de la creación; y más adelante, lo incluyó en uno de los mandamientos: "Acuérdate del día de reposo para santificarlo" (Éxodo 20:8). Asimismo, ordenó al pueblo de Israel que aun la tierra debía tener descanso: "... La tierra deberá tener un año completo para descansar" (Levítico 25:5b NTV).

El cuerpo humano necesita tener un tiempo de descanso. Esto incluye las horas de sueño, la recreación, la convivencia en familia; y en especial, un tiempo de refrigerio espiritual, que se complementa con la lectura y enseñanza de la Palabra de Dios, la oración, la alabanza y adoración por medio de cantos y otras vivencias. Debemos dejar tiempo para el descanso y dejar que el Pastor de pastores nos conduzca: "En verdes prados me deja descansar; me conduce junto a arroyos tranquilos" (Salmo 23:2 NTV).

D. Hacer ejercicio físico

Actualmente, se vive un sedentarismo tal que no se ejercita el cuerpo. Si se utiliza vehículo para la transportación, o se debe estar en pie o sentado durante toda la jornada; se recomienda usar las escaleras en lugar del ascensor, dejar el vehículo más lejos en el parqueo para tener oportunidad de caminar por lo menos unos metros más, caminar al menos media hora y hacer unos diez minutos de ejercicio, practicar algún deporte, acudir a un gimnasio, correr alrededor de la manzana (espacio urbano) donde está su domicilio o su lugar de labores. Se puede aprovechar la oportunidad para disfrutar un momento de juegos con la familia, especialmente con los niños. Se debe tomar un tiempo para el ejercicio a fin evitar muchas enfermedades a causa de la falta del mismo.

E. Higiene corporal

La higiene del cuerpo también juega un papel muy importante para la prevención de enfermedades. El baño diario, el lavado constante de manos, el cepillado dental, el mantener las uñas limpias, la aplicación de productos naturales o artificiales (tales como desodorantes, cremas, talcos o perfumes) para prevenir malos olores y así tener una presencia grata ante los demás, además del cambio diario de la ropa, especialmente la ropa interior y la que ha recibido el sudor durante el día o la noche, así como la ropa de cama, que puede contener pulgas, chinches, ácaros, polvo y otros, los cuales habitan en colchones, frazadas o almohadas que si no se da una limpieza adecuada, provocarán enfermedades que hasta pueden ser contagiosas.

II. Cuando llega la enfermedad (2 Reyes 20:7; I Timoteo 5:23; Santiago 5:14-16)

Nadie se agrada con la enfermedad. ¡Es más! Esta situación afecta a la familia entera, trae como consecuencias desgaste físico para quienes tienen que atender al enfermo, desequilibrio económico y afección emocional. No todas las enfermedades son causadas por falta de prevención; sin embargo, si al cuerpo no se le brinda la atención necesaria, si se lo descuida en algunas de las áreas antes descritas, y otras que no se mencionan en esta lección, alguna enfermedad se hará presente. Existen diferentes tipos de enfermedades las cuales se clasifican y agrupan de varias maneras. Sería muy extenso exponerlos en un breve espacio, por lo que sólo se mencionará que hay temporales y terminales. Las causas de todas estas no son las mismas; pero los cuidados previos ayudarán a evitar o minimizar algunas. Las enfermedades terminales son aquellas que su curación es imposible para el hombre; solamente se brindan cuidados paliativos para hacer menos doloroso el proceso, pero es importante mantener el cuidado médico y la aplicación correcta de los medicamentos y estudios sugeridos.

A. La oración: portadora de sanidad divina

La Palabra de Dios dice: "¿Está alguno enfermo entre vosotros? Llame a los ancianos de la iglesia, y oren por él, ungiéndole con aceite en el nombre del Señor. Y la oración de fe salvará al enfermo, y el Señor lo levantará; y si hubiere cometido pecados, le serán perdonados... La oración eficaz del justo puede mucho" (Santiago 5:14-16). La primera instancia cuando la enfermedad llega es acudir al Señor en oración. La Palabra de Dios enseña que debemos interceder unos por otros.

B. Acudir a los médicos

Dependiendo del lugar donde esté el enfermo, debe ser revisado por un experto en la materia; ya sea en un dispensario, un hospital o un médico particular. El médico indicará los estudios necesarios a través de diferentes procedimientos, exámenes de laboratorio, ultrasonido, tomografía, radiografía, etc. con la finalidad de detectar la enfermedad y el tratamiento.

C. Buen uso de estudios y medicamentos

No se recomienda la automedicación. Dios el dueño de la ciencia; y la ha dado a los hombres para hacer uso de ella. Cada individuo es diferente en constitución, condición física y edad, razón por la cual el tratamiento será individual.

D. Medicina natural

Timoteo, discípulo de Pablo, incluía agua en su dieta alimenticia; pero por razones de salud, su mentor le recomendó usar un poco de vino: "No bebas agua solamente. Deberías tomar un poco de vino por el bien de tu estómago, ya que te enfermas muy seguido" (1 Timoteo 5:23 NTV).

El vino era usado como medicina para tratar ciertas enfermedades; pero en la medida adecuada. Por eso, Pablo le dijo a Timoteo que tome "un poco de vino". También el rey Ezequías recibió sanidad con medicina natural, cuando estaba padeciendo una enfermedad terminal: "Dicho esto, Isaías ordenó que se hiciera una masa de higos, y en cuanto la hicieron se la pusieron sobre la llaga, y Ezequías sanó" (2 Reyes 20:7 RVC).

III. Dios se ocupa (Salmo 136:25; Jeremías 33:6; Mateo 6:25-26, 8:2; 2 Pedro 3:9)

Dios, como creador, se ocupa y cuida de su creación; su deseo es el bienestar de cada uno, además que está dispuesto a sanar según sea su voluntad (Mateo 8:2-3). Sin embargo, también es de su especial atención la salvación de la humanidad: "El Señor no retarda su promesa... sino que es paciente para con nosotros, no queriendo que ninguno perezca, sino que todos procedan al arrepentimiento" (2 Pedro 3:9).

A. Que no falte alimento ni agua

El ser humano necesita de alimento sólido y agua en calidad y cantidad correcta no solamente para subsistir, sino para estar saludable. Dios se preocupa por ello, y lo provee. La Palabra de Dios dice: "El que da alimento a todo ser viviente..." (Salmo 136:25a), eso incluye al ser humano.

Respecto de qué comer o qué vestir, no debe ser tanta preocupación el cómo adquirirlo; pero sí de suministrarlo al organismo. Si Dios provee, solamente se debe creer sin dejar que llegue la ansiedad o el afán. El Señor Jesús lo dijo: "No vivan pensando en qué van a comer, qué van a beber o qué ropa se van a poner. La vida no consiste solamente en comer, ni Dios creó el cuerpo sólo para que lo vistan. Miren los pajaritos que vuelan por el aire. Ellos no siembran ni cosechan, ni guardan semillas en graneros. Sin embargo, Dios, el Padre que está en el cielo, les da todo lo que necesitan. ¡Y ustedes son más importantes que ellos!" (Mateo 6:25-26 TLA).

B. Sanidad química, natural o divina

Dios dice: "Pero les traeré salud y medicamentos, y los sanaré, y les haré experimentar una paz abundante y duradera" (Jeremías 33:6 RVC). La ciencia proviene de Dios, al igual que los elementos químicos y las plantas. Él los creó; y la fe también la da Dios. La medicina química es producto de estudios y pruebas con elementos que, la mayoría de veces, está basado en plantas o minerales y sustancias químicas existentes. El hombre, a través de la ciencia, prepara esos medicamentos para sanar o aliviar los males que aquejan a las personas. De igual manera, Dios ha dejado a las plantas para sanidad física. A través de la ciencia o la experiencia, el hombre ha descubierto en la naturaleza la medicina para diferentes enfermedades; pero el reconocimiento siempre debe ser para el Creador.

Ante una necesidad tan urgente como es la salud física, la iglesia debe preocuparse por la enseñanza de cuidados físicos a los miembros de la congregación. Existen diferentes programas preventivos: por medio de vacunación, instrucciones sobre el manejo adecuado de los residuos (basura), cuidado de animales domésticos en casa, higiene de las instalaciones del hogar, etc.

Conclusión

Somos mayordomos del cuerpo que nuestro Dios nos ha dado y debemos cuidar de él con responsabilidad. La prevención y el cuidado de nuestro cuerpo es algo que debemos tener en cuenta en nuestra vida diaria esto lo debemos aplicar tanto para nosotros como para nuestra familia.

Mi cuerpo: propiedad de Dios

Hoja de actividad

Versículo para memorizar: "Reconoced que Jehová es Dios; Él nos hizo, y no nosotros a nosotros mismos; pueblo suyo somos, y ovejas de su prado" Salmo 100:3.

I. Salud preventiva (Jeremías 29:11; 3 Juan 2)

¿Cuál de los aspectos expuestos hoy, cree usted que es el más importante? ¿Por qué?

_____

_____

¿Acude usted a revisión médica general al menos una vez al año, incluyendo la revisión de ojos y dientes? Explique su respuesta.

_____

_____

¿Le motiva la lección a tener más cuidado de su salud? Comente.

_____

_____

II. Cuando llega la enfermedad (2 Reyes 20:7; I Timoteo 5:23; Santiago 5:14-16)

¿Ha tenido la experiencia de cuidar un enfermo con alguna afección terminal? Comente si su respuesta es afirmativa.

_____

_____

¿Por qué no es bueno automedicarse?

_____

_____

III. Dios se ocupa (Salmo 136:25; Jeremías 33:6; Mateo 6:25-26, 8:2; 2 Pedro 3:9)

¿Qué le dice Mateo 6:25-26 con relación a la afirmación de que Dios se ocupa de nosotros?

_____

_____

¿Estará Dios de acuerdo con el uso de la medicina natural para el tratamiento de enfermedades? Comente.

_____

_____

Conclusión

Somos mayordomos del cuerpo que nuestro Dios nos ha dado y debemos cuidar de él con responsabilidad. La prevención y el cuidado de nuestro cuerpo es algo que debemos tener en cuenta en nuestra vida diaria esto lo debemos aplicar tanto para nosotros como para nuestra familia.

Mayordomía wesleyana

Loysbel Pérez Salazar (Cuba)

Pasajes bíblicos de estudio: Génesis 41:48-49; Proverbios 6:6-11, 21:20; Marcos 12:42-44; 2 Corintios 9:7; 2 Tesalonicenses 3:10-13

Versículo para memorizar: "… pero ésta, de su pobreza echó todo lo que tenía, todo su sustento" Marcos 12:44b.

Propósito de la lección: Que el alumno sea motivado a aplicar las reglas de la mayordomía que Wesley sugiere para la vida diaria.

Introducción

La mayordomía es uno de los temas más amplios que encontramos a lo largo de toda la Biblia. Su entendimiento y aplicación producen enormes resultados para la vida personal. Muchos creyentes han usado y sugerido un sinnúmero de principios sobre la mayordomía a lo largo de la historia de la iglesia; entre ellos sobresale Juan Wesley, gran hombre de Dios que fue relevante en el gran avivamiento del siglo XVIII ocurrido en Inglaterra. El entendimiento de este siervo, de la Palabra de Dios aplicada en su vida, fue llevado a los textos de sus sermones; y de ellos obtenemos una fuente valiosa de la cual extraemos principios, reglas y exhortaciones acerca de la mayordomía, que con una contextualización adecuada, son muy útiles para la vida de cada creyente.

Analicemos tres reglas wesleyanas usadas específicamente sobre el uso del dinero.

I. "Gana todo lo que puedas" (Proverbio 6:6-11; 2 Tesalonicenses 3:10-13)

¿Qué viene a nuestra mente cuando se nos dice: "Gana todo lo que puedas"? ¿Acaso puede esta regla conducirnos a violar principios bíblicos con el propósito de lograr tal fin?

Estas preguntas pueden permitir un enriquecedor diálogo para dar comienzo a este punto de la clase.

A. Trabajar para ganar todo lo que se pueda

Para poder administrar, primero tenemos que tener. Este es el primer paso; de eso se trata cuando se refiere a ganar, lo cual incluye el deber bíblico de trabajar. En la iglesia de Tesalónica, había problemas con respecto al trabajo; porque muchos no querían trabajar. Pablo se enfrentó a ellos; tuvo que reformar esa teología; y darles la orden de trabajar para ganarse la vida, y de no comer, si no se trabaja (2 Tesalonicenses 3:10). Este apóstol cuestionó la vida ociosa que algunos vivían. Tales personas se negaban a trabajar; y además, vivían metidas en asuntos ajenos (2 Tesalonicenses 3:11-12).

La acción de trabajar es indispensable para un buen mayordomo; es el punto de inicio para poder ganar lo que podamos. En la sabiduría que encontramos en el libro de Proverbios, se presenta una excelente lección que nos dan las hormigas: trabajan aun cuando no hay quien les indique, y se preparan anticipadamente para el invierno (Proverbio 6:6-8 NTV). En ese mismo capítulo, también se advierte al perezoso sobre la pobreza y la escasez que le vendrá por estar durmiendo sin trabajar (Proverbio 6:9-11). La pereza, el no querer trabajar, va en contra de todo principio bíblico-wesleyano de mayordomía; y atenta contra una mayordomía responsable.

B. "Gana todo lo que puedas" sin violar principios bíblicos

Se trata de ganar todo lo que podamos; pero sin violar aspectos que son cruciales para nuestra vida física y espiritual.

Si por un lado, a veces tenemos holgazanes, el otro extremo es los que trabajan sin descanso, a tal punto que dejan de asistir a la iglesia, orar, participar en actividades con hermanos en la fe, evangelizar, discipular etc.; porque "tienen que trabajar", y lo único que les importa es ganar dinero a toda costa, aun cuando su vida espiritual va en un descenso, y también la de su familia. Según estas personas, todo el tiempo es "para trabajar".

Este desmedido afán de trabajo, en ocasiones, también afecta la salud física. Cuando esto ocurre, Juan Wesley nos dijo lo siguiente: "Sea lo que fuere, si la razón y la experiencia nos dicen que ese empleo destruye la salud o siquiera debilita las fuerzas, no debemos someternos a él. La vida es más que la comida, y el cuerpo es más que el vestido, y si ya estamos en uno de esos empleos, debemos separarnos luego y buscar otro en el que, si bien ganemos menos, no perjudiquemos nuestra salud" (Publicaciones Internacionales de la Iglesia del Nazareno. Sermones de Juan Wesley. EE. UU.: CNP, 1983, p.172).

El ganar todo lo que podamos no incluye cometer pecado en lo que hacemos. Esto es una máxima wesleyana;

y por ende, de todo creyente. No podemos ganar dinero a base de mentiras, engaños en negocios ni perjudicando al prójimo. Un buen mayordomo siempre se ganará su dinero honradamente, sin afectar a ninguna persona ni violar lo que establece la Palabra de Dios que nos manda "Haz a los demás todo lo que quieras que te hagan a ti" (Mateo 7:12). Trata a las demás personas con el mismo cuidado y respeto que deseas que te traten a ti.

II. Ahorre todo lo que pueda (Génesis 41:48-49; Proverbios 6:8, 21:20)

"Habiendo ganado lo más que puedas por medio de tu honradez, juicio e incansable diligencia, sigue la segunda regla: "Guarda todo lo que puedas"" (Publicaciones Internacionales de la Iglesia del Nazareno. Sermones de Juan Wesley. EE. UU.: CNP, 1983, p.173). Así comenzó Juan Wesley esta regla tan importante para cada mayordomo. Hoy existen diferentes formas en las que se pueden ahorrar. No se trata de cuestionar ni de anunciar cuál sería la mejor; porque el principio bíblico no va en base a eso. Sino que lo importante es ahorrar sin importar la forma de cómo hacerlo.

A. Saber administrar incluye ahorrar lo que se pueda

En el punto anterior, analizamos el ejemplo de las hormigas en su preparación anticipada para el invierno (Proverbio 6:8). Esta es una enseñanza que la Palabra de Dios nos quiere mostrar sobre el ahorro; de tener para cuando llegue la necesidad de usarlo; de guardar lo que no es de tanta prioridad en el presente, pero sí en el futuro. Por eso, para Juan Wesley era prioritario que un buen mayordomo ahorrara todo lo que pudiera. Siempre es difícil ahorrar por varias razones: a veces nuestra demanda diaria o mensual está por encima de lo que ganamos, o en la medida que vamos ganando, se va gastando; pero tanto en una como en otra, la regla se mantiene: "ahorra todo lo que puedas". Los ajustes para lograrlo le tocan a cada creyente.

La Biblia también nos enseña en Proverbio 21:20 lo siguiente: "En casa del sabio abundan las riquezas y el perfume, pero el necio todo lo despilfarra" (NVI). La enseñanza de este versículo está inclinada a cuestionar la actitud del necio de malgastarlo todo, sin ahorrar nada, razón por la cual nunca logra tener, contrario al sabio, que como buen mayordomo, siempre tiene. Esto es una clara indicación para ser mayordomos sabios con lo que ganamos.

Este punto de mayordomía en el ahorro no sugiere ser avaros o tacaños, no suplir para necesidades básicas, no dar, etc. con el motivo u obsesión de ahorrar. Los extremos siempre son negativos; debemos entenderlo eso bíblicamente.

Otro de los casos que podemos citar, trascendental en la Biblia, lo encontramos en la vida de José (Génesis 41). La Palabra de Dios nos muestra cómo José interpretó el sueño del faraón en el que se le mostró que vendrían siete años de abundancia y siete de hambre. El faraón le puso a José como mayordomo en la nación de Egipto; y podemos ver el sabio accionar de este joven varón de Dios (Génesis 41:48-49).

De eso se trata, de ahorrar consecuentemente todo lo que podamos; y no gastar innecesariamente (punto muy importante en la teología de Juan Wesley). Cuando llegaron los siete años de hambre, lo ahorrado y la buena administración de José sirvieron para mitigar el problema y poder dar alimento.

B. Ahorrar no es sólo guardar

Para Juan Wesley lo importante no era que se guardara el dinero, aunque lógicamente sucedía; sino que no se derrochara, o se utilizara en cosas y asuntos sin provecho. Más que un pensamiento de guardar, era gastar con propósito. Sus principios en este punto fueron muy variados; analicemos sólo uno de ellos:

"No gastes nada en satisfacer la soberbia de la vida, la admiración o alabanza de los hombres... Gastan demasiado en su mesa, en su vestido, o en amueblar su casa, no sólo por satisfacer el apetito, la vista o la imaginación, sino también su vanidad. Mientras des buen trato, los hombres hablarán bien de ti. Mientras te vistas de púrpura y lino fino, y hagas banquete cada día, indudablemente que aplaudirán tu elegancia, buen gusto, generosidad y hospitalidad. No compres aplausos tan caros, conténtate más bien con la honra que viene de Dios" (Publicaciones Internacionales de la Iglesia del Nazareno. Sermones de Juan Wesley. EE. UU.: CNP, 1983, p.173).

Al apreciar este principio, mucho puede servirnos. La claridad del mensaje wesleyano: de ahorrar el dinero que muchas veces se gasta para ser admirados, o en gastos innecesarios corriendo detrás de la última moda en cualquier área de la vida, para ser alabados por la sociedad. También reviste la importancia del porqué hacemos determinadas acciones de bienestar hacia los demás; que lejos de estar cargadas de amor, van a callar o silenciar problemas espirituales y psicológicos que muchos creyentes albergan, y por eso se valen de tener que "mostrar" para sentirse parte de algo o igualarse a alguien.

Wesley hizo hincapié para que los creyentes se contenten en la honra de Dios. El ser admirados por Él es lo que más nos debe satisfacer.

III. Dé todo lo que pueda (Marcos 12:42-44; 2 Corintios 9:7)

Quizá a simple vista pareciera que la mayordomía wesleyana se contradice en este punto con relación al segundo punto estudiado. Pero de ninguna manera esto es así; sino que está en completa relación y armonía, a tal punto que, haber cumplido las reglas anteriores, denotaba la tarea inconclusa para Wesley. Por eso, expresó: "Que ninguno se figure que con ganar y guardar todo lo que pueda, lo ha hecho todo. De nada vale esto, si no se va más adelante, si no persigue otro fin. A la verdad que amontonar dinero no es ahorrar en la verdadera acepción de la palabra. Mejor sería arrojar el dinero al mar que enterrarlo… Añadid a las dos reglas anteriores esta tercera: Después de ganar y guardar todo lo que puedas, "da todo lo que puedas"" (Publicaciones Internacionales de la Iglesia del Nazareno. Sermones de Juan Wesley. EE. UU.: CNP, 1983, p.174).

Para un creyente, el dar es parte de la naturaleza espiritual recibida de su Padre celestial; es algo que debe brotar espontáneamente del corazón. Nuestro Maestro lo vivió y enseñó (Hechos 20:35).

A. Un mayordomo fiel entiende la grandeza de dar

Un entendimiento de lo que somos ante Dios es crucial para aplicar esta regla de dar: somos mayordomos de sus bienes. Juan Wesley decía: "reflexiona que cuando te creó el Señor de los cielos y de la tierra, te puso en el mundo no como un propietario, sino como mayordomo. Como tal, te encargó por un tiempo de varios bienes, mas la propiedad de dichos bienes es suya y nadie podrá jamás disputársela" (Publicaciones Internacionales de la Iglesia del Nazareno. Sermones de Juan Wesley. EE. UU.: CNP, 1983, p.174).

Es interesante notar que Wesley no hacía una división entre el dar para Dios como algo sagrado, y dar para nosotros mismos o para nuestra familia como algo secular o aparte, lo cual ha sido una mentalidad arraigada en la mente de algunos creyentes. Leamos lo que dijo Juan Wesley: "Das "a Dios lo que es de Dios", no sólo al dar a los pobres, sino al proveer lo necesario para ti y para tu familia" (Publicaciones Internacionales de la Iglesia del Nazareno. Sermones de Juan Wesley. EE. UU.: CNP, 1983, p.174). El dar para sus necesidades, para que el cuerpo esté bien y sano, para la familia, para los pobres, para los hermanos de la fe, para los que necesitan; eso también es dar para Dios, no existe distinción.

B. Un mayordomo fiel da todo lo que puede con alegría

Tenemos claros ejemplos en el Nuevo Testamento del alto significado que Jesucristo le dio al dar; y específicamente, al "dar todo lo que se puede". Mientras que para una sociedad llena de tanta religiosidad pasó desapercibida las dos monedas pequeñas que dio de ofrenda una viuda pobre, no sucedió lo mismo ante los ojos de Jesús. Él dijo: "…De cierto os digo que esta viuda pobre echó más que todos los que han echado en el arca; porque todos han echado de lo que les sobra; pero ésta, de su pobreza echó todo lo que tenía, todo su sustento" (Marcos 12:43b-44).

Las palabras del Señor fueron claras al decir que aquella dama dio todo lo que tenía. Esta ofrenda tuvo una gran repercusión para Jesús; pues ella era una mujer, viuda y pobre. Estas condiciones denotaban la forma en que se miraba dentro de la sociedad judía a una mujer en esa situación. Sin embargo, su ofrenda agradó al Señor por su actitud "de dar todo lo que tenía".

De eso se trata el dar; de la actitud al hacerlo, de lo que está internamente. Nunca pasa desapercibido para Dios el que da de todo corazón, y da todo lo que puede. La ofrenda a Dios no es una cuota fija, o un número prefijado en la mente; es "todo" lo que Él pone en el corazón para ofrecer alegremente.

El apóstol Pablo, al referirse a este tema, dijo: "Cada uno debe decidir en su corazón cuánto dar; y no den de mala gana ni bajo presión, «porque Dios ama a la persona que da con alegría»" (2 Corintios 9:7 NTV). Esta fue una recomendación dada por primera vez a la iglesia de Corinto, motivada por la recolecta de una ofrenda para la iglesia de Jerusalén; y contiene los mismos principios hablados anteriormente en cuanto a la actitud del dador: que debe ser una decisión de corazón, y además con gozo y alegría, porque así es como a Dios le gusta, y Él ama al que lo hace de esta manera.

Los creyentes no damos para recibir bendición; sino porque ya hemos sido bendecidos por Dios (Efesios 1:3). Lógicamente, al dar, el Señor sigue dando, aun cuando no damos para esperar algo de Él. El dar es un gran misterio espiritual que sólo los que lo aplican disfrutan de la bendición que tiene. Mientras damos, estamos repartiendo bendición de Dios; y a su vez, estamos siendo bendecidos por Él. A veces, cuando se ora durante la presentación de las ofrendas se dice: "Padre, bendice a los que no dieron para que otro día puedan dar"; pero no encontramos en el Nuevo Testamento que exista alguna bendición para el que no da. Dios ama a los dadores; y es cuando uno da que se activa esa bendición desde el cielo. En toda la Palabra, encontramos el beneplácito del Señor cuando se dio, se ofrendó, se ofreció; pero nunca a aquellos que no lo hacen. No se refiere a la cantidad que se debe dar; sino solamente que se dé con alegría, aunque sean dos monedas pequeñas. Dé "todo lo que pueda"; porque la bendición está en hacerlo.

Conclusión

Aprendamos a ser mayordomos fieles ante Dios, dándole un buen uso al dinero que tenemos, en ganar, ahorrar y dar todo lo que podamos.

Mayordomía wesleyana

Hoja de actividad

Versículo para memorizar: "… pero ésta, de su pobreza echó todo lo que tenía, todo su sustento" Marcos 12:44b.

I. "Gana todo lo que puedas" (Proverbio 6:6-11; 2 Tesalonicenses 3:10-13)

¿Explique por qué debemos trabajar?

_____

_____

¿Qué nos enseñan los pasajes bíblicos de Proverbio 6:6-11 y 2 Tesalonicenses 3:10-13?

_____

_____

¿A qué se refiere la expresión "Ganar todo lo que puedas", sin violar principios bíblicos?

_____

_____

II. Ahorre todo lo que pueda (Génesis 41:48-49; Proverbios 6:8, 21:20)

¿Qué pasajes encontramos en la Biblia que nos muestran la importancia de administrar y ahorrar?

_____

_____

¿Qué significa esta expresión: "ahorrar no es sólo guardar"?

_____

_____

III. Dé todo lo que pueda (Marcos 12:42-44; 2 Corintios 9:7)

¿Qué significaba el dar para Juan Wesley?

_____

_____

¿Qué enseñanza podemos extraer de los pasajes de Marcos 12:42-44 y 2 Corintios 9:7?

_____

_____

Conclusión

Aprendamos a ser mayordomos fieles ante Dios, dándole un buen uso al dinero que tenemos, en ganar, ahorrar y dar todo lo que podamos.

Enseñanzas y poesía (Eclesiastés y Cantar de los Cantares)

¿Para qué vivir?

Eduardo Velázquez (Argentina)

Pasajes bíblicos de estudio: Eclesiastés 1:1-18, 2:1-26
Versículo para memorizar: "Porque al hombre que le agrada, Dios le da sabiduría, ciencia y gozo…" Eclesiastés 2:26a.
Propósito de la lección: Que el alumno comprenda que lo único que da sentido a la vida es hacer la voluntad de Dios.

Introducción

Los seres humanos transitamos la vida tratando de darle un sentido, un fin último que le otorgue el valor de ser vivida. Algunas personas piensan que todos tenemos "un sentido natural" que nos impulsa a ser lo que somos, a hacer lo que hacemos y a perseguir objetivos que otorguen esa razón de ser a la vida que vivimos. En esa búsqueda, es que las personas programan su vida considerando un sinfín de propósitos y proyectos que satisfaga su existencia.

En los primeros versículos del libro de Eclesiastés, Salomón nos introdujo a la realidad de que preocuparse tanto por las cosas de este mundo no da un verdadero sentido a la vida.

I. Aunque el ser humano se afane, nada cambia (Eclesiastés 1:1-11)

Salomón fue una persona, respecto de quien la Biblia dice que lo tuvo todo: sabiduría, poder, riquezas, honor, reputación y lo más importante, el favor de Dios (1 Reyes 3:7-15). También fue el que habló sobre el vacío final de todo lo que este mundo tiene para ofrecer. Con ello, trató de destruir la confianza que la gente tenía en sus propios esfuerzos, habilidades y rectitud; y dirigirla hacia el compromiso con Dios como la única razón para vivir.

En aquella época, había una creencia común acerca de que sólo los buenos prosperaban, y que únicamente los malos sufrían. Pero tal convicción demostró ser falsa en la propia vida del escritor bíblico. Frente a esta realidad, este rey analizó todo lo que había hecho; y casi todo, parecía sin sentido, a lo que él llamó "vanidad" (v.2).

El rey Salomón escribió Eclesiastés después de que lo intentó todo y logró mucho, sólo para descubrir que nada, aparte de Dios, lo había hecho feliz (Eclesiastés 12:13).

Con relación a lo mencionado, Jesús afirmó en Mateo 6:22-34 que debemos dedicar nuestra especial atención a las cosas que no se destruyen, que nadie puede robar y que no se envejecen. No debiéramos llegar al extremo de afanarnos tanto por las cosas de este mundo al grado de que seamos sus esclavos. Vivimos en una sociedad materialista donde muchos se afanan por los bienes materiales. Tales personas emplean sus vidas en ganar y atesorar, sólo para morir y tener que dejarlo todo. Su anhelo de acumular y de lo que pueden adquirir con ello, llega a tener mayor importancia que su entrega a Dios y que los asuntos espirituales.

Lo que se atesora absorbe tiempo y energías a causa de pensar en ello. Se debe evitar caer en la trampa del materialismo; porque el amor al dinero es la raíz de todos los males (1 Timoteo 6:10). ¿Podría usted asegurar ahora, con toda sinceridad, que Dios es su Señor, y no los bienes de este mundo? Una manera de examinarnos es preguntándonos qué ocupa mayormente nuestros pensamientos, tiempo y esfuerzos.

Planear para el mañana es tiempo bien invertido; pero afanarse por el mañana es tiempo perdido. Algunas veces es difícil ver la diferencia entre ambos. Planear es pensar con antelación en metas, pasos, fechas y confiar en la dirección de Dios. Cuando se hace bien, el afán disminuye. El que se afana, en cambio, se ve asaltado por el temor; y se le hace difícil confiar en Dios. El que se afana deja que sus planes interfieran en su relación con Dios. No permita que su afán por el mañana afecte su comunión personal con Dios. Las palabras dichas por el rey Salomón ponen a prueba nuestra fe, al retarnos para que encontremos el significado verdadero y perdurable únicamente en Dios. Si usted hace un examen profundo a su vida, como lo hizo Salomón; verá cuán importante resulta la comunión y el servicio al Señor sobre las otras opciones. Quizá Él le esté pidiendo que piense una vez más en el propósito y dirección de su vida, como lo hizo Salomón en Eclesiastés.

II. Fama y poder no dan sentido a la vida (Eclesiastés 1:12-18)

Salomón fue uno de los reyes famosos de la antigüedad debido a su gran sabiduría. Si las respuestas para las aparentes vanidades de la vida podían ser halladas por medio de la sabiduría, Salomón era aquel que las podía encontrar. La gran sabiduría de este rey era un don divino. Cuando Dios le ofreció lo que él quisiera, él pidió sabiduría, especialmente aquella para dirigir al pueblo de Dios (1 Reyes 3:5-28). El Señor le concedió su petición a Salomón, y le hizo tan sabio que este rey escribió miles de proverbios. Asimismo, él fue considerado el hombre más sabio de todos los hombres de sus días (1 Reyes 4:29-34).

A. La insatisfacción de la fama y el poder (vv. 12-15)

El Predicador (Salomón) reflexionó sobre su insatisfacción respecto de la fama y el poder que le otorgó la sabiduría. Esta forma de entender la vida es natural para cualquiera que busque la respuesta terrenalmente, apartado de una perspectiva eterna. Salomón se puso en el lugar de los que buscaban sabiduría y respuestas, en lugar de buscar a Dios que gobierna la eternidad.

Este sabio rey afirmó que se había dedicado de corazón a conocer la sabiduría (v. 13); pero cuyo resultado había sido aflicción de espíritu (v. 14). La búsqueda repetida e intensa por la sabiduría no trajo ningún significado final. La solución no era pensar con más fuerza e investigar mejor; porque todo seguía siendo aflicción de espíritu.

Mientras el Predicador entendía más de la vida en el mundo, más grande era su desesperación. Mientras más aprendía, más se daba cuenta de lo que él no sabía. Mientras más conocía, más sabía y más fama y poder adquiría; también se hacía más consciente de las tristezas de la vida.

B. El reconocimiento por fama y poder sólo acarrea dolor (vv. 16-18)

En las palabras de Salomón se percibe la frustración y molestia que le produjo el reconocimiento por su ciencia y sabiduría.

La forma de pensar de aquellos que desean una vida más saludable, feliz y próspera con reconocimiento e influencia en el aquí y ahora, por cierto tiene algún valor; y muchas vidas estarían mejor si la siguieran. Pero si esta excluye una verdadera apreciación de la eternidad y de nuestras responsabilidades con relación a Dios, esta aspiración no tiene una respuesta verdadera a la insignificancia de la vida. Solamente nos muestra cómo vivir mejor en una vida sin sentido.

Jesús también fue tentado a alcanzar fama y poder. En Mateo 4:5-10, Satanás le sugirió al Señor en dos de las tentaciones, por un lado alcanzar fama y reconocimiento al ver a los ángeles sostenerlo al tirarse del pináculo del templo y ser admirado por el pueblo; y por otro lado, tener poder sobre los reinos terrenales, si postrado lo adoraba. Jesús no accedió; porque sabía que lo único válido era y es hacer la voluntad de Dios. De aquí que para el creyente, la fama y el poder no dan sentido a la vida.

Dios dispuso dentro de nosotros el deseo y la necesidad de aquello que trae significado y realización a nuestra vida para que lo conozcamos a Él como el "verdadero sentido de la vida". Tal como Agustín escribió acerca de Dios: "… porque nos has hecho para ti y nuestro corazón está inquieto hasta que repose en ti" (Cardona Castro, Francisco Luis (traductor). Confesiones I. España: Editorial Olmak Trade, 2013, p.7).

III. Los placeres, las riquezas, los bienes y la sabiduría no dan sentido a la vida (Eclesiastés 2:1-23)

Es interesante que ya hace más de 2,300 años, Salomón nos comunicó palabras llenas de realismo sobre la vida (Eclesiastés 1:12-2:23), para llegar a la conclusión de que el hedonismo no es camino sensato para nadie. Como tantas personas hacen hoy, el sabio rey Salomón probó todo: conocimiento, diversión, bebida, propiedades suntuosas, siervos, dinero, mujeres y, en resumen, todo tipo de placeres (Eclesiastés 2:10). Sin embargo, no se sintió satisfecho.

El psiquiatra español Enrique Rojas hace un análisis de nuestra sociedad y del hombre de final del siglo XX diciendo así: "Es una sociedad, en cierta medida, que está enferma, de la cual emerge el hombre light, un sujeto que lleva por bandera una tetralogía nihilista: hedonismo-consumismo-permisividad-relatividad, en una carrera frenética por encontrar sentido a la vida" (Rojas, Enrique. El hombre ligth: Una vida sin valores. Argentina: Editorial Planeta Argentina, 2000, p.11).

Para muchos, la cuestión es "pasarla bien", y así justifican el goce y el placer a toda costa; es decir, un hedonismo sin fronteras. El hedonismo se convierte en la ley misma del comportamiento de tales personas; es el placer por encima de todo, así como el ir alcanzando progresivamente niveles más altos de bienestar, uniendo el consumismo como valor. La permisividad es el código y la relatividad, su hija natural; de tal modo que la tolerancia es interminable, y de ahí la indiferencia pura.

Ahora bien, tampoco se trata de sostener que el gozar de la vida sea malo, y que no sea bueno esforzarse (Eclesiastés 2:24-26). Se trata de que todo se realice considerando nuestra relación con el Señor. Cuando así lo hacemos, no sólo encontramos sentido a la vida; sino que disfrutamos de esta en su dimensión más amplia y verdadera: una vida vivida en el amor del Creador y Salvador que nos sustenta, y que posibilita a la vez una relación de amor hacia el prójimo.

El cristiano debe aprender de la experiencia del Predicador y de las personas de nuestro tiempo que vuelven insatisfechas después de probarlo todo. Debemos rechazar con fuerza el hedonismo; pues es "antievangelio", es el "otro evangelio" de falsas promesas de felicidad, creando un ser humano vulnerable y vacío, hambriento de verdad y de amor auténtico.

La felicidad no está en lo que se goza o en lo que se tiene, lo cual muchas veces, como en el caso del Predicador, sólo conduce a una frustración mayor. La risa engaña (v.2), el poseer deja vacío (v.8), y el hacer, cuando la tarea se ha acabado, deja el sentido de que con la obra terminada terminó la vida misma (v.4).

Salomón dirigió su búsqueda del significado de la vida como un experimento. Primero, trató de ir en pos del placer. Comenzó con grandes proyectos, compró esclavos y ganados, amasó fortuna, adquirió cantores, agregó muchas mujeres a su harén, y se convirtió en el personaje más importante de Jerusalén (vv.4-9). Pero nada de eso le proporcionó la satisfacción que estaba buscando. Esto nos hace ver que debemos mirar más allá de nuestras actividades para descubrir las razones por las que las llevamos a cabo. Reflexione en lo siguiente: "¿Es su meta en la vida buscar significado, o buscar a Dios que le da significado a la vida?"

IV. Agradar a Dios: el sentido de la vida (Eclesiastés 2:24-26)

A. La satisfacción en la vida es una bendición de Dios (v.24)

¿Será que en el versículo 24 Salomón estaba recomendando que hagamos de la vida una fiesta grande e irresponsable? La respuesta es no; pero sí nos desafió a sentir satisfacción en lo que hacemos ahora, y disfrutar la vida debido a que proviene de la mano de Dios. El verdadero gozo de la vida surge únicamente cuando seguimos los principios y mandamientos de Dios. Sin Él, la satisfacción es una búsqueda perdida. Las personas que saben disfrutar de la vida son aquellas que toman cada día como un regalo de Dios; le dan las gracias a Él; y le sirven por medio de su vida.

La Biblia dice: "No hay cosa mejor…" (v.24a). Esta es una apreciación positiva de la vida; no la vida complicada por la ambición o por valores absolutos, sino la vida humilde. Nada más lejos de una posición hedonista. La Palabra nos alienta a vivir de una manera humilde, y no el placer por el placer. Pero el vivir esa vida humilde es un don de Dios.

Los creyentes deberían agradecer y gozar de las buenas provisiones de Dios. "Comer y beber" (vv.24b-25) significan la provisión y el contentamiento que Dios quiere para todos; y que la verdadera satisfacción proviene de su gracia. El versículo 26 menciona tres bendiciones de Dios que tenemos cuando vivimos una vida agradable a Él: la sabiduría (habilidad para vivir), el conocimiento (conocimiento de los hechos, entendimiento y experiencia) y la alegría.

B. La satisfacción de la vida viene como consecuencia de agradar a Dios (v.26)

El Predicador abordó un tema fundamental en la cuestión de la vida plena: agradar a Dios. Así pues, comunicó con énfasis que la única alternativa de satisfacción en esta vida es seguir los principios y mandamientos del Señor.

Si finalmente todo va a pasar, todo se va a quedar aquí; ¿para qué nos afanamos por obtenerlo? Quizá durante toda nuestra vida nos estuvimos esforzando por alcanzar nuestras metas; tal vez levantamos una gran empresa; y al final de todo nos quedamos sin tiempo para disfrutar de aquello que se había obtenido en la vida. Luego, al morir, puede suceder que llegue una persona necia, y termine con todo lo que construimos con tanto esfuerzo.

¿Será entonces que si en estos momentos Dios nos permite tener bienes, es para que los disfrutemos, y no estar siempre pensando en obtener cada vez más, como si nunca nos fuéramos a morir? De ser así, sería preferible que desde ahora nos convirtiéramos en personas agradecidas y fieles. Si finalmente Dios va a dar gozo, va a suplir y se va a deleitar con aquellos que le agradan; mejor es buscar agradarle a Él en todo momento y de todo nuestro corazón.

Conclusión

Una persona podría alcanzar todo lo deseable en la vida: sabiduría, fama, riquezas, poder y gloria humana, como lo tuvo el rey Salomón; sin embargo, eso no la satisfará y, por el contrario, le puede traer aflicción al corazón. El placer que brinda el tener bienes de este mundo es pasajero; y por más que se acumule, seguirá estando vacío y sin un sentido en la vida. Nuestro existir sólo alcanza su razón de ser cuando conocemos y creemos en Cristo. Él nos da vida abundante; y añade todo lo que necesitamos en este mundo para ser plenos. Sólo cuando buscamos hacer su voluntad, su Reino y su justicia, es cuando podemos llevar una vida con sentido y propósito, llena de satisfacción.

¿Para qué vivir?

Hoja de actividad

Versículo para memorizar: "Porque al hombre que le agrada, Dios le da sabiduría, ciencia y gozo…" Eclesiastés 2:26a.

I. Aunque el ser humano se afane, nada cambia (Eclesiastés 1:1-11)

¿Cuál es la razón por la que los bienes materiales no traen satisfacción constante en la vida (v.3)?

_____

¿Hay alguna situación en su vida que lo hace preocuparse desmedidamente? Reflexione sobre sus causas y en cómo puede superarla (v.8).

_____

II. Fama y poder no dan sentido a la vida (Eclesiastés 1:12-18)
¿Usted cree que los creyentes no deben tener fama (v.16)? Comente.

_____

_____

¿Qué opina sobre la relación del deseo de fama, reconocimiento y las publicaciones en las redes sociales (v.16)?

_____

_____

III. Los placeres, las riquezas, los bienes y la sabiduría no dan sentido a la vida (Eclesiastés 2:1-23)
¿Es malo para el cristiano sentir placer (vv.1-3)? Comente.

_____

_____

¿El cristiano no puede ser rico económicamente (vv.4-9)? Explique.

_____

_____

IV. Agradar a Dios: el sentido de la vida (Eclesiastés 2:24-26)

¿Cuáles son las bendiciones de Dios que usted está recibiendo en este tiempo (v.24)?

_____

¿Qué significado tiene ser agradable a Dios en el contexto de Eclesiástes (v.26)?

_____

_____

Conclusión

Una persona podría alcanzar todo lo deseable en la vida: sabiduría, fama, riquezas, poder y gloria humana, como lo tuvo el rey Salomón; sin embargo, eso no la satisfará y, por el contrario, le puede traer aflicción al corazón. El placer que brinda el tener bienes de este mundo es pasajero; y por más que se acumule, seguirá estando vacío y sin un sentido en la vida. Nuestro existir sólo alcanza su razón de ser cuando conocemos y creemos en Cristo. Él nos da vida abundante; y añade todo lo que necesitamos en este mundo para ser plenos. Sólo cuando buscamos hacer su voluntad, su Reino y su justicia, es cuando podemos llevar una vida con sentido y propósito, llena de satisfacción.

Dios dispuso tiempo para todo

Macario Balcázar (Perú)

Pasaje bíblico de estudio: Eclesiastés 3:1-15

Versículos para memorizar: "… es don de Dios que todo hombre coma y beba, y goce el bien de toda su labor" Eclesiastés 3:13.

Propósito de la lección: Que el alumno se informe y aprenda que todo en la vida tiene su tiempo; y que daremos cuenta a Dios por cómo lo utilizamos.

Introducción

"Los costos más caros de la vida son: desperdicio de tiempo y de palabras" (Vila, Samuel. Enciclopedia de citas morales y religiosas. S.p.: Editorial CLIE, 1976, p.417).

¿Es importante el tiempo? Sí. ¿Cuesta el tiempo? Casi todos dirán que sí; pero no siempre, o depende de la manera como cada uno lo vea o lo viva. Todos conocemos el tiempo de alguna manera. Sus prisas, sus alegrías, sus tristezas, y otras características que son propias de vivencias en diferentes circunstancias.

El escritor de Eclesiastés también se preocupó por el tiempo; y nos dejó verdades que hoy queremos examinar con mucha atención. Aunque la Biblia habla del tiempo en otros pasajes, Eclesiastés es único en la manera cómo lo enfoca. Vale la pena considerarlo.

I. Todo tiene su tiempo en la vida (Eclesiastés 3:1-8)

La Palabra de Dios dice: "En esta vida todo tiene su momento; hay un tiempo para todo" (v.1. TLA). Los términos "tiempo" y "momento" se usan intercambiablemente en las diferentes versiones de la Biblia. En este primer versículo, que es el que gobierna todo el contenido hasta el octavo versículo, hay tres asuntos que examinar: todo, tiempo y hora.

A. Todo

¿Qué significa "todo"? Lo más sencillo es responder con la misma palabra: "Significa todo". ¿Y eso? Si la Biblia dice que todo, entonces es todo. Quiere decir que se refiere a los sucesos de la vida que se mencionan. Aunque no todas las personas pasamos por lo mismo; pero todos sí tenemos nuestras vivencias.

B. Tiempo

De acuerdo a un diccionario español, hay varios significados para esta palabra. Entre las primeras acepciones se menciona que "tiempo" se refiere a la "duración de las cosas sujetas a mudanza"; a la "época durante la cual vive una persona o sucede alguna cosa"; así como a las estaciones del año. Además, la palabra en mención se refiere a esto: "Cada uno de los actos sucesivos en que se divide la ejecución de una cosa" (Diccionario Enciclopédico Espasa Calpe. Chile: Editorial Santiago Limitada, 1986, pp.5391-5392). También el tiempo se refiere al estado atmosférico, como a la conjugación del verbo en pretérito, presente y futuro. Los músicos hablan de los tiempos del compás, etc. Con lo anterior, concluimos que la palabra "tiempo" tiene una amplia significación. En este estudio, lo emplearemos básicamente para referirnos a los días, meses, años, y también épocas e instantes de la vida.

C. Hora

En esta lección, empleamos este término en el sentido del momento exacto cuando ocurre algo. Por ejemplo: hora de tomar desayuno, hora de lavarse los dientes, hora de descansar, etc.

D. Las cosas que enumeró el Predicador (vv.2-8)

1. "Tiempo de nacer". Realidad de todo ser humano que está en este mundo.
2. "… tiempo de morir". Todos vamos hacia allá, a menos que Cristo venga antes que muramos.
3. "… tiempo de plantar". Se siembran árboles, arbustos, etc.; pero también ideas, proyectos y acciones.
4. "… tiempo de arrancar lo plantado". La cosecha, o desechar lo que hemos plantado.
5. "… tiempo de matar". Animales para comer, o pescar peces para la subsistencia.
6. "… tiempo de curar". Lo hacemos en determinados momentos.
7. "… tiempo de destruir". Lo malo en nosotros, el hombre viejo, lo que no sirve, lo que atenta contra la vida. Hay que destruir los malos hábitos y las costumbres perniciosas.

8. "… tiempo de edificar". La familia, la casa, la iglesia, el templo, la profesión, la sociedad, etc.

9. "… tiempo de llorar". Hay muchas ocasiones: al nacer, cuando perdemos un ser querido, cuando nos arrepentimos de nuestros pecados y errores, y cuando la alegría es desbordante.

10. "… tiempo de endechar". Decir o escribir lamentaciones por los muertos, por los perdidos en la guerra, por los que se fueron sin que podamos darles un adiós.

11. "… tiempo de bailar". Los judíos bailan, danzan. La mayor parte de la gente baila al ritmo de la música.

12. "… tiempo de esparcir piedras". En Canaán abundan las piedras, casi en todos los países. En los territorios selváticos, escasean. Cuando los ejércitos querían hacer daño a una nación o pueblo, les esparcían la mayor cantidad de piedras en sus cultivos.

13. "… tiempo de juntar piedras". Esto se hace en dondequiera que se preparan los cultivos para sembrarlos. Si las piedras son muy grandes, a veces, se rompen. También se juntan piedras para hacer cercos y paredes, además de monumentos y muros para realzar o proteger.

14. "… tiempo de abrazar". ¡Cuán necesario es esto! Los terapeutas recetan muchos abrazos para levantar el ánimo y reactivar la autoestima. El afecto humano necesita expresarse con muchos abrazos.

15. "… tiempo de abstenerse de abrazar". También es necesario, pues no siempre podemos o debemos abrazar a alguien.

16. "… tiempo de buscar". Primero, buscar a Dios; segundo, buscar el bien de todos; tercero, buscar cosas cuando se nos pierden. También se busca mejorar las relaciones humanas en todos los aspectos.

17. "… tiempo de perder". Nadie quiere perder nada, pero se pierde. Se pierden seres queridos, amistades, se pierden cosas, se pierden oportunidades, se pierden bienes y dinero. A todos nos ocurre ello.

18. "… tiempo de guardar". ¡Claro! Guardar nuestra alma del pecado, guardar alimentos, guardar dinero para varios fines, guardar a nuestros seres queridos (protegerlos), entre otros.

19. "… tiempo de romper". Romper cosas puede ser necesario a veces; pero sobre todo hay que romper con el pecado en todas sus formas. Hay que romper con las malas amistades, con prácticas nocivas, con hábitos y costumbres que son dañinos y que no honran a Dios.

20. "… tiempo de coser". Se cose la ropa, los trapos rotos. Se cose todo aquello que nos sirve para el bien.

21. "… tiempo de callar". Generalmente hablamos más de la cuenta; pero en ocasiones, callar es una virtud. El proverbista dijo: "Aun el necio, cuando calla, es contado por sabio; el que cierra sus labios es entendido" (Proverbio 17:28).

22. "… tiempo de hablar". Aprendamos a hablar cuando es necesario: "El hombre se alegra con la respuesta de su boca; y la palabra a su tiempo, ¡cuán buena es!" (Proverbio 15:23).

23. "… tiempo de amar". Toda la vida se ama, y se debe amar, amamos a nuestros padres, nuestro cónyuge, nuestros hijos, amigos, etc. Pero en este pasaje se refiere más al cónyuge.

24. "… tiempo de aborrecer". No a los seres queridos; sino el mal, los malos hábitos, las costumbres perversas, las malas palabras... En resumen, todo lo pecaminoso.

25. "… tiempo de guerra". No lo queremos; pero es una realidad histórica. Cualquier guerra es mala y dañina. Si nos toca vivirla, busquemos la dirección de Dios. Y recordemos que el cristiano vive siempre en guerra contra las fuerzas del maligno (Efesios 6:12).

26. "… tiempo de paz". Gran bendición de Dios es la paz (Romanos 5:1). Muchísima gente vive sin paz, en guerra con Dios, por no someterse a Dios.

Algunas cosas que podemos nombrar ahora: Tiempo de estudiar y tiempo de dejar de estudiar; tiempo de viajar y tiempo de quedarse en casa; tiempo de leer la Biblia y tiempo de meditar en la vida; tiempo de encender el celular y tiempo de apagarlo; tiempo de revisar el Facebook y tiempo de cerrarlo; tiempo de conversar por el WhatsApp o el Messenger, y tiempo de orar, etc.

II. Todo trabajo tiene un valor limitado (Eclesiastés 3:9-10)

A. Lo que dicen las versiones de la Biblia

1. Reina-Valera revisión 1960 (RVR60): "¿Qué provecho tiene el que trabaja, de aquello en que se afana? Yo he visto el trabajo que Dios ha dado a los hijos de los hombres para que se ocupen en él" (vv.9-10).

2. Biblia de Jerusalén (versión católica): "¿Qué gana el que trabaja con fatiga? He considerado la tarea que Dios ha puesto a los humanos para que en ella se ocupen" (vv.9-10).

3. Traducción en Lenguaje Actual (TLA): "Me he fijado en la carga tan pesada que Dios ha echado sobre nosotros. ¡Pero nada nos queda después de tanto trabajar!" (vv.9-10).

B. Tres pensamientos a considerar

1. Dios ha dado el trabajo. Antes de la caída del hombre en el pecado, Dios ya le había ordenado trabajar (Génesis 2:15). Si no fuera por el trabajo, creo que los seres humanos nos bestializaríamos o nos volveríamos locos. El trabajo es lo que nos mantiene cuerdos y útiles. Es Dios quien nos da fuerzas, energías e inteligencia para trabajar. El trabajo está basado en Dios mismo, quien trabaja siempre (Juan 5:17). Hay trabajos buenos y malos; los que construyen y edifican. Estos últimos son los que hay que cultivarlos. Los cristianos debemos honrar a Dios con el trabajo honesto, íntegro y fiel.

2. Trabajar causa fatiga. Es inevitable. Por causa del pecado, el trabajo se transformó en una carga pesada para el ser humano (Génesis 3:17-19). Aunque es también tonificante y motivador, el trabajo es cansador. Los hombres y las mujeres nos cansamos trabajando. Y en ocasiones trabajar es riesgoso; por ejemplo, los que trabajan en las minas, en los desagües, en la limpieza de las ciudades, los médicos, enfermeras, bomberos, etc. pueden enfermarse, accidentarse o morir como consecuencia de ello.

Una buena actitud puede ayudar a que el trabajo sea menos agotador.

Otro asunto es las condiciones de trabajo que los patrones o gerentes de brindan a sus trabajadores. Los empresarios cristianos; deben demostrar su profesión de fe procurando las mejores condiciones laborales para sus servidores.

3. El provecho del trabajo es temporal. Todo trabajo tiene un provecho o consecuencia. Se espera que el resultado del trabajo sea grato; pero no siempre es así. Muchos han cosechado abundante resultado de su trabajo; sin embargo, todo es temporal. Es decir, mientras vivimos el provecho del trabajo nos beneficia; pero todos nuestros logros y bienes adquiridos en este mundo los dejaremos cuando partamos de aquí (Eclesiastés 9:5). El trabajo da resultados temporales; mas lo que podemos hacer por nuestra alma tiene resultados eternos (Marcos 8:36-37). Así que, trabajemos primero por nuestra alma; y luego, por lo terrenal.

III. Todo tiene un propósito divino (Eclesiastés 3:11-15)

El Creador es el gran diseñador de todo cuanto hay en el universo. Pocos hombres han contemplado desde fuera de la atmósfera terrestre la inmensidad del universo y lo hermosa que es la Tierra desde el espacio. Pero lo que vemos a nuestro alrededor testifica con "alta voz" lo maravilloso que el Señor ha hecho (Salmo 19:1-4).

A. Todo fue hecho hermoso por Dios (v.11a)

La hermosura es uno de los deleites divinos. La Tierra es hermosa, bella. Los seres creados, empezando por el ser humano, son hermosos; las plantas, las flores y todo lo creado por Dios. Aunque hayan algunos de estos elementos cuya belleza pueda ser cuestionada; Dios hizo todo hermoso en su tiempo. Es clave que todo tiene su tiempo. Los cristianos debemos ser muy respetuosos del tiempo fijado por el Señor para cada etapa de la vida. Así pues, debe disfrutarse la niñez, la adolescencia, la juventud, la madurez y la ancianidad; todo es hermoso en su tiempo. Vivir la vida cristiana en la Tierra es hermoso. No es una vida de privaciones, sino de libertad en Cristo; ordenada, bien dirigida y con el propósito hermoso de honrar al Creador.

B. El ser humano tiene conciencia de lo eterno (v.11b)

Sabido es que en todas las razas, culturas y grupos humanos, se ha desarrollado la conciencia de lo futuro, de lo que trasciende a la muerte. Esto es porque todos los seres humanos provenimos de un solo tronco: de la pareja inicial que fue creada a imagen y semejanza de Dios (Génesis 1:26-27). Por ello, es que todo ser humano puede responder al llamado de la salvación en Cristo Jesús. Todos pueden ser salvos si creen en Cristo, le confiesan sus pecados y le piden perdón (Juan 3:15-16; Romanos 10:9).

C. Disfrutemos de lo que Dios nos da (vv.12-13)

Estando conscientes de lo eterno, y viviendo bajo la premisa de honrar al Creador, podemos disfrutar de la vida en la tierra. El Predicador dijo que "… no hay… cosa mejor que alegrarse, y hacer bien…" (v.12). Hacer bien es lo que un cristiano hace siempre; no puede hacer otra cosa. Si no, no sería cristiano. Entonces, el primer deleite del ser humano en la tierra es hacer el bien. Otro deleite humano, y el cual nos permite vivir, es comer y beber. Comer para vivir, beber para que nuestro organismo funcione bien. Lamentablemente, hay muchas personas que viven sólo para comer ("comida chatarra" y otros); y por lo mismo, están muriendo. Otros beben para su mal. Las bebidas alcohólicas, las drogas y otros pueden ser tan dañinos, que en lugar de beber para vivir, beben para matarse ellos mismos.

Un tercer deleite del ser humano es gozar el resultado de toda su labor. Esto se ve cuando vemos triunfar a nuestros hijos, realizarse nuestros alumnos, crecer nuestra iglesia, construir o comprar una casa, un carro, artefactos eléctricos, conocer lugares turísticos, etc. Todo aquello que aumente nuestro placer sanamente es permitido, poniendo siempre a Dios en primer lugar (Mateo 6:33).

D. Recordemos que de todo daremos cuenta (vv.14-15)

La vida en la tierra es temporal, es parte del tiempo eterno, apenas un susurro. Cada uno vamos a rendir cuenta a Dios de todo lo que hemos hecho en cada tiempo o momento vivido (Hebreos 4:13; Apocalipsis 20:11-12). La eternidad es perpetua, lo terrenal es temporal. El Señor nos ha hecho para vivir eternamente. Vivamos bien para que al estar delante de Él, estemos serenos y felices, sabiendo que seremos llamados a su presencia maravillosa en el cielo.

Conclusión

Hay tranquilidad, serenidad, paz y deleite sano en vivir la vida conforme a la voluntad de Dios. La afirmación del Predicador es tan veraz ahora como lo fue ayer; y vivir en el tiempo de Dios nos proyecta a la eternidad maravillosa al lado de Él.

Dios dispuso tiempo para todo

Hoja de actividad

Versículo para memorizar: "… es don de Dios que todo hombre coma y beba, y goce el bien de toda su labor" Eclesiastés 3:13.

I. Todo tiene su tiempo en la vida (Eclesiastés 3:1-8)

¿Qué significa "todo"?

_____

_____

Dé tres ideas diferentes acerca del tiempo.

_____

_____

II. Todo trabajo tiene un valor limitado (Eclesiastés 3:9-10)

Sabiendo que Dios nos ha dado el trabajo, imagine cómo sería el mundo si no hubiera aquel.

_____

_____

¿Cuál es el mejor provecho que usted ha tenido de su trabajo?

_____

_____

III. Todo tiene un propósito divino (Eclesiastés 3:11-15)

Enumere diez cosas hermosas que el Señor ha hecho (v.11).

_____

_____

¿Por qué cree usted que pensamos siempre en el futuro (v.11)?

_____

_____

Los seres humanos rehuimos el dar cuenta de nuestros actos. ¿Por qué cree usted que esto es así?

_____

_____

Conclusión

Hay tranquilidad, serenidad, paz y deleite sano en vivir la vida conforme a la voluntad de Dios. La afirmación del Predicador es tan veraz ahora como lo fue ayer; y vivir en el tiempo de Dios nos proyecta a la eternidad maravillosa al lado de Él.

Dios es la razón de ser del hombre

Daniel Ncuna (Guinea Ecuatorial)

Pasajes bíblicos de estudio: Eclesiastés 3:16-19,22, 4:1

Versículo para memorizar: "Dije en mi corazón: Es así, por causa de los hijos de los hombres, para que Dios los pruebe, y para que vean que ellos mismos son semejantes a las bestias" Eclesiastés 3:18.

Propósito de la lección: Sensibilizar al alumno para que comprenda lo efímera o transitoria que es la vida del ser humano sin Dios, y todo lo que dicha vida ofrece bajo el sol.

Introducción

Eclesiastés es un libro profundo al igual que Job y Proverbios; por eso, son considerados como literatura de sabiduría de los judíos. Algunos eruditos creen que Eclesiastés era un libro leído públicamente en las fiestas judías; sobre todo, en la fiesta de los tabernáculos. Era un libro tan importante que llegó a ser incluido entre los libros utilizados en los días festivos de los judíos.

El autor del libro Habla el Antiguo Testamento escribió: "El énfasis del autor sobre el goce de la vida hacía de los libros de sabiduría una lectura apropiada en la estación anual de las diversiones" (Schultz, Samuel J. Habla el Antiguo Testamento. EUA: Editorial Portavoz, 1976, p.282).

Eclesiastés es un libro que habla de lo bueno y lo malo de la vida del ser humano aquí en la tierra, utilizando con frecuencia la expresión "debajo del sol". Las reflexiones del escritor de dicho libro bíblico a veces parecen descabelladas y desordenadas; pero en realidad conducen a una profunda revisión del orden de prioridades en nuestras vidas. Si fuese posible resumir el contenido de Eclesiastés; se podría decir que este habla fundamentalmente de la búsqueda de satisfacción que realiza el ser humano en las cosas creadas por Dios, al margen del mismo Dios creador. Al final, el hombre se da cuenta de que todo lo que la vida sin Dios ofrece es vanidad (Eclesiastés 1:2).

Nuestro pasaje de estudio se centra en el tema de que haga lo que haga el ser humano, será juzgado por Dios y la muerte física lo alcanzará. En base a esta declaración, podemos afirmar que como discípulos de Cristo nuestra mayor satisfacción consiste en tener una relación significativa con Dios sin confiar en placeres o cosas materiales que el mundo nos ofrece. Para entender esta declaración en el contexto de Eclesiastés, debemos reflexionar detenidamente en los siguientes puntos:

I. Existe impiedad y maldad que será juzgada (Eclesiastés 3:16-19)

En una de mis clases como profesor asociado del curso de Teología en un instituto bíblico interdenominacional de la ciudad de Bata, donde resido actualmente, uno de mis estudiantes me preguntó: "Profesor…, ¿de dónde viene el mal, según la Biblia?" Yo le respondí: "Según la información de la que dispongo y de mis pequeñas investigaciones, encuentro que la Biblia no nos explica con claridad acerca del origen del mal. Al contrario, da por hecho la existencia del mal". Eclesiastés 3:16 dice: "He podido ver también que en este mundo hay corrupción y maldad donde debiera haber justicia y rectitud" (DHH). El Predicador, según sus investigaciones sobre las experiencias de la vida, afirmó que existe la impiedad; es decir, "una actitud rebelde que se opone a la sujeción y al conocimiento de Dios de una manera consciente, en contra de lo que se le debe a Él como creador, sustentador y salvador" (Vila, Samuel y Escuain, Santiago. Nuevo Diccionario Bíblico Ilustrado. EUA: Editorial CLIE, 1985, p.521). El resultado de esta condición de vida consiste en prácticas deshonestas o corruptas del ser humano en su diario vivir. Si bien no se puede explicar el origen del mal antes de su irrupción en la vida de la humanidad según la Biblia, creo que esta sí ofrece información de la causa del mal en la vida del ser humano (Génesis 3:3-8). El hombre, haciendo uso de su libre elección, decidió comer del fruto del árbol del conocimiento del bien y del mal que Dios le había advertido que no comiera (Génesis 2:17 NVI). Esta fue una realidad que afectó su relación con Dios, su relación con el prójimo y su relación con la creación.

El Predicador, en sus investigaciones, encontró que había maldad, corrupción e injusticia en el mundo, y no tomó tiempo para explicar el origen de ello; sino que más bien dio por hecho su existencia en el contexto social de su época. Si pudiéramos comparar el mundo del escritor de Eclesiastés y el nuestro, hoy; encontraríamos pocas diferencias en cuanto a la realidad social y moral. En nuestros países, reina la corrupción en las cortes judiciales. La justicia falla hoy a favor del que más dinero de cohecho ofrece al juez. Los gobiernos mienten a cara descubierta. Los justos sufren violaciones de sus derechos con frecuencia. Lo mismo que dijo el Predicador, mire por donde se mire, la maldad y la corrupción están presentes. Algunas de las conclusiones a las que el Predicador llegó aquí son las siguientes:

a) Dios prueba la vida del ser humano a través de su breve existencia debajo del sol (v.18).

b) A través de estas experiencias, Dios muestra al ser humano lo frágil y pasajera que es su vida igual que la de los animales (v.18).

Respecto de Eclesiastés 3:19, algunos comentaristas sostienen que este versículo no enseña que el ser humano sea un animal; sino más bien aclara que en algunos aspectos, el hombre no tiene ventaja sobre los animales. Así pues, un comentario bíblico dice: "… igual que la muerte les llega a las bestias, así también le llega al hombre. Una misma respiración tiene, y en el momento de la muerte se corta esta respiración…" (MacDonald, William. Comentario Bíblico de William MacDonald. EUA: Editorial CLIE, 2004, p.382).

II. Existe violencia y opresión (Eclesiastés 4:1)

El escritor de Eclesiastés echó una mirada a la situación que le rodeaba y expresó lo que había visto con las siguientes palabras descriptivas: "Luego me fijé en tanta opresión que hay en esta vida. Vi llorar a los oprimidos, y no había quien los consolara; el poder estaba del lado de sus opresores, y no había quien los consolara" (v.1 NVI). Muchas personas pueden hablar de violencia y opresión desde el sillón de sus casas. Otros lo pueden debatir desde una oficina lujosa. Muchos otros pueden sentir pena desde lejos por los que padecen violencia u opresión. Sin embargo, es muy diferente sufrir estas cosas en carne propia.

La descripción que hizo el Predicador en el pasaje mencionado es algo que se vive en mi continente día y noche. Es una realidad que se vive en mi país a cada segundo. Creo también que las mismas cosas suceden en otras latitudes del mundo. La ley que debería defender a los ciudadanos en muchos de sus derechos en África es sólo un "papel mojado" (inútil o no tenido en cuenta). Los derechos religiosos, económicos, políticos y sociales de los ciudadanos son pisoteados sin que nadie diga nada. El que se atreve a levantar la voz corre el riesgo de sufrir represalias por parte de los opresores y los verdugos del sistema predominante.

Hace algunos meses, mi esposa y yo fuimos al hospital para una cita médica con un dentista. Después de realizar los trámites hospitalarios, me condujeron al consultorio. El especialista me dijo que tenía que realizarme un empaste en el diente que tenía problema. Para tratar los nervios, me suministraron anestesia en el lugar donde se iba a realizar el trabajo médico. Mientras trabajaba, el odontólogo siempre me preguntaba: "¿Te duele?" Mi respuesta era siempre: "No"; porque no sentía nada. Durante el tiempo que estuve en aquella sala, estuve comparando mi insensibilidad al dolor gracias a la anestesia, con la insensibilidad moral de los seres humanos en la actualidad "gracias" a la evolución del pecado. Pareciera que moralmente los seres humanos hemos sido anestesiados; porque pocos procura identificarse con el oprimido, socorrer al necesitado o consolar al que llora (v.4). Note lo que dijo el Predicador: "… Vi llorar a los oprimidos, y no había quien los consolara…" (NVI). Según el escritor bíblico, esta condición de vida no debe ser considerada como una situación permanente; sino más bien como algo temporal. Pronto el Señor llegará para juzgar las acciones del hombre, fuesen buenas o malas (Apocalipsis 22:12).

Por otro lado, como discípulos de Cristo, a pesar de las dificultades e injusticias que sufrimos a diario, no debemos perder de vista la poderosa esperanza que tenemos en Cristo Jesús. Hebreos dice: "puestos los ojos en Jesús, el autor y consumador de la fe, el cual por el gozo puesto delante de él sufrió la cruz, menospreciando el oprobio, y se sentó a la diestra del trono de Dios" (Hebreos 12:2). El evangelista Juan declaró también lo siguiente: "El ladrón no viene más que a robar, matar y destruir; yo he venido para que tengan vida, y la tengan en abundancia" (Juan 10:10 NVI). Esta humanidad que carecía de un consolador o de uno que se identificara con ella, según la visión y conclusión del escritor de Eclesiastés, puede hoy acercarse por fe al que sí le amó y se entregó a sí mismo por ella, nuestro Señor Jesucristo: "Porque tanto amó Dios al mundo que dio a su Hijo unigénito, para que todo el que cree en él no se pierda, sino que tenga vida eterna" (Juan 3:16 NVI).

El ministerio terrenal de nuestro Señor Jesucristo tuvo como base fundamental la compasión. Así pues, Él predicó el evangelio por compasión; sanó a los enfermos por compasión; echó fuera demonios por compasión; dio de comer a la gente por compasión; y mucho más. La Biblia dice que Jesucristo veía a la gente como ovejas que no tenían pastor (Marcos 6:34). El discípulo de Cristo debe ser consciente de que aunque hoy sufre penalidades, opresión e injusticia, no está solo en medio de estas crisis. El Señor como poderoso gigante está a su lado y pronto obrará a su favor: "Mas Jehová está conmigo como poderoso gigante; por tanto, los que me persiguen tropezarán, y no prevalecerán; serán avergonzados en gran manera, porque no prosperarán; tendrán perpetua confusión que jamás será olvidada" (Jeremías 20:11). Todos los actos injustos del ser humano, incluido el maltrato a sus semejantes, serán juzgados por Dios.

III. Existe algo para alegrarse: ser feliz con el trabajo (Eclesiastés 3:22)

Generalmente en Guinea Ecuatorial, cuando se saluda a alguien y se le pregunta: "¿Cómo estás?", en la mayoría de veces la respuesta suele ser: "Aguantando la vida", o "soportando la miseria". Casi nadie está contento ni feliz por lo que posee. Esta realidad cultural mía, me lleva a una profunda reflexión cuando escucho la afirmación del escritor de Eclesiastés al decir que aquí debajo del sol existe algo por lo cual podemos alegrarnos: el trabajo. La Biblia dice: "Así, pues, he visto que no hay cosa mejor para el hombre que alegrarse en su trabajo, porque ésta es su parte; porque ¿quién lo llevará para que vea lo que ha de ser después de él?" (v.22). Este versículo lleva al ser humano a tomar conciencia de que su existencia aquí en la tierra o debajo del sol puede aprovecharla gozándose de las actividades cotidianas. Después de todo, las actividades realizadas con todo nuestro corazón nos hacen felices, aunque fuese de manera temporal.

El Predicador llegó a la conclusión de que el ser humano puede estar contento a pesar de las opresiones y las injusticias que le rodean; especificando que el trabajo es este elemento clave.

El trabajo se define como "la inversión de energía y tiempo en una actividad productiva con un fin determinado" (Taylor y otros. Diccionario Teológico Beacon. EUA: CNP, 1995, p.697). La vida de la persona aquí, debajo del sol, es pasajera. Nuestras vidas son como neblina que pronto se desvanece (Santiago 4:14); por eso, el escritor de Eclesiastés nos animó a estar contentos con nuestras actividades laborales, y alegrarnos en estas.

El pasaje de estudio nos ayuda a poner el trabajo en una perspectiva teológica correcta; ya que muchos cristianos consideran que el trabajo es una maldición de Dios hacia el hombre. He oído a muchas personas decir que la Biblia dice que el hombre comerá con el sudor de su frente. De manera intrínseca, relacionan el trabajo o inversión de energía y tiempo en una actividad productiva, con la maldición. Una mirada profunda al texto bíblico desde Génesis no puede sustentar esta proposición. De acuerdo a lo que enseñan las Sagradas Escrituras, se puede afirmar que el trabajo forma parte del plan de Dios para el ser humano. Esta es una de las maneras en las que él participa activamente en el mandato de Dios respecto de lo creado: "Y los bendijo Dios, y les dijo: Fructificad y multiplicaos; llenad la tierra, y sojuzgadla, y señoread en los peces del mar, en las aves de los cielos, y en todas las bestias que se mueven sobre la tierra" (Génesis 1:28). Ahora, el trabajo se lleva a cabo con dolor, no porque haya sido el plan de Dios; sino más por la desobediencia del mismo ser humano a las normas establecidas por el Padre celestial. Génesis 3:17 dice: "Y al hombre dijo: Por cuanto obedeciste a la voz de tu mujer, y comiste del árbol de que te mandé diciendo: No comerás de él; maldita será la tierra por tu causa; con dolor comerás de ella todos los días de tu vida". De modo que el Señor no maldijo el trabajo; sino el lugar en el que el hombre realizaría sus labores productivas, es decir, la tierra. Nuestro Señor Jesucristo fue reconocido por su trabajo o labor productiva. Por ello, fue identificado como el carpintero de Nazaret en varias ocasiones (Marcos 6:3). Pese a todas las desgracias que nos rodean, podemos ser felices con nuestro trabajo siempre y cuando tengamos a Dios en la perspectiva correcta.

Conclusión

Todo lo que ofrece la vida al ser humano debajo del sol es pasajero. Nuestra existencia aquí es como una neblina que pronto se desvanecerá. Entonces, nuestro mayor éxito como seres humanos debe ser el vivir considerando al Dios creador como el centro de nuestra existencia; porque al fin y al cabo, Él juzgará a todo ser humano.

Dios es la razón de ser del hombre

Hoja de actividad

Versículo para memorizar: "Dije en mi corazón: Es así, por causa de los hijos de los hombres, para que Dios los pruebe, y para que vean que ellos mismos son semejantes a las bestias" Eclesiastés 3:18.

I. Existe impiedad y maldad que será juzgada (Eclesiastés 3:16-19)

¿Cuál es su actitud frente a las injusticias que algunas personas sufren a diario (v.16)?

_____

Según Eclesiastés 3:18-19, ¿en qué se asemejan los hombres y las bestias?

_____

_____

II. Existe violencia y opresión (Eclesiastés 4:1)

Describa brevemente una situación de violencia con la que se haya identificado; y mencione el porqué.

_____

¿Qué haría usted para que lo anterior no siga sucediendo?

_____

_____

III. Existe algo para alegrarse: ser feliz con el trabajo (Eclesiastés 3:22)

Sin importar la clase de actividad productiva que usted realice, ¿considera su trabajo como una bendición de Dios para su vida? Comente.

_____

_____

¿Cómo el trabajo forma parte del plan de Dios para el ser humano? Explique.

_____

_____

Conclusión

Todo lo que ofrece la vida al ser humano debajo del sol es pasajero. Nuestra existencia aquí es como una neblina que pronto se desvanecerá. Entonces, nuestro mayor éxito como seres humanos debe ser el vivir considerando al Dios creador como el centro de nuestra existencia; porque al fin y al cabo, Él juzgará a todo ser humano.

Conductas vanas en la vida

José Flavio Martínez (México)

Pasaje bíblico de estudio: Eclesiastés 4:4-16
Versículo para memorizar: "Más vale un puño lleno con descanso, que ambos puños llenos con trabajo y aflicción de espíritu" Eclesiastés 4:6.
Propósito de la lección: Que el alumno comprenda que el egoísmo nos priva del compañerismo de los demás, haciendo nuestra vida solitaria, vana e insegura; y la verdadera satisfacción de la vida se encuentra sólo viviendo en comunidad, dentro del temor de Dios.

Introducción

La "sabiduría", en cualquiera de sus manifestaciones, fue considerada como un don de Dios. Por ejemplo, José en Egipto, por su interpretación de los sueños y su buena administración, fue considerado por el faraón de ese tiempo como el hombre más sabio (Génesis 41:37-39). De Josué se dice que "estaba lleno del espíritu de sabiduría" después de que Moisés le impusiera las manos para que le suceda en el liderazgo (Deuteronomio 34:9).

Pero esta sabiduría se manifestó especialmente en el rey Salomón; pues por las decisiones políticas que tomó, su nación alcanzó honor, bienes, poder y respeto entre todas las naciones. También se vio la sabiduría de este rey en su habilidad para la administración de la justicia, y en la abundancia de los proverbios que compuso. Aunque estas manifestaciones de la sabiduría están ligadas a la participación humana; sin embargo, en la estimación religiosa de la antigüedad tenían su origen en el mismo Dios.

El acervo cultural y religioso de Israel se fue acrecentando a través de los siglos de un modo empírico. Los ancianos fueron los representantes de la sabiduría popular que se heredaba a través de las generaciones. En tiempos de Salomón, se formaron círculos de "sabios" en su corte, los cuales hacían eco de la gran sabiduría del monarca de Jerusalén. En 1 Reyes 4:29-34, se dice de él: "… Dios dio a Salomón sabiduría… Era mayor la sabiduría de Salomón que la de todos los orientales, y que toda la sabiduría de Egipto… fue más sabio que todos los hombres… y fue conocido entre todas las naciones de alrededor…"

El estudio de esta lección nos proveerá un pequeño destello de esta gran sabiduría que se está tratando.

I. El costo del éxito (Eclesiastés 4:4-6)

Salomón tomó nota del origen de los problemas peculiares en las personas que obran bien, e incluyó a todos los que trabajan con diligencia y cuyos esfuerzos son coronados con éxito. Estos a menudo llegan a ser grandes y prósperos; pero esto despierta envidia y oposición. Otros, viendo las aflicciones de una vida activa, esperan neciamente más satisfacción de la pereza y del ocio.

A. "Luego observé que a la mayoría de la gente le interesa alcanzar el éxito porque envidia a sus vecinos…" (v.4 NTV)

Una manera contemporánea de referirse a la envidia o los celos, que son muy antiguos, es el concepto de "emulación". Este se entiende como el sentimiento que nos lleva a imitar las acciones de otros procurando igualarlas o incluso superarlas. El pasaje de 1 Corintios 13 nos presenta un buen ejemplo de estas actitudes humanas cuando carecen de amor. Entre los valores del Reino, la rivalidad no es aceptable. Tampoco son aceptables los celos, la pasión o la envidia que llevan a sacar provecho del prójimo para tener éxito.

"El autor exagera el lugar de la competencia y la envidia como motivos de la vida. Estas afirmaciones son, cuando mucho, verdades a medias. El que cree estas peligrosas falsedades debiera mirar más allá y vivir mejor. Hay hombres que son impulsados por el acicate del logro competitivo, pero ¿Cómo pasar por alto a los millones que trabajan para suplir las necesidades de su vida? ¿Para satisfacer las necesidades básicas de aquellos que aman?" (Chapman, Purkiser, Wolf y Harper. Comentario Bíblico Beacon, tomo III. EUA: CNP, 2010, p.420).

Ser envidiado por causa de los propios logros daña; y luchar para lograr algo, sólo con el propósito de subestimar a nuestro prójimo, es peor. Ambas cosas son vanidad y aflicción de espíritu. Pero aun así, la dedicación al trabajo es necesaria para una vida digna.

En la filosofía del humanismo, ¡la vida es una competencia para comida, abrigo, trabajo, posición, honor y control! ¡El poder hace que todo se vea correcto! ¡Sin Dios, la única motivación es la satisfacción del "yo"! Cada humano es envidioso, cada humano toma ventajas. ¡Cada humano explota a su prójimo! La vida sin Dios es una vida de competencia y lujuria no satisfecha sin importar el precio que se tenga que pagar.

B. "El necio cruza sus manos…" (v.5)

Este versículo 5 es posiblemente un proverbio o una cita. Esta clase de autodestrucción sin mente también se ve en Isaías 9:20. La falta de esfuerzo conduce a la destrucción; ¡pero el esfuerzo solamente en sí no tiene beneficio eterno!

El necio no siente el desafío de emular a nadie, a él no lo mueve el ejemplo de los demás; se muere de hambre, pero se queda de "brazos cruzados" (Proverbio 24:30-34).

La holgazanería tampoco es aceptable: "… come su misma carne" (Eclesiastés 4:5). Esto puede significar que el haragán se destruye a sí mismo; o tal vez, que vive de sus parientes.

C. "… es mejor estar satisfecho con lo poco que se tiene…" (v.6 PDT)

Debe haber equilibrio y contentamiento en nuestro trabajo. Los israelitas habían aprendido en su historia (Éxodo 16:17-18) que lo que Dios da es suficiente. Ellos sabían que a veces hay una larga distancia entre lo mucho y Dios (Salmo 37:16); que el temor de Jehová y la justicia dan un valor inapreciable a lo poco; y que Él puede desvanecer lo mucho que logra el ser humano.

La sabiduría asume un equilibrio, evitando ambos extremos: "… «más vale una hora de descanso que dos horas de trabajo», pues el mucho trabajo no sirve de nada" (Eclesiastés 4:6 TLA). Nuestro Señor hubiera apoyado este consejo que va en contra de la actividad extremada y ansiosa en el esfuerzo para la obtención de ganancias materiales (Mateo 6:25-34).

La facultad de tomar un tiempo de quietud en medio de las tensiones y la demanda de la vida tiene un poder curativo y sustentador. Lo denominamos relax; pero es más que eso. Es dejar que la vida se refresque en lo bendito y permanente; y halle así reposo.

La expresión "aflicción de espíritu" la NVI la traduce como "correr tras el viento"; da la idea de algo que aflije sin posibilidad de alcanzar.

II. El costo de la vida solitaria (Eclesiastés 4:7-12)

A. "… vi vanidad debajo del sol… ni sus ojos se sacian de sus riquezas" (vv.7-8)

Estas personas trabajan por el gozo del trabajo. ¡Este llega a ser la meta y propósito en su vida! ¡El trabajo llega a ser su dios!

Mientras más tienen los seres humanos, suelen desear más; y en esto ponen tanto esfuerzo que no disfrutan lo que ya tienen. El egoísmo es la causa de este mal. La persona egoísta no se interesa en nadie; pues para ella no hay de quién cuidar, sino de sí misma. Pero escasamente se permite el reposo necesario para sí y para la gente que emplea. Nunca piensa que tiene suficiente. Tiene suficiente para sus compromisos, para su familia; pero aun así, no tiene suficiente según su criterio.

Muchos están tan metidos en el mundo que, por ir en pos de este, se privan a sí mismos de disfrutar esta vida, y de lo más importante, la vida eterna. Los parientes lejanos o los extraños que heredan la riqueza de un hombre así, generalmente no le agradecen.

Lo irónico es que a menudo vemos personas que profesan ser seguidoras de aquel que, aunque siendo rico, por nosotros se hizo pobre (2 Corintios 8:9); y tienen un amor insaciable y codicia por el dinero, y hasta se apartan de la fe (1 Timoteo 6:10).

Lo que Eclesiastés 4:8 dice: "… ni sus ojos se sacian de sus riquezas…" hace ver que en muchas maneras (sin Dios) las riquezas llegan a ser maldición. ¡Pronto nos controla! Muchos de los que son ricos en bienes terrenales parecen nunca tener suficiente. ¿Es que necesitamos más que riquezas y posesión para encontrar la felicidad verdadera y la ganancia que dura? Necesitamos a Dios. Fuimos creados por Él y para Él. ¡Fuera del Señor, no hay propósito ni gozo permanente!

B. "Mejores son dos…" (v.9)

Casi toda carga puede ser soportada si hay un amigo con quien compartirla. Salomón vio claramente que grandes males en la vida ocurren cuando una persona está sola. Para un hombre, trabajar y no tener a nadie que le inspire y dé propósito a su labor, es ciertamente un duro trabajo. Para que la vida sea satisfactoria, uno debe tener una respuesta válida a la siguiente pregunta: "¿Para quién trabajo yo?" Y esta respuesta debe estar más allá de él mismo; sino en su familia, en el servicio a las necesidades humanas, o en el cumplimiento de la voluntad de Dios para su vida.

C. La ventaja del compañerismo (vv.10-12)

Salomón observó que donde el solo fracasa, el acompañado triunfa; y lo demostró con tres ejemplos: si caen…, si duermen juntos…, si uno es atacado (vv.10-12). En cualquier caso, la ventaja la tiene el acompañado. El ser humano ha sido creado para vivir en comunidad. Dos son mejores que uno; pues sacan más provecho en todo lo que emprenden. Cualquier servicio que se presten mutuamente traerá su fruto.

Uno de los mayores problemas contemporáneos por

los que atraviesa el ser humano es la soledad. Nunca como ahora el hombre ha experimentado la soledad en su máxima expresión. En una sociedad donde se vive en núcleos urbanos de millones de personas, donde las viviendas cada vez más agrupan a más individuos en menos metros cuadrados de superficie, donde los medios de transporte comprimen a los seres humanos unos contra otros; muchos experimentan soledad.

1.   "Porque si cayeren, el uno levantará a su compañero; pero ¡ay del solo! que cuando cayere, no habrá segundo que lo levante" (v.10)

Una de las pinturas más famosas de Diego Rivera es "Mujer con Alcatraces". Esta obra artística muestra a una mujer cargando un enorme canasto de flores. A primera vista se aprecia sólo a la mujer; pero un buen observador resaltaría al varón que está a espaldas de ella ayudándole a levantar la pesada carga. Salomón consideró que debemos sostenernos mutuamente para no desfallecer.

2.   "... y cordón de tres dobleces..." (v.12)

El compañerismo y la cooperación humanos brindan ayuda mutua (v.10), calor (v.11) y defensa (v.12). "Cordón de tres dobleces no se rompe pronto" es un proverbio que sugiere que, si dos son mejor que uno, tres es mejor aún. Para que uno tenga amigos, debe mostrarse amigable. El que trata de hacer bien en su vida rara vez sufrirá los dolores del aislamiento.

En estos tiempos de inseguridad en algunos lugares, no es aconsejable que una persona vaya sola a ciertos sitios públicos. Siempre tiene que hacerlo acompañada por otra persona. También tenemos grandes problemas de seguridad con relación a los robos y violencia en las calles, especialmente en las grandes ciudades. Frecuentemente, la víctima es aquella persona que transita sola por ciertos lugares. Esa soledad la convierte en alguien vulnerable e indefensa.

La persona centrada en sí misma no encontrará satisfacción en esta vida. Un individuo que trabaje solo podría encontrar cierta satisfacción por un tiempo; pero finalmente, se cansará de esa monotonía. Y lo mismo le sucederá al viajar o practicar deporte en solitario.

Donde haya dos estrechamente unidos en santo amor y comunión, Cristo vendrá a ellos por su Espíritu; entonces, hay un cordón triple. Salomón hizo el descubrimiento de que el intentar vivir solamente para uno mismo; no significa que podamos ir por la vida solo. Necesitamos alguien que nos acompañe y ayude. Es decir, podemos hacer muchas cosas junto a otra persona, que no podríamos hacer si estuviéramos solos.

III.   La sabiduría y la necedad (Eclesiastés 4:13-16)

La expresión "Mejor es el muchacho pobre y sabio..." (v.13) puede significar que algunas cosas son mejores que otras: un muchacho sabio es mejor que un rey viejo y necio. Por otro lado, nos enseña que la pobreza no es obstáculo para la sabiduría.

No obstante, no hay nada, ni aun las experiencias del sabio gobernante joven, que sea muy bueno a la larga. Note lo que dice el siguiente versículo: "Y he visto a todos los vivientes que se mueven bajo el sol seguir a ese muchacho... Pero los que vengan después tampoco estarán contentos con él, porque también esto es pura ilusión y vano afán" (vv.15-16 BLPH).

Lo anterior puede referirse a un incidente histórico (posiblemente José y faraón, o David y Saúl); sin embargo, el punto del todo el versículo 16 es la inconsistencia del pueblo. No puede venir ninguna ayuda permanente de la política. La humanidad caída no puede ser gobernada en bendición y paz. ¡El egoísmo, la corrupción y el deseo lo permea todo!

El entusiasmo popular así como se enciende se apaga; o sencillamente pasa la generación de la hazaña del héroe, y este es olvidado. La gloria de un momento se torna en otro momento en "vanidad y aflicción de espíritu" (v.16).

A veces, un presidente comienza su mandato rodeado de popularidad; pero al transcurrir el tiempo, por el desempeño de su gestión o por el desgaste de la labor de gobierno, su nivel de aceptación va disminuyendo hasta llegar al punto en que una parte de la población considera que sus medidas de gobierno perjudican a una nación, llevándola hacia una decadencia. La gente nunca está cómoda y satisfecha por largo tiempo. Las personas son aficionadas al cambio. Esto no es novedad.

Conclusión

El Predicador analizó distintas formas de "malas obras que debajo del sol se hacen". Concluyó diciendo cada vez: "vanidad", "aflicción de espíritu" y "duro trabajo". Sus reflexiones tienen un alcance contemporáneo; pues nuestro mundo actual está lleno de atropellos debido a la codicia y rivalidades que sólo terminan en injusticias. Pero la verdadera fuerza para el creyente reside siempre en su comunión personal con el Señor; Él es su verdadera satisfacción.

Conductas vanas en la vida

Hoja de actividad

Versículo para memorizar: "Más vale un puño lleno con descanso, que ambos puños llenos con trabajo y aflicción de espíritu" Eclesiastés 4:6.

I. El costo del éxito (Eclesiastés 4:4-6)

¿Cómo debería ser la actitud del cristiano frente al éxito de los demás (v.4)?

_____

_____

¿Qué razones tiene el cristiano para vivir satisfecho (v.6)?

_____

_____

II. El costo de la vida solitaria (Eclesiastés 4:7-12)

¿Cuáles serían algunos propósitos válidos del porqué trabajar (v.8)?

_____

_____

Mencione algunas ventajas de actuar en unidad con otros.

_____

_____

III.   La sabiduría y la necedad (Eclesiastés 4:13-16)

¿Por qué es necesario, aun en la edad adulta, escuchar el consejo de otros (v.13)?

_____

_____

¿Por qué no siempre los líderes tienen el reconocimiento permanente del pueblo (vv.15-16)?

_____

_____

Conclusión

El Predicador analizó distintas formas de "malas obras que debajo del sol se hacen". Concluyó diciendo cada vez: "vanidad", "aflicción de espíritu" y "duro trabajo". Sus reflexiones tienen un alcance contemporáneo; pues nuestro mundo actual está lleno de atropellos debido a la codicia y rivalidades que sólo terminan en injusticias. Pero la verdadera fuerza para el creyente reside siempre en su comunión personal con el Señor; Él es su verdadera satisfacción.

Teme a Dios

Arturo Gasca (Uruguay)

Pasaje bíblico de estudio: Eclesiastés 5:1-7
Versículo para memorizar: "Donde abundan los sueños, también abundan las vanidades y las muchas palabras; mas tú, teme a Dios" Eclesiastés 5:7.
Propósito de la lección: Que el estudiante comprenda cuál es su rol y el rol de Dios en la adoración, tanto colectiva como individual.

Introducción

Lejos de ser un libro de pesimismo, Eclesiastés es un diálogo de reflexión sobre la vida en la tierra (debajo del sol) y su propósito: un llamado a temer a Dios. Para el Predicador, lejos de Dios, la vida es humo (vanidad). Él enfrenta a sus lectores con tres verdades empíricas: (1) el tiempo pasa y eso es inevitable, la vida es un pestañeo; (2) nadie escapa a la muerte sin importar su condición socio-económica o cuán piadoso sea, a no ser los creyentes que estén vivos cuando suceda el arrebatamiento de la iglesia; y (3) la vida es impredecible, ya que no siempre los justos reciben la recompensa de sus actos y no siempre el impío sufre, las circunstancias de la vida son aleatorias y no siempre tienen un sentido lógico.

A pesar de todo esto, el Predicador nos invita adorar a Dios y disfrutar de las cosas simples de la vida con gratitud.

Eclesiastés no proyecta una visión idealizada de la vida, donde al justo le va bien y al impío le va mal. Lo que procura es exponerla como es; y hace una clara diferenciación entre la tierra y el cielo, entre lo humano y lo divino. Para el escritor bíblico, el ser humano no es bueno ni malo; simplemente es humano, corrompido por el pecado. Esa corrupción ha afectado su forma de relacionarse con sus pares y con la creación en todos los niveles de su existencia.

Así, somos llevados a concluir que la paz y la justicia se construyen a partir de una relación con Dios. Esta relación no es al azar; pues se establece mediante ciertas pautas (de la mentalidad hebrea) donde su eje es el culto: la adoración. De eso habla el pasaje de estudio que nos ocupa (Eclesiastés 5:1-7).

Para entender el significado de la adoración en el pasaje mencionado, es preciso tener en cuenta la visión hebrea vetero-testamentaria acerca de la misma. En hebreo, la palabra utilizada para referirse a la adoración al Padre es hishtajavá que significa "postrarse, inclinarse o rendir homenaje" (Judit Targarona Borrás, Judit. Diccionario hebreo-español. España: Ediciones Riopiedras, 1995, s.p.). Todas estas definiciones hablan de una expresión corporal cuyo principio es una disposición interior de devoción, temor reverente y respeto. Pero eso no es todo. La misma palabra también se usa para referirse al culto sacrificial. Cuando Abraham le dijo a sus siervos: "... Esperad aquí con el asno, y yo y el muchacho iremos hasta allí y adoraremos, y volveremos a vosotros" (Génesis 22:5); no les estaba diciendo que iban a cantar algunas canciones, sino que iban a ofrecer un sacrificio ritual. Es decir, la adoración en el pensamiento hebreo incluye todo el servicio que se hace a Dios, tanto los sacrificios como toda actitud de reverencia.

Es necesaria una reinterpretación del concepto de adoración a la luz del Nuevo Testamento. Aquí, la palabra que se usa para culto es latreía, que deriva del verbo latréuein. Este último se utilizaba para designar a alguien que trabajaba por paga o sueldo; es decir, alguien que daba su tiempo y esfuerzo a cambio de un salario (Barclay, William. Comentario al Nuevo Testamento de William Barclay, tomo VIII. España: Editorial CLIE, 1997, p.71).

Culto y adoración, en el Nuevo Testamento, denotan una actitud permanente. Se refiere a una vida (tiempo, fuerzas, inteligencia y recursos) dedicada completamente a Dios. Es ese el sacrificio vivo solicitado a los hermanos romanos (Romanos 12:1-2).

Habiendo hecho estas aclaraciones, vayamos al estudio de Eclesiastés 5:1-7. Aunque pareciera que este pasaje nos advierte principalmente sobre las promesas (y es cierto que lo hace); su fin último es establecer pautas para una correcta adoración al Dios eterno. Y aunque no tenemos el control de todo lo que ocurre bajo el sol; siempre va a ser una necesidad humana adorar a Dios.

I. El silencio como expresión de adoración (Eclesiastés 5:1-3)

El silencio es un tema recurrente en las Escrituras. Así pues, se hacen numerosas advertencias sobre no apresurarse a hablar; y suele identificarse al necio por no saber callar. En este pasaje (como en otros), el silencio es una disciplina espiritual en nuestra relación con Dios.

En Eclesiastés 5:1, es posible encontrar un equivalente de las palabras de Samuel dichas a Saúl: "... ¿Qué le agrada más al SEÑOR: que se le ofrezcan holocaustos y sacrificios, o que se obedezca lo que él dice? El obedecer vale más que el sacrificio, y el prestar atención, más que la grasa de carneros" (1 Samuel 15:22 NVI). El profeta Samuel ponderó la obediencia por encima de los rituales sin sentido. No obstante, la obediencia no es posible sin una auténtica actitud de escuchar, de prestar atención. De lo contrario, o no se obedece o se obedece mal. Cuando escuchamos con un corazón humilde y dispuesto a obedecer; entonces estamos consagrando nuestra voluntad y nuestras vidas. Eso es adoración.

En nuestros cultos y en nuestra vida devocional, nos resulta muy sencillo decir o hablar: en la alabanza, en la oración, en los testimonios, etc. De manera casi imperceptible, nos hacemos a nosotros mismos muy importantes en nuestro culto. Por ejemplo, cantamos las canciones que nos gustan y nos emocionan; oramos por nuestras necesidades; y, en el mejor de los casos, escuchamos el sermón, pero si es muy largo o muy crítico, si no nos entretiene, probablemente no nos parezca un buen sermón. Luego, la mayoría de los creyentes olvida los sermones tras el paso de los días. Aún peor, a veces dejamos de asistir a una iglesia o un culto; porque "sentimos que no recibimos nada". ¿Es este el sentido del culto?

El culto que planteó Salomón es el culto donde Dios es el centro de adoración. Todo en este culto lo señala a Él. Nuestro papel en ese culto es el de la observancia; no nos queda otra que contemplar con admiración la gracia de Dios, y estar agradecidos.

A los creyentes nos cuesta el silencio, preferimos el ruido, las oraciones en voz alta, a veces a los gritos (y eso no es necesariamente malo); pero en el silencio Dios también nos habla, nos confronta con su santidad y con nuestras miserias (Salmo 37:7a). Ya en la intimidad, nuestras conversaciones con el Señor a menudo son únicamente monólogos: una verborragia de peticiones y fórmulas rituales de alabanza poco meditadas, y que no salen de un corazón cautivado por la belleza, el esplendor y la magnificencia de ese encuentro con Dios. Pareciera que, en el fondo, lo único que buscamos es aplacar nuestra conciencia; y convertimos la adoración en una moneda de intercambio para obtener el favor de Dios sobre nuestros planes y proyectos. Pero la verdadera adoración consiste en todo lo contrario. Se trata de sujetar esos planes y proyectos a la voluntad del Padre eterno; para que Él haga de nuestras vidas lo que Él quiera, porque no son nuestras, sino suyas.

Eclesiastés 5:2 dice: "... porque Dios está en el cielo, y tú sobre la tierra..." Escuchamos el eco de esta expresión cuando Jesús enseñó a sus discípulos a orar. El Maestro empezó el Padrenuestro diciendo: "... Padre nuestro que estás en los cielos..." (Mateo 6:9). En esta sentencia, Cristo identificó el lugar de cada uno en la oración: el Padre, dijo Él, es "nuestro", es decir que está cercano, accesible. Él es el Abba que nos ama profundamente; y se mostró a la humanidad en la persona de Cristo. Pero inmediatamente después, nos recordó que también "está en los cielos"; y sigue siendo el Creador del universo, juez justo y poderoso Rey.

De la misma manera, Eclesiastés nos invita a reconocer nuestro lugar en la adoración. Nosotros somos criaturas; y el fin de todo lo creado es glorificar a Dios. Adorar no es un acto de profunda bondad y piedad del ser humano; sino la consecuencia necesaria de encontrarse con el Creador: Dios y, en última instancia, aquello para lo cual fuimos hechos.

Por eso, convertir nuestra adoración en un acto para ajustar la voluntad de Dios a la nuestra es un sacrilegio. Claro que el Señor nos ama, se ocupa de nosotros y hasta nos mima; pero nuestra actitud hacia Él debe ser siempre de reverencia. ¿Acaso podremos sorprenderle con algún voto? ¿Hay algo que podamos ofrecerle que no pueda tener? Cuando hacemos una promesa, ¿la hacemos por devoción o por simple intercambio? Lo que Dios quiera de nosotros lo pedirá a través de su Palabra; y si nos bendice al dárnoslo, es por pura gracia y no por mérito humano. Por otro lado, reflexionemos en esto: "Si ya le dimos nuestra vida en adoración; ¿qué más tenemos para ofrecerle?"

II. Cuando haga voto, cuide su integridad (Eclesiastés 5:4-6)

Cuando hacemos un voto o promesa, comprometemos nuestra integridad. Si no cumplimos; corremos el riesgo de ser señalados como pecadores, y afectar nuestra relación con Dios. Adquirimos una deuda que debemos cumplir.

Los "votos" o "promesas" eran acuerdos voluntarios condicionales celebrados con la deidad, y acompañaban una petición (Deuteronomio 23:21-23). El Predicador nos advirtió que si hacemos un voto, debemos cumplirlo con diligencia (Eclesiastés 5:4a). Pero también nos previno de que las promesas no son obligatorias pronunciarlas; y que no es necesario reducir nuestra relación con Dios a un intercambio de promesas y favores, atándonos a una deuda con el Padre, en lugar de disfrutar con libertad de ser sus hijos. Las promesas no son necesarias; y si podemos evitarlas, mejor. Como escribió Salomón sabiamente: "Es mejor no prometer, que prometer y no cumplir" (v.5 PDT). No hay necesidad de endeudarnos; Dios es nuestro Padre, y Él sabe qué es lo mejor para nosotros. Que nada nos impida acercarnos con confianza ante Él (Mateo 6:8).

Para terminar esta sección, recordemos el llamado de

Salomón respecto de no hacer promesas que no estemos dispuestos, o no vayamos a poder cumplir. No nos apresuremos a prometer; que la emoción o la necesidad no nos gobiernen en la adoración. Observemos el consejo del Maestro: "Porque, ¿quién de vosotros, deseando edificar una torre, no se sienta primero y calcula el costo, para ver si tiene lo suficiente para terminarla? No sea que cuando haya echado los cimientos y no pueda terminar, todos los que lo vean, comiencen a burlarse de él, diciendo: «Este hombre comenzó a edificar y no pudo terminar»" (Lucas 14:28-30 LBLA). Siempre que vayamos a abrir nuestra boca para prometer, calculemos los costos. Esto es válido tanto en el culto a Dios, como en nuestra relación con el prójimo, quien es templo e imagen del Dios eterno.

III. Tema a Dios (Eclesiastés 5:7)

En este versículo, está el clímax de la enseñanza de Salomón, y nuestra conclusión lógica tras el estudio del pasaje de Eclesiastés 5:1-7. En medio de todo lo pasajero y trivial de este mundo, ¡tema a Dios! Este es el llamado del Predicador que resuena en todos sus escritos (no sólo en Eclesiastés). No podemos decirle a Dios qué hacer o cómo administrar mejor el universo y nuestras vidas. No nos corresponde ello; pues no somos los creadores. Por lo mismo, nuestro acercamiento al Padre debe ser respetuoso, en completa admiración y sumisión.

La adoración a Dios es amor y temor reverente; es la entrega de todo el ser. En el Nuevo Testamento, el cuerpo (esto es la vida y las acciones del ser humano) es templo del Espíritu Santo (1 Corintios 6:19). En consecuencia, la vida es sagrada, la propia y la de otros; y deber ser tratada como tal: con cuidado, reverencia, y no ser sometida a prácticas desordenadas y destructivas que la profanen.

El silencio expectante y reverente es una actitud con la que debemos acercarnos a Dios. Los "amén", "aleluyas", "glorias", y aun la oración, sin reflexión, sin permitir a Dios iluminarnos con su sabiduría, se convierten en el "sacrificio de los necios"; es decir, en rituales vacíos que no producen frutos de justicia y amor en nosotros.

Conclusión

A Dios no se le adora como a cualquier otro dios. No le hagamos promesas a Él con el fin de "torcerle el brazo" para que haga nuestra voluntad. En lo posible, evitémoslas. No tenemos necesidad de intercambiar nada con Dios; pues Él hará su voluntad. Más bien, aprovechemos de haber sido llamados a una relación de libertad y amor con el Padre que sabe qué necesitamos antes de que se lo pidamos, y conoce lo mejor para nosotros. Consagremos nuestras vidas a Dios como expresión de la relación de amor que tenemos con Él.

Teme a Dios

Lección **31**

Hoja de actividad

Versículo para memorizar: "Donde abundan los sueños, también abundan las vanidades y las muchas palabras; mas tú, teme a Dios" Eclesiastés 5:7.

I. El silencio como expresión de adoración (Eclesiastés 5:1-3)

¿Qué entiende usted como "casa de Dios"?

_____

_____

¿Alguna vez practicó el silencio como disciplina espiritual? Esta consiste en un tiempo donde no hablamos, sólo estamos en silencio leyendo su Palabra para escuchar. Comente.

_____

_____

II. Cuando haga voto, cuide su integridad (Eclesiastés 5:4-6)

¿Alguna vez hizo una promesa que luego no cumplió? Comparta su historia y sus reflexiones al respecto.

_____

_____

¿Qué opina usted de las promesas, y de lo que dice Eclesiastés 5:5 sobre mejor no prometer?

_____

_____

III. Tema a Dios (Eclesiastés 5:7)

¿Cambió en algo su perspectiva sobre la adoración al finalizar la presente lección? Comente.

_____

_____

¿Qué aprendió hoy acerca de las promesas? ¿Cómo aplicaría ello a su vida?

_____

_____

Conclusión

A Dios no se le adora como a cualquier otro dios. No le hagamos promesas a Él con el fin de "torcerle el brazo" para que haga nuestra voluntad. En lo posible, evitémoslas. No tenemos necesidad de intercambiar nada con Dios; pues Él hará su voluntad. Más bien, aprovechemos de haber sido llamados a una relación de libertad y amor con el Padre que sabe qué necesitamos antes de que se lo pidamos, y conoce lo mejor para nosotros. Consagremos nuestras vidas a Dios como expresión de la relación de amor que tenemos con Él.

El amor al dinero

Dorothy Bullón (Costa Rica)

Pasaje bíblico de estudio: Eclesiastés 5:10-20
Versículo para memorizar: "El que ama el dinero, no se saciará de dinero; y el que ama el mucho tener, no sacará fruto. También esto es vanidad" Eclesiastés 5:10.
Propósito de la lección: Que el alumno aprenda a tener una actitud saludable y sabia en cuanto a la acumulación y manejo del dinero.

Introducción

La autora contemporánea Jessie H. O'Neill, nieta de uno de los presidentes de la fábrica de carros General Motors, acuñó una nueva palabra: "afluenzia" para diagnosticar un problema espiritual, una relación poco saludable con el dinero. Para ella, muchas personas sufren, aunque sea en forma leve, de esta enfermedad mortal (O'Neill, Jessie H. The Golden Ghetto: The Psychology of Affluence. EUA: Editorial Affluenza Project, 1997).

¿En qué consiste tal enfermedad? Esta se evidencia en los deseos que dominan las vidas de las personas por tener más dinero, empeñando todo su esfuerzo en obtener grandes sumas de este recurso, y viviendo sus vidas enteras codiciando más. Sin embargo, el dinero es necesario, y bien administrado, puede traer muchas bendiciones espirituales y materiales. En esta lección, vamos a escuchar los consejos del Predicador, el Qohelet, sobre el importante tema del dinero.

I. Amar las riquezas no trae fruto, y quita el sueño (Eclesiastés 5:10-12)

El escritor de Eclesiastés comenzó su comentario sobre el dinero con un proverbio: "El que ama el dinero, no se saciará de dinero; y el que ama el mucho tener, no sacará fruto. También esto es vanidad" (v.10). No importa cuánto dinero se tenga; las personas que viven por este recurso nunca están satisfechas, pues siempre quieren más. John D. Rockefeller era uno de los hombres más ricos del mundo; pero cuando alguien le preguntó cuánto dinero era suficiente, él dijo: "Solo un poco más" (https://faithandmoneynetwork.org/how-much-less-is-enough/). Esta actitud, según el Predicador, es vanidad; no tiene sentido común.

San Pablo, en su carta a Timoteo, fue muy claro: "porque raíz de todos los males es el amor al dinero, el cual codiciando algunos, se extraviaron de la fe, y fueron traspasados de muchos dolores" (1 Timoteo 6:10). Este apóstol no dijo que el dinero en sí mismo es malo; sino que señaló que donde radica el problema es en el amor al dinero. 1 Timoteo 6:9 dice: "Porque los que quieren enriquecerse caen en tentación y lazo, y en muchas codicias necias y dañosas, que hunden a los hombres en destrucción y perdición".

Cuanto más dinero tenemos, generalmente más nos preocupamos. El Predicador advirtió: "Dulce es el sueño del trabajador, coma mucho, coma poco; pero al rico no le deja dormir la abundancia" (Eclesiastés 5:12). Hay algo en el impulso de adquirir que mueve a buscar cada vez más. Si es la inseguridad lo que impulsa a buscar riqueza; la riqueza en sí misma no curará esa inseguridad. Si es el deseo de poder lo que empuja; el dinero no sofocará ese deseo. Para muchas personas, la sed de más bienes materiales es insaciable. Muchos, después de satisfacer sus necesidades básicas, anhelan más. Otros, después de tener la seguridad permanente que buscan, luchan por más. Muchos, después de tener todos los lujos que codician, ansían más; y esta ansiedad les quita el sueño. El obrero, o el asalariado, puede dormir tranquilo sin preocuparse; porque recibe su paga.

II. Las riquezas acaparadas hacen daño y traen mal (Eclesiastés 5:13-14)

Las riquezas pueden ser una piedra de tropiezo en nuestras vidas. Vivir por dinero no sólo es malo para nosotros; sino que también es una apuesta muy arriesgada. Un mal negocio o inversión, o una recesión en la economía, despojan a los ricos y avaros de todo. Eclesiastés 5:13b-14 advierte: "… las riquezas guardadas por sus dueños para su mal; las cuales se pierden en malas ocupaciones, y a los hijos que engendraron, nada les queda en la mano". El cuadro triste aquí es que la persona, al perder su dinero, no deja nada para el futuro de sus hijos.

En los evangelios, vemos algunos grupos para los cuales el dinero era una piedra de tropiezo: los fariseos "eran avaros" (Lucas 16:14); igualmente, los cambistas en el templo (Mateo 21:12-13); y tristemente, uno de los discípulos, Judas Iscariote (Mateo 26:14-16; Juan 12:4-6). En una ocasión, Jesús tuvo un encuentro con un joven rico. Este era una persona que guardaba la ley, y tenía un buen testimonio; pero cuando el Maestro lo retó a vender sus cosas, y dar el dinero a los pobres, ocurrió lo siguiente: "... él [joven rico], afligido por esta palabra, se fue triste, porque tenía muchas posesiones" (Marcos 10:22).

Aunque cuando muramos, no podremos llevar nuestra riqueza acumulada aquí; Jesús nos dice que podemos acumular tesoros en el cielo: "No os hagáis tesoros en la tierra, donde la polilla y el orín corrompen, y donde ladrones minan y hurtan; sino haceos tesoros en el cielo, donde ni la polilla ni el orín corrompen, y donde ladrones no minan ni hurtan. Porque donde esté vuestro tesoro, allí estará también vuestro corazón" (Mateo 6:19-21). Pregunte: "¿Cómo podemos depositar tesoros en el cielo?" Podemos encontrar posibles respuestas en los siguientes versículos: Mateo 19:21; Lucas 12:32-33, 14:12-14.

Santiago advirtió a los ricos: "¡Vamos ahora, ricos! Llorad y aullad por las miserias que os vendrán... Vuestro oro y plata están enmohecidos; y su moho testificará contra vosotros, y devorará del todo vuestras carnes como fuego. Habéis acumulado tesoros para los días postreros" (Santiago 5:1-3). Pregunte: "¿Qué tipos de 'tesoros' les esperan a los ricos en los días postreros?"

El dinero, la vanidad y la búsqueda del poder realmente no hacen feliz al ser humano. Los auténticos tesoros, aquellos que cuentan, tienen que ver con el amor, la paciencia, el servicio a los demás y la adoración a Dios.

III. Nadie lleva las riquezas de este mundo (Eclesiastés 5:15-17)

Eclesiastés 5:15 encierra una gran verdad: "Como salió del vientre de su madre, desnudo, así vuelve, yéndose tal como vino; y nada tiene de su trabajo para llevar en su mano" (ver también Job 1:21). No podemos llevar nuestro dinero y bienes a la próxima vida. Así como venimos a este mundo, nos iremos sin nada en las manos. Como lo ha señalado Salinas: "No vemos que a la carroza fúnebre le sigue un camión de mudanzas" (Salinas, Daniel. Comentario Bíblico Contemporáneo. Argentina: Editorial Kairos, 2019, p.828).

Jesús contó dos poderosas parábolas acerca de la muerte de dos hombres ricos. En Lucas 16:19-31, Jesús contó la historia del hombre rico y Lázaro, el mendigo pobre. En vida, el rico nunca ayudó a Lázaro; vivía para sí mismo en su lujosa mansión. Pero Jesús trasladó esta historia a escenas después de la muerte de estos dos personajes. Lázaro falleció; y "fue llevado por los ángeles al seno de Abraham" (v.22). Mientras que el rico se encontró en el Hades, desde donde podía ver a Lázaro; y pidió a Abraham enviar a Lázaro para refrescar su lengua, porque se sentía atormentado por las llamas (v.24). Abraham respondió:

"... Hijo, acuérdate que recibiste tus bienes en tu vida, y Lázaro también males; pero ahora éste es consolado aquí, y tú atormentado" (v.25).

Lázaro, débil y oprimido, era realmente fuerte y espléndido. Por el contrario, el hombre rico y poderoso era realmente indigente y débil; y sus riquezas eran una suerte de ilusión. Como dijo el Qohelet: "Éste también es un gran mal, que como vino, así haya de volver. ¿Y de qué le aprovechó trabajar en vano? Además de esto, todos los días de su vida comerá en tinieblas, con mucho afán y dolor y miseria" (Eclesiastés 5:16-17).

En Lucas 12:13-21, tenemos otra parábola de Jesús acerca de un rico insensato. En esta ocasión, se trató de un hacendado que había producido mucha cosecha. Este hombre tomó la decisión de construir enormes graneros diciéndose a sí mismo: "... Esto haré: derribaré mis graneros, y los edificaré mayores, y allí guardaré todos mis frutos y mis bienes; y diré a mi alma: Alma, muchos bienes tienes guardados para muchos años; repósate, come, bebe, regocíjate" (vv.18-19). El plan fue cortado por el gran juez: "Pero Dios le dijo: Necio, esta noche vienen a pedirte tu alma; y lo que has provisto, ¿de quién será?" (v.20).

El valor del dinero es limitado. Tal vez una persona puede vivir unos 80 años; pero esto es solamente una pequeña fracción de su existencia. Aun si logra mantener su riqueza durante toda su vida, hay un punto en que la tendrá que dejar. Las riquezas, las joyas, las casas lujosas, los carros del último modelo no nos van a servir en nuestra vida más allá de la muerte. Así que el Qohelet tuvo razón al decir que dedicar la vida a buscar estas cosas es vanidad. El placer es efímero; y la vida es como la hierba del campo viene y se va (Salmo 103:15-16; Santiago 1:10; 1 Pedro 1:24).

IV. Las riquezas son buenas cuando provienen de Dios, y se administran según la dirección divina (Eclesiastés 5:18-20)

El Predicador nos presentó el lado positivo de los bienes que poseemos: "He aquí, pues, el bien que yo he visto: que lo bueno es comer y beber, y gozar uno del bien de todo su trabajo con que se fatiga debajo del sol, todos los días de su vida que Dios le ha dado; porque ésta es su parte" (v.18). Debemos ver regularmente las cosas buenas que nos rodean como dones de Dios; y recibirlas de esta manera puede ayudar inmensamente en situaciones en las que estamos abrumados por tragedias que ponen en tela de juicio la bondad de Dios. Estar contento es encontrar placer y satisfacción en lo que Dios ha elegido darnos.

Dios da bendiciones, sufrimientos, el trabajo, días, y la comida y bebida. Dios también da el don de la alegría y la capacidad de disfrutar la vida simple. Debemos aprender a disfrutar cada momento, cada comida, nuestras amistades y familias; porque Dios nos ha dado estas bendiciones para disfrutarlas. El versículo 19 dice: "Asimismo, a todo hombre a quien Dios da riquezas y bienes, y le da también facultad para que coma de ellas, y tome su parte, y goce de su trabajo, esto es don de Dios".

Daniel Salinas escribió que "la felicidad es un regalo de Dios, no un derecho de los humanos, ni un producto de las riquezas" (Salinas, Daniel. Comentario Bíblico Contemporáneo. Argentina: Editorial Kairos, 2019, pp.828-829). La Palabra de Dios dice: "Porque no se acordará mucho de los días de su vida; pues Dios le llenará de alegría el corazón" (v.20. Ver también Filipenses 4:11-12; 1 Timoteo 6:7-8; Hebreos 13:5).

El dinero que tenemos es un regalo de Dios; y la Biblia nos da una serie de consejos de cómo usarlo:

1. Debemos ahorrar lo que podemos. El creyente también debe asegurarse de que la familia tenga suficiente para vivir si algo le sucediera (Proverbio 6:6-8).

2. Cuidar a nuestras familias. El creyente debe asegurarse de que la familia tenga las necesidades y conveniencias de la vida; es decir, una cantidad suficiente de comida saludable para alimentarse, ropa limpia para vestir, así como un lugar para vivir. Esto incluye también el cuidado de los abuelos si fueran muy mayores (1 Timoteo 5:8).

3. Suplir las necesidades de otros. Dios le da dinero a sus hijos para que satisfagan razonablemente sus necesidades; y también les da para que sean generosos con otros (Mateo 22:39; Filipenses 2:4; 1 Juan 3:17-18).

4. Compartir con las personas que sufren pobreza. Tanto en el Antiguo como en el Nuevo Testamento, vemos el deseo de Dios respecto de que sus hijos muestren compasión por los pobres y los necesitados (Proverbio 22:9).

5. Apoyar la obra de la iglesia local y misiones. La familia de Dios, nuestra iglesia local, necesita el apoyo de todos los miembros como parte de cumplir con la Gran Comisión (2 Corintios 9:7).

Juan Wesley predicó que los cristianos no deberían simplemente diezmar; sino también regalar todos los ingresos adicionales una vez que la familia y los acreedores fueran atendidos. Él creía que, con el aumento de los ingresos, el nivel de donación del cristiano debería aumentar, no su nivel de vida (https://christianhistoryinstitute.org/magazine/article/four-lessons-on-money). En un sermón que predicó sobre el dinero, Wesley dijo: "Gana todo lo que puedas; ahorra todo lo que puedas; da todo lo que puedas".

Conclusión

El Predicador nos advirtió que las riquezas pueden traer mucha maldad y desastre. Vivir para ganar más y más dinero puede "quitar el sueño", y acarrear intranquilidad; y en la vida venidera, eso no servirá para nada. Debemos disfrutar con alegría lo que hemos recibido de Dios; y emplearlo sabiamente como buenos mayordomos de Él, recordando que en el juicio final se nos dirá lo que hicimos por nuestros hermanos los más pequeños.

El amor al dinero

Hoja de actividad

Versículo para memorizar: "El que ama el dinero, no se saciará de dinero; y el que ama el mucho tener, no sacará fruto. También esto es vanidad" Eclesiastés 5:10.

I. Amar las riquezas no trae fruto, y quita el sueño (Eclesiastés 5:10-12)

¿Es pecado tener dinero? Comente.

_____

_____

Mencione algunos ejemplos prácticos de los efectos del amor al dinero.

_____

_____

II. Las riquezas acaparadas hacen daño y traen mal (Eclesiastés 5:13-14)

¿Qué personas o grupos en el Nuevo Testamento mostraron una mala actitud hacia la riqueza?

_____

_____

¿Cómo podemos hacer tesoros en el cielo?

_____

III. Nadie lleva las riquezas de este mundo (Eclesiastés 5:15-17)

¿Quiénes eran los dos hombres ricos en las parábolas que enseñó Jesús (Lucas 12:13-21, 16:19-31)? ¿Cuál fue el mensaje que el Maestro quiso dejar?

_____

_____

A la luz de la eternidad, ¿qué valor tienen las riquezas?

_____

IV. Las riquezas son buenas cuando provienen de Dios, y se administran según la dirección divina (Eclesiastés 5:18-20)

¿Qué implica vivir con un estilo de vida sencillo?

_____

_____

¿Cuál es el secreto de la felicidad y el contentamiento?

_____

_____

Conclusión

El Predicador nos advirtió que las riquezas pueden traer mucha maldad y desastre. Vivir para ganar más y más dinero puede "quitar el sueño", y acarrear intranquilidad; y en la vida venidera, eso no servirá para nada. Debemos disfrutar con alegría lo que hemos recibido de Dios; y emplearlo sabiamente como buenos mayordomos de Él, recordando que en el juicio final se nos dirá lo que hicimos por nuestros hermanos los más pequeños.

Reflexiones del Predicador

Lección 33

Loysbel Pérez Salazar (Cuba)

Pasaje bíblico de estudio: Eclesiastés 7:1-29
Versículo para memorizar: "Bueno es que tomes esto, y también de aquello no apartes tu mano; porque aquel que a Dios teme, saldrá bien en todo" Eclesiastés 7:18.
Propósito de la lección: Que el alumno aplique las reflexiones del Predicador, las cuales le servirán para vivir sabiamente y agradando a Dios.

Introducción

El libro de Eclesiastés es un libro clasificado en la literatura de sabiduría por el contenido de su texto. Fue usado, leído, interpretado y aplicado por el pueblo israelita; pero todavía sigue revelando muchos principios aplicables al día de hoy. El capítulo siete (pasaje de estudio de nuestra lección) contiene una serie de reflexiones muy prácticas y contemporáneas. A pesar de la antigüedad del texto y de haber sido escrito para un público muy diferente al nuestro, como característica distintiva de la Biblia, el texto no pierde su poder instructivo y la frescura de hablar al pueblo de Dios, no importando el tiempo y los diferentes contextos en los que vive o se desarrolla. Estas reflexiones que a continuación expondremos sirven para ayudarnos a vivir sabiamente; y para tomar en serio patrones conductuales que hacen de nuestra vida diaria un testimonio vivo para Dios y el mundo.

I. Reflexiones proverbiales aplicadas a la vida (Eclesiastés 7:1-9)

Varias de las enseñanzas que vienen en esta sección del libro en cuestión están en forma comparativa. Esto con la intención de darle valor a lo que el Predicador quiso afirmar como sabiduría, y la cual debe ser aplicada a nuestro estilo de vida. Algunos de estos pensamientos irrumpen en la lógica común, así que se presentan como desafíos para el lector; y a su vez, también pudieran provocar una mentalidad renovada.

Haremos uso de algunas traducciones bíblicas que nos ayudarán a esclarecer mejor el mensaje de un texto tan antiguo como lo es Eclesiastés, el cual posee una historia gramatical, y proviene de una cultura tan diferente a la nuestra.

Analicemos a continuación algunas de estas reflexiones.

A. Mejor es la buena reputación que el perfume costoso (v.1a)

"Vale más una buena reputación que un perfume costoso..." (v.1a NTV).

"Más vale ser respetado que andar bien perfumado..." (v.1a TLA).

En este versículo, se coloca el bien moral por encima de los bienes materiales que se puedan alcanzar en la vida. El escritor bíblico señaló enfáticamente que la reputación, es decir, el respeto, está por encima de aquello que nos puede distinguir en lo físico. El perfume, o ungüento como también se le suele llamar, era algo muy preciado para el pueblo judío. Este tenía diversos usos (Éxodo 30:34-36; Levítico 16:13; 1 Crónicas 6:49); y hasta en tiempos de Jesús, algunos eran muy costosos (Juan 12:3-5). Pero la enseñanza que nos ofrece el texto de Eclesiastés 7:1a es la superioridad del valor que tiene el respeto por encima de cualquier perfume, o el uso de este.

Cultivar los valores morales mencionados ante el mundo que nos rodea, es fundamental en la vida. Hay personas que tratan de distinguirse ante otros por el valor social que algo material puede tener, lo cual revela una crisis profunda de identidad, y desestima lo que el escritor de Eclesiastés nos ha enseñado. El versículo de Proverbio 22:1 también nos refuerza esta misma idea.

B. Mejor es el día de la muerte que el día del nacimiento (v.1b)

"... Y el día que morimos es mejor que el día que nacemos" (v.1b NTV).

"... Más vale el día en que morimos que el día en que nacemos" (v.1b TLA).

Es posible que estas palabras sean de las más controversiales. Entendamos un poco al escritor bíblico; pues nos quiere mover a valorar la muerte, a prestarle atención. Ese día (el del fallecimiento) para los justos tiene un mayor valor; y a eso se refirió el Predicador. Así lo dice la siguiente traducción: "... y el día de la muerte del justo, que el día del nacimiento" (v.1b Versión Moderna 1929). La perspectiva de que los justos tienen un buen destino estaba implícita en la cultura de la época, que reflejaba toda la revelación antiguo-testamentaria. De ahí proviene el proveerle cierto valor a la muerte.

También desde el punto de vista cristiano, la muerte para un creyente es el paso a la vida eterna; y es lo que esperamos: estar en la morada eterna con nuestro Señor.

Al interpretarlo así, el texto alcanza una mejor comprensión y aplicación. Notemos que el Predicador acentuó el mayor valor al día que pasamos a la eternidad; ya sea el caso de un creyente que va con Cristo a su morada en el cielo, como el de una persona que nunca quiso saber de Dios, y va para condenación perpetua. Por esta razón, debe prestársele mucho valor a que ese día llegará; y nos introducirá en un destino eterno, que previamente el ser humano escogió en vida.

C. Mejor es el llanto que la risa (vv.2-4)

"Es mejor el llanto que la risa, porque la tristeza tiende a pulirnos" (v.3 NTV).

"Más vale llorar que reír; el llanto nos hace madurar" (v.3 TLA).

Nadie prefiere estar en funerales, las fiestas serían la mejor opción; pero la sabiduría que se nos quiere transmitir es ver el sufrimiento como algo en lo cual se aprende, que es instructivo. Es cierto que el sufrimiento, el llanto, las lágrimas nos enseñan cosas que la risa nunca nos enseñará. El llanto nos hace crecer y madurar. Aunque nadie quiere pasar por esos momentos; Dios los permite con propósitos gloriosos en nuestra vida. Es posible que muchos creyentes agradezcan al Señor por los momentos de llantos que han tenido que atravesar, y los cuales les han obrado para bien (Romanos 8:28). El texto de estudio nos muestra que es mejor la tristeza; porque resulta en formación de carácter y madurez.

En esta parte del estudio, el maestro puede pedir testimonios a sus alumnos respecto de momentos difíciles que atravesaron, y los cuales les hicieron madurar y entender los propósitos de Dios para sus vidas.

D. El enojo es distintivo de los necios (v.9)

"Controla tu carácter, porque el enojo es el distintivo de los necios" (v.9 NTV).

Dios nos manda en su Palabra a controlar nuestro carácter; a conocer las consecuencias negativas del enojo descontrolado. El enojo produce un sinnúmero de afectaciones espirituales y físicas; y puede dar lugar al rencor, la raíz de amargura, que son puertas abiertas al diablo. De ahí la necesidad de mantener el dominio propio siempre.

Por otro lado, el texto nos dice que el enojarse no es de sabios; sino que es característico de los necios.

En esta parte de la lección, puede pedir testimonios personales y de la Palabra de Dios acerca de la sabiduría y los beneficios que trae el no enojarse.

II. Reflexiones sobre la sabiduría (Eclesiastés 7:10-25)

En esta sección de Eclesiastés 7, el escritor bíblico vio la vida del ser humano dependiente de Dios, evocó la necesidad de la sabiduría, y presentó una serie de reflexiones que van a darle más valor a la sabiduría que a las demás cosas que el pueblo de Israel valoraba, entre ellas las riquezas.

Consideremos a continuación algunas de estas reflexiones sabias.

A. Añorar tiempos pasados no es sabio (v.10)

"No añores «viejos tiempos»; no es nada sabio" (v.10 NTV).

"Hay quienes se quejan de que «todo tiempo pasado fue mejor». Pero esas quejas no demuestran mucha sabiduría" (v.10 TLA).

Algunas personas y creyentes viven siempre del pasado; y esto no les permite disfrutar el presente. Por mucho que queramos, no podemos volver a vivir el pasado. Esa añoranza generalmente puede hacer daño. También establecer comparación del presente con el pasado es nefasto; eso no revela sabiduría. Es común en matrimonios e iglesias recordar el pasado; y cuando se hace comparativamente, resulta en desastre. Hay una tendencia a decir: "Antiguamente era mejor"; y una evaluación fuerte no permitiría comparación por épocas, personas, recursos, que no son los mismos, y carecería de sentido. Unido a esto, nunca es sabio comparar ni quejarse. Vivamos lo que Dios nos permite vivir; y seamos agradecidos en eso sin acomodarnos, sino caminando hacia todo lo que Dios nos pone por delante.

B. La combinación de sabiduría y dinero (vv.11-12)

"En esta vida ser sabio es bueno, pero ser sabio y rico es mejor. La sabiduría protege, y el dinero también, pero la sabiduría nos permite llegar a viejos" (vv.11-12 TLA).

Cuando se usa el término "dinero", se refiere también a posesiones; y el texto bíblico le da valor a este elemento. Tanto la sabiduría como el dinero, las posesiones, tienen beneficios según el Predicador: abren puertas, dan protección; pero al mismo tiempo nos deja claro la supremacía de la sabiduría sobre el dinero. Aunque el consejo bíblico es que si alguien puede ser sabio y rico a la vez es mejor; la preferencia debe estar en la sabiduría, porque da vida a quien la posee, le permite avanzar más en todo, incluyendo en cantidad de años.

C. Acepte el actuar de Dios, y témale a Él (vv.13-18)

1. Nadie puede contra lo que Dios dispone (v.13)

La recomendación del Predicador es que es sabio aceptar el modo en que Dios hace las cosas (v.13 NTV). Lo que Él permite que pase en la vida hay que aceptarlo. Cuando nos colocamos en sus manos, Él va a obrar el bien para su pueblo, aun cuando nuestra percepción sea diferente. Pero ningún ser humano puede ir en contra de lo que Dios dispone; eso no cambia. Aceptemos sus disposiciones.

2. Hay cosas sin sentido humano; pero lo importante es temer a Dios (vv.15-18)

El Predicador reveló verdades importantes de cosas que no entendemos en esta vida. Él dijo algunas; pero cada creyente puede tener circunstancias o eventos no entendidos en su caminar, o que suceden en este mundo. El escritor bíblico afirmó: "… hay gente buena, que por su bondad acaba en la ruina, y hay gente malvada, que a pesar de su maldad vive muchos años" (v.15b TLA). Estas son realidades que vemos a diario, así como otras; pero la clave está en las palabras del siguiente versículo: "… Respeta a Dios y todo te saldrá bien" (v.18b TLA). Aunque no entendamos todo; sí lo más importante es temer a Dios, es decir, respetarlo. Esto nos dará la victoria siempre en esta vida.

Pregunte: "¿Qué significa para ustedes, en términos prácticos, temer o respetar a Dios?"

D. No le haga caso a los chismes (vv.21-22)

"No hagas caso de los chismes, y así no sabrás cuando tu empleado hable mal de ti; aunque tú bien sabes que muchas veces también has hablado mal de otros" (vv.21-22 TLA).

Una de las cosas más destructivas en las relaciones humanas es el chisme. Este es un mal arrasador que provoca divisiones, crisis y malos entendidos. El consejo del Predicador radica en dos aspectos fundamentales: en no escuchar chismes, y en reconocer que también lo hemos hecho de otros, lo cual también hay que evitar hacer (Santiago 3). La iglesia debe procurar no darle cabida a este pecado. Este ha afectado al cuerpo de Cristo por años, y todavía sigue haciendo estragos. La sugerencia sabia es siempre frenar este terrible mal; y lo cual comienza con cada uno de nosotros.

III. Reflexiones sobre la pecaminosidad del ser humano (Eclesiastés 7:26-29)

La sabiduría del Predicador le llevó a entender la pecaminosidad intrínseca en cada ser humano. De ahí que tomó varios versículos para hablar de este tema. Veamos algunas de las reflexiones al respecto.

A. Los peligros de la mujer seductora (v.26)

"Descubrí que una mujer seductora es una trampa más amarga que la muerte. Su pasión es una red, y sus manos suaves son cadenas…" (v.26a NTV).

El tipo de mujer reflejado aquí como seductora fue parte de la vida de los pueblos antiguos, incluyendo a Israel. El libro de Proverbios contiene muchas citas que describen este tipo de mujer (Proverbios 5:3, 6:24,26, 22:14). El Predicador describió la estrategia de seducción de ella; y advirtió sobre la amargura que esto implica. Hoy más que nunca, en la era de lo sensual: en las redes sociales, los centros de trabajo, las calles y aun en las iglesias, existe este tipo de mujeres. Esta reflexión tiene mucha vigencia e importancia. Hemos visto caer en esta trampa

a muchos creyentes, líderes y pastores; y continuamente se sigue cayendo en este pecado. Es un peligro que cada día se acelera en este mundo. Cuidemos a nuestros hijos; y cuídese cada creyente.

B. La obediencia a Dios le exime de la trampa del pecado (v.26)

"… Los que agradan a Dios escaparán de ella, pero los pecadores caerán en su trampa" (v.26b NTV).

"Si tú obedeces a Dios, te librarás de ella; pero si no lo obedeces, caerás en sus redes" (v.26b TLA).

En este versículo está la clave de la victoria ante esta pecaminosidad que ha sido tan arrasadora a lo largo de la historia, y aun más violenta en los días actuales. La clave es la obediencia a Dios; saber que debemos agradarle a Él. Si esto se cumple, le seremos fieles a Dios siempre. Los hombres del Señor siempre deben tener cuidado con las mujeres seductoras que están diariamente asediando su vida. No se le debe ceder terreno al enemigo. Si es necesario; hay que huir como lo hizo José (Génesis 39:12). También, las mujeres de Dios deben cuidarse de hombres seductores; y no caer en la trampa del diablo, sino agradar a Dios en todo.

C. Dios hizo al ser humano recto, y este se desvió tras perversiones (vv.27-29)

"¡todavía no he encontrado lo que busco! He encontrado un hombre bueno entre mil, pero no he encontrado una sola mujer buena. Lo que sí he llegado a entender es que Dios nos hizo perfectos, pero nosotros lo enredamos todo" (vv.28-29 TLA).

Este texto nos enseña que el Predicador no encontró el ser humano totalmente bueno, virtuoso. Esto, producto de que el pecado nos arruinó; ha distorsionado al hombre y a la mujer. En cuanto a la diferencia de hallar un hombre virtuoso entre mil, y no hallar ni una sola mujer buena (v.28b); apunta a la supremacía del varón sobre la mujer, propio del sentido cultural donde el texto se escribió. Pero lo que se quiere transmitir es resaltar la debilidad humana, y su carencia de bondad después de la caída.

Por otra parte, se admite claramente el libre albedrío del ser humano, su capacidad de decisión, y cómo la decisión tomada por Adán fue mala; pero también deja claro que Dios nos creó para propósitos buenos (v.29 NTV). La pecaminosidad del hombre interrumpió el proyecto de Dios; aunque este no fracasó, sino que alcanzó mayor esplendor en Cristo Jesús.

Conclusión

Indudablemente, todas estas reflexiones del Predicador nos ayudan a vivir sabiamente, si las aplicamos. También, nos hacen entender nuestras propias debilidades; y nos acercan más a Dios, y a tener una dependencia plena de Él.

Reflexiones del Predicador

Hoja de actividad

Versículo para memorizar: "Bueno es que tomes esto, y también de aquello no apartes tu mano; porque aquel que a Dios teme, saldrá bien en todo" Eclesiastés 7:18.

I. Reflexiones proverbiales aplicadas a la vida (Eclesiastés 7:1-9)

Mencione una reflexión proverbial que le haya impactado; y explique cómo la aplicará a su vida.

_____

_____

¿Cómo podemos controlar nuestro carácter?

_____

_____

II. Reflexiones sobre la sabiduría (Eclesiastés 7:10-25)

Mencione las reflexiones dichas por el Predicador.

_____

_____

De las reflexiones estudiadas en este punto, comente cómo le puede ser útil en su vida personal y/o en el ministerio.

_____

_____

III. Reflexiones sobre la pecaminosidad del ser humano (Eclesiastés 7:26-29)

Argumente sobre los peligros de la mujer seductora, y la pecaminosidad sexual que se vive hoy.

_____

_____

¿Cuál es la clave de la victoria ante la pecaminosidad?

_____

_____

Conclusión

Indudablemente, todas estas reflexiones del Predicador nos ayudan a vivir sabiamente, si las aplicamos. También, nos hacen entender nuestras propias debilidades; y nos acercan más a Dios, y a tener una dependencia plena de Él.

Sólo conocemos en parte

Daniel Pesado (EE. UU.)

Pasaje bíblico de estudio: Eclesiastés 8:9-15, 9:2-6
Versículo para memorizar: "Aún hay esperanza para todo aquel que está entre los vivos; porque mejor es perro vivo que león muerto" Eclesiastés 9:4
Propósito de la lección: Que el alumno comprenda la lucha entre las evidentes desigualdades en esta vida, y la fe en que Dios es un ser bueno y justo.

Introducción

En el acercamiento al estudio del libro de Eclesiastés, se tiende a mirar críticamente e inclusive cuestionar afirmaciones de su escritor, quien es considerado como un modelo de sabiduría humana. Pero nos da confianza el hecho de estudiar sentimientos, ideas y reacciones muy comunes a todo ser humano.

Seguramente, todos hemos escuchado decir: "La vida no es tan linda como parece". Si preguntáramos qué se quiere decir con esa expresión tan común; probablemente, la mayoría de los interrogados diría que se refiere al sufrimiento, los sinsabores y, seguramente a tiempos de estrés, fatiga e insatisfacción vividos. Y es innegable que todo ser humano durante la vida, sin importar la época, la educación obtenida o el estatus social alcanzado, experimenta muy reales sentimientos que podemos definir como dolorosos, desalentadores, tristes y que producen insatisfacción e inseguridad.

Pero uno de los problemas que todos tenemos al momento de intentar comprender las situaciones surgidas a lo largo de la vida es la limitada capacidad para juzgar esas situaciones, ya sean experiencias propias o de otras personas. La ley causa-efecto no funciona de manera matemática, automática y constante en la vida de las personas. No siempre vemos las consecuencias de nuestras decisiones de manera evidente e inmediata.

Este no fue un problema exclusivo del escritor de Eclesiastés; ya que por siglos el hombre ha enfrentado la misma situación, y ha experimentado la misma lucha, fatiga y decepción. El padre de Salomón, el rey David, en uno de sus salmos hizo evidente esta enorme tensión vivida diciendo: "No te impacientes a causa de los malignos, ni tengas envidia de los que hacen iniquidad… No te alteres con motivo del que prospera en su camino, por el hombre que hace maldades" (Salmo 37:1,7). Aun así, nuestra mente demanda justicia; y cuando observamos sufrir al justo y prosperar al malo, y no concebimos respuestas que justifiquen esta realidad, nuestro espíritu sufre y, muchas veces, se subleva.

Por esta causa, necesitamos mirar el obrar de Dios desde una perspectiva mucho más amplia a la del mero observador ingenuo o, simplemente, no preparado para discernir la realidad desde el infalible marco que constituye la Palabra de Dios. Por esta misma razón, usamos para el título de esta lección la idea de Pablo cuando reconocía: "… Ahora conozco en parte…" (1 Corintios 13:12), haciendo referencia a lo limitado de nuestro conocimiento y, por lo tanto, el riesgo de hacer conclusiones sin tener en cuenta todo el consejo de Dios disponible en la Biblia.

I. Desigualdad no siempre significa falta de justicia (Eclesiastés 8:9-11)

Estos versículos son de los más complejos de interpretar en toda la Biblia; pues, al menos temporal y parcialmente, la injusticia y la desigualdad quedan sin su merecida retribución. Pero necesitamos considerar varios aspectos al revisar este pasaje:

A. Desigualdad y falta de oportunidades

A primera vista, toda desigualdad social parece implicar injusticia. Pero es necesario distinguir entre desigualdad y trato desigual. Las desigualdades pueden tener diversas causas, siendo incluso una de ellas por el accionar de la misma persona que experimenta la desigualdad. Por ejemplo: si una persona es haragana, no quiere trabajar, se está provocando la desigualdad económica; pues no tendrá los mismos recursos de las personas que sí trabajan.

Pero al trato desigual también podemos llamarlo discriminatorio o injusto. Este es causado por alguien ajeno a la persona que lo sufre. Este trato desigual puede ser causado por una persona, una institución o una ley, entre otros. Por ejemplo: si aplicamos para un trabajo; y basados en nuestra raza, apariencia física, color de piel, etc., se nos deja al margen dando opción a otra persona menos calificada.

En pocas palabras, podemos afirmar que no toda desigualdad es causada por un trato desigual; pero el trato desigual siempre produce desigualdad.

La injusticia existente, individual o social, priva a personas de la oportunidad de tener una vida digna. Hay muchos motivos para esto. Con sólo observar algunos ejemplos a nuestro alrededor, notamos que hay lo siguiente:

1. Desigualdad en oportunidades educativas

Es muy evidente en todo el mundo: países desarrollados (algo menos), en vías de desarrollo o subdesarrollados, que quienes no adquieren las competencias o conocimientos necesarios para funcionar en la sociedad aumentan sus probabilidades de marginación social y económica. La CEPAL (Comisión Económica para América Latina y el Caribe), dependiente de la ONU, hace constar que la diferencia oscila de una matrícula escolar primaria casi universal en los países desarrollados, a apenas un 30% en países subdesarrollados (información obtenida de un documento elaborado por Daniela Trucco y el Ministerio de Relaciones Exteriores de Noruega, el cual se encuentra disponible en http://flacso.redelivre.org.br/files/2014/10/1138.pdf).

2. Desigualdad racial

Es muy evidente en la mayoría de los países y en determinados contextos que pertenecer a cierto grupo racial implica menores oportunidades educativas, laborales y de acceso a beneficios sociales.

3. Desigualdad de género

Es también conocido que pertenecer al sexo femenino implica tener menos oportunidades educativas, laborales y menores salarios. La ONU reporta una diferencia salarial promedio mundial del 16% menos para las mujeres (dato obtenido del Informe Mundial sobre Salarios 2018/2019 de la OIT, disponible en https://www.ilo.org/global/research/global-reports/global-wage-report/2018/lang--es/index.htm).

Con relación a esto, la Palabra de Dios incluye advertencias muy estrictas para quienes, por ejemplo, abusan de los trabajadores y los pobres de la tierra: "Y me acercaré a vosotros para el juicio, y seré un testigo veloz contra… los que oprimen al jornalero en su salario, a la viuda y al huérfano, contra los que niegan el derecho del extranjero y los que no me temen –dice el SEÑOR de los ejércitos" (Malaquías 3:5 LBLA). También señala: "Ay del que edifica su casa sin justicia y sus aposentos altos sin derecho, que a su prójimo hace trabajar de balde y no le da su salario" (Jeremías 22:13 LBLA). Amós fue uno de

los profetas más enfáticos en la lucha contra la desigualdad causada por los abusos de los ricos. Inspirado por el Señor dijo: "Oíd esto, los que explotáis a los menesterosos, y arruináis a los pobres de la tierra, diciendo: ¿Cuándo pasará el mes, y venderemos el trigo; y la semana, y abriremos los graneros del pan, y achicaremos la medida, y subiremos el precio, y falsearemos con engaño la balanza, para comprar los pobres por dinero, y los necesitados por un par de zapatos, y venderemos los desechos del trigo?" (Amós 8:4-6).

B. Desigualdad y cultura

Pero a la vez, existe otro tipo de desigualdad que podemos denominar cultural. En muchos países, existen hábitos culturales que condicionan seriamente todo tipo de desarrollo, y que generan grandes desigualdades. Es muy evidente que hay países y sus respectivas culturas que se caracterizan por la eficiencia, creatividad, esfuerzo y aun, detalles de importancia, como asistencia y puntualidad. Cuando estos aspectos culturales se ignoran, se generan desigualdades; y ya no podemos hablar de injusticia.

Es preciso reconocer que toda cultura es afectada por el pecado en el corazón de quienes la componen y la elaboran a lo largo de la historia de la humanidad.

Por esta razón, hallamos en la Biblia serias advertencias para que todo elemento cultural negativo sea transformado por la eficacia de la gracia de Dios.

Algunos ejemplos son muy destacados. Así pues, hallamos advertencia contra la pereza: "Pobre es el que trabaja con mano negligente, mas la mano de los diligentes enriquece" (Proverbio 10:4; ver también Proverbio 6:6-8 LBLA). Y aún más rotunda es la declaración del apóstol Pablo cuando dijo: "Porque aun cuando estábamos con vosotros os ordenábamos esto: Si alguno no quiere trabajar, que tampoco coma. Porque oímos que algunos entre vosotros andan desordenadamente, sin trabajar, pero andan metiéndose en todo. A tales personas les ordenamos y exhortamos en el Señor Jesucristo, que trabajando tranquilamente, coman su propio pan" (2 Tesalonicenses 3:10-12 LBLA).

Pero es justo preguntarnos: "¿Existe un propósito para la vida del hombre?"

II. Desigualdad nunca significa falta de propósito (Eclesiastés 9:4)

La Biblia dice: "Aún hay esperanza para todo aquel que está entre los vivos; porque mejor es perro vivo que león muerto" (v.4). Este refrán resume, a la manera del Predicador, la esperanza que siempre existe para quienes están aún con vida.

Dios estableció su propósito y es que la imagen que compartió con el ser humano en la creación sea restaurada en cada una de sus criaturas. Pero ¿qué implica esta restauración para volver al propósito de Dios? ¿CuSe explicará ello a continuación.

A. Restauración espiritual

En primer lugar, Dios puede completar lo que originalmente planeó. Esto es que cada descendiente de Adán reprodujera la imagen con que aquel primer hombre fue creado (Génesis 1:26-27).

El Dr. Jorge A. León explica que el hombre es un ser incompleto, y que necesita aprender y madurar; por eso vive en una permanente tensión: "El hombre ha recibido la influencia desintegradora del pecado y (también) la de la obra y ministerio integrador de Jesucristo" (León, Jorge A. ¿Es Posible el Hombre Nuevo? Argentina: Ediciones Certeza, 1979, p.6).

B. Restauración de propósito

Por medio de Jesucristo, Dios restaura su propósito original en todos aquellos que por fe lo reciben en su corazón.

Hoy por medio de Jesucristo, Dios restaura su propósito original en todos aquellos que por fe lo reciben en su corazón. La forma concreta de hacerlo evidente es sirviéndolo en cada área de nuestra vida o, lo que es lo mismo, amar a Dios y a nuestro prójimo con corazón sincero (Marcos 12:28-33).

Cuando volvemos al propósito original de Dios, su imagen comienza a ser restaurada en nosotros, y toda desigualdad pasa a ocupar un segundo plano. No dejamos de procurar la mejora individual y/o familiar, en definitiva, social para cada ser humano, objetivo intrínseco del evangelio; sino que ahora vivimos de acuerdo con un propósito más elevado: honrar a Dios. Y al hacerse real este propósito, vemos cómo las desigualdades, en Cristo, desaparecen; pues en Él… "Ya no hay judío ni griego; no hay esclavo ni libre; no hay varón ni mujer; porque todos vosotros sois uno en Cristo Jesús" (Gálatas 3:28). Esta es una de las primeras evidencias de que nuestra relación con Dios y su propósito para nosotros son restaurados.

III. Desigualdad nunca significa falta de recompensa (Eclesiastés 8:12-13)

En Eclesiastés 8:12-13, el escritor bíblico expresó su lucha de fe. Estos versículos revelan un problema común para muchas personas desde el principio de la historia: olvidar que Dios nunca deja sin castigo al hombre impío y sin recompensa al justo.

A. Castigo del hombre injusto

El Predicador hizo más evidente su desesperación al decir: "Este mal hay entre todo lo que se hace debajo del sol, que un mismo suceso acontece a todos…" (Eclesiastés 9:3). Aquí el escritor bíblico reveló "la inquietud espiritual de todos aquellos cuya fe no les da una visión más allá del sepulcro, pero cuya misma naturaleza clama por tal fe" (Chapman y otros. Comentario Bíblico Beacon, tomo III. EUA: CNP, 1969, p.593). La principal razón es la siguiente: "El castigo por el pecado parece tan demorado y por lo tanto tan improbable que ocurra, que los inicuos siguen pecando…" (Chapman y otros. Comentario Bíblico Beacon, tomo III. EUA: CNP, 1969, p.591). Pero la fe ayudó al Predicador a creer esto: "Aunque el pecador haga mal cien veces, y prolongue sus días… no le irá bien…" (Eclesiastés 8:12-13). También es necesario recordar que mucha de la ganancia del hombre injusto es temporal y aparente (Proverbio 11:18 NTV); y que la abundancia de bienes materiales no necesariamente hace feliz al ser humano (Proverbio 15:16; Eclesiastés 5:10; 1 Timoteo 6:9).

B. Recompensa del hombre justo

En Eclesiastés 8:12, la recompensa simplemente es "les irá bien". Aunque breve, esta expresión es elocuente y poderosa; pues anuncia que el hombre que ama a Dios recibe plena bendición, toda la bendición. Sabemos que existen en la Escritura más de 3,500 promesas; algunas de estas describen de manera simple, pero amplia esa bendición. Una de las más destacadas la hizo Jesús mismo (Marcos 10:29-30); no obstante, aun así, necesita en primer lugar ser aceptada por la fe (Hebreos 11:6), pues como hemos visto no siempre la recompensa completa se recibe en esta vida.

Otra promesa que resume la idea de bendición es la siguiente: "Porque yo sé los pensamientos que tengo acerca de vosotros, dice Jehová, pensamientos de paz, y no de mal, para daros el fin que esperáis" (Jeremías 29:11). Además, Dios promete descanso (Mateo 11:28), provisión (Malaquías 3:10; Filipenses 4:19), futuro seguro (Salmo 23:1-6), y las más importantes promesas: Jesucristo, su Hijo (Jeremías 33:14-16), salvación del pecado (Romanos 6:7), su paz (Juan 16:33), y vida eterna (Santiago 1:12; 1 Juan 5:11).

Esto lo promete Dios a quienes lo agradan con corazón humilde y sincero. Fe y obediencia son los únicos requisitos para que en esta vida comencemos a recibir la recompensa prometida por Dios. Lo dice Él mismo: "les irá bien" (Eclesiastés 8:12).

Conclusión

Existe una gigantesca lucha entre una mentalidad o filosofía terrenal, y el deseo de mantener la fe en un Dios justo, compasivo y que da muchas oportunidades para que el impío se arrepienta de su estilo de vida. Debemos de tener presente siempre que la fe en Dios y el cumplimiento de su Palabra son nuestra infalible guía en esta vida.

Sólo conocemos en parte

Lección 34

Versículo para memorizar: "Aún hay esperanza para todo aquel que está entre los vivos; porque mejor es perro vivo que león muerto" Eclesiastés 9:4.

I. Desigualdad no siempre significa falta de justicia (Eclesiastés 8:9-11)

¿Qué piensa usted respecto de la diferencia entre desigualdad y trato desigual?

_____

_____

Mencione ejemplos bíblicos y actuales de trato desigual.

_____

_____

II. Desigualdad nunca significa falta de propósito (Eclesiastés 9:4)

¿Qué versículos bíblicos puede añadir que describan el propósito de Dios para su vida?

_____

_____

¿Qué significa para usted haber sido transformado por medio de Jesucristo?

_____

_____

III. Desigualdad nunca significa falta de recompensa (Eclesiastés 8:12-13)

Mencione recompensas que ha recibido de parte de Dios.

_____

_____

¿Cuál es su mayor esperanza de recompensa; y cuándo piensa usted que se hará una incuestionable realidad?

_____

_____

Conclusión

Existe una gigantesca lucha entre una mentalidad o filosofía terrenal, y el deseo de mantener la fe en un Dios justo, compasivo y que da muchas oportunidades para que el impío se arrepienta de su estilo de vida. Debemos de tener presente siempre que la fe en Dios y el cumplimiento de su Palabra son nuestra infalible guía en esta vida.

¿Cómo disfrutar la verdadera felicidad?

Lección 35

Joel Castro (España)

Pasaje bíblico de estudio: Eclesiastés 9:7-12

Versículo para memorizar: "Anda, y come tu pan con gozo, y bebe tu vino con alegre corazón; porque tus obras ya son agradables a Dios" Eclesiastés 9:7.

Propósito de la lección: Animar al alumno a aprovechar bien su tiempo, disfrutando la verdadera felicidad según la voluntad de Dios.

Introducción

Una de las peticiones que hizo Salomón a Dios en su juventud fue pedirle sabiduría; y Dios le otorgó ese deseo (1 Reyes 3:3-15). Sólo así pudo reinar sobre Israel. Sin embargo, cuando ya fue adulto, la sabiduría que le fue concedida se combinó con su madurez, y tenemos fruto de ella en el libro de Eclesiastés. En este, el rey Salomón nos dejó registradas muchas lecciones de lo aprendido en su vida.

En Eclesiastés 9:4, existe una verdad que debemos aprovecharla con respecto a nuestra felicidad. Si hoy usted es parte de esta clase bíblica; es porque Dios le ha reservado la vida con el propósito de que viva y disfrute de la verdadera felicidad. No hay mayor sabiduría que el actuar bajo el consejo divino. Aunque sabemos que el león es mucho mayor y eficaz que un perro; sin embargo, ¿de qué nos vale tenerlo muerto? El término "perro" equivale a alguien insensato; pero si aún vive, puede cambiar su rumbo, porque todavía tiene esperanza. De allí que, como cristianos, debemos poner especial atención a tres áreas de nuestra vida; de la manera cómo la vivimos, dependerá nuestra verdadera felicidad.

I. Coma y vista con alegría y contentamiento (Eclesiastés 9:7-8)

Tanto el comer como el vestirnos debe estar basado en un contentamiento. El escritor bíblico de Eclesiastés, nos exhortó a hacer las cosas con un corazón alegre, dentro de la voluntad de Dios.

A. "... come tu pan con gozo" (v.7a)

El llamado a comer con gozo va mucho más allá de una alegría física. En realidad, existen muchas personas que viven para comer. Sus glotonerías están llenas de egoísmo e individualismo. Esta gente que vive en sus glotonerías cree que la alegría de comer se encuentra en la decoración del ambiente, o en lo costoso que es el menú.

Otros piensan que se encuentra en las celebraciones de alguna fecha especial; pero toda esa alegría se acaba al terminar el evento. ¿Y después? Sólo queda la soledad de unos corazones que pensaron en sí mismos y no en su prójimo.

Para Salomón la comida debía ser en paz; es decir, en paz interior (Proverbio 17:1). Jesús también nos animó a recordar a los pobres y minusválidos; y si es posible, invitarlos a nuestras celebraciones y/o cenas (Lucas 14:12-14). Quizá no los podamos recibir en nuestras casas; pero sí podemos llevarles algún alimento a sus mesas. ¡Esto es comer con gozo! Existe una bonita historia en el portal de www.cope.es. Esa historia ocurrió en Brasil; y se trató de Paula Meriguete y Victor Ribeiro, de 23 y 24 años de edad respectivamente. Estos dos jóvenes nos dejan un ejemplo práctico de lo que es amor. Ellos decidieron invitar el 16 de febrero de 2019, el día de su boda, a 160 personas necesitadas para que cenen con ellos en su fiesta, y aunque para algunos de sus familiares y amigos tal decisión les parecía una locura, terminaron por convencer a su entorno para que colaborase con ellos. Fue una experiencia muy emotiva. Ellos dicen: "Recibimos mucho más de lo que damos". Cuando terminó la cena, sintieron un corazón lleno de gratitud. Paula dijo: "Renuncié a algo a cambio de la paz que Dios dejó en mi corazón".

Comer nuestro pan con gozo también es tener cuidado de no derrochar alimentos. Vivimos en una sociedad que cada vez le importa menos arrojar comida a la basura. Esto se llama insensibilidad; y además de lo cual, con ese derroche destruimos más nuestro alicaído ecosistema. Según la BBC (British Broadcasting Corporation), somos culpables de que 1 de cada 9 habitantes del planeta pase hambre (creo que esta estadística es un poco absoluta ya que da toda la responsabilidad del hambre a las personas comunes y pasa con los restaurantes que tiran comida, con los comerciantes que tiran los alimentos porque se vencieron y no fueron capaces de bajar los precios, qué pasa con los que explotan con salarios de miseria a las personas y que ellos tienen superganancia, qué pasa con la falta de empleos, creo que hay que revisar esa estadística). Esto es atribuido a la mala gestión que hacemos de la comida. Este mismo medio nos dice que en América Latina se desperdician 348,000 toneladas de alimentos al día, cantidad suficiente para dar de comer, por ejemplo, a todo el Perú. En el lado español, cada individuo arroja a la basura semanalmente más de medio kilo de alimentos; o sea, 76 kilos al año por hogar (la estadística es por individuo o por hogar). Todos estos datos nos deben hacer concienciar para no seguir derrochando alimentos. Debemos comprar y comer sólo lo justo y necesario; y mantener una disciplina desde casa con nuestros hijos y demás familiares. Entonces, comeremos nuestro pan con gozo.

B. ¡Vístase y perfúmese! (v.8)

Este es un texto muy antiguo. Posee un lenguaje propio de la época en que se escribió, que parece ser anterior a los escritos hebreos; porque según el comentario hecho en la Nueva Versión Internacional, dice: "la Epopeya de Gilgamés, que procede de Babilonia contiene una sección (10.3.6-14) notablemente similar a este pasaje". Esto nos revela sin dudas el paralelismo del texto y la antigüedad del mismo.

El Comentario Bíblico Mundo Hispano interpreta este texto de Eclesiastés diciendo: "En los vv. 7 al 10 tenemos una apreciación positiva de la vida, el disfrute de los bienes elementales, pero en su justa proporción. En cuanto queremos hacer un absoluto de ellos se transforman en aflicción de espíritu" (Colectivo de autores. Comentario Bíblico Mundo Hispano, tomo 9. EUA: Editorial Mundo Hispano, 1995, p.275).

La versión Traducción en Lenguaje Actual lo traduce de esta manera: "¡Vistámonos bien y perfumémonos!" (v.8).

De ahí que podamos decir que el escritor bíblico está exhortándonos a vestirnos y perfumarnos, como parte del disfrute normal de la vida que Dios da. No obstante, el "vestirse bien" es un concepto que varía de acuerdo a región, culturas y personas. Quizá usted piense que está bien vestido y otra persona no lo catalogue igual; porque es un concepto relativo. El "vestirse bien" no radica tampoco en lo caro de la ropa. Este concepto no es lo que el escritor bíblico nos quiso transmitir. El mensaje del Predicador es que veamos la acción de vestirnos y perfumarnos como algo que nos agrade, que podamos disfrutar, como una bendición para cualquier persona y aun más en el creyente; porque sabe que todo ello lo tiene por el favor de Dios. Pero esta bendición del vestir no debe ser para provocar sensualidad; ni para demostrar que es mejor que otros dentro de la sociedad o iglesia; ni para demostrar supremacía económica; ni para agradar a la sociedad.

No hagamos del vestir nuestro ídolo, ni la causa de disímiles problemáticas; sino que usemos siempre el vestirnos y el perfumarnos como una oportunidad de gozo, de disfrute y de cumplir con el propósito de Dios. Eso significa que cada vez que nos vistamos es para ir a disfrutar en familia, a trabajar para el sustento diario, para asistir al culto, para ayudar a alguien que lo necesita, o para compartir con hermanos de la congregación.

Lo mencionado es parte de la vida que Dios quiere que vivamos y disfrutemos. Hay creyentes que dicen: "¿Tener que vestirme y vestir los niños para ir al culto de la iglesia?... Mejor nos quedamos". Esto no es lo que Dios desea que pase; sino que disfrutemos el vestirnos, ya que ahí hay bendición; y aún más, en la adoración colectiva de los hijos de Dios. ¡Que nunca la ropa sea un impedimento para adorar a Dios! Hay quienes también dicen que no pueden ir a la iglesia; porque no tienen "ropa elegante". No se le debe hacer caso a ese pensamiento diabólico. El vestir no debe ser causa de preocupación (Mateo 6:31-33).

II. Disfrute de su matrimonio (Eclesiastés 9:9)

Otro de los regalos que Dios nos ha dado es vivir feliz con nuestro cónyuge. Aunque el sabio rey Salomón se refirió a amar a la mujer; también la demanda es que esta goce su vida amando a su esposo.

El matrimonio es uno de los asuntos que, en los círculos sociales, los programas de televisión, las series y películas, es muy difamado, o es referido con bromas de mala fama. Tristemente, también las estadísticas delatan un lamentable estado de esta institución divina en el contexto cristiano. Podríamos decir que esta primera institución creada por el Señor está en peligro de extinción. Si queremos disfrutar de nuestro matrimonio; pongamos atención a lo siguiente:

A. Dos enemigos que pueden quitar el disfrute matrimonial

Existen muchos enemigos del matrimonio; pero nos referiremos rápidamente a dos, los cuales en los últimos años están teniendo un mayor auge diabólico.

El enemigo número uno del matrimonio es el divorcio. Según datos publicados en el portal del www.observador.com y www.mundo.sputniknews.com, en Europa y Estados Unidos existe el doble de divorcios; y países como Bélgica cuadruplican los casos que se dan en América Latina. Por ejemplo, en España se da un divorcio cada cinco minutos. ¡Esto es un dato terrible! Y aunque América Latina mantiene un perfil bajo respecto del número de divorcios, lo que está alarmando es que ha disminuido mucho la cantidad de casamientos; es decir, muchas personas prefieren vivir en concubinato.

El mundo tendrá su manera de disfrutar la sexualidad; pero para Dios no es correcto la fornicación ni el adulterio (Hebreos 13:4).. Estos pecados traen destrucción. Por eso, si usted es soltero/a; ore para que Dios le dé sabiduría al elegir a su idóneo/a. Y si es el caso que usted está casado/a; ¡sea feliz con su pareja!, ¡disfrute su matrimonio!

El segundo enemigo de los matrimonios viene a ser la violencia de género. Las últimas noticias nos alertan; porque se está incrementando cada vez más el número de muertes domésticas. "¿Cuándo los cónyuges perdieron el respeto para comenzar a agredirse el uno al otro?" Ciertamente, cuando Dios no está guiando la relación conyugal, sólo habrá destrucción (Salmo 127:1-2). Las parejas de hoy creen que su relación marital va a estar bien sólo si tienen trabajo y tienen dinero para costear sus necesidades materiales y físicas. Pero esto es un engaño de Satanás. Si una relación no se basa en la búsqueda diaria de Dios y en un trabajo para que su matrimonio cresca y sea mejor cada día; todo lo demás será en vano.

Muchas parejas empiezan con la atracción y el amor; sin embargo, luego dejan que lo exterior y lo material invadan su relación. Y si no buscan pronto de Dios para sostener aquello que los unió; quedará un vacío interior que pronto se llenará de soledad, rencores y venganzas. Esto es una puerta abierta al diablo; porque el trabajo de él es robar, matar y destruir (Juan 10:10a). Y así acaban muchas parejas, siendo víctimas del asesinato. El portal del diario El País (www.elpais.com) sostiene que en Latinoamérica cada día mueren asesinadas nueve mujeres. Así está nuestra sociedad; solamente observe las noticias del último mes y verá más sobre esta lacra. Oremos para que las parejas disfruten verdaderamente su matrimonio.

La Palabra de Dios nos insta a ser feliz con nuestro cónyuge (Proverbio 18:22). Es triste estar casado y no disfrutar del compañerismo conyugal. Por eso, ponga atención a los tres consejos de cómo disfrutar o deleitarse con su esposa/o.

B. Tres ingredientes que le darán goce en su matrimonio

1. Pasen tiempo juntos y diviértanse. El trabajo que ambos realizan para sostener el hogar no es todo. La relación marital se alimenta cuando los dos cónyuges se dan tiempo intencional para compartirlo juntos. Deben saber escapar de la monotonía del día. Diviértanse, programen salidas con el fin de pasarlo bien en pareja. Si hay bebés o niños, aprovechen algunas vacaciones.
2. Revitalice su matrimonio con consejería. Los matrimonios pasan por diferentes etapas y necesitan ser guiados; por eso, es importante que busquen el con-

sejo de Dios. Pueden aprovechar los estudios para parejas; y si no los hay en su iglesia, establezca uno. No sea de los que piensan que no los necesitan. Su matrimonio debe ser cultivado con la sabiduría de lo alto. En estas reuniones, les ayudarán a trabajar con la ira, la incomprensión, los celos, el consumismo, etc. Además, compartirán con otras parejas sus cargas.
3. Enfrenten unidos la adversidad. Toda construcción se hace a prueba de dificultades. De modo similar, el matrimonio es una construcción que ambos cónyuges deben estar comprometidos con firmeza a protegerlo; así cuando vengan las dificultades, ambos serán protagonistas del desafío a enfrentar. Cuando surjan problemas, no busque culpables; sino las posibles soluciones (Romanos 12:12,15-16a).

Claro está que estos tres ingredientes mencionados deben estar sazonados en todo tiempo con vuestra búsqueda diaria de Dios.

III. Disfrute todo lo que ocurre según el tiempo de Dios (Eclesiastés 9:10-12)

Un pensamiento anónimo sobre el tiempo dice: "No puedes retroceder el tiempo; pero con una actitud correcta, podrás recuperar en el futuro más de lo que perdiste en el pasado". Si por alguna razón cree usted que el tiempo se le ha ido volando, y no lo ha aprovechado con disfrute; la buena noticia es que aún está a tiempo para tener en cuenta los siguientes consejos del sabio rey Salomón:

1. Disfrute aprovechar el tiempo haciendo las cosas según sus fuerzas (v.10a). Esto implica hacer las cosas bien, con el mayor empeño y sin perder tiempo.
2. Disfrute ahora que vive; porque después de la muerte, ya no tendrá tiempo para hacer lo que aquí se le demandó hacer (v.10b). Santiago nos invitó a reflexionar que la vida que ahora es, más tarde se desvanece (Santiago 4:14). Por eso, aprovéchela ahora haciendo la voluntad de Dios.
3. Disfrute haciendo las cosas con prudencia, y considerando las oportunidades; porque habrá buenos y malos tiempos (Eclesiastés 9:11). Alguien dijo que las palabras, el tiempo y las oportunidades, una vez que se van, ya no regresan. Recuerde: hoy puede ser el día, mañana ya no.
4. Disfrute el hoy; pues en el mañana le puede sorprender la adversidad (v.12; Mateo 6:34).

Conclusión

Está claro que debemos disfrutar el tiempo haciendo lo correcto. No gastemos nuestro tiempo en cosas que no traen propósito; sino atendamos los consejos explicados en esta lección. Así, nosotros y nuestra familia disfrutaremos de la vida, y estaremos haciendo la voluntad de Dios.

¿Cómo disfrutar la verdadera felicidad?

Lección 35

Hoja de actividad

Versículo para memorizar: "Anda, y come tu pan con gozo, y bebe tu vino con alegre corazón; porque tus obras ya son agradables a Dios" Eclesiastés 9:7.

I. Coma y vista con alegría y contentamiento (Eclesiastés 9:7-8)

Comer con gozo implica por lo menos dos aplicaciones, ¿cuáles son?

_____

_____

¿A quiénes debemos tener en cuenta en nuestras mesas (ver Lucas 14:12-14)?

_____

_____

¿Cómo se puede hacer del vestido un ídolo? Comparta.

_____

_____

II. Disfrute de su matrimonio (Eclesiastés 9:9)

¿Cuáles son los dos enemigos más fuertes del matrimonio en este siglo XXI?

_____

_____

_____

Mencione los tres ingredientes para gozar un matrimonio sano:

_____

_____

_____

III. Disfrute todo lo que ocurre según el tiempo de Dios (Eclesiastés 9:10-12)

¿Cómo aprovechará mejor el tiempo según los consejos del sabio rey Salomón?

_____

_____

¿Qué nos aconseja Mateo 6:34? Explíquelo con sus propias palabras.

_____

_____

Conclusión

Está claro que debemos disfrutar el tiempo haciendo lo correcto. No gastemos nuestro tiempo en cosas que no traen propósito; sino atendamos los consejos explicados en esta lección. Así, nosotros y nuestra familia disfrutaremos de la vida, y estaremos haciendo la voluntad de Dios.

Consejos útiles

Leticia Cano (Guatemala)

Pasajes bíblicos de estudio: Eclesiastés 11:1-10, 12:1-8,13-14

Versículo para memorizar: "… Teme a Dios, y guarda sus mandamientos; porque esto es el todo del hombre. Porque Dios traerá toda obra a juicio, juntamente con toda cosa encubierta, sea buena o sea mala" Eclesiastés 12:13-14.

Propósito de la lección: Que el alumno comprenda que el escuchar consejo oportuno y tener en cuenta a Dios desde nuestra juventud es importante para una vida de plenitud.

Introducción

"Quien no escucha consejo, no llegará a viejo", es una máxima popular que refleja la realidad: son pocas las personas que buscan consejo antes de actuar; pero son muchas las que lo hacen hasta que tienen un grave problema.

Algunas personas, pese a darles consejo previo lo menosprecian; y posteriormente, se lamentan por no haber escuchado, o culpan a alguien más por sus malas decisiones.

En esta lección, estudiaremos los sabios consejos de la Palabra de Dios, con el fin de estar en la capacidad de tomar decisiones inteligentes, y así evitar tristeza, dolor o vergüenza.

En el pasaje de estudio de esta clase, encontramos consejos de un hombre entrado en años, que luego de experimentar muchas situaciones, se dispuso aconsejar a la generación joven para evitar que ella cometiera tantas equivocaciones como él.

I. Consejos prácticos para la vida (Eclesiastés 11:1-8)

Cuando los adultos aconsejan, es porque ya transitaron por el camino y conocen los riesgos y desafíos que los que vienen atrás enfrentarán. Los jóvenes, al escucharlos, pueden aprovechar la experiencia de aquellos, en lugar de padecer en carne propia las consecuencias de sus desaciertos.

La Palabra de Dios es la mejor consejera.

A. Actúe con bondad (v.1)

Es fácil preocuparnos únicamente por nuestras necesidades, y al mismo tiempo ser indiferentes ante la necesidad ajena. Puede parecer una tontería hacer algo en favor de otro, especialmente cuando no recibiremos nada a cambio. Muchos tienen dificultad para ser bondadosos.

La bondad va más allá de la filantropía. Es el resultado natural de un corazón lleno del Espíritu Santo (Gálatas 5:22). El siguiente versículo: "Echa tu pan sobre las aguas, que después de muchos días lo hallarás" (Eclesiastés 11:1 LBLA), está redactado en lenguaje figurado. Dicha expresión implica que debemos compartir lo bueno que tenemos, sin esperar réditos o ganancias. Dios cuidará de quienes, aun con sacrificio, comparten con los necesitados. Proverbio 19:17 dice: "Prestarle al pobre es como prestarle a Dios. ¡Y Dios siempre paga sus deudas!" (TLA). La bondad que brota desinteresadamente del corazón siempre vendrá de regreso; no precisamente de la persona a quien antes se ayudó, sino de Dios. Muchas veces, las personas que reciben nuestros actos de bondad, no podrán retribuirnos, ni debemos esperarlo; pero sin duda, hemos de recibir con creces el cuidado y el sustento de Dios.

B. Comparta de lo que Dios le ha dado (v.2)

Es necesario trabajar arduamente para satisfacer nuestras necesidades y ayudar a quien esté padeciendo escasez. Hay personas que se esconden para no compartir. Eso quizá sea admisible entre los niños; pues aún están en proceso de madurar. Sin embargo, algunos llegan a jóvenes y a la edad adulta sin corregir dicha actitud. Este versículo de Eclesiastés 11:2 nos enseña lo importante de hacer el bien; ya que no sabemos qué situaciones difíciles podríamos enfrentar más adelante.

C. Cultive buenas actitudes: prudencia y diligencia (vv.3-4)

El firmamento manifiesta las señales del tiempo con muchas o pocas nubes, o simplemente un cielo despejado. Además, los sistemas meteorológicos han mejorado mucho en los pronósticos; de manera que si se sabe que va a llover, será prudente salir con un paraguas. Sin embargo, muchos se mojan y enferman por no actuar con precaución.

De la misma manera, el texto bíblico nos enseña la importancia de ser prudentes y prepararnos anticipadamente para enfrentar situaciones futuras. Es imprudente que dejemos pasar los años de juventud y vigor sin prepararnos para la ancianidad. Aunque todos sabemos que esa edad llegará; no siempre cultivamos buenas relaciones con nuestra familia, no contamos con una cuenta de ahorro, ni prevemos un lugar dónde vivir. Muchos viven cada día sin metas a cumplir.

Algunos jóvenes, mientras viven con sus padres, se confían y no estudian, aun teniendo la oportunidad de hacerlo. Otros lo hacen de manera irresponsable, y prolongan innecesariamente la época estudiantil. Cuando comienzan a trabajar, nunca tienen dinero; porque lo malgastan. Pero luego, sin pensarlo mucho, adquieren compromisos matrimoniales sin haberse preparado con un trabajo, y menos con un fondo económico para enfrentar responsabilidades. Eso es absurdo; si recibieron el consejo y la represión oportuna, pero hicieron caso omiso. Así que, si usted ve que las nubes se oscurecen; prepare su paraguas, o se mojará.

Así también, cuando el árbol ha caído, no podemos levantarlo y volverlo a sembrar (v.3). Es indispensable tomar en cuenta los consejos para evitar daños innecesarios para nosotros y quienes nos rodean. Consideremos con inteligencia nuestras acciones y decisiones.

También, hay que pensar antes de actuar; sin embargo, no podemos estar siempre pensando sin hacer nada. Esto, porque el tiempo y las oportunidades pasan y no vuelven. La Biblia dice: "El que al viento observa, no sembrará; y el que mira a las nubes, no segará" (v.4).

Hay quienes siempre están justificando su negligencia echándole la culpa de su estancamiento a la situación, al gobierno, al tiempo, a las personas, etc.; mientras existen otros que enfrentan las mismas circunstancias, pero no se detienen. Estos luchan por superar los obstáculos, y alcanzan sus metas.

Algunos justifican su falta de compromiso con Dios escudándose en el trabajo, en la distancia, en los hijos y nietos, la salud o en el clima; y nunca tienen espacio para buscar y servir a Dios. Mientras tanto, se les pasa la vida sin haber disfrutado tiempos enriquecedores de comunión con Dios y con su iglesia; sin haber compartido el evangelio de Cristo; y sin haber guiado a una persona al camino de la vida eterna.

No hay ningún fruto en la negligencia, en la desidia o en la pereza; así como quien no siembra tampoco puede esperar una cosecha.

D. ¡Confíe! Dios sabe lo que hace (v.5)

La naturaleza creada por Dios tiene muchos aspectos profundos y difíciles de comprender. Cuando se escribió Eclesiastés, no había la tecnología como la actual para monitorear el asombroso proceso de desarrollo de un bebé en el vientre de su madre, ni la dirección o la velocidad del viento. Con todos los avances alcanzados por la ciencia en la actualidad, aún hay misterios que el hombre no alcanza

a comprender; pero podemos tener la completa seguridad de que Dios tiene el control absoluto de su creación, generada sólo con el poder de su Palabra (Génesis 1). Aunque los seres humanos no podamos comprender los misterios de la naturaleza, Dios está en control.

E. Aproveche sus oportunidades (v.6)

Descansar es muy gratificante; pero quien se pasa el tiempo soñando y descansando verá sus sueños esfumarse como la neblina. La Biblia enfatiza el valor del trabajo y el buen uso del tiempo (Efesios 5:16). Además, es una advertencia contra el conformismo; porque podríamos tener ya un modo de vida. Sin embargo, debemos tener siempre una segunda opción; de manera que si algo no funciona, tengamos otra alternativa. Hay millonarios que de un día a otro amanecieron pobres. No minimicemos el valor del trabajo. No desaprovechemos el tiempo.

F. Ame la vida, y prepárese para la eternidad (vv.7-8)

Es un regalo despertar y contemplar cada amanecer. Es un gusto poder levantarse y realizar todas las tareas del día. Pero no olvidemos que la vida es corta, efímera; los años pasan volando y de repente, descubrimos que estamos viejos, y un día estaremos en el umbral de la muerte. Las personas longevas tienen el privilegio de ver hasta cuatro generaciones; pero la eternidad no se compara con los muchos años que alguien pueda vivir. Necesitamos prepararnos para esta; pero la entrada únicamente la obtenemos por medio de la fe en el Señor Jesucristo y su sacrificio expiatorio.

II. Consejos prácticos para los jóvenes (Eclesiastés 11:9-10)

A. Disfrute su juventud con inteligencia

La juventud es una etapa maravillosa de la vida en la que gozamos de salud y energía. En esta, empezamos a ejercer nuestra autonomía, y solemos tener conflictos con las figuras de autoridad; porque deseamos hacer nuestra voluntad.

Durante la adolescencia, con algunas excepciones, no tenemos mayores compromisos; así que disfrutamos mucho el compañerismo y la diversión. Todo eso lo podemos hacer; pero sin perder de vista que somos responsables, que las decisiones tienen consecuencias las cuales tendremos que asumir (v.9), y finalmente, un día rendiremos cuentas ante Dios de todo lo que hicimos o dejamos de hacer (Mateo 16:27; 2 Corintios 5:10).

Es necesario tener plena conciencia del compromiso de rendición de cuentas a Dios, para que meditemos antes de hacer cualquier cosa. Vivir nuestra juventud en Cristo hará que la podamos disfrutar plenamente; mas vivir con nuestras propias reglas, sólo nos traerá vergüenza y dolor. Así que gocemos la vida; pero gocémosla con Jesús.

B. No desperdicie su vida y sus relaciones interpersonales

La adolescencia y la juventud se caracterizan por el rechazo a las normas. Es un tiempo en que estos cuestionan, censuran, critican y pelean con todo y todos los que piensan distinto a ellos. Pero la juventud y la adolescencia son pasajeras; no vale la pena desperdiciar esos hermosos años, que no volverán, en riñas y caprichos. Quitar del corazón el enojo es un acto voluntario; es responsabilidad personal. Es valioso desporjarse del enojo para disfrutar la vida. El joven no debe perder el tiempo peleando con sus padres, con su cónyuge, maestros o hermanos; porque cuando se demos cuenta, estará viejo, y habrá perdido la oportunidad de disfrutar lindas relaciones, y de la presencia de los seres amados.

III. Consejos para todo creyente (Eclesiastés 12:1-8,13-14)

Hubo un rey que menospreció el consejo de ancianos sabios; y eligió el consejo de jóvenes inexpertos. El resultado fue la pérdida de la mayor parte de su reino (1 Reyes 12).

No lo sabemos todo, y debemos valorar la experiencia de los mayores. Los sabelotodo son personas muy desagradables que siempre critican, se burlan y menosprecian el saber ajeno creyéndose autosuficientes. Estos piensan que no necesitan aprender nada de nadie, incluso de Dios. Esa actitud es un "caldo de cultivo" para el caos personal y social.

A. "Acuérdate de tu Creador…" (v.1)

¿Cuántos años cree usted que va a vivir? ¿Sesenta u ochenta…? Claro, sólo Dios lo sabe. Sin embargo, todos deseamos vivir bien una buena cantidad de años; y el tiempo no se detiene. Mientras llega el fin, ¿qué haremos con nuestra vida? Podemos pensar en diferentes opciones: estudiar una profesión, hacer negocios, formar una familia, y más.

Hay tantas cosas que hacer en el transcurso de nuestra vida; y otras que de no hacerlas pronto, después será demasiado tarde. Pero hay algo que no debemos olvidar: "Acuérdate de tu Creador en los días de tu juventud…" (v.1); cuando tenemos muchos años por delante para hacer muchas buenas acciones con nuestra vida.

Una anciana recibió a Cristo; y fue bautizada a los 80 años. Es un recuerdo grato, pero a la vez melancólico; porque pasó la mayor parte de su vida lejos de Dios. Y cuando al fin le entregó su corazón, ya no tenía suficiente salud y energía para disfrutar la vida cristiana y servirle al Señor.

B. Cuanto antes, mejor (vv.2-8)

El poeta Rubén Darío dijo: "Juventud, divino tesoro, ¡ya te vas para no volver!", haciendo alusión a la fugaz juventud. Es imperativo acordarnos de Dios para aprender a vivir sabiamente; para que al llegar a la tercera edad, tengamos paz en el corazón. Cuanto antes, mejor; antes de enfrentar debilidad, afecciones de salud, falta de trabajo; antes de que nuestros achaques sean un fastidio para los demás.

¿Qué significa acordarse de nuestro Creador? Significa reconocerlo como el soberano de nuestra vida, que todo le pertenece, que todo cuanto hemos logrado a Él se lo debemos. Acordarse de Dios es entregarle nuestro corazón; agradecerle su amor, su perdón, su paciencia, su cuidado, su provisión, su misericordia y tantas bendiciones más.

Acordarse de nuestro Creador es vivir para honrarlo cada día; es cultivar una relación con Él en la bonanza, y confiadamente buscar su ayuda en las dificultades; someter a su escrutinio nuestros planes y aceptar su voluntad. Al acordarnos de nuestro Creador desde la juventud, tendremos más de qué estar agradecidos y menos de qué lamentar.

Acuérdese de Dios antes de que lleguen los días malos de conflictos económicos, relacionales y enfermedades; acuérdese de Dios cuando esté bien, y no espere a tener problemas para buscarlo. Acuérdese de Dios antes de que la pérdida de sus habilidades físicas y mentales le haga la vida complicada.

El pasaje describe con florido lenguaje literario la llegada de la senectud: disminución de la vista y el oído, debilidad en las piernas, curvatura en la espalda, pérdida de los dientes, insomnio, temor a caídas, cabello emblanquecido (vv.2-6); mientras la vida se evapora sutilmente hasta encaminarnos al umbral de la muerte, cuando ya nada tendrá sentido (vv.7-8), sino solamente el habernos acordado de Dios en toda nuestra vida.

C. El corolario de la sabiduría (vv.13-14)

Al final, estas aleccionadoras palabras no son menos importantes; sino la esencia del discurso:
1. El sabio comparte su sabiduría con gracia, aunque sea incómoda para los demás.
2. Temer a Dios y guardar sus mandamientos es lo único que le da sentido a nuestra vida (v.13).
3. Dios traerá a juicio todas nuestras acciones buenas y malas (v.14); pero acogidos a la gracia redentora de Cristo, seremos declarados justos por fe en el Señor (Romanos 5:1).

Conclusión

Practicar la bondad y la generosidad resultan de nuestra relación con Dios. Un buen consejo a tiempo es un regalo invaluable, aunque a veces no nos agrade. La Palabra de Dios contiene normas vitales; acatarlas desde la juventud representa evitar desaciertos, y producirá satisfacción y paz. El éxito en la vida consiste en temer a Dios y guardar sus mandamientos; ignorarlos es la ruina.

Consejos útiles

Versículo para memorizar: "… Teme a Dios, y guarda sus mandamientos; porque esto es el todo del hombre. Porque Dios traerá toda obra a juicio, juntamente con toda cosa encubierta, sea buena o sea mala" Eclesiastés 12:13-14.

I. Consejos prácticos para la vida (Eclesiastés 11:1-8)

¿En qué nos beneficia compartir nuestros bienes con los necesitados?

_____

_____

¿Qué debemos hacer cuando nos encontremos frente a situaciones incomprensibles?

_____

_____

¿Por qué debemos amar la vida y a la vez reflexionar sobre la eternidad?

_____

_____

II. Consejos prácticos para los jóvenes (Eclesiastés 11:9)

¿Es posible disfrutar la juventud? ¿Qué debemos tener en cuenta para disfrutar la vida al máximo?

_____

_____

_____

¿Qué puede suceder si con frecuencia estamos peleando y enojándonos con los demás?

_____

_____

III. Consejos para todo creyente (Eclesiastés 12:1-8,13-14)

¿Cuándo debemos acordarnos de Dios? Comente.

_____

_____

¿Qué debemos hacer cuando las personas sabias nos dan un consejo?

_____

¿Qué hará Dios con todas nuestras acciones?

_____

Conclusión

Practicar la bondad y la generosidad resultan de nuestra relación con Dios. Un buen consejo a tiempo es un regalo invaluable, aunque a veces no nos agrade. La Palabra de Dios contiene normas vitales; acatarlas desde la juventud representa evitar desaciertos, y producirá satisfacción y paz. El éxito en la vida consiste en temer a Dios y guardar sus mandamientos; ignorarlos es la ruina.

Introducción al
Cantar de los Cantares

Germán Picavea (Argentina)

Lección 37

> **Pasaje bíblico de estudio:** Cantar de los Cantares 1-8
> **Versículo para memorizar:** "¡Oh, si él me besara con besos de su boca! Porque mejores son tus amores que el vino" Cantares 1:2.
> **Propósito de la lección:** Que el alumno comprenda generalidades del Cantar de los Cantares para tener una mejor comprensión del libro y disfrutar su lectura.

Introducción

Una gran cantidad de expertos de diferentes disciplinas, cristianos y no cristianos, catalogan al Cantar de los Cantares como el poema de amor más bello de la literatura universal en todos los tiempos. Lo paradójico de esto es que para muchos cristianos de hoy el Cantar de los Cantares no goza de la misma valoración; más bien, resulta ser uno de los libros menos leídos de la Biblia. Varios aspectos contribuyen a ello. Su narrativa tan vívida y explícita, llena de sensualidad y erotismo, a menudo llega a producir cierto choque e incomodidad en quien se atreve a leerlo. Por su género literario, al que no muchas personas están acostumbradas a leer y comprender, junto al uso de un sinfín de imágenes ajenas a nuestra cultura, hacen que el más ávido lector frecuentemente abandone su lectura. Eso sí; se recurre a él cuando se necesita algún texto bíblico acerca del amor. Es así que muchos son los que imprimen en su tarjeta de invitación de bodas Cantares 8:6 u 8:7. De ahí que, entre algunos versículos más, estos sean los textos más conocidos de todo el libro.

En esta y las próximas dos lecciones, estudiaremos el Cantar de los Cantares. En la presente lección, veremos generalidades del libro a modo de ubicación y acercamiento para una mejor comprensión del mismo.

I. Nombre del libro, autor, fecha y canonicidad

La frase "Cantar de los cantares", que aparece al principio del libro (Cantares 1:1), muestra la manera que el idioma hebreo usaba para hacer el superlativo. Quiere decir "el mejor de todos"; en este caso, "el mejor de todos los cantos". Es la misma expresión que otros escritores hebreos usaron para exaltar al rey diciendo: "rey de reyes", y darle un lugar de poder y preeminencia sobre sus iguales (Esdras 7:12; Ezequiel 26:7). En el Nuevo Testamento, encontramos el equivalente en el idioma griego cuando sus escritores lo usaron para referirse a Dios como "Rey de reyes" y "Señor de señores" (1 Timoteo 6:15; Apocalipsis 17:14, 19:16). Ahora bien, vale aclarar que el superlativo se aplica al Cantar; por eso es el Cantar de los cantares. Significa que, de todos los cantos, este canto es el mejor. Por lo que no sería correcto aplicar el superlativo a la obra del autor, como traducen las diferentes versiones de la Biblia.

La autoría del Cantar de los Cantares, su fecha de escritura así como su inclusión en el canon, son aspectos discutibles. No obstante, la tradición judeocristiana ha sostenido que Salomón es su autor; y que fue escrito durante su monarquía en el siglo X a.C. Dos aspectos claves que, junto a la interpretación dada al texto, le valieron para ser incluido en el canon hebreo y en el cristiano posteriormente.

En cuanto a la autoría del libro por parte de Salomón, por un lado se toman las referencias internas en el libro (1:5, 3:7,9,11, 8:11,12); y puntualmente, Cantares 1:1 que dice "… de Salomón". Sin embargo, esto también puede indicar "para", "concerniente a" o "dedicado a" Salomón (Hoff, Pablo. Libros poéticos. EE. UU.: Editorial Vida, 1998, p.265). Esto da lugar a pensar, que la expresión "el cual es de Salomón" (Cantares 1:1) no se refiere a su autoría; sino al hecho de que es un cantar donde se toma la figura de Salomón como un personaje referente. De ninguna manera, resulta concluyente para pensar que el personaje del libro haya escrito el texto.

Por otro lado, este monarca era considerado el padre de la literatura de sabiduría en Israel. Había una tradición salomónica más allá de Israel, respaldada en la extraordinaria sabiduría que Dios le había dado a ese hombre (1 Reyes 4:29-31). Así lo leemos en 1 Reyes 4:34: "Y para oír la sabiduría de Salomón venían de todos los pueblos y de todos los reyes de la tierra, adonde había llegado la fama de su sabiduría". Este hecho lo ubicó a Cantar de los Cantares entre los libros sapienciales en la tradición judía;

y por ello, en el Concilio de Jamnia (90 d.C.), fue incluido en la sección Los Escritos del Tanaj o Biblia hebrea.

Cuestionando la autoría de Salomón, varios exegetas y expertos en la materia argumentan que en el texto existe el empleo de un hebreo tardío, propio de la época postexílica, junto a palabras aramea, persas y griegas. Por esas evidencias encontradas, Giuseppe Ricciotti (1890-1964), biblista y arqueólogo italiano, sitúa la redacción de Cantar de los Cantares en el siglo IV a.C. El mismo argumento es apoyado por la filóloga española Emilia Fernández Tejero, quien a su vez incorpora a la discusión en torno a la autoría la posibilidad de que sea una mujer (Recuperado de https://www.march.es/conferencias/anteriores/voz.aspx?p1=101140, el 5 de junio de 2020). Los textos bíblicos, en general, están escritos por hombres; y, aun cuando en algunos libros (Rut y Ester) la protagonista era una mujer, ni se pensaba en la posibilidad de que ella fuera la autora. En el caso de Rut, su autor es desconocido; y la autoría de Ester es atribuida a Mardoqueo. En el caso de Cantar de los Cantares, hay dos razones que hacen pensar en esta posibilidad. La primera es que Salomón vivió rodeado de mujeres; ya que según la Biblia, "... tuvo setecientas mujeres reinas y trescientas concubinas..." (1 Reyes 11:3a). Esto no parece ponerlo como el candidato más apto para ser el autor de un libro que evoca el amor; y este hacia una sola mujer. Y la segunda razón es que la protagonista principal del libro es una mujer; y el lenguaje usado es de un estilo más femenino que masculino. ¡Es más! Si pensamos en la descripción sensual y delicada que se usa en la narración de cada episodio en esa búsqueda incansable de su amado; descubrimos que hay mucho de mujer en la composición del libro, lo cual deja abierta la posibilidad de que no haya un autor, sino una autora.

II. Interpretaciones dadas al Cantar de los Cantares

A través de la historia, al enfrentarse con este poema de amor sensual, erótico y sin ninguna mención explícita de Dios en todo el libro ni alguna indicación de carácter religioso, los rabinos obviaron la interpretación inmediata y más sencilla dándole una interpretación alegórica. Más tarde, los cristianos, al ver que el Cantar de los Cantares nunca fue citado por Jesús o alguno de los escritores del Nuevo Testamento, mantuvieron la misma interpretación.

La alegoría consiste en usar lo literal del texto como vehículo para llegar a un sentido espiritual. Según esta interpretación, los judíos sostenían que el Cantar de los Cantares relataba el amor entre Yavéh e Israel. Luego, los cristianos, de la mano de Orígenes de Alejandría (185-254 d.C.), siguieron la misma línea de interpretación cambiando a Yavéh por Dios y a Israel por la iglesia. Según este padre de la iglesia, "el Cantar de los cantares

no sólo no beneficia al lector, sino que incluso lo puede dañar al incitarlo al amor carnal" (Fernández Eyzaguirre, Samuel. Orígenes. Homilías sobre el Cantar de los Cantares. España: Editorial Ciudad Nueva, 2000, p.8). De ahí que, tradicionalmente, este libro ha sido una lectura poco aconsejada para sus fieles. La idea tradicional que Cristo es la Rosa de Sarón y el Lirio de los valles (Cantares 2:1) es producto de esta interpretación. Un ejemplo de este tipo de interpretación aplicada a este libro lo encontramos en la introducción de una serie de mensajes del predicador Watchman Nee. Él dice: "Este canto habla de Salomón. Por lo tanto, el Señor toma la posición de rey en este libro... El Cantar de los cantares nos guía a conocerlo a El como rey" (Recuperado de https://www.academia.edu/40280273/EL_CANTAR_DE_LOS_CANTARES_Watchman_Nee, el 05 de junio de 2020).

La alegoría conlleva el peligro de alejarse del texto forzándolo a una espiritualización más allá de la intención del autor. Es dejarse llevar por la fantasía del intérprete, quien es su propio límite; ya que se llega a alegorizar casi cada palabra. Cuando el intérprete usa la alegoría, peligra en construir sus propias ideas que, en muchas ocasiones, le ayudarán a defender sus puntos de vista.

En el tercer siglo, hubo quienes propusieron el drama como una forma de interpretar el libro; pero el método alegórico lo silenció por muchos siglos. En el siglo XIX, los eruditos alemanes Franz Delitzsch y Georg H. Ewald desarrollaron sus propias interpretaciones dramáticas del libro. No obstante, "el problema principal con la interpretación dramática es la falta de indicios de literatura dramática entre los semitas, especialmente entre los hebreos" (Hoff, Pablo. Libros poéticos. EE. UU.: Editorial Vida, 1998, p.268). Por otro lado, cabe señalar que los judíos consideraban los dramas como algo pagano.

Otros han usado la tipología para interpretar el libro. Esta establece conexiones históricas entre determinados hechos, personas o cosas que hacen las veces de "tipos" del Antiguo Testamento con otros hechos, personas o cosas del Nuevo Testamento que hacen las veces de "antitipos". Cabe destacar que las conexiones no se establecen de manera arbitraria; sino que corresponden al desarrollo de la revelación progresiva de Dios. Tanto el tipo como el antitipo son realidades históricas que se corresponden. Por ejemplo: en Mateo 12:40 y en Romanos 5:14, Jonás y Adán son un tipo de Cristo.

"Una interpretación medieval, la cual aceptan muchos católicos hoy en día, identifica a la Virgen María como la novia. A su parecer, Cantares 4:7 -"Toda tú eres hermosa, amiga mía, y en ti no hay mancha"- enseña la doctrina de la concepción inmaculada" (Hoff, Pablo. Libros poéticos. EE. UU.: Editorial Vida, 1998, p.267). Claramente, se ve que no cumple la regla de la hermenéutica que exige que un tipo del Antiguo Testamento requiere su correspondiente antitipo en el Nuevo Testamento.

Otra manera de acercarse al texto de Cantar de los Cantares fue la literal. Muchos son los que la usaron a través de los siglos; y muchos son los que hoy continúan argumentando que esa es "la manera" de interpretar el libro. Tuvo sus antecedentes en la escuela de interpretación de Antioquía en el siglo IV (Teodoro de Mopsuestia, Juan Crisóstomo, Basilio el Grande y Gregorio de Nisa); luego de que la alegoría la silenciara por algunos siglos, fueron los reformadores del siglo XVI quienes devolvieron el literalismo a la escena. Al respecto, el mexicano Dr. Alfredo Tepox Varela, especialista en lingüística y hebreo, quien ha traducido los libros poéticos en tres traducciones de la Biblia al castellano, y ha participado en traducciones a varios lenguajes autóctonos, dice: "el literalismo en la traducción poética no cabe, no tiene espacio" (Rivera Velázquez, Melvin. 156 Retos en la traducción de la poesía bíblica [Audio en podcast]. Recuperado de https://podcasts.apple.com/us/podcast/cambio-180/id881835891, el 5 de junio de 2020).

III. La poesía en la Biblia y algunas claves para leer Cantar de los Cantares

Tendemos a pensar que en las Escrituras hay solamente algunos libros poéticos (Job, Salmos, Proverbios, Eclesiastés y Cantar de los Cantares); pero la realidad es que la Biblia está llena de este género literario. Toda la Biblia está atravesada por la poesía; y esto se debe a que, entre los pueblos antiguos, de tradición oral como el pueblo hebreo, la poesía era una de las mejores maneras de preservar su historia. La poesía es memorizable. Con su estilo descriptivo y su abundancia en metáforas, la poesía resulta como música; y sus palabras muy bien elegidas son el vehículo perfecto para conectar emocionalmente.

En el caso del libro que nos ocupa, se trata de poesía sensual y erótica. Este tipo de poesía era muy común entre los pueblos semitas. Dentro de la mitología sumeria, por ejemplo, se encuentra el Canto de amor de la diosa Innana, que al leerlo encontramos mucha similitud con el Cantar de los Cantares.

"Esposo, deliciosamente me has llevado a la alcoba. En la cámara, en su perfecto caudal de miel disfrutemos de tu amor, ese dulce.

El dios dice: Innana se baña, se unge de óleo fino la dueña del cielo avanza, va hasta la puerta, hasta Dumuzi. Crea para él una luz, como la luz de la luna, lo ama, con él se regocija. Lo abraza" (Recuperado de https://www.march.es/conferencias/anteriores/voz.aspx?p1=101140, el 5 de junio de 2020).

Al tener este tipo de poesía en la Biblia y estar a tantos siglos de distancia de su origen, es necesario tener algunas claves para leerla y entender su significado para nosotros hoy.

Cantar de los Cantares no debe interpretarse literalmente: "Si robamos a la poesía sus metáforas, su expresión vigorosa, los amplios vuelos de la imaginación y las galas de su lenguaje, dejaría completamente de ser poesía" (Ross, Guillermo. Estudios en las Sagradas Escrituras, tomo 3, Los libros poéticos. México: Casa de Publicaciones El Faro, s.a., p.6).

La poesía no es pedagógica en sí misma. No se trata de un manual de sexualidad ni de amor conyugal. Se trata del romance entre un varón y una mujer en forma de poesía erótica, la cual nos acerca a las emociones y las experiencias humanas. Nos conecta con las vivencias desde el interior, desde lo más profundo del ser.

La poesía, y en particular este libro, debe leerse completo, no debe analizarse verso por verso. Al hacerlo así, resultará más fácil acercarse a la idea completa que su autor quiso comunicar.

Debemos leer Cantar de los Cantares como Palabra de Dios, esperando que Él nos hable, deseando ser confrontados para seguir creciendo. En este caso en particular, con relación al amor y la vida matrimonial en toda su dimensión.

Conclusión

El Cantar de los Cantares es un poema de amor que muchos consideran el más bello de la literatura universal en todos los tiempos. Acerquémonos a él, sin preconceptos e interpretaciones ya establecidas. Dejémonos cautivar por sus metáforas, sus aromas, sus sonidos y sus formas que nos llevan a la relación de amor más pura y en su máxima expresión.

Introducción al
Cantar de los Cantares

Hoja de actividad

Versículo para memorizar: "¡Oh, si él me besara con besos de su boca! Porque mejores son tus amores que el vino" Cantares 1:2.

I. Nombre del libro, autor, fecha y canonicidad

¿Por qué la expresión "el cual es de Salomón" (1:1b) no resulta concluyente para afirmar que el personaje del libro (el rey Salomón) haya escrito el texto?

_____

_____

¿Con cuál opinión está más de acuerdo usted respecto de la autoría escritural de Cantar de los Cantares?

_____

_____

II. Interpretaciones dadas al Cantar de los Cantares

¿Por qué los rabinos y los cristianos han dado una interpretación alegórica al libro de Cantar de los Cantares?

_____

Luego de leer las interpretaciones dadas al Cantar de los Cantares, ¿con cuál de ellas usted está más de acuerdo? ¿Por qué?

_____

_____

III. La poesía en la Biblia y algunas claves para leer Cantar de los Cantares

¿Qué tipo de poesía es Cantar de los Cantares? Explique.

_____

¿Cantar de los Cantares es un manual de sexualidad? ¿Por qué?

_____

_____

Conclusión

El Cantar de los Cantares es un poema de amor que muchos consideran el más bello de la literatura universal en todos los tiempos. Acerquémonos a él, sin preconceptos e interpretaciones ya establecidas. Dejémonos cautivar por sus metáforas, sus aromas, sus sonidos y sus formas que nos llevan a la relación de amor más pura y en su máxima expresión.

Un poema al amor humano

Germán Picavea (Argentina)

Pasajes bíblicos de estudio: Cantar de los Cantares 1-8

Versículo para memorizar: "He aquí que tú eres hermosa, amiga mía; he aquí eres bella; tus ojos son como palomas" Cantares 1:15.

Propósito de la lección: Que el alumno, al leer y disfrutar el poema de amor que Dios dejó en el Cantar de los Cantares, se acerque a la profundidad de las manifestaciones del amor humano.

Introducción

El Cantar de los Cantares es uno de los libros más pequeños de la Biblia. En sus 117 versículos, expone un escenario donde el amor humano es el principal protagonista. Dicho escenario no es más que aquel que Dios planeó desde el principio y donde el ser humano (mujer y varón) juega un papel central. Hechos a imagen de Dios y unidos entre sí por el amor que Él les dio en su creación (Génesis 1:26-27), la mujer y el varón fueron mandados a administrar todo lo creado. Fue ahí, cuando Dios después de contemplar todo lo que había creado (el cuadro completo), vio que "era bueno en gran manera" (Génesis 1:31). ¡En gran manera bueno! Eso incluía todo lo creado; y el amor humano en todas sus manifestaciones también.

A menudo, la iglesia es acusada por su actitud reservada en cuanto al romanticismo, las expresiones de amor y el sexo. Por el contrario, la Biblia no tiene la misma actitud; más bien, todo lo contrario. En Génesis 1 y 2, antes del pecado, Dios creó todo y reveló su actitud con respecto a la relación entre el varón y la mujer, y la sexualidad de ambos (Génesis 2:25). Eso nos lleva a observar que desde el texto bíblico entendamos que la sexualidad es un regalo de Dios para el bien del ser humano; y Cantar de los Cantares nos lo recuerda en el diálogo de amor entre dos verdaderos amantes.

Luis Alonso Schökel explica: «Dios creó el amor humano, particularmente el amor conyugal, a su imagen y semejanza, pues "Dios es amor". Dios emplea las facetas del amor humano, especialmente el conyugal, para hacer de algún modo inteligible el misterio de su amor a los hombres y el misterio de la unidad trinitaria. Donde haya amor humano, se revela la relación amorosa de Dios con los hombres. También y a su manera, donde ese amor se expresa poéticamente» (Schökel, L. Alonso. El Cantar de los Cantares o la dignidad del amor. España: Verbo Divino, 1990, p.79).

I. Cantar de los Cantares exalta el amor

A. El amor humano

El término "amor", en sus diferentes variantes, aparece 55 veces en Cantar de los Cantares, lo que significa que casi en la mitad de sus versículos aparece alguna variante del término. Si bien el término referido no aparece en los demás versículos; sí hay inagotables expresiones que hablan del amor entre los enamorados.

Partiendo de la verdad sostenida por todos los cristianos que dice: "Dios es amor" (1 Juan 4:8), el amor humano en todas sus manifestaciones, paradójicamente, se vuelve la expresión más cercana de Dios entre los seres humanos. Pero frecuentemente, al hablar del amor humano lo alejamos de lo santo; y no lo relacionamos con Dios. Al hablar del amor humano, nuestra mente nos lleva a pensar en la "carne", dejándonos dominar por presupuestos de antaño que miran al cuerpo como malo y al espíritu como bueno. De ahí que se nos hace fácil pensar en el amor de Cristo; pero muy difícil pensar que Dios está presente en las relaciones íntimas de un matrimonio que se ama con intensidad.

En cada versículo, el Cantar de los Cantares nos invita a valorar el amor humano como dádiva divina para disfrutarlo con total naturalidad. Cuando leemos: "Mi amado es mío, y yo suya…" (2:16, 6:3), nos lleva al principio; nos lleva a pensar en lo siguiente: "… y serán una sola carne", una realidad ya establecida en Génesis 2:24. Algunos interpretan esta unión como exclusivamente sexual; pero la misma tiene que ver con una unidad total, completa, que se va construyendo a diario en el ejercicio del amor humano. Cuando el varón y la mujer se unen en amor, siguen siendo plenamente ellos mismos; y, al mismo tiempo, son plenamente uno. Este misterio sólo se puede entender desde el don del amor vivido en el compromiso de por vida (Mateo 19:5-6). "La insistencia en los posesivos ("mío", "suya", "de mi amado") sugiere que el amor es entendido aquí como generando una relación en la cual cada uno de los implicados es único e irreemplazable para el otro" (Ruiz, Eleuterio R. "Más allá del lenguaje: la metáfora como recurso expresivo en el Cantar de los Cantares". Disponible en línea:

http://bibliotecadigital.uca.edu.ar/repositorio/revistas/mas-alla-del-lenguaje-ruiz.pdf). El amor lleva a los amantes a una entrega total, conectados integralmente con el otro, perdiéndose en el encuentro con el otro, donde dejan el "yo" y se vuelven "nosotros", llegando al clímax del amor humano.

B. El amor apasionado

El Cantar de los Cantares muestra el amor apasionado entre una mujer y un varón. Desde el comienzo, la mujer expresa su deseo diciendo: "¡Oh, si él me besara con besos de su boca!" (1:2a). Desde la primera línea, hace su aparición el amor apasionado; la pasión que se enciende con los besos del amado. Y ella misma termina pidiéndole a su amado: "Apresúrate, amado mío…" (8:14). Expresión muy propia de alguien que reclama la presencia de su amado para saciar el amor que siente por él. Claro que en la primera lectura del Cantar de los Cantares no será posible apreciar el lenguaje sensual y erótico de un amor humano profundamente puro. Pero si nos entregamos a una lectura más profunda; encontraremos que sus metáforas y palabras cuidadosamente seleccionadas definitivamente exaltan el amor apasionado.

Sucede que mujeres y varones viven diferente la pasión del amor. Para la mujer la pasión tiene relación con los buenos tratos, las palabras amorosas, las miradas seductoras, las caricias delicadas, la escucha activa, los regalos, la seguridad ofrecida, el apoyo, el respeto y atención dados en múltiples maneras por su cónyuge. Los varones, por su parte, si bien también necesitan y reciben todo lo mencionado para las mujeres, son más visuales; y la pasión tiene que ver con el arreglo, los olores y con aquello que pueden ver y tocar.

El Cantar de los Cantares está lleno de palabras de halagos entre los amantes, de uno hacia el otro; así como de metáforas que usan para compararse con aquello hermoso que quieren expresarse. Juegan con las miradas (4:9, 6:5) y las caricias (1:13,16, 2:4,6-7, 7:8,12, 8:3-5). Observan sus cuerpos y exaltan cada aspecto de ellos (5:10-16, 7:1-7). Se abrazan y se contienen con afecto y delicadeza (8:3). No se llaman por sus nombres. En su lugar, usan términos cariñosos, propios de las poesías semíticas de entonces (amado, amada, hermosa, amiga, paloma, hermana, esposa, perfecta y princesa). En algunos casos, incluyen los posesivos "mía", "mío", "suya", refiriéndose a la fuerza del amor que los lleva a unirse profundamente. Todo el libro de Cantares es una exaltación del amor apasionado entre los esposos. Por medio de él, Dios nos

invita a que, en la relación matrimonial, el amor se viva con pasión en el encuentro exclusivo con el cónyuge.

C. El amor físico

Es curioso que en la actualidad todavía se mantengan ideas de la Edad Media, considerando al cuerpo como malo y al espíritu como bueno. Expresiones como "salvar almas" dan cuenta de ello y denotan una división del ser que no refleja la creación del ser humano cuando Dios lo creó. Si bien Él sopló aliento de vida (Génesis 2:7) sobre el cuerpo del ser humano (mujer y varón); esto no es razón para pensar que son partes independientes y fuera del alcance de lo sagrado (1 Corintios 6:19). En este sentido, Jesús, en el Nuevo Testamento, deja ver que somos seres integrales (Marcos 12:30-31). Por ello, y sin irnos al extremo de hacer culto al cuerpo, es necesario mirar lo que Dios dice acerca de él por medio de Cantar de los Cantares.

El cuerpo es realidad de la total existencia humana. La experiencia del amor en su manifestación sensual y erótica no sería posible sin una adecuada comprensión del cuerpo como un regalo del Creador, y una realidad concreta para disfrutarlo. El Cantar de los Cantares celebra el cuerpo (masculino y femenino) y lo muestra como instrumento amoroso, y medio para el cumplimiento de los propósitos divinos. La mujer toma la iniciativa; y en 5:10-16, señala cada parte del cuerpo de su amado ensalzando su belleza y poniendo de manifiesto su deseo. Termina con la siguiente declaración amorosa: "… todo él codiciable…" (v.16), con lo cual hace notar el cuerpo de su amado como algo apetecible. En 7:1-7, el varón describe el cuerpo de su amada con especial dedicación, exaltando cada detalle, y usando bellas metáforas que brindan un sinfín de posibilidades para realzar su belleza.

II. Cantar de los Cantares llama a la dedicación y entrega

Al introducirnos en el Cantar de los Cantares, inmediatamente notamos que hay entrega y dedicación entre los amantes; es decir, tiempo invertido. En muchos de sus versículos, parece que aquello ocurre en cámara lenta, con tranquilidad, con paciencia; ambos embelesados por el objeto de su amor. Muy al contrario con la vida de los enamorados de hoy, que corren todo el día de un lado a otro; y cuando por fin se juntan a solas, están totalmente agotados; con total incapacidad para conectarse, y sin tiempo para dedicarse.

Ya hemos visto el tiempo que cada uno de los amantes de Cantar de los Cantares se toma para descubrirse, para conocer y apreciar cada parte del cuerpo del otro. No tienen prisa; y hasta da la impresión que juegan a buscar la mejor de las imágenes para hacer una exacta comparación que ensalce su belleza.

Cantar de los Cantares da cuenta de varios aspectos que deben existir en la relación matrimonial, tal como Dios la planeó (Génesis 2:24-25). Primero, dejar: cortar el "cordón umbilical parental" para crecer; segundo, unirse: fundirse en el encuentro con el cónyuge, en una relación de exclusividad, igualdad, respeto y amor profundo; tercero, ser uno: hacer de la relación matrimonial en sí misma una prioridad en sus vidas para crecer en unidad, descubriéndose constantemente en el encuentro paciente, dedicado e intencional con el otro; y cuarto, libres: por medio de la entrega y dedicación a vivir el amor en todas sus manifestaciones.

Cantares 2:3 dice: "Cual manzano entre los árboles del bosque es mi amado entre los hombres. Me encanta sentarme a su sombra; dulce a mi paladar es su fruto" (NVI). Esta declaración transmite una calma total. Algo que destaca en el relato de ella es la identificación que, en medio de sus congéneres, tiene su amado. No es cualquiera, sino él (2:3, 5:10). El primer versículo citado denota que ambos cónyuges toman tiempo para sentarse juntos a solas; aunque en su relato, ella lo hace propio. De modo que lo que vemos aquí es el encuentro de ambos. La Reina-Valera 1960 traduce: "me senté"; no obstante, el tiempo verbal indica que se hace constantemente. Este versículo, junto con los dos siguientes (2:4-5), hace referencia metafórica a la relación sexual. La indicación del versículo 5 refiere a un pastel de pasas el cual tiene connotación de un afrodisíaco, como las mandrágoras en 7:12. Esto implica tiempo dedicado, preparación y comida; todo con el fin de alimentarse, porque ella dice que está "enferma de amor" (2:5). Y el versículo 6 indica una escena de las más tiernas y románticas que puede haber: su brazo izquierdo debajo de la cabeza de ella, y su brazo derecho la abraza. Esta escena se repite en 8:3, dando a entender la cotidianidad del hecho: "Las caricias mutuas nunca deben realizarse con apresuramiento. Sólo la lujuria y la gratificación de uno mismo se realizan con apresuramiento. ¡Los esposos deben tomarse tiempo para disfrutar plenamente el uno del otro!" (Wheat, Doctor Ed y Wheat, Gaye. El placer sexual ordenado por Dios. EE. UU.: Editorial Betania, 1980, p.66).

III. Cantar de los Cantares llama a revivir el placer en el matrimonio

Vivimos tiempos en donde, por un lado, se busca placer a cualquier precio; pero por otro, se vive en el displacer.

Donde parece que nada es permitido; todo es trabajo y sacrificio, cumplimiento de reglas y estrés, al tiempo que crece la culpa, el dolor y la depresión. Lo que lleva a crear una manera de vivir el amor en el matrimonio muy lejos de la que Dios planeó: sin goce, sin ternura y sin libertad; con frustración, con tosquedad y con prejuicios. Recordemos que "El matrimonio como sacramento no fue aceptado por la Iglesia hasta la Edad Medieval, casi mil doscientos años después de la muerte de Cristo. Es más, no era nunca visto como una bendición sino como una medicina, un medicinum para controlar la enfermedad de la lujuria sexual. La idea era que con este sacramento la pareja se dedicara nada más a la procreación y dejara fuera del coito todo placer" (Martin, Dale B. Sex and the Single Savior. EE. UU.: Westminster John Knox Press, 2006, p.103).

Cuando vamos al Cantar de los Cantares, vemos que los amantes se entregan al placer, como niños, sin prejuicios, dejándose llevar por los sentimientos que el Creador sabiamente incluyó en el perfecto diseño de ellos. Porque fuimos hechos para el placer. ¡Sí! Dios nos permite disfrutar.

Cantares 7:6 dice: "¡Qué hermosa eres, y cuán suave, oh amor deleitoso!" Sin duda es una indicación de ese varón extasiado por la mujer que ama. Sus palabras la definen como hermosa y suave, lo cual le trae un inmenso placer. Ella, por su parte, afirma: "Yo soy de mi amado, y él halla en mí su deleite" (7:10 RVC). Esto revela el misterio de la unidad descrita en Génesis. Cuando uno se deleita en el otro, nuestro corazón se llena. Alineados con el Señor en perfecta unidad encontramos satisfacción plena (Salmo 37:4). Esta verdad igualmente funciona en el matrimonio.

Conclusión

A través de la lectura del Cantar de los Cantares, descubrimos que los seres humanos fueron diseñados para amar. En la relación conyugal, Dios muestra que en su diseño original siempre contempló el amor humano en todas sus manifestaciones como el vínculo perfecto. Él, por medio de este libro, hace un llamado a que cada matrimonio viva su relación de búsqueda y conocimiento mutuo entre los cónyuges con total intensidad, disfrutando de la sensualidad y el erotismo como parte natural del amor humano.

Un poema al amor humano

Lección 38

Hoja de actividad

Versículo para memorizar: "He aquí que tú eres hermosa, amiga mía; he aquí eres bella; tus ojos son como palomas" Cantares 1:15.

I. Cantar de los Cantares exalta el amor

¿Qué exalta principalmente el libro de Cantar de los Cantares?

_____

_____

¿Será posible la experiencia del amor en su manifestación sensual y erótica sin una adecuada comprensión del cuerpo como un regalo de Dios? ¿Por qué?

_____

_____

II. Cantar de los Cantares llama a la dedicación y entrega.

Mencione los cuatro aspectos que implica la relación matrimonial tal como Dios la planeó (Génesis 2:24-25).

_____

_____

Los cónyuges, ¿cómo piensa usted que deben expresarse las caricias?

_____

_____

III. Cantar de los Cantares llama a revivir el placer en el matrimonio

¿Cómo se debe vivir el amor en el matrimonio?

_____

_____

¿Por qué se piensa que los esposos no se entregan al placer en la expresión de su amor físico? (Cantares 7:6,10).

_____

_____

Conclusión

A través de la lectura del Cantar de los Cantares, descubrimos que los seres humanos fueron diseñados para amar. En la relación conyugal, Dios muestra que en su diseño original siempre contempló el amor humano en todas sus manifestaciones como el vínculo perfecto. Él, por medio de este libro, hace un llamado a que cada matrimonio viva su relación de búsqueda y conocimiento mutuo entre los cónyuges con total intensidad, disfrutando de la sensualidad y el erotismo como parte natural del amor humano.

Amar con los cinco sentidos

Germán Picavea (Argentina)

Pasajes bíblicos de estudio: Cantar de los Cantares 1-8

Versículo para memorizar: "Como panal de miel destilan tus labios, oh esposa; miel y leche hay debajo de tu lengua; y el olor de tus vestidos como el olor del Líbano" Cantares 4:11.

Propósito de la lección: Que el alumno comprenda que el Cantar de los Cantares lo invita a amar con sus cinco sentidos para descubrir la profundidad del amor conyugal.

Introducción

Ya hemos dicho que el Cantar de los Cantares es un poema de amor; un amor humano, un amor que se vuelve imagen de Dios en la vivencia apasionada de una mujer y un varón que se aman. Que se aman con amor intenso, exclusivo y ardiente. Puede que su lectura incomode y, por ello, se evite; pero debemos recordar al menos dos asuntos importantes al respecto. Uno: es que a través de la historia, una falsa piedad cristiana ha mantenido alejado al amor humano de las manifestaciones ajenas al único amor reconocido, el amor espiritual. Y dos: que este bello libro está en la Biblia y, por consiguiente, entendemos que es inspirado por Dios. Podemos pensar, entonces, que Él ha querido que en la Biblia se incluya un poema que exalte el amor humano en todas sus manifestaciones. Por lo tanto, en vez de sonrojarnos con su lectura, acerquémonos al Cantar de los Cantares con calma y agradecidos a Dios por concedernos los dones de la ternura, la sensualidad y el erotismo; con los cuales el placer sentido y compartido del amor fortalece el vínculo conyugal.

Amar lo definimos como un verbo, en consecuencia, como una acción; y por regla general, decimos que amamos con el corazón. Y así lo hemos entendido siempre, casi sin cuestionarlo. Pero, ¿eso será así? ¿Sólo así? ¿Existe otra u otras maneras de amar? ¿Será posible? ¿Será que al amar sólo participa el corazón?

La Biblia habla del corazón como el centro de la vida interna del ser humano. Con el corazón tomamos decisiones y establecemos el enfoque que determina cuál es el curso que vamos a seguir. Sin embargo, Dios también nos ha creado como seres sensoriales. Todo lo que percibimos con nuestros sentidos pertenece a lo sensible, incluyendo la atracción sexual. El aroma de una flor, el calor del sol, o la primera sonrisa de un bebé nos causan gozo. Nuestros sentidos son un gran regalo de Dios; y si

los usamos para alabarlo y honrarlo, nos pueden traer gran felicidad (Arnold, Johann Christoph. Dios, sexo y matrimonio. EE. UU.: Editorial Plough Publishing House, 2014, p.33).

El Cantar de los Cantares invita a quien lo lee a desplegar sus cinco sentidos en el recorrido de sus versos. Cada uno de los protagonistas hace uso de todos los recursos disponibles para expresar y recibir el amor de su cónyuge. Con la vista, cada uno recorre el cuerpo del otro, y se recrean en los paisajes de su entorno; con el olfato, los enamorados recrean los diferentes ambientes que disfrutan, y se dejan invadir por los aromas; con el gusto, transmiten el deleite en los sabores de los frutos de estación, las comidas y las bebidas, hasta en el mismo cuerpo de los amantes; con el oído, cada uno siente la caricia de la dulce voz de quien ama; y con el tacto, transmiten la maravillosa experiencia del encuentro de los cuerpos de la mujer y el varón que se unen en uno.

Entremos al fascinante mundo del amor que nos presenta Cantar de los Cantares, a través de los cinco sentidos.

I. Amar con la vista

El sentido de la vista les permite a los amantes de Cantar de los Cantares disfrutar del paisaje y los colores de la vida a su alrededor. A pesar de que no se sabe con certeza dónde ocurrieron los hechos, los protagonistas describen muy bien lugares y la geografía de la zona, los animales y las flores, los árboles y las frutas.

El varón enamorado dice: "Prendiste mi corazón, hermana, esposa mía; has apresado mi corazón con uno de tus ojos, con una gargantilla de tu cuello" (Cantares 4:9); "… con una mirada de tus ojos…" lo traduce la Nueva Versión Internacional (NVI). Más adelante, vuelve a pedirle a su amada: "Aparta tus ojos de delante de mí, porque ellos me vencieron…" (6:5); "… que tus ojos me tienen fascinado…" (NVI). La idea es algo así como lo siguiente: ¡al verla me sube la adrenalina! Al parecer, los ojos de la mujer comunican muy bien su amor al varón que ama. Puede que sean los ojos en sí mismos, o también las miradas seductoras que le regala a su amado. En 1:16-17, ella mira alrededor el lugar en el que están y declara: "… nuestro lecho es de flores. Las vigas de nuestra casa…" Claramente, comienza a dejar el "yo" para darle paso al "nosotros" expresado en los posesivos: "nuestro" y "nuestra".

Cuando los amantes se encuentran, se produce primero una profunda contemplación. Llama la atención que ambos, mujer y varón, hacen uso de este sentido para internalizar al ser amado. Con sus ojos, se acarician de arriba hacia abajo. No queda alguna parte del cuerpo que no se describa con sinigual maestría. Desde la cabeza hasta los pies; y haciendo uso de abundantes metáforas muy propias de su época, cada uno describe el cuerpo del otro. No obstante, se nota una progresión en relación. Primero, él la describe; pero sólo las partes públicas de su cuerpo (1:10-11); luego, lo hace con mucho más detalle y en la intimidad (7:1-9). Ella hace lo mismo: mira a su amado con cuidadosa atención, y lo describe con metáforas que cuentan de su fuerza, para concluir que todo él es codiciable (5:10-16).

II. Amar con el gusto y el olfato

A. Amar con el gusto

En las culturas semíticas, el encuentro íntimo de las parejas estaba acompañado de alimentos; y normalmente, eran aquellos considerados como afrodisíacos. Frutas, pasteles, entre otros, eran parte del ornato íntimo del espacio reservado para la pareja. Por ello, no es casualidad que en Cantar de los Cantares el sentido del gusto se vea envuelto en todo el libro de manera tan viva. Ambos amantes juegan su juego amoroso; y en medio de él, van degustando diferentes delicias. Especial relación tiene todo lo dulce. De hecho, lo usaban metafóricamente para referirse al sabor de ellos mismos: "He aquí que tú eres hermoso, amado mío, y dulce…" (Cantares 1:16a); una característica que ella le da a su amado; "… y su fruto fue dulce a mi paladar" (2:3), clara indicación que hubo la oportunidad de saborearlo y encontrarlo dulce; "… porque dulce es la voz tuya…" (2:14), otra característica que ella le otorga al ser que ama, ya que su voz la conecta con el sabor de lo dulce; "… y coma de su dulce fruta" (4:16), una invitación muy sensual que ella le hace a su enamorado después de que él la haya descrito de arriba a bajo con metáforas muy sugerentes; "Su paladar, dulcísimo, y todo él codiciable…" (5:16). Aquí se atreve a ir un paso más allá de saborearlo; ya que lo ve como totalmente apetecible, revelando su deseo de hacerlo suyo físicamente. El versículo 7:13 dice: "… y a nuestras puertas hay toda suerte de dulces frutas…" (7:13), con lo cual la mujer enamorada invita a su amado a comer las dulces frutas que para él ha guardado, con clara alusión a su virginidad.

B. Amar con el olfato

El olfato es uno de los sentidos más importantes, aunque a menudo no se lo tiene en cuenta. Basta pensar que a través del estímulo de este sentido podemos viajar en el tiempo. Ciertos aromas nos transportan a momentos y tiempos de nuestra vida, como también reviven relaciones. El olfato es uno de los sentidos erotizantes por excelencia. De ahí que las velas y los sahumerios sean tan populares en la actualidad como aromatizadores; y las fragancias, los perfumes y las cremas como elementos personales.

En Cantar de los Cantares, los amantes disfrutan de diferentes fragancias y las hacen parte del juego del amor que ellos juegan. Desde el comienzo, ella se siente atraída por el ungüento de él (1:3). Le da textura, "suaves" dice; y lo usa metafóricamente para decir que al pronunciar su nombre le produce la misma sensación de placer que al oler su fragancia. En otro momento, cuando están solos, ella deja escapar el olor de su nardo (1:12), probablemente guardado para esa ocasión. La mirra está presente todo el tiempo. Tenía varios usos en esa época; pero acá destaca su carácter de erótica. Aparentemente, ella la usaba como un perfume personal; ya que la llevaba en una bolsita entre sus pechos (1:13, 3:6, 4:6, 14, 5:1, 5, 13). Y en la descripción que él hace de ella, dice profundamente convencido que mejor es el olor de su perfume que todos los demás aromas (4:10), "… y el olor de tus vestidos como el olor del Líbano" (4:11b). Las diferentes fragancias de especias, flores, ungüentos y aloes son parte importante en el juego que juegan estos amantes (4:13-14). Ella siempre huele bien, lo cual es una señal de cuidado en los detalles; él constantemente se lo hace saber. Ahora le dice: "… y el olor de tu boca como de manzanas" (7:8d). Esto se refiere al aliento fresco de su boca. "Las fragancias representan, además, la experiencia de aquellas realidades que no se ven ni se tocan pero se perciben, de un modo más sutil y profundo. Como esa fuerza misteriosa que une a los amantes" (Ruiz, Eleuterio R. "Más allá del lenguaje: la metáfora como recurso expresivo en el Cantar de los Cantares". Disponible en línea:

http://bibliotecadigital.uca.edu.ar/repositorio/revistas/mas-alla-del-lenguaje-ruiz.pdf).

III. Amar con el oído y el tacto

A. Amar con el oído

El oído es un órgano sensorial que permite percibir los sonidos. Con el oído, cada uno siente la caricia de la dulce voz de quien ama. Ella lo reconoce, es inconfundible, no hay otra voz igual; sabe que esa voz es de su amado, por eso, grita: "¡La voz de mi amado! He aquí el viene…" (Cantares 2:8). Él busca a su amada y le pide: "… hazme oír tu voz; porque dulce es la voz tuya, y hermoso tu aspecto" (2:14). En algún momento, la voz del ser amado se vuelve casi alimento para el alma; no se puede seguir sin escuchar su voz.

Cierto día, ella misma dice que dormía; pero su corazón estaba atento, esperando el regreso de su amado. No sabía cuándo regresaría; mas su oído estaba atento. ¡De pronto!, ella reconoce la voz y exclama: "… Es la voz de mi amado que llama…" (5:2). Su corazón estaba atado al ser amado, muestra de ello nos da lo que ella dice: "… tras su hablar salió mi alma…" (5:6c). En un momento, ella siente como celos de aquellos que todo el día escuchan la voz de su amado. Entonces ella le pide: "… házmela oír" (8:13); lo cual la Nueva Traducción viviente, muy atinadamente traduce: "… tus compañeros tienen la dicha de oír tu voz. ¡Déjame oírla también!"

B. Amar con el tacto

Somos seres relacionales; y eso implica cercanía y contacto. Probablemente, el sentido del tacto sea el más primitivo de los sentidos; y muchos expertos opinan que es vital para nuestra supervivencia. El tacto es esencial para el desarrollo; y con sus dos metros cuadrados, la piel es el órgano sensorial principal y más grande, ya que envuelve todo el cuerpo. En la piel, se concentran todos los tipos de receptores táctiles que existen. Por ello, con toda la piel podemos percibir estímulos que el cerebro interpretará. A través del contacto físico amoroso y tierno, como las caricias, los abrazos y los masajes, el cerebro segrega endorfinas que transmiten sensación de bienestar y confianza, lo cual relaja y da una sensación de felicidad.

La mujer enamorada que protagoniza Cantar de los Cantares, desde el comienzo del libro, imagina el contacto físico con su amado (1:2). Eso la llena de felicidad y la empodera para pedirle que la atraiga hacia él (1:4). La piel de ella había sufrido la transformación de color por la acción del sol, algo que no era bien visto en las mujeres de ese tiempo. Pero el deseo de ella es que su amado se acerque, que la toque; de ahí que da razón del porqué es morena (1:5-6), aunque ella misma dice que es una mujer ¡muy apetecible!

Muchos son los momentos en que se encuentran y se da el contacto físico de diferentes maneras. La ternura es un elemento a destacar. Por ejemplo, él recostado sobre sus pechos (1:13); abrazados, reposando (2:6-7), sin prisa mientras se disfrutan de la presencia y contacto el uno con el otro (2:7d). El encuentro avanza; y el amado, libre y rendido al amor, le dice: "Como panal de miel destilan tus labios, oh esposa; miel y leche hay debajo de tu lengua…" (4:11a). Evidentemente, ya se besaron apasionadamente; y se disfrutaron en el encuentro tierno del beso. Luego, en una escena casi de juego, donde se persiguen y se encuentran, ella ya está desnuda y en su cama; y él afuera pidiéndole entrar. Ella se demoró, y él metió su mano y la tocó, a lo que ella dijo: "… mi corazón se conmovió dentro de mí" (5:4). La NVI lo traduce así: "… ¡se estremecieron mis entrañas al sentirlo!", lo cual demuestra una gran entrega y una profunda conexión entre los amantes. Otra imagen de amor tierno nos revela cuando él le declara: "¡Qué hermosa eres, y cuán suave, oh amor deleitoso" (7:6). Esto indica que ha estado acariciando todo su cuerpo, una y otra vez, percibiendo la suavidad de su piel. Nuevamente, la imagen de la ternura aparece: "¿Quién es ésta que sube del desierto, recostada sobre su amado?" (8:5a). Es muy difícil determinar cómo venían; lo que sí sabemos es que ahora ella es la que se recuesta sobre su amado, a la inversa de 1:13.

Conclusión

Cantar de los Cantares es un llamado a que como cristianos nos acerquemos al tema de la sexualidad con total naturalidad, tal y como Dios lo planteó desde un inicio. Y esto con el fin de explorar y buscar la profundidad del amor conyugal en todas sus manifestaciones; ya que desde el principio, el Creador dejó en manos de sus criaturas la administración de todo lo creado. Y eso incluye a nosotros mismos y al amor puro y sagrado que nos vincula. Sólo será posible si la tarea la realizamos con los cinco sentidos; es decir, amando apasionadamente con todo el ser.

Amar con los cinco sentidos

Hoja de actividad

Versículo para memorizar: "Como panal de miel destilan tus labios, oh esposa; miel y leche hay debajo de tu lengua; y el olor de tus vestidos como el olor del Líbano" Cantares 4:11.

I. Amar con la vista

Mencione dos maneras en las que un cónyuge puede amar con la vista a su pareja.

_____

_____

Explique con sus propias palabras lo que expresa el siguiente versículo: "… tus ojos me tienen fascinado…" (Cantares 6:5 NVI).

_____

_____

II. Amar con el gusto y el olfato
¿Qué es un afrodisíaco? ¿Y qué alimentos eran considerados como afrodisíacos en las culturas semíticas?

_____

_____

Mencione dos maneras de amar, con el gusto y el olfato respectivamente.

_____

_____

III. Amar con el oído y el tacto

Mencione dos maneras en que los protagonistas de Cantar de los Cantares se amaban con el oído.

_____

¿Son las caricias una manifestación de amar con el tacto? Explique.

_____

_____

Conclusión
Cantar de los Cantares es un llamado a que como cristianos nos acerquemos al tema de la sexualidad con total naturalidad, tal y como Dios lo planteó desde un inicio. Y esto con el fin de explorar y buscar la profundidad del amor conyugal en todas sus manifestaciones; ya que desde el principio, el Creador dejó en manos de sus criaturas la administración de todo lo creado. Y eso incluye a nosotros mismos y al amor puro y sagrado que nos vincula. Sólo será posible si la tarea la realizamos con los cinco sentidos; es decir, amando apasionadamente con todo el ser.

La iglesia: modelo para el mundo (1 y 2 de Tesalonicenses; 1 y 2 de Timoteo y Tito)

Testigos poderosos de Cristo
Un líder que ama a la iglesia
La vida que agrada a Dios
Maranata
Mandatos para el cristiano de hoy
La Segunda Venida de Cristo
Trabajadores ejemplares
Entrenamiento ministerial
Consejos a un compañero
Una tarea de gran responsabilidad
El ministro de Dios y sus implicancias
El buen consejo
Construyendo una iglesia irreprochable

Testigos poderosos de Cristo

Jorge L. Julca (Argentina)

Pasajes bíblicos de estudio: 1 Tesalonicenses 1:1-10, 2:1-16
Versículo para memorizar: "Y vosotros vinisteis a ser imitadores de nosotros y del Señor, recibiendo la palabra en medio de gran tribulación, con gozo del Espíritu Santo" 1 Tesalonicenses 1:6.
Propósito de la lección: Que el alumno sea desafiado a ser un ejemplo para otros, como imitador de Cristo.

Introducción

Todos hemos escuchado y visto testimonios de creyentes que impactan nuestro corazón. No tienen que ver con los años de membresía que ellos tengan en la iglesia, ni con su locuacidad; porque algunos testigos, aunque no han verbalizado su experiencia con Cristo, igualmente comunican el cambio poderoso que se ha gestado en su interior. La verdad es que, para ser testigo de Jesús, las palabras, a veces, no son necesarias. ¿Qué hace que un testimonio sea poderoso en la vida de un creyente?

Tesalónica era una ciudad portuaria de mucho tránsito, y allí estaba localizada unas de las iglesias cristianas del primer siglo que el apóstol Pablo fundó durante su segundo viaje misionero, en el año 50 aproximadamente (Hechos 17:1-8).

Pablo y Silas, habiendo sido expulsados de Filipos, llegaron a Tesalónica. En medio de esa gran ciudad, siendo fieles a su llamado de parte de Dios, comenzaron a predicar el evangelio de Jesucristo en la sinagoga, durante tres semanas, en medio de mucha oposición (Hechos 17:2); y ocurrió que algunos judíos y griegos creyeron.

Luego, Pablo y Silas continuaron su trabajo misionero en la casa de Jasón; pero los judíos que no creían reunieron una turba (Hechos 17:5), y finalmente acabaron expulsándolos de la ciudad. No obstante, el evangelio ya había sido sembrado en el corazón de los nuevos creyentes tesalonicenses.

En Hechos 17, se encuentra la declaración de los judíos opositores frente a las autoridades de la ciudad, la cual se ha convertido en una de las descripciones más preciosas de lo que eran los cristianos primitivos: "… Estos que trastornan el mundo entero también han venido acá" (Hechos 17:6).

La primera carta a los tesalonicenses escrita por Pablo es la más antigua de todas sus epístolas canónicas, salvo la opinión que se le conceda a la epístola a los gálatas una fecha más temprana (48-49 d.C.); y a través de ella, él animaba pastoralmente a estos nuevos creyentes, y los felicitaba por su conducta cristiana ejemplar.

El primer versículo de esta carta muestra el saludo típicamente paulino. Para Pablo ambos términos ("gracia y paz") son inseparables, y uno es el resultado del otro. Por la gracia de Dios, que es su favor inmerecido hacia nosotros, podemos tener la anhelada paz con Él y la restauración de todas nuestras relaciones rotas. De hecho, la palabra "gracia" tenía tanto significado teológico para el apóstol Pablo que empezó y finalizó sus trece cartas neotestamentarias con ese término.

I. Discípulos ejemplares (1 Tesalonicenses 1:1-10)

En este primer capítulo, se incluye una acción de gracias a favor de la iglesia de los tesalonicenses que el apóstol comúnmente utilizó como parte de la introducción en muchas de sus cartas. Es interesante notar que, en este caso, la acción de gracias delante de Dios está relacionada con el testimonio ejemplar de los hermanos en Tesalónica, evidenciado en diferentes formas que a continuación se detallarán.

A. La complementariedad entre la teología y la acción en la vida cristiana

Al inicio del reconocimiento a esta comunidad cristiana del primer siglo, Pablo destacó las tres virtudes cristianas que sus miembros practicaban: "acordándonos sin cesar delante del Dios y Padre nuestro de la obra de vuestra fe, del trabajo de vuestro amor y de vuestra constancia en la esperanza en nuestro Señor Jesucristo" (v.3). Pero lo que resalta de estas tres virtudes es su carácter práctico que se evidenció en el andar diario de los hermanos, como discípulos de Cristo.

Esto implica que la vida cristiana no es solamente la aceptación intelectual de una lista de credos o confesiones; sino que los mismos necesitan exteriorizarse a través de acciones concretas.

La obra de vuestra fe (v.3a): Para los tesalonicenses, la fe no era sólo un asentimiento intelectual de una determinada doctrina, una afirmación teológica; sino que dicha aceptación se había transformado en una práctica tangible. La fe no es solamente un tesoro espiritual para guardar; esta es una acción para mostrar. Santiago, en su carta, afirmó lo mismo (Santiago 2:17). Una fe genuina naturalmente se evidenciará en obras de amor y misericordia hacia otros.

El trabajo de vuestro amor (v.3b): Esta es otra poderosa combinación en la vida cristiana: amor más trabajo. El término griego usado para la palabra "trabajo" es -kopos, el cual está referido a un trabajo arduo (Brown, Fitzmyer y Roland. Comentario Bíblico San Jerónimo, tomo III. Madrid: Ediciones Cristiandad, 1972, p.580). Esto implica que el amor cristiano tiene que ser complementado con un trabajo comprometido, dedicado y esforzado. Más que una declaración, el amor o la caridad se hace una realidad cuando es demostrado con relación a los demás y Romanos 5:8 lo expresa claramente. El amor del Padre declarado por nosotros necesitaba ser hecho realidad; y Cristo es esa encarnación del amor de Dios, y su modelo se constituye en un paradigma para nosotros.

La constancia en la esperanza (v.3c): El término griego referido a "constancia" también podría significar paciencia (LBLA). Es decir, los hermanos de Tesalónica vivían su experiencia cristiana esperando pacientemente el cumplimiento de Cristo. La esperanza cristiana no nos paraliza ni nos ausenta de la vida presente en la añoranza de lo que vendrá; sino que se robustece con la paciencia en el camino diario, aun frente a situaciones adversas y pruebas.

Esta declaración paulina que nos introduce al perfil de los cristianos tesalonicenses nos libera de la polarización entre la teología y la praxis, y de la discusión entre qué es más importante: lo que creemos o la forma cómo vivimos. La enseñanza relevante de esto para nosotros es que, en la vida de estos primeros cristianos, las virtudes cristianas estaban encarnadas en acciones concretas.

B. Imitadores de Dios (vv.6-7)

Esta es otra característica que Pablo destacó de los hermanos tesalonicenses: se habían convertido en imitadores del Señor y de sus mentores espirituales. En otra carta dirigida a los corintios, Pablo enfatizó esta misma verdad (1 Corintios 11:1); mostrando así su propio anhelo de parecerse más al Maestro.

Esa imitación de Cristo es la que produce gozo en nuestros corazones, aun en medio de las tribulaciones y persecuciones. Sin duda el medio hostil de aquella ciudad (Tesalónica) había forjado la experiencia cristiana de estos creyentes. Esa mezcla poderosa entre la imitación de Cristo y el gozo producido en sus corazones por la obra del Espíritu Santo los había constituido en un ejemplo de la vida cristiana.

C. El efecto multiplicador de su testimonio y la evidencia de un cambio radical (vv.8-9)

Cuando la Palabra de Dios llega al corazón humano y echa raíces en él, el nuevo creyente no sólo se convierte en un fiel seguidor e imitador de Jesús; sino que también a partir de su experiencia de transformación, la Palabra es extendida a otros. No es necesario un curso de evangelismo o una arenga para salir y compartir lo que ha ocurrido; pues espontáneamente, el mensaje de salvación es proclamado. Eso es lo que ocurrió con los tesalonicenses que se transformaron de recién convertidos a misioneros; y llevaron el mensaje de Cristo a las provincias de Macedonia y Acaya.

¿Qué es lo que impacta del testimonio de un nuevo creyente? Sin duda, el cambio experimentado en su vida y la certeza de la salvación. El evangelio es poder de Dios para salvación a todo aquel que cree (Romanos 1:16). Ese poder transformador del evangelio es lo que genera cambios milagrosos y sorprendentes en la vida de las personas.

En el caso de los tesalonicenses, lo que impactó a las ciudades vecinas fue ese cambio radical que generó su conversión a Dios. 1 Tesalonicenses 1:9 dice:"…y cómo os convertisteis de los ídolos a Dios, para servir al Dios vivo y verdadero". Muchos de los miembros de esta comunidad venían del paganismo; y esa conversión que se menciona en este versículo estaba referida al abandono de sus prácticas paganas y de la adoración a dioses falsos para convertirse en adoradores del único y verdadero Dios.

D. Esperanza viva en Cristo resucitado (v.10)

El testimonio ejemplar de estos hermanos habría estado incompleto sin una esperanza gloriosa en la resurrección de Jesucristo y en su promesa de vida eterna. Los hermanos de Tesalónica habían comprendido bien que nuestros días aquí en la tierra son sólo un prólogo de la eternidad; y que el evangelio de Cristo había hecho provisión no sólo para perdonar nuestro pasado, ayudarnos a vivir con el gozo del Espíritu en la vida presente, sino también a esperar la gloria venidera y la vida eterna.

Realmente, este primer capítulo de 1 Tesalonicenses establece de manera maravillosa el perfil de un creyente del primer siglo. Están presentes los elementos constitutivos claves de la vida cristiana como la conversión, las virtudes cristianas, el testimonio, el gozo del Espíritu, la persecución y la esperanza escatológica.

II. Ministros ejemplares (1 Tesalonicenses 2:1-12)

En el segundo capítulo de 1 Tesalonicenses, el apóstol Pablo presentó una defensa de su ministerio; porque presumiblemente, luego de su primera visita a Tesalónica y su expulsión de allí, los hermanos tesalonicenses siguieron recibiendo comentarios negativos en torno a Pablo, sus colaboradores y su ministerio (vv.1-2).

La iglesia en Tesalónica era una iglesia fiel, comprometida y misionera; pero había aprendido esas cualidades características de Jesús, por el ministerio de Pablo durante su visita a su ciudad y la plantación de la congregación. El apóstol había pasado con ellos, al menos, un mínimo de tres semanas, tiempo que les sirvió para inspirar sus vidas y ser guiados en el caminar cristiano.

En los siguientes versículos de este capítulo, se nos presenta las características de un ministerio ejemplar, las cuales veremos a continuación.

A. Fidelidad en medio de la oposición (v.2)

El segundo viaje misionero de Pablo fue accidentado. Estando él y Silas en Filipos, fueron encarcelados por predicar el evangelio. Mientras estaban en la cárcel cantando con gozo al Señor, hubo un gran terremoto a la medianoche; y aunque ellos se quedaron en la cárcel a pesar de la posibilidad de escapar, fueron liberados por los magistrados al día siguiente (Hechos 16:23-36). Partieron de Filipos, y llegaron a Tesalónica. Allí predicaron el evangelio de Jesucristo en la sinagoga, enfatizando su muerte y resurrección (Hechos 17:1-3).

Probablemente, la mayoría de los creyentes a los que estaba dirigida esta carta (1 Tesalonicenses) se convirtieron a Jesucristo en aquella ocasión; pero Pablo y sus colaboradores enfrentaron allí una abierta oposición de los judíos no creyentes. Fueron perseguidos, acusados y finalmente, expulsados violentamente de la ciudad (Hechos 17:1-9). Sin embargo, la evaluación de Pablo sobre esa visita y ese sufrimiento es que fue útil para la naciente iglesia. Considérese la siguiente pregunta: "¿Es posible fructificar ministerialmente en medio de situaciones adversas?" El nacimiento y desarrollo del cristianismo en el primer siglo siempre enfrentó persecuciones y maltratos de toda índole; no obstante, la fidelidad de los evangelistas y misioneros se mantuvo inalterable.

B. Respaldo de Dios (vv.3-4)

En estos versículos, Pablo hizo una profunda declaración de sus convicciones relacionadas con el ministerio. Así pues, él mencionó por lo menos tres aspectos relacionados con esto: (1) aprobado por Dios, es decir que él tenía la seguridad de que el Señor mismo lo había llamado. Su tarea no era simplemente un encargo humano altruista, ni tampoco su esfuerzo. Esta labor había nacido del corazón de Dios; (2) Él le había confiado el evangelio. Pablo vinculó su llamado con su encargo, su misión de vida. Esa era la pasión de su corazón: comunicar el evangelio ("así hablamos"); y (3) su mensaje debía agradar a Dios en primer lugar y a nadie más. Esto implicaba que fundamentalmente el desarrollo de su ministerio estaba centrado en el llamado divino y en la búsqueda de rendir cuentas aprobadas al Dios que lo había llamado.

C. Motivaciones correctas (vv.5-6)

¿Cuáles son las razones que deben impulsarnos para predicar el evangelio? Pablo mencionó qué fue lo que impulsó su corazón al llegar a Tesalónica:

"… nunca usamos de palabras lisonjeras…" (v.5a). La versión Traducción en Lenguaje Actual dice:"… jamás les hemos dicho cosas lindas para tratar de convencerlos…" (TLA). Esta motivación está referida a no condicionar o hacer liviano el mensaje para ganar adeptos. La pureza del mensaje en la predicación del evangelio es un asunto crucial para mantener la integridad del mensajero y la eficacia del mensaje.

"… ni encubrimos avaricia…" (v.5b). Esto significa que el ministerio no se trata de engañar para lucrar o para alcanzar beneficios personales. En el versículo 9, Pablo enfatizó lo mismo cuando precisa que ellos mismos habían trabajado arduamente para no ser una carga financiera a la congregación lo cual pudiera confundirla en su fe.

"ni buscamos gloria de los hombres…" (v.6). La búsqueda de reconocimiento y la fama en el ministerio puede ser un aspecto muy sutil que puede arruinar un ministerio. Las motivaciones correctas de un mentor o líder cristiano serán mantener la integridad que no condiciona el mensaje, la honestidad que no busca el provecho personal y la humildad que no espera el reconocimiento y admiración de los demás.

D. Afecto pastoral (vv.7-12)

El apóstol cerró este párrafo con la cuarta característica de un ministro ejemplar, que en cierta manera es el resultado natural de las tres características anteriores. Para ello, usó la tierna figura del cuidado de una madre ("nodriza", versículo 7) o un padre (versículo 11). Los versículos 7 y 8 evidencian el gran afecto que Pablo tenía por los hermanos, el cual lo impulsaba no solamente a presentarles el evangelio; sino también a cuidarles con entrañable amor pastoral. Parte de esa relación pastoral tenía que ver con la consolación y la exhortación sobre algunos temas que se tratarían en los próximos capítulos.

Conclusión

Los tesalonicenses aprendieron de sus mentores (Pablo y sus colaboradores) que el evangelio transformador tenía que llegar a otros; por eso, se habían constituido en testigos poderosos de Cristo no sólo en su ciudad, sino en toda la provincia. Este también es nuestro llamado y desafío: ser testigos poderosos del evangelio de Jesús, que se hace visible en acciones concretas en el mundo que vivimos.

Testigos poderosos de Cristo

Lección 40

Hoja de actividad

Versículo para memorizar: "Y vosotros vinisteis a ser imitadores de nosotros y del Señor, recibiendo la palabra en medio de gran tribulación, con gozo del Espíritu Santo" 1 Tesalonicenses 1:6.

I. Discípulos ejemplares (1 Tesalonicenses 1:1-10)

¿Cuáles son los cinco aspectos de la vida cristiana de los hermanos tesalonicenses que los convirtieron en testigos poderosos de Jesucristo?

_____

_____

_____

¿Por qué es importante que las virtudes cristianas se evidencien en acciones concretas?

_____

_____

_____

II. Ministros ejemplares (1 Tesalonicenses 2:1-12)

¿Qué relación existe entre la oposición a la predicación del evangelio y la integridad del mensaje, según la carta de 1 Tesalonicenses?

_____

_____

_____

¿Cuáles serían las motivaciones correctas para predicar el evangelio hoy?

_____

_____

_____

Conclusión

Los discípulos tesalonicenses aprendieron de sus mentores (Pablo y sus colaboradores) que el evangelio transformador tenía que llegar a otros; por eso, se habían constituido en testigos poderosos de Cristo no sólo en su ciudad, sino en toda la provincia. Este también es nuestro llamado y desafío: ser testigos poderosos del evangelio de Jesús, que se hace visible en acciones concretas en el mundo que vivimos.

Un líder que ama a la iglesia

Mary Prado (Venezuela)

Pasajes bíblicos de estudio: 1 Tesalonicenses 2:17-20, 3:1-13
Versículo para memorizar: "Vosotros sois nuestra gloria y gozo" 1 Tesalonicenses 2:20.
Propósito de la lección: Que el alumno identifique las características de un ministro lleno del amor cristiano.

Introducción

El comentarista Unger escribió:"El amor es lo que da el toque mágico para el ministerio, tanto a Dios como a los hombres" (Unger, Merrill F. Nuevo Manual Bíblico de Unger. EE. UU.: Editorial Portavoz, 1993, p.547). Un ministerio sin amor es carente de la naturaleza esencial que distingue el servicio cristiano.

Esta lección nos enseñará las características que distingue un ministerio lleno del amor de Cristo. Eso lo estudiaremos a través del ministerio de Pablo hacia la iglesia de Tesalónica.

Para comenzar, es importante conocer un poco las circunstancias que rodearon el ministerio de este siervo allí. Pablo visitó Tesalónica durante su segundo viaje misionero, dejando un gran número de creyentes en dicha ciudad (Hechos 17:1-4). Posteriormente, el apóstol tuvo que seguir su viaje rumbo a Atenas, no sin antes pasar por Berea (Hechos 17:10-14); pero desde allí, envió a Timoteo para saber de los hermanos de aquella congregación (1 Tesalonicenses 3:1-2). "Las excelentes noticias que trajo Timoteo alentaron mucho al apóstol, pero parece que tenía que enfrentar acusaciones contra su carácter, como si algunos dijeran que había trabajado entre los tesalonicenses para beneficio material propio" (Lockward, Alfonso. Nuevo Diccionario de la Biblia. EE. UU.: Editorial Unilit, 1992, p.1010). Esto nos trae luz sobre la vocación y amor de Pablo y sus ayudantes hacia esta iglesia. Ellos se sentían más que pagados sabiendo que aquellos en quienes habían sembrado el evangelio, perseveraban y estaban creciendo en la fe a pesar de las luchas que enfrentaban (1 Tesalonicenses 2:18-20).

I. El premio de un líder que ama a la iglesia (1 Tesalonicenses 2:17-20, 3:1-5)

La relación de un líder con su iglesia llega a crear lazos más profundos a medida que pasa el tiempo y comparten experiencias. Como veremos en la primera parte del pasaje que estudiaremos, desde 1 Tesalonicenses 2:17 hasta 1 Tesalonicenses 3:5, esta iglesia llegó a convertirse en la causa de la alegría del ministro.

La iglesia de Tesalónica era más que simples creyentes para Pablo. Él la consideraba como sus hermanos, hijos y amigos en Cristo, a quienes amaba de una forma muy especial (v.17). Ellos significaban el premio más valioso de su ministerio (vv.19-20). El profundo amor que sentía el gran apóstol por esta iglesia sobrepasaba los innumerables obstáculos puestos por el enemigo en su camino hacia ellos.

A. Un líder que se goza del crecimiento de los creyentes

El premio o pago para Pablo era que sus hermanos de Tesalónica estuviesen bien en todo sentido, y creciendo en la fe:"Vosotros sois nuestra gloria y gozo" (v.20).

La principal causa de regocijo de un líder cuya vocación es el amor por las almas es el crecimiento espiritual de aquellos a quienes dirige. Ver a los creyentes crecer y perseverar en medio de sus innumerables luchas y persecuciones era aquello por lo que Pablo realmente se gozaba con relación a la congregación de Tesalónica.

Son muy significativas las preguntas retóricas del versículo 19:"Porque ¿cuál es nuestra esperanza, o gozo, o corona de que me gloríe? ¿No lo sois vosotros, delante de nuestro Señor Jesucristo, en su venida?"

"En griego hay dos palabras para corona. Una es diadema, que se usa casi exclusivamente refiriéndose a la corona real. La otra es Stéfanos, que se utiliza casi exclusivamente para designar la corona del vencedor en alguna contienda deportiva. Stéfanos es la palabra que usa aquí Pablo. El único premio que apreciaba realmente en la vida era ver vivir a sus convertidos de acuerdo con el Evangelio" (Barclay, William. Comentario al Nuevo Testamento, La Primera Epístola a los Tesalonicenses. España: Editorial CLIE, 1999, p.787).

Pablo mostró una consagración tal al llamado que el Señor le hizo que dedicó toda su vida a los demás con el propósito de ganarlos para Cristo.

La vida de este apóstol, como todos sabemos, estuvo llena de muchas dificultades; pero él no dejó que aquello lo estorbase en el propósito al cual Dios lo había llamado. Su gran gozo era el éxito del evangelio y la conversión de los perdidos; y en ello invirtió todos sus bienes, hasta su propia vida.

El líder que ama a la iglesia tiene en su corazón el hermoso propósito de entregar no sólo el mensaje del evangelio; sino también, de ser necesario, hasta su propia vida. No me refiero a morir físicamente, aunque debemos estar dispuestos también a hacerlo si es necesario por la causa de Cristo; sino más bien, vivir para los demás y por ellos, es decir, por los que el Señor le ha encargado. Este pasaje nos muestra que el resultado de la dedicación desinteresada al ministerio es la bendición de Dios, el crecimiento y amor de los creyentes. "Tal servicio cuenta siempre con la bendición de Dios y lleva fruto como ocurrió con los tesalonicenses" (Unger, Merrill F. Nuevo Manual Bíblico de Unger. EE. UU.: Editorial Portavoz, 1993, p.547).

B. Un líder que se preocupa por la iglesia

Otra expresión del amor del líder es una profunda preocupación por las necesidades de la iglesia. El enfoque principal de tal interés no son las necesidades del edificio, ni el mobiliario, ni lo litúrgico; sino lo espiritual, la gente y sus necesidades.

En los tiempos actuales, cuando la tecnología ha sustituido la cercanía de las relaciones interpersonales, el cuidado pastoral ya poco se da en una relación directa y afectuosa. En cambio, se utilizan medios impersonales y metodologías vacías de la calidez humana. Pero Pablo, por su parte, sentía tal necesidad de saber si los hermanos tesalonicenses perseveraban en la fe en Cristo, que no pudiendo quedarse tranquilo ante la falta de noticias de la iglesia, tomó la decisión de enviar a Timoteo para saber de ellos y darles el apoyo moral y espiritual que necesitaban (1 Tesalonicenses 3:1-5). "Era tal su ansiedad por el bienestar espiritual de los tesalonicenses, que prefirió quedarse solo, y así poder enviar a Timoteo para cuidar de sus intereses espirituales, y fortalecerlos frente a las tribulaciones que soportaban" (Unger, Merrill F. Nuevo Manual Bíblico de Unger. EE. UU.: Editorial Portavoz, 1993, p.548).

El gran interés de Pablo por el bienestar de los tesalonicenses evidencia su corazón pastoral y el gran amor que tenía hacia la iglesia.

II. La motivación de un líder que ama a la iglesia (1 Tesalonicenses 3:6-8)

A pesar de tantas pruebas y necesidades que el apóstol estaba pasando a nivel personal, las buenas noticias que recibió a través de Timoteo acerca de la perseverancia de la iglesia de Tesalónica y saber del gran afecto y respeto que ellos tenían por él, fueron su gran motivación: "Dos razones habían sido motivo de consuelo para Pablo. Primero, Timoteo nos dio buenas noticias (lit., "alegres nuevas", Robertson) de vuestra fe y amor...La segunda razón para el gozo del apóstol era que siempre nos recordáis con cariño, deseando vernos, como...nosotros a vosotros" (Earle, Ralph, ed. Comentario Bíblico Beacon, Tomo IX, Gálatas hasta Filemón. EUA: CNP, s.a., pp.488-489).

En esta segunda parte de la lección, donde estudiaremos el capítulo 3, versículos 6 al 8, veremos esta gran motivación del líder.

A. Un líder que sirve desinteresadamente

Hoy, es muy común ver que algunos líderes eclesiásticos trabajen mayormente por el interés material. Innumerables pastores han abandonado la obra de Dios cuando han escaseado los recursos económicos en la iglesia o se han presentado pruebas en el aspecto material. Esto es lo característico del pastor asalariado. Usaremos un pasaje paralelo ubicado en Juan 10:7-15 para estudiar este asunto.

Pablo es la antítesis del pastor asalariado. Barclay escribió sobre este pasaje: "...el pastor improvisado hacía el trabajo no por vocación, sino como una manera de ganar dinero...Lo que Jesús quería decir era que el que trabaja sólo por lo que pueda sacar, no piensa más que en el dinero; pero el que trabaja por amor, piensa en aquellos a los que está tratando de servir" (Barclay, William. Comentario al Nuevo Testamento, La Primera Epístola a los Tesalonicenses. España: Editorial CLIE, 1999, p.441).

Pablo nos enseñó el valor del servicio desinteresado y fiel como expresión del amor del ministro a la iglesia y a Dios, lo cual no contradice en ninguna manera el texto de 1 Timoteo 5:18. Pregunte: "¿Cuál es el motivo por el que estamos trabajando nosotros en la obra de Dios? ¿Qué procuramos obtener?"

B. Un líder que se gana el corazón de la iglesia

Quizá, la mayor recompensa del trabajo de un líder cristiano sea el aprecio de aquellos a quienes sirve. Corazones que han sido consolados, que han sido ayudados tanto en las necesidades espirituales como materiales, van a devolver amor como una respuesta de gratitud.

Pero ganar el corazón de la iglesia no es tarea fácil para un líder. Pablo tuvo que pagar un alto precio para ello. El cariño de la iglesia viene como resultado de una entrega profunda al servicio por parte de sus ministros: "No puede caber duda de que una vida tan plena y de corazón abierto con todo su inherente riesgo de sufrimiento es un requisito básico para el éxito en la obra del evangelio. Tal vez también se pueda decir que este es el precio que se ha de pagar si el pastor de hoy ha de ser amado por sus ovejas como Pablo lo era por los tesalonicenses" (Earle, Ralph, ed. Comentario Bíblico Beacon, tomo IX, Gálatas hasta Filemón. EE. UU.: CNP, s.a., pp.489-490).

Como nos muestra esta parte del pasaje bíblico, ganar el corazón de la iglesia no es una tarea fácil; pero tampoco imposible. El amor es la respuesta natural de la iglesia a un líder que la ama y se esfuerza para edificarla.

III. La oración de un líder que ama la iglesia (1 Tesalonicenses 3:9-13)

Lo estudiado hasta el momento nos ha enseñado qué cosas son aquellas que se convierten en el gozo y la motivación de un líder cristiano. En la última parte del pasaje (1 Tesalonicenses 3:9-13), se nos muestra el amor de Pablo por la iglesia a través de la intercesión ferviente por ella.

A. Una oración llena de gratitud

Una de las evidencias claras del amor de un ministro hacia la iglesia se muestra en su oración intercesora por ella; compartiendo las necesidades de la congregación; y considerando a los miembros de la misma como sus hijos espirituales. El ministro tiene el privilegio de dar gracias e interceder por cada una de las vidas que Dios ha puesto a su cuidado.

"Es significativo notar cómo el intenso gozo de Pablo por sus convertidos se derrama en una cascada de ansiosa oración de acción de gracias por ellos" (Earle, Ralph, ed. Comentario Bíblico Beacon, tomo IX, Gálatas hasta Filemón. EE. UU.: CNP, s.a., p.490).

Pablo preguntó a los tesalonicenses: "… ¿qué acción de gracias podremos dar a Dios por vosotros…?" (v.9). En otras palabras, el apóstol estaba tan complacido con los creyentes de aquella iglesia que no encontraba una forma adecuada para agradecer a Dios por ellos. Su profundo gozo por aquellos hermanos lo llevó a estar "orando de noche y de día con gran insistencia" por ellos (v.10). Esto es un hermoso ejemplo para nosotros hoy, de cómo debemos llevar a los pies del Señor continuamente, a través de la oración, a todas aquellas personas a quienes se nos ha dado el privilegio de servir.

B. Una oración por la santificación

La oración de Pablo por los tesalonicenses no sólo tenía un componente emocional; sino además obedecía a su preocupación por todo lo relacionado a la vida espiritual y moral de ellos (v.13). Tomando como referencia 1 Tesalonicenses 4:1-12, que sigue al pasaje de estudio, y que forma parte de su contexto, encontramos las peticiones de Pablo por la iglesia en el campo de la ética cristiana. Él se refirió a la nueva vida que debían llevar ahora que eran cristianos, contraria a la que experimentaban antes.

"Estos defectos sin duda le habían sido informados por Timoteo, de manera que el gozo abundante al que Pablo da rienda suelta, está, sin embargo, templado por una profunda preocupación ética" (Earle, Ralph, ed. Comentario Bíblico Beacon, Tomo IX, Gálatas hasta Filemón, EE. UU.: CNP, s.a., p.490).

La palabra "completemos", que aparece al final del versículo 10, es una palabra clave en cuanto a este interés de Pablo por la vida moral de la iglesia. Su deseo profundo era poder visitarles de nuevo con el fin de edificarles en todo aquello que aún necesitaban aprender y perfeccionar en su fe. "Completemos viene del verbo katartizo, que significa 'tornar artios, es decir, adecuado, sano completo, y por ende 'remendar' como en Marcos 1:19, o 'poner en orden' o 'arreglar' como en Hebreos 11:3. Esta palabra…significa generalmente 'ajustar' diferencias, 'reparar' cosas destartaladas…'" (Earle, Ralph, ed. Comentario Bíblico Beacon, tomo IX, Gálatas hasta Filemón. EE. UU.: CNP, s.a., p.491).

El deber de todo líder o ministro cristiano, es la expresión de su amor hacia la iglesia, y también orar continuamente por la santificación de los creyentes; a fin de que su labor de edificarlos reciba la intervención del Espíritu Santo, quien es el que santifica a su iglesia (2 Tesalonicenses 2:13; 1 Pedro 1:2).

Conclusión

Es maravillosa la forma como Pablo llegó a estar conectado con la iglesia de los tesalonicenses por medio del amor y el servicio. La ternura con que el apóstol trató a sus hijos en la fe es realmente abrumadora. Pero también es impresionante el cariño y gratitud que generalmente la iglesia tenía hacía él. Es un referente significativo de la relación que debe existir entre el ministro y la iglesia.

Un líder que ama a la iglesia

Hoja de actividad

Versículo para memorizar: "Vosotros sois nuestra gloria y gozo" 1 Tesalonicenses 2:20.

I. El premio de un líder que ama a la iglesia (1 Tesalonicenses 2:17-20, 3:1-5)

¿Qué quiso indicar Pablo al decir que los tesalonicenses eran su corona? (v.19).

_____

_____

_____

¿Qué opina del gran interés de Pablo por el bienestar de los tesalonicenses? Explique.

_____

_____

_____

II. La motivación de un líder que ama a la iglesia (1 Tesalonicenses 3:6-8)

¿Qué efecto tuvieron en Pablo las buenas noticias que trajo Timoteo? (vv.6-7).

_____

_____

_____

¿Cómo se gana el ministro el corazón de su iglesia hoy? Comente.

_____

_____

_____

III. La oración de un líder que ama a la iglesia (1 Tesalonicenses 3:9-13)

¿Usted considera que es importante que el líder dé gracias por los creyentes? Comente.

_____

_____

_____

¿Qué esperaba Pablo "completar" en los tesalonicenses? (v.10).

_____

_____

_____

Conclusión

Es maravillosa la forma como Pablo llegó a estar conectado con la iglesia de los tesalonicenses por medio del amor y el servicio. La ternura con que el apóstol trató a sus hijos en la fe es realmente abrumadora. Pero también es impresionante el cariño y gratitud que generalmente la iglesia tenía hacia él. Es un referente significativo de la relación que debe existir entre el ministro y la iglesia.

La vida que agrada a Dios

Sharon Víquez (Costa Rica)

Pasaje bíblico de estudio: 1 Tesalonicenses 4:1-12

Versículo para memorizar: "… os rogamos y exhortamos en el Señor Jesús, que de la manera que aprendisteis de nosotros cómo os conviene conduciros y agradar a Dios, así abundéis más y más" 1 Tesalonicenses 4:1.

Objetivo de la lección: Que el estudiante entienda el llamado que Dios le hace al creyente a experimentar la santificación, vivir en pureza sexual y manifestar el amor fraternal.

Introducción

"¡Ay, mis hijitos! ¡Por el amor a Dios, yo les pido que se porten bien!", solía decirnos mi abuelita cuando teníamos que asistir a alguna actividad de los centros educativos, una fiesta de cumpleaños o una actividad familiar. Su preocupación era que con nuestras acciones no representáramos dignamente a la familia y los valores que nos habían enseñado en nuestro hogar.

Cuando leo las palabras iniciales de Pablo en el pasaje bíblico de estudio, me parece estar escuchando la misma recomendación que nos hacía mi abuelita" (1 Tesalonicenses 4:1).

Este pasaje es el inicio de un nuevo énfasis en la primera carta de Pablo a los tesalonicenses, en donde les dio exhortaciones prácticas sobre la vida cristiana. En este caso específico, el apóstol apeló a que los creyentes de Tesalónica siguieran poniendo por obra todo aquello que habían aprendido de su enseñanza, haciendo un claro énfasis en que todas las instrucciones dadas no eran propias, sino "de parte del Señor Jesús" (v.2 NVI).

La joven iglesia de Tesalónica recibió de Pablo una palabra de exhortación para que continuara viviendo una vida agradable a los ojos de Dios, como ya lo estaba haciendo:"… así abundéis más y más" (v.1), mostrando con esto que la vida cristiana es un proceso de crecimiento para cimentar la fe.

Surge la siguiente pregunta:"¿Cómo es una vida agradable delante de los ojos de Dios?" Esta es la pregunta obligatoria que deberíamos hacernos una vez que hemos aceptado a Cristo, y comprendemos que ahora nuestra vida le pertenece a Él. Los principios que Pablo enseñó en 1 Tesalonicenses 4:1-12 siguen siendo una poderosa luz para la iglesia contemporánea que quiera vivir agradando los ojos de su Señor.

Hacer nuestra la voluntad de Dios, es a la vez reconocer que Él es quien reina en nuestra vida; y que por tanto,

hacer su voluntad está por encima de nuestros intereses y deseos personales. Pablo indicó que quien quiere hacer la voluntad de Dios vive en santidad (1 Tesalonicenses 4:1-8) y en amor fraternal (1 Tesalonicenses 4:9-12).

I. Llamados a santidad (1 Tesalonicenses 4:1-3a)

A. ¿Qué es la santificación?

Me gusta definir la santificación como esa obra de Dios en lo profundo de nuestro ser, para transformarnos a la semejanza de Cristo, pasándonos de pecadores a santos y apartados para Dios.

Keith Drury explica ese proceso de santificación de la siguiente forma:"Cuando usted recibió a Cristo fue hecho, vivo en Cristo, experimentando su propia resurrección, pues la Palabra de Dios dice que todos estábamos muertos en nuestros delitos y pecados (Efesios 2.1.). Por fe hemos recibido una nueva vida. Dios cambió varios aspectos de su vida. Tal vez usted recuerde haber observado en las semanas siguientes a su conversión, valores diferentes, intereses y deseos nuevos. Dios le había cambiado internamente. Puede ser que usted haya cambiado algún hábito. Otras personas habrán observado el cambio. Tal vez alguien le haya dicho "Te vez diferente". Toda persona cambia en el momento de la conversión. En un instante Dios obra unos cambios significativos".

(Drury, Keith. Disciplinas Espirituales para todo Creyente. EUA: Wesleyan Publishing House, 1996, pp.13-14).

B. La santificación: un momento y un proceso

El creyente es santificado en la conversión; sin embargo, la obra santificadora no termina allí. La santidad inicial es sólo eso: el inicio en la nueva vida con Cristo.

Agradar a Dios implica rendir totalmente nuestra voluntad a Él. Los creyentes llegamos al punto de reconocer que hay un momento de tomar la decisión de dejar que el Señor obre dentro de nosotros, rendir nuestra voluntad a Él completamente, y ser apartados para hacer su santa voluntad. A esto lo llamamos la entera consagración o entera santificación. Este es una obra de Dios que sigue a la regeneración, y la persona es libre del pecado original. Este acto es efectuado por el Espíritu Santo.

A este desarrollo espiritual se refería el apóstol Pablo cuando les escribió a los tesalonicenses, confrontándoles al decirles que avanzaran más y más en ese proceso de sometimiento a la voluntad de Dios, a esa vida que es agradable a sus ojos; e indicándoles que el único medio para lograrlo era con esa llenura del Espíritu Santo para su total santificación. Esto es lo que "les conviene" (v.1), les dijo el apóstol Pablo.

No sabemos si los creyentes de Tesalónica a quienes estaba dirigida esta carta, habían o no pasado por la entera santificación; pero lo que Pablo les decía es que debían crecer más y más, indicando que no podían estancarse en el proceso de la vida de santidad.

Somos santos en virtud de nuestra relación con Dios en Cristo; y de este aspecto hay consejos prácticos de la vida de santidad descritos en el libro El Renacer de la Santidad Cristiana, los cuales pueden ser vitales en este punto de la lección. Veamos a continuación resumidamente algunos de estos.

1. La santidad es el proceso de Dios para refinarnos, limpiarnos, ensancharnos, animarnos, fortalecernos, madurarnos y así progresivamente, hasta alcanzar la forma moral y espiritual en la que Él quiere vernos.

2. La santidad es tomar la ley moral de Dios como norma y a su Hijo encarnado como modelo.

(Packer, J. I. El Renacer de la Santidad Cristiana. EUA: Editorial Caribe, 1995, pp.14-17).

II. Llamados a la pureza sexual (1 Tesalonicenses 4:3b-8)

A. Un mundo hedonista

Las prácticas nocivas que atentaban contra la vida de santidad de la iglesia en Tesalónica no son diferentes a las que la iglesia del siglo XXI vive actualmente; como tampoco el llamado de Dios a la santificación, es decir, el estar apartados para Él en todas las áreas de la vida.

Pablo fue específico en indicar una práctica concreta en la que, como pueblo de Dios, se debe marcar la diferencia: "... que os apartéis de fornicación" (v.3b).

En el Imperio romano, las normas sexuales eran muy bajas, similares a nuestra sociedad contemporánea. A causa de ello, Pablo exhortó a la iglesia de Tesalónica a que se apartara completamente de toda inmoralidad sexual.

El Comentario Bíblico Beacon menciona que "una de las barreras que el pagano tenía que saltar era la actitud cristiana hacia el sexo, pues él había sido criado en un mundo en que la poligamia, el concubinato, la homosexualidad y la promiscuidad eran aceptadas como cosa común" (Howard, Taylor. Comentario Bíblico Beacon. EUA: CNP, 1965, p.497).

Vivimos en una sociedad hedonista en donde los seres humanos viven para satisfacer algún deseo o placer; es lo que se denomina vivir para el placer, por el placer. Los cristianos no pueden dejar que el mundo y sus prácticas, definan sus valores, o menoscaben el significado correcto de la sexualidad.

B. Perspectiva bíblica de la sexualidad

Según el Diccionario de la lengua española, la "sexualidad" se define de la siguiente manera: "1. f. Conjunto de condiciones anatómicas y fisiológicas que caracterizan a cada sexo. 2. f. Apetito sexual, propensión al placer carnal" (Recuperado de https://dle.rae.es/sexualidad, el 30 de junio de 2020).

La Biblia es el manual en el cual el creyente que camina en santidad encuentra el marco en el cual se dan las prácticas y comportamientos relacionados con la búsqueda del placer sexual y la reproducción. Así pues, veamos qué dice la Palabra de Dios respecto a la sexualidad en Génesis 1:27-28;2:18,22,24-25. Esos pasajes nos muestran que la creación del ser humanao y su sexualidad fueron hechas por Dios.

A la luz de los pasajes leídos, encontramos esto: "El hombre y la mujer fueron creados seres sexuales para vivir el sexo juntos. Esa intimidad corporal-espiritual implica y requiere exclusividad para que impere la confianza, la honestidad y la apertura en la comunicación, es por ello que esa celebración de su sexualidad no era casual, sino que requería el marco de la fidelidad".

El matrimonio es ese marco; es la institución creada por Dios para efectos de procreación, pero también de compañerismo mutuo, en donde se encuentra ayuda y consuelo. El matrimonio es para el compromiso recíproco de un amor generoso que encuentra su expresión natural en la unión sexual (coito), en una relación de fidelidad.

El ser humano es considerado por Dios como un ser responsable; es más que una mera criatura sexual, sino una persona sexual, responsable ante Dios por el cuidado de la tierra, llamada a permanecer en comunión entre sus semejantes y con su Creador.

C. La influencia del pecado en la sexualidad

Como todas las áreas de la vida, la práctica de la sexualidad ha sido distorsionada por la influencia del pecado. La Real Academia Española (RAE) define el término "distorsión" como el proceso de deformar un sonido o una imagen (Diccionario de la lengua española. Disponible en línea: https://dle.rae.es/distorsi%C3%B3n).

Desde esa perspectiva, el plan original de Dios respecto de que varón y mujer se encontraran sexualmente como un medio para su propia realización como individuos, y como la entrega de dos personas en comunión, se distorsionó.

Pregunta: ¿cuáles son esas distorsiones en la sexualidad que se han dado a consecuencia del pecado? Más que prácticas en sí mismas, podríamos mencionar algunos principios que nos ayuden a discernir lo distorsionado de la sexualidad humana:

1. Cuando el acercamiento sexual es un acto meramente físico, que sólo busca el placer o brindar un servicio. Cuando la sexualidad se despersonaliza, la deshumanizamos, o sea, nos rebaja como personas.
2. Cuando se rompe el compromiso de intimidad sexual exclusiva (fidelidad en el matrimonio).
3. Cuando la unión es contraria a la naturaleza original de la unión heterosexual, establecida en el libro de Génesis.

D. La manifestación de la gracia

La iglesia tiene la responsabilidad profética de testificar las normas que Dios reveló, y la responsabilidad pastoral de mostrar compasión con quienes no han sido capaces de mantenerse dentro de estos principios citados.

No podemos olvidar que es la gracia de Dios la que eleva y libera nuestra sexualidad y la capacita para cumplir con el rol que originalmente fue creada; y dentro del marco del matrimonio, para expresar amor, intimidad, fidelidad y comunión.

Como cristianos, debemos entender que no debemos actuar como jueces para quienes han asumido prácticas distorsionadas de la sexualidad. Ese papel le corresponde a Dios. Esto no significa que vamos a actuar con tolerancia sobre una práctica equivocada; pero sí con consideración a quien la practica, partiendo de que necesita la gracia salvadora en su vida. Debemos ser sensibles ante la tragedia de muchos que sufren la distorsión de su sexualidad; pues a menudo, son víctimas de una situación que está fuera de su control, y que requiere ser vista con ojos compasivos.

III. Llamados al amor fraternal (1 Tesalonicenses 4:9-12)

El amor fraternal es el segundo aspecto con el que Pablo le indicó a la iglesia en Tesalónica que se vive una vida que agrada a Dios. Cuando amamos fraternalmente, estamos reflejando el carácter de Cristo.

El amor fraternal (fileo) es el amor que se expresa entre hermanos o amigos. Esta clase de amor se entiende como: un mandato de Jesús (Juan 13:32-35); la práctica distintiva de los primeros cristianos (Hechos 4:32-35); y la exhortación permanente de los apóstoles (1 Juan 4:7-21), porque con ello se daba evidencia del nuevo nacimiento.

Pablo indicó que la iglesia de Tesalónica estaba viviendo este tipo de amor fraternal; no sólo entre sus miembros, sino también con los cristianos de otras regiones, como el caso de los macedonios. No obstante, el apóstol les invitó a los hermanos tesalonicenses a abundar aún más en ese amor fraternal, como una característica de que se está avanzando en el proceso de santidad de vida (1 Tesalonicenses 4:10).

Amar fraternalmente también implica no ser gravoso para otros. Por ello, Pablo animó a los creyentes a trabajar. No sólo para obtener con ello su propio sustento; sino también para evitar la vida de ocio y con exceso de tiempo libre, que los podía llevar a inmiscuirse en la vida de los demás. Así que "el amor fraternal y el trabajo honesto, van asidos de la mano como evidencia de la vida cristiana" (Howard, Taylor. Comentario Bíblico Beacon, tomo 9. EUA: CNP,1965, p.505).

El amor fraternal se refleja en la vida del cristiano con acciones concretas, de las cuales encontramos puntualmente tres en esta porción del pasaje de 1 Tesalonicenses 4: colaboración con el prójimo (v.10); ser diligente en el trabajo (v.11); y conducirse honradamente con los demás (v.12).

Como los puntos anteriores, la demanda del evangelio para nosotros es la misma. Estamos llamados a mostrar nuestro amor al prójimo con acciones concretas: compartiendo nuestro pan con el necesitado, mostrando compasión por las personas migrantes de nuestros países, separando parte de nuestros ingresos para actos de solidaridad, tal cual se recomienda en Efesios 4:28.

Así como también, trabajar con honestidad y entrega; porque esa es una forma de expresar nuestro amor y santidad de vida a nuestros empleadores. Pablo hizo un llamado en este punto, en Colosenses 3:23, indicando que nuestro trabajo honra a Dios; pero también nuestro trabajo da testimonio de nuestra fe.

Conclusión

Quien procura una vida agradable ante los ojos de Dios, no está exento de tentaciones, limitaciones o contiendas. Lo que sí se garantiza es que quien así vive, tendrá paz con Dios, sabiendo que sus hechos están dando testimonio de la transformación que Cristo ha traído a su vida. Como decía mi abuelita: "¡Por el amor a Dios, yo les pido que se porten bien!" Vivamos una vida agradable, no a nuestros ojos; sino a los ojos del Señor.

La vida que agrada a Dios

Hoja de actividad

Versículo para memorizar: "… os rogamos y exhortamos en el Señor Jesús, que de la manera que aprendisteis de nosotros cómo os conviene conduciros y agradar a Dios, así abundéis más y más" I Tesalonicenses 4:1.

I. Llamados a santidad (I Tesalonicenses 4:1-3a)

Describa el proceso de santificación explicado en la lección.

_____

_____

¿Qué es la entera santificación?

_____

II. Llamados a la pureza sexual (I Tesalonicenses 4:3b-8)

Hay prácticas sexuales que la Biblia menciona como desviaciones de la norma divina; pero que los derechos humanos han avalado como correctas. ¿Significa esto que la ley civil deja sin valor la ley moral de Dios? Comente.

_____

_____

¿Cuáles son las prácticas nocivas en la sexualidad humana que se pueden estar dando dentro del pueblo de Dios?

_____

III. Llamados al amor fraternal (I Tesalonicenses 4:9-12)

¿Cómo se aplica el principio del amor fraternal que la iglesia debe expresar sobre aquellas personas que viven en una práctica sexual incorrecta a la luz de la Biblia?

_____

Mencione ejemplos de cómo el amor fraternal puede ser un canal para la evangelización.

_____

_____

Conclusión

Quien procura una vida agradable ante los ojos de Dios, no está exento de tentaciones, limitaciones o contiendas. Lo que sí se garantiza es que quien así vive, tendrá paz con Dios, sabiendo que sus hechos están dando testimonio de la transformación que Cristo ha traído a su vida. Como decía mi abuelita: "¡Por el amor a Dios, yo les pido que se porten bien!" Vivamos una vida agradable, no a nuestros ojos; sino a los ojos del Señor.

Maranata

Mirelys Correoso (Cuba)

Pasajes bíblicos de estudio: I Tesalonicenses 4:13-17, 5:1-11
Versículo para memorizar: "Por tanto, no durmamos como los demás, sino velemos y seamos sobrios" I Tesalonicenses 5:6.
Propósito de la lección: Que el alumno comprenda que la iglesia, el cuerpo de Cristo, debe prepararse para la Segunda Venida del Señor.

Introducción

No cabe dudas de que los hermanos de la iglesia primitiva vivieron un genuino primer amor. Muy a pesar de la persecución y el peligro de muerte, aquellos cristianos dieron muestras de recibir el evangelio como su más preciado tesoro. Y no estamos hablando de la conmoción producida por los milagros que los apóstoles realizaban; sino de algo también significativo y valioso para ellos: la Segunda Venida de Cristo.

En la ciudad de Macedonia, que fue lugar de procedencia y vio brillar a personalidades como Alejandro Magno y Aristóteles, permeada de la fastuosa y caprichosa dinastía de dioses del Olimpo, se evidenciaba en el año 50 o 51 de nuestra era, en un grupo de hombres, un ferviente apego al cristianismo tras la plantación de una iglesia por el apóstol Pablo.

Aquellos cristianos tesalonicenses comprendieron que ninguna de sus anteriores deidades les había ofrecido lo que Cristo les había regalado con su sangre. Ninguno de sus deslumbrantes héroes, protagonistas de famosas epopeyas homéricas, había muerto para perdonar sus pecados y darles vida eterna. Por tanto, se afirmaron en una profecía que se convirtió no sólo en saludo; sino también en distinción de los convertidos y su razón para vivir: "Maranata", transcripción griega de una expresión de origen arameo que significa, entre otras acepciones, "El Señor viene" (Nelson, Thomas. Diccionario Expositivo de Palabras del Antiguo y del Nuevo Testamento exhaustivo. Costa Rica: Editorial Caribe, 1999, p.1148). Los creyentes tesalonicenses interiorizaron esta verdad de tal manera, y con tal presunción de inminencia, que muchos abandonaron sus labores habituales ante la llegada próxima de Jesús.

El apóstol Pablo, escritor de esta epístola de estudio, a través de la misma, no sólo reafirmó la indiscutible verdad de la Segunda Venida de Cristo; sino que llamó a sus destinatarios a la objetividad de la vida, debiendo llevar una cotidianidad santa, en pos de alcanzar ese gran premio que es seguro, pero impredecible en el tiempo, accesible aún para los fieles que "dormían".

Hoy, a pesar de que la venida de Cristo está más cerca que para aquellos creyentes, la actitud de muchos, paradójicamente, no lo da a entender. Podemos afirmar que, si bien la posición de algunos de los cristianos de aquella época pudo haber sido desenfocada; ¡cuánto más es hoy la de muchos que actúan como si Cristo nunca viniera! Existe un refrán popular que dice: "Tan malo es pasarse como no llegar". Y es que se trata de aprender a vivir con esa verdad incorporada en las entrañas: ¡Maranata!; en la justa medida que demanda el Señor en nuestro manual de vida: la Biblia.

I. Cristo viene a buscar a su pueblo (I Tesalonicenses 4:13-17)

Esta porción de la Escritura es eminentemente escatológica; pues nos anuncia el final glorioso de los justos, de los limpios de manos y puros de corazón. Es la consumación de esa esperanza expectante de salmistas y patriarcas bíblicos que vivieron en medio del desacierto y el dolor. Aquella esperanza que profetizaron no era mera poesía ni mito; sino la certeza de que algo extraordinario ocurriría. Job sabía de qué hablaba cuando dijo: "Yo sé que mi Redentor vive, y al fin se levantará sobre el polvo; y después de deshecha esta mi piel, en mi carne he de ver a Dios" (Job 19:25-26).

Cuando en Hebreos 11 se hace esa reconocida semblanza de los héroes de la fe, se dice que aunque estos alcanzaron buen testimonio, no recibieron lo prometido; y se asegura que Dios proveería alguna cosa mejor para ellos y para nosotros (Hebreos 11:39-49). El mismo apóstol Pablo en I Corintios 15:19 dijo: "Si en esta vida solamente esperamos en Cristo, somos los más dignos de conmiseración de todos los hombres".

Ciertamente, aquel que prometió venir en breve (Apocalipsis 22:20) vendrá con voz de mando y con trompetas del cielo. Esto es sinónimo de júbilo y poder, de autoridad y corona, de juicio y victoria. Jesucristo lo dijo y lo hará; y el regalo o galardón prometido es la salvación, que tendrá su consumación con el rapto de la iglesia que realizará nuestro Señor.

¿Cómo reconocer que Cristo murió en la cruz por nosotros, arrepentirnos de la vida pasada, aceptarlo como nuestro Salvador, imitar su vida, servirle fielmente; y no vivir consciente y en espera de su ineludible regreso? La Segunda Venida de Cristo es una importante profecía que abraza y espera la iglesia. Es el evento por el que se debe vivir, trabajar y hasta morir. La venida del Señor también es el consuelo ante nuestra despedida física de los fieles. Obviamente, albergamos tristeza por la añoranza de los que ya no están; pero es reconfortante saber que ellos están más cerca que nosotros de recibir lo deseado, y serán los primeros en ser levantados en ese magnánimo encuentro (1 Tesalonicenses 4:15-16). Si permanecemos en Cristo; un día estaremos todos juntos, reunidos en las bodas del Cordero.

Hay una palabra determinante en el versículo 13:"esperanza". Se nos exhorta a apropiarnos de ella; porque es la que nos distingue de los que no tienen a Dios. Entonces, la muerte ya no se enseñoreará de nosotros, no nos robará el gozo, ni nos provocará temor; porque es la llave de la vida eterna, del encuentro con nuestro Creador. La muerte es una transición para la que debemos prepararnos para asumirla en cualquier momento; pero de la mano de Dios. Sabiendo que Él nos espera; y un día, nos levantará de esa condición de manera gloriosa (v.16).

Podemos, entonces, decir como el apóstol Pablo dijo: "¿Dónde está, oh muerte, tu aguijón? ¿Dónde, oh sepulcro, tu victoria?" (1 Corintios 15:55). Tenemos, como pueblo de Dios, la convicción de que el regreso del Señor Jesús acontecerá; y ello responde a un objetivo crucial que es buscar a su novia: la iglesia. La interrogante y el desafío es la siguiente:"¿Cuán preparada está la dama para ese encuentro?"

II. Cristo viene repentinamente (1 Tesalonicenses 5:1-3)

La Segunda Venida de Cristo es una verdad absoluta que no puede ser cuestionada por una iglesia de sana doctrina. Más bien debe ser motivación para la constante santificación de los creyentes y predicación del evangelio a los perdidos. También debemos mencionar que este trascendental hecho, durante siglos, ha inquietado a muchos hombres, de tal manera que han especulado inmensamente sobre el tema. En virtud de ello, se han enunciado pronósticos, anunciado fechas y realizado disímiles acciones en consecuencia de esas presuntas profecías, obviando lo que las Escrituras revelan al respecto (vv.2-3). Tristemente, esto ha contribuido a que, muchas veces, el mundo vea el suceso como algo fantástico e irrisorio.

La Palabra de Dios anuncia, tanto en el Antiguo Testamento como en el Nuevo Testamento, la llegada repentina de Cristo, así como otro grupo de eventos concomitantes a esto; pero no se revela el día ni la hora.

El escenario del mundo actual con las guerras y conflictos entre las naciones, la proliferación de enfermedades, hambres y epidemias, el acontecimiento de sismos y catástrofes, la aparición de apóstatas y falsos profetas, la multiplicación de la maldad por la devaluación del amor, entre otras, constituye una fotografía de lo que Cristo anunció en Mateo 24, como señales antes del fin.

Pero no sólo los no creyentes obvian la Segunda Venida de Jesús; sino también la iglesia con su activismo. Esta presume silenciosamente que tiene mucho tiempo para cumplir con las demandas espirituales y con su rol. La agenda con lo que urge, espiritualmente hablando, se pospone; y se prioriza aquello que no apremia, pero distrae.

Ninguna porción bíblica habla de la Segunda Venida de Cristo como un proceso paulatino, fragmentado en etapas o en distintos momentos; sino como un suceso que acaecerá de manera fulminante (Mateo 24:27; 1 Tesalonicenses 5:2), es decir, de una vez y para siempre, y que no da margen a nada, ni a correcciones o acciones.

La expresión "… como ladrón en la noche" (1 Tesalonicenses 5:2) sugiere sorpresa y desconcierto, dos vocablos que no deberían estar en una iglesia que ha sido apercibida de ese advenimiento.

III. Los hijos de luz están alertas esperando a Cristo (1 Tesalonicenses 5:4-11)

Imaginemos a un marinero que ha sido convocado para su última y más emocionante travesía. Ha preparado todo lo necesario para el trayecto, previendo cualquier contingencia. Mientras espera, conociendo la naturaleza de la empresa, no se descuida; sino que sigue apropiándose de todo lo que puede serle útil. Así, día tras día, trabaja en pos del éxito de la misión, anhelando ser llamado para zarpar y sobre todo, ser encontrado apto. Nosotros, los hijos de luz, somos esos marineros, uniformados con la verdad y la coraza de justicia (Efesios 6:14). Llevamos años batallando con el bravío mar y las inclemencias, lo cual es parte del entrenamiento. Siempre hemos salido victoriosos; porque nuestra nave ha tenido un solo capitán: Jesucristo, a quien no lo vemos ahora con los ojos físicos, pero nos lleva a puerto seguro. No obstante, este último viaje es definitivo y singular; pues veremos cara a cara a nuestro líder y Señor.

El cristiano que realmente ha comprendido que nuestro destino final y mayor riqueza es el cielo, que no hay dos glorias, sino sólo una; aquel que le ha creído a Dios, y ha entendido el verdadero significado del sacrificio de Jesús en la cruz; vive enfocado en una sola cosa: ¡llegar al cielo! No se trata de alcanzar un estatus social, económico o académico. Se trata de llegar a obtener el estatus espiritual que se requiere para ver al Señor.

Hoy, el neoliberalismo y la filosofía de la llamada nueva era, ya anunciada en las Escrituras (2 Timoteo 3:1-5), también ha invadido a la iglesia. El calificativo de "bendecido", en algunos círculos de cristianos, se ha reservado a aquellos creyentes que amasan un capital sólido, o que están en la silla vitalicia de un ministerio "próspero", o los que tienen tantos seguidores como nuevas doctrinas abundan.

Ni la prolífera vida ministerial, ni la aportación de grandes ofrendas, ni las repetidas estancias en el templo nos asegurarán la partida con el Maestro. Cristo viene a buscar una iglesia sin mancha ni arruga (Efesios 5:27). Nuestra condición espiritual es el pasaporte al cielo. El Señor ha puesto en nuestras manos el acceso a la eternidad.

Realmente, bendecido es aquel que su "yo" ha sido crucificado en el Calvario; y vive cada día muriendo, para que Cristo pueda seguir trabajando en su ser. Bendecido es aquel hombre o mujer que, sin medir consecuencias ni precio, batalla con la ayuda del Espíritu Santo para erradicar todo vestigio de carnalidad en su vida. Para ello, se empeña en redoblar la guardia; es su propio vigía. No se permite obviar las disciplinas espirituales; sino que busca en ellas sostén, consuelo y guía. En la ley de Jehová, medita de día y de noche (Salmo 1:2); ora sin cesar; y la voz del Espíritu no le es ajena, porque Dios y él han creado tal cercanía, que le es perceptible todos sus códigos, y a ella se debe y subordina. Asimismo, no compromete su testimonio, ni se conforma con lo que ha alcanzado espiritualmente. Es un árbol plantado junto a corrientes de agua, que siempre da fruto; y todo lo que hace prospera (Salmo 1:3); porque es para Dios. Hace todo lo necesario para ganar a los perdidos. Trabaja para el Reino; pero no es asalariado. Cree que su pago viene del cielo; pero considera que ya ha sido más que remunerado. Siempre se siente en deuda con el Padre; ya que no olvida el costo de su redención.

Ese hermano o hermana bendecido haría lo mismo aunque no hubiera cielo, aunque no hubiera vida eterna; porque su motivación es genuina: le mueve el amor y la gratitud a Dios. Es esa clase de amor descrito en 1 Corintios 13: sufrido, benigno, sin envidia, que no se jacta ni se envanece, y se goza de la justicia y la verdad. Esa clase de amor que todo lo cree, espera y soporta; amor incondicional a Dios y al prójimo.

Bendecido es aquel que tiene certeza de la salvación. Aquel que en la venida de Cristo, ya sea que esté en la tierra o "durmiendo", tiene la convicción que partirá con Él.

La Biblia dice en Hebreos 12:14b lo siguiente: "... sin la santidad, nadie podrá ver al Señor" (DHH). ¿Demandaría de nosotros nuestro Creador algo que no podamos alcanzar? Eso no encaja con los atributos y naturaleza del Dios de amor.

Conociendo nuestras humanas debilidades e imperfecciones, muchas veces tememos ante la aparente fragilidad del acceso a la salvación. Pero Dios nos ha dotado de todo lo necesario para poder entrar confiadamente a su Reino. Con el Espíritu Santo en nosotros y con nosotros, podemos caminar hacia la vida eterna. Como dijo Jesús en Juan 16:13-15: "Pero cuando venga el Espíritu de verdad, él os guiará a toda la verdad... Él me glorificará; porque tomará de lo mío, y os lo hará saber. Todo lo que tiene el Padre es mío..."

El Espíritu Santo tiene la capacidad y la misión divina de ayudarnos a alcanzar vidas santificadas. Si lo deseamos y se lo pedimos; Él no sólo ejecuta en nosotros un genuino acto de regeneración o nuevo nacimiento, sino que ya como hijos de Dios, nos transforma a la semejanza de Cristo. Nos libera del pecado original llevándonos a una entera devoción al Señor y a una santa obediencia a Él. De esta manera, seremos continuamente capacitados por el Consolador, para dar pasos ascendentes de consagración a Dios.

En Apocalipsis 16:5, el Señor luego de anunciar que vendrá de manera súbita, llama bienaventurado al que vela. En Hebreos 2:3, se nos hace una pregunta bien polémica: "¿cómo escaparemos nosotros, si descuidamos una salvación tan grande?"

Conclusión

Al escudriñar las Escrituras y apreciar nuestro mundo, podemos afirmar que la Segunda Venida de Cristo está muy próxima. Esto debe ser motivo de gozo y esperanza para los hijos de Dios; ya que constituye nuestra gran celebración. Pero a su vez implica temor y diligencia, dada la misión que tenemos que asumir como cuerpo de Cristo, y la santidad que Él demanda de su pueblo. Tampoco se nos revelará el día de nuestra muerte, por lo que es necesario estar a cuentas con nuestro Señor, para poder irnos confiadamente con Él.

Maranata

Versículo para memorizar: "Por tanto, no durmamos como los demás, sino velemos y seamos sobrios" 1 Tesalonicenses 5:6.

I. Cristo viene a buscar a su pueblo (1 Tesalonicenses 4:13-17)

¿Qué representa para el pueblo de Dios la Segunda Venida de Cristo?

_____

_____

¿Qué sucederá con los cristianos que mueran antes de la Segunda Venida del Señor?

_____

_____

II. Cristo viene repentinamente (1 Tesalonicenses 5:1-3)

¿Considera usted que la Segunda Venida de Cristo está cerca? ¿Por qué?

_____

_____

¿Cómo cree usted que acontecerá tal evento?

_____

_____

III. Los hijos de luz están alertas esperando a Cristo (1 Tesalonicenses 5:4-11)

¿De qué forma los hijos de Dios asumen una posición de alerta ante el regreso de Cristo?

_____

_____

¿Contamos los cristianos con la ayuda de Dios para poder alcanzar la santidad que nos conduce a la salvación? Explique.

_____

_____

Conclusión

Al escudriñar las Escrituras y apreciar nuestro mundo, podemos afirmar que la Segunda Venida de Cristo está muy próxima. Esto debe ser motivo de gozo y esperanza para los hijos de Dios; ya que constituye nuestra gran celebración. Pero a su vez implica temor y diligencia, dada la misión que tenemos que asumir como cuerpo de Cristo, y la santidad que Él demanda de su pueblo. Tampoco se nos revelará el día de nuestra muerte, por lo que es necesario estar a cuentas con nuestro Señor, para poder irnos confiadamente con Él.

Mandatos para el cristiano de hoy

J. Víctor Riofrío (EE. UU.)

Pasaje bíblico de estudio: 1 Tesalonicenses 5:12-24
Versículo para memorizar: "Examinadlo todo; retened lo bueno" 1 Tesalonicenses 5:21.
Propósito de la lección: Instar al alumno a cumplir los mandamientos del apóstol Pablo respecto del liderazgo, al trato con otros cristianos y de sí mismo.

Introducción

Una de las características del ser humano de hoy es querer que se le dé recetas puntuales y claras para proceder en determinada circunstancia. Por ejemplo, quiere que se le diga exactamente cómo bajar de peso. Una vez que se le indica lo primero, lo segundo, lo tercero, etc., siente que eso le ayudará de seguro a lograr su objetivo.

Parece que los hermanos de Tesalónica necesitaban algo similar para saber cómo proceder en diferentes situaciones de la vida cristiana. Fue así que el apóstol Pablo, sin rodeos, les indicó puntualmente lo que debían hacer.

El pasaje bíblico de estudio podemos dividirlo en tres grupos de mandamientos detallados, urgentes y pertinentes a todos los cristianos; para que sepamos cómo proceder especialmente con relación al liderazgo, al trato con otros cristianos y a prácticas personales necesarias.

I. Mandamientos para honrar al liderazgo (1 Tesalonicenses 5:12-13)

El apóstol Pablo, bajo la inspiración del Espíritu Santo, detalló tres mandamientos relacionados a la honra que debemos dar a los líderes en la iglesia.

A. Primer mandamiento: reconocer su trabajo, guía y amonestación (v.12)

La Biblia Traducción en Lenguaje Actual dice: "Hermanos, les rogamos que respeten a los líderes de la iglesia…" (v.12 TLA). La Nueva Traducción Viviente dice: "Amados hermanos, honren a sus líderes en la obra del Señor…" (v.12 NTV). Y la Nueva Versión Internacional dice: "Hermanos, les pedimos que sean considerados con los que trabajan arduamente entre ustedes…" (v.12 NVI).

Pablo nos invitó a reconocer, respetar, honrar y ser considerados con los líderes de nuestras congregaciones. Nos dio tres motivos para tal reconocimiento o consideración: por su trabajo, por su guía o dirección que dan a nuestras vidas, y por su difícil, pero acertada tarea de amonestarnos en amor.

El trabajo de los líderes es arduo y esforzado. Su dirección en el Señor requiere horas de estudio concienzudo de la Palabra de Dios para dar el consejo oportuno y apropiado. Su amonestación, o intento de "abrir los ojos" al que anda mal, aunque al principio trae dolor, a la final sirve para corregir nuestro camino.

Barclay acota: "Respetad a vuestros dirigentes, dice Pablo; y la razón por la que deben respetarlos es la obra que llevan a cabo. No es cuestión de prestigio personal; es la labor lo que hace grande a una persona, y es el servicio que está prestando lo que constituye su emblema de honor" (Barclay, William. Comentario al Nuevo Testamento. España: Editorial CLIE, 2006, p.790).

B. Segundo mandamiento: tenerlos en mucha estima y amor (v.13a)

Este es otro mandato que hizo Pablo a los hermanos de Tesalónica, y el cual también repercute para nosotros hoy. Con razón, Pablo usó la palabra "mucha"; porque, así como en los tiempos bíblicos, también en la actualidad, la gente suele decir respecto de sus líderes: "Sí, lo estimo". Pero esta es más una frase política que de corazón. Nuestros líderes merecen "mucha" estima y "mucho" amor.

El comentario de Matthew Henry capta correctamente la intención del apóstol Pablo cuando nos manda a tener en alta estima y amor a los líderes de la iglesia: "Y, sabedor de lo difícil que a veces resulta amar de veras a quienes nos amonestan y reprenden, el apóstol usa, para dar el calibre de la estima que dichos líderes se merecen, el adverbio más fuerte que puede: huperekperissoú, sobreabundante (mucho) (como en 3:10 y Ef. 3:20)" (Henry, M., & Lacueva, F. Comentario Bíblico de Matthew Henry. España: Editorial CLIE, 1999, p.1730).

C. Tercer mandamiento: estar en paz con ellos (v.13b)

En esta oportunidad, Pablo habló en las dos direcciones. Les animó a los líderes y a los creyentes a que tengan paz los unos con los otros. El trato diario entre líderes y miembros de las iglesias traerá fricciones; y el enemigo (Satanás) tratará de usar tales roces para que haya enemistades. Es ahí donde debemos recordar este mandado de estar en paz para ponerlo inmediatamente en práctica.

El Comentario Bíblico Beacon amplía el entendimiento de este mandato: "Los líderes de la iglesia no son siempre, como tal vez sospechamos que haya sido el caso en Tesalónica, tan prudentes, competentes o llenos de tacto como pudieran ser. Sin embargo, cierta comprensión de las cargas del liderazgo, aunada a la estimación que se basa en el amor cristiano, resolvería la mayoría de las fricciones causadas por los errores y la crítica de tales líderes" (Howard y otros. Comentario Bíblico Beacon: Gálatas hasta Filemón, tomo 9. EUA: CNP, 2010, p.519).

II. Mandamientos relacionales (1 Tesalonicenses 5:14-15)

Pablo creyó también pertinente especificar seis mandamientos relacionados al trato que debemos dar a otros cristianos.

A. Primer mandamiento: amonestar a los ociosos (v.14a)

Esto requiere, por supuesto, cierto grado de madurez, ejemplo de diligencia, sujeción y humildad de parte del que amonesta. Tal represión debe ser con un espíritu de redención para que el ocioso o indisciplinado corrija su vida.

Burt explica: "Los desordenados (ociosos) podrían ser aquellos que cuestionaban la autoridad de los pastores y no querían someterse a su dirección. No aceptaban el 'orden' establecido por Cristo. Se rebelaban contra él y estaban «fuera de su sitio» en la iglesia… El significado original de la palabra empleada por el apóstol (ocioso)… era inicialmente un término militar y se refería al soldado que no guarda la fila. Es decir, se aplicaba a casos de indisciplina o insubordinación en el ejército, a todos aquellos que no querían acatar las órdenes de sus oficiales o someterse a la disciplina militar. De igual manera, parece obvio que existían en Tesalónica ciertos miembros no dispuestos a acatar el gobierno de los ancianos" (Burt, David F. Viviendo como Hijos del Día: 1 Tesalonicenses 5:1-28. España: Publicaciones Andamio, 2003, pp.106-107).

B. Segundo mandamiento: alentar a los de poco ánimo (v.14b)

Este mandato es más llevadero; ya que es más fácil abordar al desalentado que al indisciplinado. El que está desanimado, aunque actúa sin malicia, puede igualmente causar daño a la vida de la iglesia en general. "El desánimo es contagioso. Toda la congregación puede acabar abrumada por un espíritu pesimista. Por tanto, los desalentados deben ser atendidos con vistas a solucionar su desánimo, a fin de que no arrastren a otros consigo hacia la apatía o la desesperación" (Burt, David F. Viviendo como Hijos del Día: 1 Tesalonicenses 5:1-28. España: Publicaciones Andamio, 2003, p.109).

C. Tercer mandamiento: sostener a los débiles (v.14c)

Los cristianos más fuertes somos llamados a sostener (levantar, sustentar) a los débiles. El contexto bíblico no nos deja suponer que se refiere a creyentes débiles según la carne; sino a aquellos que eran "débiles en la fe". Es decir, aquellos que no habían madurado lo suficiente en el camino del Señor.

"Hay en la iglesia de hoy fuertes y débiles… ¿Cómo debemos tratarlos? Con amor paciente y constante… Debemos sostener a los creyentes más débiles y ayudarlos a mantenerse firmes en su vida cristiana" (Wiersbe, Warren. Preparados en Cristo: Estudio Expositivo de las Epístolas a los Tesalonicenses. EUA: Editorial Bautista Independiente, 1992, p.101).

D. Cuarto mandamiento: ser pacientes con todos (v.14d)

Pablo nos invita a ser pacientes no sólo con los que son fáciles de tratar; sino también con los más difíciles, con todos. Jesucristo es el modelo perfecto de paciencia. Él es paciente a diario con nosotros, a pesar de todos nuestros pecados y flaquezas.

"Nuestros hermanos en la fe tienen debilidades y características que algunas veces nos pueden irritar. El amor de Dios en Cristo nos da la paciencia que necesitamos para vivir y trabajar con ellos en una congregación" (Kuske, D. P. 1, 2 Tesalonicenses. EUA: Editorial Northwestern, 1997, pp.65-66).

E. Quinto mandamiento: ver que ninguno pague mal por mal (v.15a)

Debemos contrarrestar el principio diabólico que afirma que "la venganza es dulce". La Palabra de Dios nos refrena al respecto señalando que debemos dejar la venganza al Señor (Romanos 12:19). Somos llamados a estar atentos para que nadie haga "justicia" con sus manos. Más bien, todos somos exhortados a perdonar a nuestros ofensores.

F. Sexto mandamiento: seguir lo bueno para con todos (v.15b)

No debemos seguir lo bueno para con todos sólo en ocasiones, sino "siempre"; tal como el apóstol lo aclaró. Solamente el amor de Cristo nos puede capacitar para buscar siempre el bien para con los demás. No es suficiente con tener paciencia y evitar la venganza. Debemos con toda intencionalidad posible perseguir hacer lo bueno a los demás, inclusive al que nos hizo daño.

III. Mandamientos personales (1 Tesalonicenses 5:16-24)

En esta parte, el apóstol Pablo fue muy claro y detallista en lo que se refiere a los ocho mandamientos que debemos cumplir a título personal.

A. Primer mandamiento: estar siempre gozosos (v.16)

El gozo es parte del fruto del Espíritu Santo (Gálatas 5:22). Es esa absoluta confianza en que Dios está en control de todo, lo que nos hace actuar con serenidad aun en medio de la tormenta más terrible. Entonces, somos impelidos a buscar la llenura del Espíritu Santo para que ese gozo sea constante. Es una responsabilidad personal.

B. Segundo mandamiento: orar sin cesar (v.17)

Otra responsabilidad personal es la oración. Pablo nos descifró el secreto de una vida cristiana creciente: orar "sin cesar". ¿Por qué muchos cristianos no oran con frecuencia?, o tal vez ni oran. Debemos asumir la oración en todo momento y en todo lugar como una necesidad vital para la vida espiritual y un deleite de cada creyente.

C. Tercer mandamiento: dar gracias en todo (v.18)

El apóstol también animó a los tesalonicenses a dar gracias en todo; porque esa es la voluntad de Dios.". . . sale aquí el verbo de donde procede el vocablo 'eucaristía' y que significa simplemente 'acción de gracias'... 'En todo' significa 'en toda circunstancia' más bien que 'en todo tiempo'. Lo de 'porque ésta es la voluntad de Dios' se refiere . . . a lo que Dios quiere . . ." (Henry, M., & Lacueva, F. Comentario Bíblico de Matthew Henry. España: Editorial CLIE, 1999, p.1731).

D. Cuarto mandamiento: no apagar al Espíritu (v.19)

Como cristianos, somos urgidos a mantener viva la llama del Espíritu Santo en nuestras vidas. "Denney tiene una interpretación más amplia, pues ve en esta frase una exhortación que incluye en una forma general la supresión del fervor espiritual en la vida de la iglesia. Pero en su aspecto positivo es un llamado a conservar el fuego del Espíritu ardiendo en nuestros corazones, cueste lo que costare; a mantener abiertos los canales de la fe, de la respuesta obediente, y de la devoción constante" (Howard y otros. Comentario Bíblico Beacon: Gálatas hasta Filemón, tomo 9. EUA: CNP, 2010, p.523).

E. Quinto mandamiento: no menospreciar las profecías (v.20)

Pablo advirtió a los tesalonicenses que no desprecien los dones espirituales. Los profetas eran los equivalentes de los predicadores de nuestro tiempo, los que llevaban el mensaje de Dios a la congregación. Pablo estaba diciendo realmente: "Si una persona tiene algo que decir, no se lo impidáis" (Barclay, William. Comentario al Nuevo Testamento, tomo 11, España: CLIE, 1995, p.92). El apóstol quería que los tesalonicenses no menosprecien la Palabra de Dios en contraposición con falsas doctrinas que se ventilaban en ese tiempo, las cuales pretendían ser más autoritativas.

"Por ende (profecía) generalmente denota la predicación cristiana, más que 'decir con anticipación', si bien este último significado no está completamente ausente (cf. 1 Co. 14:24-25). Puesto que lo espurio podía mezclarse con lo auténtico, sería muy fácil menospreciar todas las profecías" (Howard y otros. Comentario Bíblico Beacon: Gálatas hasta Filemón, tomo 9. EUA: CNP, 2010, p.523).

F. Sexto mandamiento: examinar todo y retener lo bueno (v.21)

"Examinar" significa "inspeccionar, explorar". Pablo nos invitó a examinar todo lo relacionado a la doctrina y práctica de la vida cristiana, y a retener sólo lo bueno.

"El apóstol viene a decir: Una vez que hayáis puesto a prueba lo que el profeta (o el predicador) diga, separad la escoria del metal y quedaos con lo bueno… El creyente no maduro, al carecer de verdadero discernimiento, corre peligro de caer en uno de estos extremos: criticar al predicador (o al escritor) sin conocer a fondo la materia (la envidia y los prejuicios añaden nueva fuerza a ese peligro), o aceptar como bueno, sin pasarlo por el cedazo del discernimiento, todo lo que el predicador (o el escritor) diga" (Henry, M., & Lacueva, F. Comentario Bíblico de Matthew Henry. España: Editorial CLIE, 1999, p.1731).

G. Séptimo mandamiento: abstenerse de toda especie de mal (v.22)

Estamos en un mundo donde hay maldad por todos lados. El apóstol declaró que es imperativo que no cedamos ante cualquier especie de mal. "El pensamiento es evitar el mal en cualquier lugar donde aparezca. Es una señal de salud espiritual robusta el tener un temor de cualquier cosa que ofendería a nuestro Señor, y de retroceder ante ello, con el fin de separarse uno mismo obedientemente de todo aquello que el Espíritu señala como erróneo" (Howard y otros. Comentario Bíblico Beacon: Gálatas hasta Filemón, tomo 9. EUA: CNP, 2010, p.524).

H. Octavo mandamiento: alcanzar la entera santificación (vv.23-24)

Pablo exhortó a los tesalonicenses a santificar su cuerpo, alma y espíritu; es decir, todo el ser. La palabra de esperanza es que el mismo Dios, quien es fiel, lo hará, en quien lo anhela y cree. Es el cierre perfecto de todos los ruegos (mandatos) de la Palabra de Dios.

Conclusión

Los mandatos del apóstol Pablo a los cristianos tesalonicenses son apropiados para nosotros, los cristianos del siglo XXI. Es como que estábamos necesitando que nos digan puntualmente cómo proceder en los tres órdenes de relaciones que hemos tratado: hacia nuestros líderes, hacia otros cristianos y hacia nosotros mismos. Si somos obedientes; de seguro que estaremos reflejando que somos cristianos auténticos, al estilo de Jesús.

Mandatos para el cristiano de hoy

Lección 44

Hoja de actividad

Versículo para memorizar: "Examinadlo todo; retened lo bueno" 1 Tesalonicenses 5:21.

I. Mandamientos para honrar al liderazgo (1 Tesalonicenses 5:12-13)

¿Cuál de los tres mandamientos para honrar al liderazgo le llamó más la atención? ¿Por qué?

_____

_____

¿Cuál de los tres mandamientos para honrar al liderazgo le gustaría implementar en su vida? ¿Cómo lo haría?

_____

_____

II. Mandamientos relacionales (1 Tesalonicenses 5:14-15)

¿Cuál de los seis mandamientos relacionales le llamó más la atención? ¿Por qué?

_____

_____

¿Cuál de los seis mandamientos relacionales le gustaría implementar en su vida? ¿Cómo lo haría?

_____

_____

III. Mandamientos personales (1 Tesalonicenses 5:16-24)

¿Cuál de los ocho mandamientos personales le llamó más la atención? ¿Por qué?

_____

_____

¿Cuál de los ocho mandamientos personales le gustaría implementar en su vida? ¿Cómo lo haría?

_____

_____

Conclusión

Los mandatos del apóstol Pablo a los cristianos tesalonicenses son apropiados para nosotros, los cristianos del siglo XXI. Es como que estábamos necesitando que nos digan puntualmente cómo proceder en los tres órdenes de relaciones que hemos tratado: hacia nuestros líderes, hacia otros cristianos y hacia nosotros mismos. Si somos obedientes; de seguro que estaremos reflejando que somos cristianos auténticos, al estilo de Jesús.

La Segunda Venida de Cristo

Marcial Rubio Idrogo (Perú)

Pasajes bíblicos de estudio: 2 Tesalonicenses 1:3-12, 2:1-17

Versículo para memorizar: "Nadie os engañe en ninguna manera; porque no vendrá sin que antes venga la apostasía, y se manifieste el hombre de pecado, el hijo de perdición" 2 Tesalonicenses 2:3.

Propósito de la lección: Que el alumno entienda que la vida cristiana es algo que empieza aquí y continúa por la eternidad con Cristo Jesús; y que la gloriosa esperanza en Él le desafíe y estimule a una vida plena de santidad y amor en el cumplimiento de la Gran Comisión.

Introducción

Dos noticias estremecieron el corazón del apóstol Pablo respecto de la iglesia de Tesalónica: la primera, muy grata y alentadora, fue que los hermanos, en medio de la dura persecución, iban creciendo en su fe, pasión por Dios y amor los unos por los otros; pero una segunda noticia fue al parecer por una falsa doctrina que estaba creando confusión a la congregación respecto de la Segunda Venida de Cristo. A causa de ello, el apóstol Pablo se vio en la imperiosa necesidad de escribirles a los hermanos tesalonicenses una segunda carta aclarando el tema.

Los tiempos en los que vive la iglesia contemporánea son muy parecidos a los que vivió la iglesia de Tesalónica. Existen mucha confusión doctrinal, y bastantes señales proféticas que anuncian la llegada de aquel gran acontecimiento que sacudirá nuestra civilización: la Segunda Venida de Cristo.

Veamos un poco acerca de las señales, del tiempo de su venida y de cómo debiéramos esperar este glorioso acontecimiento.

I. Habrá juicio de Dios (2 Tesalonicenses 1:3-12)

En esta primera sección, veremos la persecución de los creyentes y los frutos que esto produjo; así como el juicio para los pecadores en la Segunda Venida de Cristo.

A. Cualidades de la iglesia de Tesalónica (vv.3-5)

Ante las buenas y alentadoras noticias respecto del crecimiento espiritual de la iglesia de Tesalónica, Pablo se regocijó y procedió a elogiar a la iglesia resaltando sus principales cualidades características:

1. Una iglesia con una fe creciente (v.3). La iglesia de Tesalónica crecía de manera exuberante y sana, "como un árbol vigoroso plantado en buena tierra, y como un árbol frutal [que] produce abundancia de fruto para compensar la labor del agricultor" (Clarke, Adam. Comentario de la Santa Biblia, tomo III, Nuevo Testamento. EUA: CNP, 1974, p.535). Esta era una iglesia que abundaba en el fruto del Espíritu Santo (Gálatas 5:22-23).

2. Una iglesia creciente en medio del sufrimiento (vv.3-5). La congregación de Tesalónica abundaba en paciencia y en fe (v.4); y ganaba fuerza en amor para con los demás (v.3b). Los azotes de las persecuciones provenientes tanto de los judíos como de sus coterráneos contribuyeron a una fe mucho más fecunda de los hermanos tesalonicenses, y de un carácter mucho más refinado (1 Pedro 1:7). La fe crece y se fortalece en la medida en que los creyentes se nutren del conocimiento de la Palabra de Dios y su práctica sea un estilo de vida que se cultiva en el amor cristiano. Ciertamente, el "… amor [para esta iglesia no era] un sentimentalismo difuso […], sino como servicio presto y [como] una marca de los creyentes verdaderos" (MacArtur, John. Comentario MacArtur del Nuevo Testamento 2 Tesalonicenses. EUA: Editorial Portavoz, 2012, p.19), tal como lo dijo el Señor en Juan 13:34-35.

Esta fue la suprema razón por la que Pablo se sintió tan agradecido a Dios por la iglesia de Tesalónica. Fue por su pasión por Dios aun en las peores condiciones; así como por su genuino amor para con el prójimo, libre de sentimentalismos, como elementos esenciales de la nueva vida en Cristo (2 Corintios 8:7; Gálatas 3:6; Efesios 1:15-23). Un cristiano chino devoto dijo: "El sufrimiento en China ha multiplicado las bendiciones porque ha purificado la iglesia" (Wiersbe, Warren W. Bosquejos de La Biblia, Nuevo Testamento, tomo V: Colosenses-Apocalipsis. EUA: Editorial Caribe, 2002, p.42).

Es en el terreno de la tribulación que han crecido y fructificado muchos creyentes llenos del Espíritu Santo; y siempre fue en el fuego de la prueba que ha logrado desarrollarse un carácter santo, semejante a Cristo. Una iglesia con estas cualidades trae profunda satisfacción al corazón de su líder; y eso fue lo que experimentó el apóstol Pablo, y por lo cual fue motivado a darle gracias a Dios.

B. El justo juicio de Dios (vv.5-12)

El énfasis de estos versículos es sobre el juicio final.

1. El propósito de la tribulación para su pueblo (vv.5b,11). Hoy, aparentemente estamos ante un enemigo ganador. Pero llegará el glorioso día en el cual los sufrimientos de los justos acabarán por completo; y los malvados que los atribularon recibirán justo castigo, y los justos recibirán su recompensa. Este será el inexorable resultado, como la ley de la siembra y la cosecha (v.6; cf. Gálatas 6:7).

2. El reposo concedido para el pueblo de Dios (v.7). El sufrimiento de los creyentes, tanto de los tesalonicenses así como de todos nuestros hermanos en todos los tiempos pasados y actualmente en todos los países en el mundo, es temporal. El Señor Jesucristo, con su gloriosa venida, pondrá punto final a todo tipo de tribulación.

3. En llama de fuego para los que no conocen a Dios (v.8). Nuestro Señor es fuego consumidor; y "¡Horrenda cosa es caer en manos del Dios vivo!" (Hebreos 10:31). La perdición no es aniquilación, sino separación (v.9); es la exclusión perpetua de la fuente del amor y la paz: Dios.

4. El momento (v.10). No hay fecha. El día ni la hora de la Segunda Venida de Cristo no han sido revelados para el ser humano. El glorioso poder del Señor será manifestado cuando incontables millones de personas sean arrebatadas en un abrir y cerrar de ojos (1 Corintios 15:51-52; 1 Tesalonicenses 4:16-17). Será un momento de asombro pavoroso.

C. Oración apostólica por la iglesia (vv.11-12)

El gran anhelo del apóstol Pablo fue que nuestros hermanos tesalonicenses "sean dignos del llamamiento de Dios, siendo fieles hasta la venida del Señor [permitiéndole perfeccionar su obra en cada uno, pero sobre todo] que el nombre del Señor sea glorificado (v.12) ahora en la iglesia y que la iglesia sea glorificada en el futuro" (Cevallos, Juan C., Cevallos, María L., y Zorzoli, Rubén. Comentario Bíblico Mundo Hispano, tomo 22, 1 y 2 Tesalonicenses, 1 y 2 Timoteo y Tito. EUA: Editorial Mundo Hispano, 2009, p.84), (Efesios 1:15-23, 3:14-19).

II. El advenimiento de la apostasía (2 Tesalonicenses 2:1-12)

Esta sección comprende temas sobre acontecimientos que ocurrirán en el tiempo final, en conexión con la Segunda Venida de Cristo; así como también el imperante misterio de la iniquidad.

A. Firmeza ante las voces de falsa alarma acerca de la venida del Señor (vv.1-2)

Pablo exhortó a la iglesia de Tesalónica a permanecer firme en la fe; y no dejarse llevar por las especulaciones y rumores de los falsos maestros en cuanto a la venida del Señor. El apóstol les dijo a los hermanos tesalonicenses que no dejasen que su fe sea confundida "ni por espíritu" (cualquier supuesta revelación), "ni por palabra" (de ningún falso apóstol, pastor o maestro), "ni por carta" como algunos párrafos de su primera carta que habían sido malinterpretados, o por algún escrito apócrifo, y menos aún que anunciaran fechas, porque ya se les había dicho que el Señor vendrá "como ladrón en la noche", refiriéndose al arrebatamiento (1 Tesalonicenses 4:13-17). No obstante, en su Segunda Venida, vendrá "con las nubes, y todo ojo le verá" (Mateo 24:26-28; cf. Apocalipsis 1:7-8); pero antes, deberán ocurrir otros acontecimientos como los que a continuación se indican.

B. La manifestación de la apostasía y el hombre de pecado (v.3)

Cristo no vendrá antes que aparezca la apostasía en el escenario de la cristiandad mundial; es decir, el abandono de los principios basales de la sana doctrina y la corrupción de la esencia del mensaje del evangelio, a fin de generar confusión e invalidar su eficacia para salvación de los perdidos y la edificación de los creyentes.

C. La aparición del anticristo (v.3)

Llamado también "el hombre de pecado" o "el hijo de perdición", el cual será un personaje altamente encumbrado, con una férrea oposición a la religión cristiana. "Este personaje usurpará los títulos y atributos de la divinidad; y se [arrogará] los derechos que pertenecen al Altísimo" (Clarke, Adam. Comentario de la Santa Biblia, tomo III, Nuevo Testamento. EUA: CNP, 1974, p.537); y exigirá que se le reconozca y adore como Dios.

D. Tendrá lugar la plena manifestación del "inicuo" (vv.8-12)

El anticristo aparecerá e instalará su gobierno mundial basado en el engaño a los que se pierden (v.10); pero el Señor lo matará "con el espíritu de su boca". Este será el instrumento que derribará al anticristo, "con el resplandor de su venida". Cuando el ser humano persiste en rechazar la única provisión de Dios para su salvación; Él mismo lo entrega a la perdición.

III. El destino de los que se mantienen firmes y retienen la sana doctrina (2 Tesalonicenses 2:13-17)

En el propósito creacional de Dios, estuvo el de crear un pueblo para sí.

A. Escogidos para salvación (v.13)

Cuando Dios nos llamó, nos mostró el propósito que tenía para nosotros desde antes de la fundación del mundo. Esto es, de llamar a los gentiles a los mismos privilegios que a los judíos; pero sin la circuncisión ni la observancia de la ley, sino mediante la fe en Cristo, la cual conduce a un mismo fin: una vida de santidad sin la cual nadie verá al Señor (Hebreos 12:14). No se trata de un escogimiento arbitrario e irresistible, sino condicional; tal como se nos ha revelado en Juan 3:16 donde leemos:"… para que todo aquel que en él cree…"

B. Para alcanzar la gloria de Jesucristo (v.14)

El apóstol Pablo trazó la línea de la salvación personal desde el momento en que cada uno de nosotros recibimos el llamamiento a ser salvo, en la proclamación del evangelio hasta la glorificación con Cristo al final de los tiempos.

C. La exhortación pastoral (v.15)

Pablo exhortó a los creyentes de Tesalónica a conservar su firmeza espiritual; a retener la sana doctrina que habían aprendido; a seguir creciendo en la fe y en el amor hacia Dios y los hombres; a no dejarse engañar, ni ser olvidadizos, ignorantes, incrédulos, inseguros o débiles; porque el Dios que los amó, también los escogió para ser santos, los redimió y los glorificará.

D. La invocación apostólica (vv.16-17)

El apóstol concluyó este segundo capítulo orando por los fieles de Tesalónica, recalcando la idea de firmeza para pensar, hablar y obrar con tal convicción que ningún engañador pudiera desviarles; e invocó a Jesucristo y al Padre apelando a los alcances de la salvación como "algo del pasado (amó), del presente (eterno consuelo) y del futuro (buena esperanza)" (Cevallos, Juan C., Cevallos, María L., y Zorzoli, Rubén. Comentario Bíblico Mundo Hispano, tomo 22, 1 y 2 Tesalonicenses, 1 y 2 Timoteo y Tito. EUA: Editorial Mundo Hispano, 2009, p.89).

Conclusión

La persecución siempre ha fortalecido la fe de los discípulos de Cristo, y el fuego de la prueba ha servido para acrisolarla y refinarla; así que no hay que temer a ser probados. Dios nos quiere preparados para su Segunda Venida, la cual es uno de los acontecimientos futuros más importantes en la historia universal, motivo por el cual Satanás intenta mucho mantener a los hijos de Dios distraídos y divididos por asuntos sin importancia, e incitándoles así a que desperdicien tiempo, trabajo y dinero. Debemos vivir santa y piadosamente.

La Segunda Venida de Cristo

Hoja de actividad

Versículo para memorizar: "Nadie os engañe en ninguna manera; porque no vendrá sin que antes venga la apostasía, y se manifieste el hombre de pecado, el hijo de perdición" 2 Tesalonicenses 2:3.

I. Habrá juicio de Dios (2 Tesalonicenses 1:3-12)

¿Cuáles fueron las características de la iglesia de Tesalónica, las cuales son dignas de imitar por las iglesias de hoy?

_____

_____

¿Cuál fue el tema doctrinal que estaba generando confusión a la iglesia de Tesalónica con relación a la Segunda Venida de Cristo?

_____

_____

II. El advenimiento de la apostasía (2 Tesalonicenses 2:1-12)

¿Cuáles son las principales amenazas a la sana doctrina cristiana en el presente?

_____

_____

¿Cuál será el desenlace para el sufrimiento del pueblo de Dios; y cuál será el final de los que lo atribulan?

_____

_____

III. El destino de los que se mantienen firmes y retienen la sana doctrina (2 Tesalonicenses 2:13-17)

¿La exhortación pastoral de Pablo a los creyentes de Tesalónica es aplicable a la iglesia de nuestros tiempos? ¿Por qué?

_____

_____

¿En qué consiste los alcances de la salvación en el tiempo?

_____

_____

Conclusión

La persecución siempre ha fortalecido la fe de los discípulos de Cristo, y el fuego de la prueba ha servido para acrisolarla y refinarla; así que no hay que temer a ser probados. Dios nos quiere preparados para su Segunda Venida, la cual es uno de los acontecimientos futuros más importantes en la historia universal, motivo por el cual Satanás intenta mucho mantener a los hijos de Dios distraídos y divididos por asuntos sin importancia, e incitándoles así a que desperdicien tiempo, trabajo y dinero. Debemos vivir santa y piadosamente.

Trabajadores ejemplares

José Barrientos (Guatemala)

Pasaje bíblico de estudio: 2 Tesalonicenses 3:6-15

Versículo para memorizar: "… mandamos y exhortamos por nuestro Señor Jesucristo, que trabajando sosegadamente, coman su propio pan" 2 Tesalonicenses 3:12.

Propósito de la lección: Que el alumno comprenda que el trabajo es el diseño de Dios para obtener en forma digna el sustento.

Introducción

El mundo en el que vivimos hoy muestra grandes diferencias superficiales con el mundo bíblico; sin embargo, preserva una característica inalterable: la persona humana. Por esa causa, las actitudes que a lo largo del tiempo han sido manifiestas, tienen respuesta en la Palabra de Dios. Esa realidad no es aceptada ampliamente; por ello, la sociedad busca de formas diversas dar solución a la convivencia humana. La naturaleza caída del mundo tiende a adulterar el diseño original de Dios. En el caso del trabajo, lo convirtió en esclavitud en un extremo o en falta de oportunidad en el otro. Para dar solución, se creó la Organización Internacional del Trabajo (OIT) después de la Primera Guerra Mundial en el año 1919; es decir, hace 100 años. Comprendieron que la mala relación sobre el trabajo era fuente de conflicto y evitaba la paz en la sociedad. Pese a que esta organización aún no resuelve la problemática laboral en el mundo, la iglesia de Cristo debe considerar su situación interna, tomando en cuenta que no ha sido ajena al riesgo de equivocarse en cuanto al trabajo, riesgo que se preserva en la conducta humana, haciendo necesario su estudio. El apóstol Pablo atendió este asunto e instruyó acerca de cómo la iglesia debía atenderlo.

I. Pablo afirmó su enseñanza (Hechos 16:6-10; 1 Tesalonicenses 3:2)

El pasaje de estudio de esta lección tiene su origen en el relato de los Hechos de los Apóstoles. Recodar este pasaje tiene particular importancia; porque de esta etapa de los viajes misioneros de Pablo, surgió su relación con los tesalonicenses.

A. ¿Qué llevó a Pablo a Tesalónica?

En Hechos 16:6-10, se narra la experiencia de los viajes de Pablo y cómo el Espíritu Santo iba guiando su recorrido, y él sujetándose a su guía. En un momento, se le mostró al apóstol Pablo una visión, en la cual vio a un hombre que le decía: "Pasa a Macedonia y ayúdanos" (Hechos 16:9). Sin dudar, él tomó rumbo a Macedonia donde habría de suscitarse una serie de manifestaciones del poder de Dios con las cuales el evangelio continuaría su expansión; pero no sin oposición. Pablo tuvo muchos contratiempos que lo hicieron ir de un lugar a otro, escapando de los judíos no creyentes. No obstante, en una de las ciudades macedónicas, una mujer de negocios se convertiría al Señor, al igual que un carcelero. Ellos quedarían encargados de continuar con la difusión del evangelio tras la salida del apóstol. Esta experiencia dejó en él una gran expectativa: ¿su breve visita sería suficiente para lograr una trasformación significativa en esa región? Esto despertó en Pablo un interés especial. Por un lado, la actitud de un padre que asume responsabilidad y da seguimiento al desarrollo de sus hijos para ver que logren resultados exitosos en la vida; y por otro, si eso era así, la aparente imposible tarea de llevar el evangelio a Roma no sería tanto como aparentaba, por el poder de Dios.

B. ¿Por qué Pablo salió de allí?

La permanencia de Pablo en Tesalónica lo llevó a momentos muy satisfactorios. Mientras predicaba, una mujer que adoraba a Dios y se dedicaba a los negocios estaba escuchando. El Señor abrió su corazón; y luego de ser bautizada, les pidió que posaran en su casa, al punto que Pablo lo describe así: "… nos obligó a quedarnos" (v.15). Sin embargo, al ir predicando y tras liberar a una muchacha que era aprovechada como adivinadora, fueron llevados a prisión (v.19). Aun en la cárcel, Pablo siguió llevando fruto; pero su permanencia estuvo marcada por una persecución de judíos no creyentes, que obligó a los hermanos a llevar a Pablo de un lugar a otro hasta sacarlo de Macedonia y encaminarlo rumbo a Atenas, no sin antes haber dejado no sólo su enseñanza, sino su ejemplo en toda su actitud, tanto con las autoridades como con los hermanos en la fe.

C. Interés por Tesalónica

Pablo tenía un interés especial por Macedonia; sin embargo, habían dos razones por las cuales no podía volver: por un lado, la inmensa necesidad de presentar el evangelio que encontró en Atenas; y por otro, la persecución de la que había sido objeto en Macedonia, que le siguió tanto al punto de llevarlo a la cárcel, como ser objeto de búsqueda en los lugares a donde fue a predicar.

Para resolver esta apremiante situación, el apóstol Pablo envió a Timoteo para confirmar a los hermanos tesalonicenses, exhortarlos acerca de su fe, y también para traerle noticias acerca de su vida en Cristo (1 Tesalonicenses 3:2). Pablo había enseñado en Tesalónica acerca de la resurrección de Cristo y de su inminente venida. Este siervo de Dios estaba persuadido de que el evangelio era un evangelio de urgencia; ya que el Señor vendría como ladrón en la noche, sin previo aviso, y había que estar preparados.

II. Enseñando con el ejemplo (2 Tesalonicenses 3:6-12)

Pablo esperaba con ansias la venida del Señor. Lo expresó abiertamente en diversas oportunidades. En una de ellas, se consideró incluido entre quienes estarían en la tierra para su Segunda Venida (1 Tesalonicenses 4:17); y en otra, expresó su anhelo por estar en la presencia del Señor (Filipenses 1:23). Pero en todo momento, dio ejemplo de hacer la obra que agrada a Dios.

A. Andar ordenadamente (vv.6-7)

Pablo advirtió a la iglesia acerca de conducirse de manera ordenada. Esta instrucción surgió de la necesidad de corregir una mala interpretación que se había dado por algunos, acerca de la inminente Segunda Venida del Señor. Las noticias que trajo Timoteo de Macedonia (1 Tesalonicenses 3:6) fueron muy buenas; pero también daban cuenta de la actitud ociosa en la que algunos habían caído debido a la acción de no trabajar por la creencia de la prontitud con la que sucedería la Segunda Venida de Cristo. Pablo les recordó la forma cómo Él, estando entre ellos, había conducido su vida de forma ordenada, trabajando. La instrucción que dio el apóstol fue muy fuerte al decir acerca de los ociosos: "... que os apartéis de todo hermano que ande desordenadamente..." (2 Tesalonicenses 3:6). Esto naturalmente tenía dos objetivos: el primero, para que no se contaminaran; y el otro, que quienes habían tomado la mala interpretación reaccionaran.

B. Obtener el sustento con trabajo (vv.8-9)

Pablo, en su instrucción a los tesalonicenses, citó que él y su equipo de trabajo no se habían beneficiado de los recursos de alguien de manera irresponsable (v.8). Por el contrario, habían realizado un trabajo a cambio del cual obtuvieron los recursos necesarios para su sostenimiento. Pablo además enfatizó la diligencia con la que realizaron su trabajo: "... con afán y fatiga día y noche..." (v.8).

En esta enseñanza, el apóstol Pablo dejó una instrucción que más tarde definiría la forma como el trabajo debería ser valorado y realizado por los cristianos. El trabajo era valorado por Pablo, en oposición al "andar desordenadamente"; es decir, desatendido de las responsabilidades para consigo, su familia y la iglesia. No obstante, el apóstol hizo la aclaración de que esto no significaba que quien trabaje para el Señor a tiempo completo, debería tener un trabajo adicional para su sostenimiento. Por el contrario, expresó claramente que lo hizo no porque no hubieran tenido derecho (v.9); sino más bien para mostrarles la importancia del trabajo como parte de una espera de la Segunda Venida del Señor, en forma activa, responsable y no ociosa ni desordenada.

C. Ocio degradante (vv.10-12)

Pablo hizo una clara definición del resultado que debe corresponder a quien no es diligente en trabajar para su sustento: que no coma (v.10). Esto con referencia en quienes, pudiendo trabajar, buscaban beneficiarse del trabajo de otro. Un conferencista, hablando del carácter bíblico, dio una definición muy desafiante de ladrón: "Persona que se beneficia del trabajo de otro, sin contribuir para realizarlo" (anotación personal del escritor de la lección). Esto fue desafiante; porque completó su idea diciendo: "... cuando los padres no involucran a sus hijos siendo niños en los quehaceres de la casa, los dejan a expensas de beneficiarse del trabajo de los padres sin contribuir para lograrlo, con lo cual los hacen ladrones, mientras que, si les asignan tareas y responsabilidades, los hacen trabajadores dignos" (anotación personal del escritor de la lección).

Desde el inicio de la creación, Dios puso al ser humano en el huerto para que lo labrase (Génesis 2:15); y afirmó su intención de bendecirlo a través del trabajo, estableciendo como su primer beneficio: el descanso, merecido este después de seis días de labor (Éxodo 34:21). Contrario a esto, algunos hermanos tesalonicenses habían adoptado como forma de vida el beneficiarse holgazanamente del trabajo de otros, cubriéndolo con la "piadosa razón" de estar a la espera de la Segunda Venida de Cristo. Pablo ordenó como solución a esto que quienes así actuaban, dejaran tal actitud, empezaran a trabajar, siguiendo su ejemplo: "... con afán y fatiga día y de noche..." (2 Tesalonicenses 3:8); es decir, trabajar duro y recibir el beneficio de ello: comer su propio pan, liberándose del riesgo de ser ladrones del trabajo, esfuerzo y diligencia de otros.

III. Aplicando lo aprendido (2 Tesalonicenses 3:13-15)

En nuestro entorno, es posible observar algunas conductas que podrían ser similares a las señaladas por el apóstol Pablo, donde podemos aplicar el consejo bíblico:

A. Buscar lo fácil

El caso que el apóstol Pablo trató en el pasaje bíblico de este estudio podría manifestarse también en nuestro contexto. Vale aclarar que en algunas sociedades la intención de trabajar se contrapone con la ausencia de oportunidad laboral; por ello, es pertinente dejar claro que la lección que enseñó el apóstol Pablo estuvo dirigida a quienes, teniendo condiciones y oportunidad para trabajar, de forma irresponsable se hicieron ociosos, malinterpretando la inminente venida del Señor. Los mencionados son dos casos diferentes. Satanás siempre ha buscado torcer lo que Dios estableció como beneficio para el ser humano, adulterándolo por medio de la mentira. Asumir que la fatiga que el trabajo produce es algo que debiera eludirse, es una mentira del diablo que Pablo la dejó al descubierto con su ejemplo para los cristianos.

B. Caer en la dependencia

Pablo cuestionó a quienes se beneficiaban irresponsablemente de la buena disposición de compartir de aquellos quienes diligentemente trabajaban por su sustento. Este apóstol ya había advertido sobre la importancia del trabajo en su primera carta (1 Tesalonicenses 4:11-12), haciendo énfasis que a través de ello se podían cubrir sus propias necesidades. Uno de los efectos negativos de no obtener sus propios recursos a través del trabajo es caer en la dependencia. Esto no es en sí mismo impropio. Todos somos susceptibles de tener momentos en los que dependamos de otros. Lo impropio está en hacerlo como la forma de vivir. La dependencia ha dejado a personas a expensas de otros, anulando el potencial que Dios puso en ellas. Además, aceptar la dependencia priva de la satisfacción de los beneficios del trabajo digno, cuando por ociosidad se cae en la dependencia. Tal es el caso de quienes se sumergen en los vicios.

C. Trabajadores ejemplares (vv.13-15)

Uno de los programas relativo al manejo de las finanzas con principios bíblicos que ha favorecido a la iglesia es "Conceptos Financieros Crown". Contiene mucha información de utilidad; y de ello vale comentar algo relativo al trabajo. Dios diseñó el trabajo como principal fuente para obtener el sustento; pero también para desarrollar nuestro carácter al demandar esfuerzo, inteligencia y relaciones. El Creador no estableció categorías en el trabajo; por ello, todo trabajo es digno mientras no se oponga a sus mandamientos. Él también nos ha dado capacidades diversas para desarrollarnos en el trabajo. El éxito en este campo lo da Dios, incluso los ascensos (José, Josué y Daniel son ejemplos de ello). Nuestra responsabilidad es trabajar como si fuera para Cristo (Colosenses 3:23-24). Esto debe definir nuestra actitud hacia el trabajo: trabajar duro; es decir, abnegada, diligente y sabiamente, sin menospreciar el descanso necesario (Las Finanzas y la Biblia. Colombia: Conceptos Financieros Crown, 2006, pp.59-62). Muy importante prepararse para el trabajo, estudiar y ejercitarse en ello. Aquí es esencial la responsabilidad de los padres hacia sus hijos, enseñándoles el valor del trabajo. Así lo sintió Pablo hacia los tesalonicenses. El apóstol finalizó exhortando a no cansarse de hacer el bien; y reiterando que el propósito de señalar al que ha caído en el error del ocio es solamente estimularle a comprender la dignidad que hay en el trabajo, acentuando el fin redentivo del evangelio de Cristo en la restauración a una conducta ordenada, como trabajadores ejemplares. Tal actitud hará también que Dios sea glorificado por nuestro testimonio.

Conclusión

Dios diseñó el trabajo para bendición del ser humano. De ello, obtiene su sustento dignamente, y es la razón del descanso. El Señor le dotó de cualidades que debe desarrollar para trabajar y producir más y mejor; a fin de que pueda comer de su propio pan, y asistir al que es verdaderamente necesitado. El Padre rechaza la haraganería y aprecia la responsabilidad. Con ello, le honramos; porque hacemos lo que le agrada. ¡Seamos trabajadores ejemplares!

Lección 46

Trabajadores ejemplares

Hoja de actividad

Versículo para memorizar: "… mandamos y exhortamos por nuestro Señor Jesucristo, que trabajando sosegadamente, coman su propio pan" 2 Tesalonicenses 3:12.

I. Pablo afirmó su enseñanza (Hechos 16:6-10; I Tesalonicenses 3:2)

¿Por qué Pablo decidió ir a Macedonia? (Hechos 16:9).

_____

_____

¿Para qué envió Pablo a Timoteo a Macedonia? (I Tesalonicenses 3:2).

_____

_____

¿Qué similitud de responsabilidad hay entre Pablo y Macedonia, y los padres y sus hijos?

_____

_____

II. Enseñando con el ejemplo (2 Tesalonicenses 3:6-12)

¿De quién y por qué ordenó Pablo apartarse? (vv.6-7).

_____

_____

¿Cómo debía realizarse el trabajo según Pablo? (v.8).

_____

_____

III. Aplicando lo aprendido (2 Tesalonicenses 3:13-15)

¿Cómo interpreta usted el estímulo de Pablo a no cansarse de hacer el bien? (2 Tesalonicenses 3:13).

_____

_____

¿Cuál debe ser nuestra actitud hacia los que equivocadamente están en el ocio, o se están inclinando a practicarlo? (2 Tesalonicenses 3:15).

_____

_____

Conclusión

Dios diseñó el trabajo para bendición del ser humano. De ello, obtiene su sustento dignamente, y es la razón del descanso. El Señor le dotó de cualidades que debe desarrollar para trabajar y producir más y mejor; a fin de que pueda comer de su propio pan, y asistir al que es verdaderamente necesitado. El Padre rechaza la haraganería y aprecia la responsabilidad. Con ello, le honramos; porque hacemos lo que le agrada. ¡Seamos trabajadores ejemplares!

El Sendero de la Verdad

Entrenamiento ministerial

Elvin Heredia (Puerto Rico)

Pasajes bíblicos de estudio: 1 Timoteo 1:3-20, 2:1-8
Versículo para memorizar: "Doy gracias al que me fortaleció, a Cristo Jesús nuestro Señor, porque me tuvo por fiel, poniéndome en el ministerio" 1 Timoteo 1:12.
Propósito de la lección: Que el alumno comprenda que la fidelidad a Dios es una fortaleza en la sana doctrina; y nos hace capaces y hábiles para el ministerio.

Introducción

En una ocasión, conversaba con el entrenador de un equipo de ligas menores. Él me decía que sus tres pilares para el entrenamiento de su equipo consistían en enseñarles los reglamentos del juego, a poner mucho cuidado en la defensiva, y esforzarse diariamente en mejorar la ofensiva. Estas eran instrucciones en las que este entrenador insistía constantemente.

El apóstol Pablo hizo exactamente lo mismo con su hijo ministerial: Timoteo. Como buen entrenador, Pablo procuraba capacitar de forma cabal y constante a Timoteo para un ministerio efectivo. Y no era para menos. El cristianismo naciente del primer siglo enfrentó en el paganismo, y hasta en el judaísmo, sus más acérrimos rivales. Reconociendo esa realidad histórica del momento, Pablo se vio en la urgencia de desarrollar un entrenamiento intenso con sus colaboradores en el ministerio, particularmente con Timoteo; para que pudieran hacer frente al desafío histórico que tuvieron ante ellos. Las llamadas Epístolas Pastorales (1 y 2 Timoteo, Tito) sirvieron como "reglamento de entrenamiento" para quienes asumirían eventualmente el ministerio entre los gentiles.

El pasaje bíblico seleccionado para esta lección encierra, precisamente, lo que parecen ser tres importantes instrucciones del apóstol a Timoteo; a fin de que tuviera éxito en su desempeño ministerial.

I. Observar y aplicar los principios bíblicos (1 Timoteo 1:5-11)

Así como el entrenador del equipo consideraba enseñar a sus jugadores los reglamentos del juego, así también Pablo procuró que Timoteo conociera las Escrituras. De hecho, una de las instrucciones más particulares del apóstol Pablo a su hijo ministerial Timoteo fue que usara bien la Palabra de verdad (2 Timoteo 2:15). Usar correctamente las Escrituras era lo que habría de proporcionar el marco teórico incuestionable para las enseñanzas de

la sana doctrina. Para Pablo, cualquier otra doctrina fuera del evangelio era anatema (Gálatas 1:8-9). Pablo, entonces, impartió las siguientes instrucciones a Timoteo en cuanto a observar y aplicar los principios de la Palabra de Dios:

A. La legitimidad de la ley en la gracia

Durante el tiempo del apóstol Pablo y de Timoteo, no existía la Biblia tal y como la conocemos hoy. Por tanto, fue necesario descubrir y contextualizar las enseñanzas de la ley a la luz del cumplimiento de las profecías contenidas en ella. El apóstol redirigió esas verdades proféticas de la ley a la figura de Cristo, haciendo un resumen magistral detallado en Hechos 13:13-43. Siendo así, tanto para los cristianos del primer siglo como para nosotros hoy, las Escrituras deben ser el fundamento de una sana doctrina.

La legitimidad de la ley se confirma en el cumplimiento profético del Mesías en la figura de Jesucristo. Él vino a cumplir la ley (Mateo 5:17); es decir, a mostrar en carne y hueso la aparición del Mesías prometido a lo largo de todo el Antiguo Testamento. Por tanto, la ley queda sujeta a la gracia de Dios en Cristo Jesús.

De igual forma, la gracia queda establecida como una verdad legítima ante la ley. Negar la gracia sería, entonces, negar lo que la ley misma decía de la gracia y el Mesías. Así, entonces, el evangelio de Jesucristo quedó igualmente legitimado ante los de la ley. Pablo reveló la combinación entre la ley y la gracia con relación al evangelio de Cristo.

Debemos tener en cuenta que el apóstol Pablo siempre entretejió la ley de Dios con su gracia. Para Pablo, la ley y la gracia no estaban divorciadas. La primera tiene como principio el beneficio común y la prosperidad de todos (Deuteronomio 10:13). Pablo reiteró esta verdad en Romanos 7:12 cuando dijo que la verdad y los mandamientos eran santos, justos y buenos. El apóstol Juan también afirmó esta verdad cuando señaló que los mandamientos de Dios "no son gravosos" (1 Juan 5:3).

La ley y la gracia siempre han trabajado juntas. De un lado, la ley señala el pecado; mientras que la gracia provee los medios en Cristo para remover el castigo por el pecado, y reconciliarnos con Dios. La ley nos señala como pecadores; pero aceptar la gracia mediante el sacrificio de Cristo nos redime del pecado, y paga nuestra deuda de muerte. Pablo, entonces, señaló que la transgresión a la ley es pecado; pero dijo que aquel que aceptara la gracia de Dios mediante el evangelio de Jesucristo, sería hecho justo, y los pecados señalados en la ley quedaban legalmente removidos.

B. Principios prácticos de la aplicación de la ley en la gracia

vSiendo, entonces, que la ley es legítima en Cristo; la gracia, entonces, se convierte en la sana doctrina. Pablo se refirió a esta verdad en 2 Corintios 3 como el Nuevo Pacto del cual hemos sido hechos "ministros competentes" (2 Corintios 3:1-6). Jesús mismo se refirió a su evangelio como el Nuevo Pacto en su sangre (Mateo 26:28; Marcos 14:24; Lucas 22:20). El escritor de Hebreos lo confirmó cuando dijo: "Al decir: Nuevo pacto, ha dado por viejo al primero; y lo que se da por viejo y se envejece, está próximo a desaparecer" (Hebreos 8:13).

Para Pablo, esto se tradujo en que todo aquel que no se somete a Cristo y rechaza su gracia, quien se resiste al evangelio, tampoco se somete a la ley. De ahí, entonces, que los mismos principios de pecado y transgresión a la ley también se contemplan en la gracia del evangelio. Es por eso que el apóstol Pablo fue enfático en el hecho de que "la ley no fue dada para el justo", o para quien la obedece; sino para todos aquellos "transgresores y desobedientes" (1 Timoteo 1:9).

Todo esto indica que la aplicación correcta y legítima de la ley en el Nuevo Pacto con Cristo es a partir de la gracia del evangelio. Para Pablo, la ley era buena; era el fundamento del pacto de Dios con la humanidad. Por eso, la ley no queda descartada; pero como le sugirió Pablo a Timoteo, siempre y cuando se utilice con el propósito por el que Dios mismo la dio a los seres humanos. La ley estableció la pauta de conducta agradable a Dios que aún hoy los creyentes también debemos observar. Tanto es así que el apóstol encerró esa aplicación de la ley en el evangelio de la gracia, definiendo esta aplicación como "sana doctrina" (v.10). Siendo así, el apóstol señaló que esa sana doctrina, que partió desde la ley, es ahora "según el glorioso evangelio del Dios bendito…" (v.11).

II. Agradeciendo y honrando el ministerio (1 Timoteo 1:12-20)

Luego de establecer las Escrituras como el "reglamento" para la vida ministerial y cristiana en general, el apóstol Pablo apuntó su labor de entrenamiento a fortalecer la línea de defensa del ministerio de Timoteo. Notemos que, primeramente, Pablo agradeció a Dios por haberlo puesto en el ministerio. Para este siervo de Dios, fue una enorme distinción de parte de Dios haberlo hecho parte de su equipo. Reconocer que Dios le hubiese hallado por fiel fue un reconocimiento al "talento" para el ministerio que el Padre, como su "entrenador", identificó en él. No obstante, Pablo igualmente reconoció que el éxito en su desempeño ministerial consistía en la fortaleza que Dios le impartía. Cristo Jesús fue quien le fortaleció en su ministerio. La fortaleza impartida por Él constituyó esa línea de defensa segura para poder enfrentar y vencer los desafíos que el ministerio le plantearía.

En esta carta objeto de estudio, ahora fungiendo como "entrenador" de Timoteo, Pablo le recordó la instrucción ministerial que fue parte de su misma experiencia. El apóstol exhortó al joven pastor a que pusiera mucho cuidado y atención en la defensa de su ministerio.

Para esto, Pablo rememoró los eventos de su vida pasada, como quien recuerda sus debilidades y errores; pero lo hizo para resaltar la gracia y la misericordia de Dios en su vida. Este apóstol hizo eso con varias intenciones:

A. Reconocer que quien cambió sus debilidades en fortalezas fue Jesucristo

Al terminar el recuento de debilidades de su pasado, Pablo adjudicó el cambio producido en su vida, y la fortaleza recibida para el ministerio, a la gracia, la fe y el amor de Cristo (v.14). Siendo así, Pablo reconoció que la salvación que tenía en Cristo vino precisamente; porque, siendo antes este siervo del Señor un pecador empedernido, fue recibido a misericordia y clemencia (v.15).

Pablo tampoco se aferró a los privilegios y concesiones que la ley le proveyó en algún momento. En Filipenses 3:4-6, el apóstol hizo un recuento de las muchas cosas por las que podía gloriarse; e incluso sacarle partido para su ministerio. Sin embargo, él prefirió desecharlas todas como basura; porque la gracia del evangelio le resultó más completa. Pablo dijo claramente en Filipenses 3:7 lo siguiente: "Pero cuantas cosas eran para mí ganancia, las he estimado como pérdida por amor de Cristo".

Desde ese punto de vista, la enseñanza que Pablo le dio a Timoteo consistió en que no confiara orgullosamente en su conocimiento ni en su habilidad; mucho menos que pensara que su autoridad en el ministerio emanaba de su familiaridad y cercanía con el apóstol. Él insistió en este pasaje que la fortaleza que le permitió ser apto para el ministerio provino de Dios; y era propio que le enseñara a Timoteo esa verdad. Tengamos presente, entonces, que nuestro éxito en la misión no consiste en lo que podemos alcanzar a conocer, ni en nuestras fuerzas o habilidades. El éxito en nuestra misión radica en la gracia de Dios, quien nos dio los talentos y habilidades; y quien los desarrolló con su poder para engrandecer su nombre y su Reino.

B. Destacar que nuestro cuidado de la vida cristiana y el fortalecimiento del ministerio es ejemplo para los demás

Pablo apuntó que toda esa gracia, misericordia y amor de Dios que recibió, a pesar de su debilidad, para fortalecerle en la fe y en el ministerio era "... para ejemplo de los que habrían de creer en él para vida eterna" (v.16). Esto contempla la implicación de responsabilidad que Pablo mostró ante el ministerio recibido de parte de Dios; y que igualmente le requirió a su joven protegido. Posteriormente, Pablo le recalcó esta instrucción cuando le exhortó diciendo: "... sé ejemplo de los creyentes en palabra, conducta, amor, espíritu, fe y pureza" (1 Timoteo 4:12).

Cuidar el ministerio implica cuidar celosamente nuestro testimonio y el buen nombre de la iglesia. Debemos mostrar con orgullo santo los colores de nuestro uniforme. Somos parte de un equipo campeón. Nuestra actitud debe mostrar cuidado celoso de lo que somos y lo que hacemos. Eso hizo Pablo con Timoteo. Eso mismo hace Dios, nuestro "entrenador", con nosotros.

C. Evidenciar los efectos destructivos de una débil defensa del ministerio

En contraparte, Pablo destacó los ejemplos de Himeneo y Alejandro como evidencia del descuido en la fe y la falta de una buena estrategia de defensa del evangelio y del ministerio. Himeneo y Alejandro no se mantuvieron en la fe ni tuvieron una buena conciencia del don de Dios que les había sido dado. Ambos descuidaron la verdad de las Escrituras; y estuvieron tan débiles en su estrategia de defensa que no pudieron militar en la buena milicia (v.18). Su defensiva no pudo resistir la ofensiva contraria a la sana doctrina; y su fe en Jesucristo terminó en un triste naufragio (v.19).

Pablo destacó en el pasaje el agradecimiento y la honra como dos elementos importantes a considerar en el ejercicio de nuestro ministerio. Ambos tienen el efecto de hacernos responsables de mantenernos en la gracia de Dios que nos ha sido dada.

III. Instrucciones acerca de la oración y la intercesión (1 Timoteo 2:1-8)

Ningún ministerio ha de ser efectivo, si no sirve para servir a otros. Por otro lado, la vida cristiana necesita un constante refuerzo en la relación con Dios. En ambos casos, la oración y la intercesión son ejercicios prácticos para mantener y mejorar nuestros puntos de apoyo en la fe. El servicio a Dios y al prójimo por medio de la oración y la intercesión son nuestros mecanismos de ofensiva en la fe y en el ministerio.

Pablo afirmó, y asimismo instruyó a Timoteo, que él fue constituido predicador, apóstol y maestro de los gentiles en fe y verdad (v.7). La razón de ser de su ministerio fue la de llevar la ofensiva del evangelio a todas las personas mediante el mensaje de salvación, y por medio de la oración y la intercesión por todos ellos. Pablo exhortó en ese sentido a Timoteo a que "... se hagan rogativas, oraciones, peticiones y acciones de gracias, por todos los hombres" (v.1). Nadie debe quedar excluido de nuestro ejercicio ministerial. Todos los seres humanos deben ser embestidos santamente por la arrolladora ofensiva del evangelio en el mundo.

La mención particular de la intercesión por "los reyes y por todos los que están en eminencia" (v.2) no se refería a una distinción especial elitista; sino porque la colaboración del ministerio de la iglesia con los gobiernos habría de redundar en quietud, reposo, piedad, honestidad y paz entre las personas. En un ambiente relacional donde exista armonía, consideración y respeto, todos ganan. Por tanto, la oración y la intercesión de la iglesia en su contexto social influyen determinantemente en el orden y la felicidad de los pueblos. En eso consiste el elemento de ofensiva de este entrenamiento ministerial. La iglesia ora e intercede por todos; los ministra a todos por igual; y cuida de todos sin distinción de personas. Esa es, sin duda, una ofensiva triunfal y victoriosa.

Conclusión

Nuestro deber ministerial, y desempeño efectivo, consiste en conocer y aplicar correctamente los principios de la Palabra de Dios, agradecerle por ser partícipes de su obra en la tierra, cuidar y honrar el ministerio puesto en nuestras manos alejándonos de influencias y posturas que perviertan la sana doctrina, mantener un buen testimonio entre los nuestros, y vivir una vida de oración e intercesión constantes, siendo pastores y ministros de su Reino. Así estaremos debidamente entrenados en el ministerio, y podremos igualmente entrenar a otros.

Entrenamiento ministerial

Hoja de actividad

Versículo para memorizar: "Doy gracias al que me fortaleció, a Cristo Jesús nuestro Señor, porque me tuvo por fiel, poniéndome en el ministerio" 1 Timoteo 1:12.

I.   Observar y aplicar los principios bíblicos (1 Timoteo 1:5-11)

¿Cuáles son los tres fundamentos básicos de entrenamiento ministerial que se detallaron en la lección?

_____

_____

¿Cuáles fueron las instrucciones que Pablo dio a Timoteo en cuanto a observar y aplicar los principios de la Palabra de Dios?

_____

_____

II. Agradeciendo y honrando el ministerio (1 Timoteo 1:12-20)

Según la lección, ¿cuáles fueron las intenciones de Pablo al resaltar la gracia y la misericordia de Dios en su vida ministerial?

_____

_____

¿Qué representan los ejemplos de Himeneo y Alejandro con relación al ministerio?

_____

_____

III. Instrucciones acerca de la oración y la intercesión (1 Timoteo 2:1-8)

¿Cómo podemos aplicar 1 Timoteo 2:1-2 en nuestro contexto?

_____

_____

¿Qué efecto tiene en la comunidad cuando oramos e intercedemos eficazmente?

_____

_____

Conclusión

Nuestro deber ministerial, y desempeño efectivo, consiste en conocer y aplicar correctamente los principios de la Palabra de Dios, agradecerle por ser partícipes de su obra en la tierra, cuidar y honrar el ministerio puesto en nuestras manos alejándonos de influencias y posturas que perviertan la sana doctrina, mantener un buen testimonio entre los nuestros, y vivir una vida de oración e intercesión constantes, siendo pastores y ministros de su Reino. Así estaremos debidamente entrenados en el ministerio, y podremos igualmente entrenar a otros.

Consejos a un compañero

Alicia Sardiello (Argentina)

Pasaje bíblico de estudio: 1 Timoteo 3:1-13
Versículo para memorizar: "Palabra fiel: Si alguno anhela obispado, buena obra desea" 1 Timoteo 3:1.
Propósito de la lección: Que el alumno comprenda los requisitos bíblicos para ejercer el liderazgo de la iglesia; y que se motive a orar por aquellos que ejercen el ministerio.

Introducción

Vivimos en una época relativista, donde los valores morales están ajustados a las necesidades particulares y personales del ser humano.

Los estándares del liderazgo espiritual de la iglesia, apegados a las Escrituras, deberán contrarrestar esta realidad. Por lo cual, es de suma importancia considerar las enseñanzas específicas de la Palabra de Dios referentes a las responsabilidades de un líder ante la congregación.

Cada comunidad de fe (iglesia local) tiene un liderazgo que le guía en su caminar con el Señor y su crecimiento en la gracia; y que a la vez, establece pautas de administración y funcionamiento. Escrituralmente, hay dos oficios en la iglesia del Nuevo Testamento que califican para estas funciones: los obispos y los diáconos.

Toda iglesia necesita de ambos ministerios: de personas que supervisan las necesidades espirituales (los obispos); y de quienes sirven en asuntos prácticos (los diáconos). Ambos cubren más eficientemente las cuestiones relativas al cuerpo de Cristo.

En 1 Timoteo 3, se trata en forma específica el tema del liderazgo y la administración de la iglesia; así como las cualidades que deben reunir aquellos a quienes se designe para dichos cargos.

Pablo se ocupó de enumerar cuidadosamente los requisitos morales y de carácter que se deben visualizar en la vida de los creyentes que aspiren a servir como obispos o diáconos en la iglesia de Cristo. Este apóstol tuvo en mente la importancia de prestar atención al carácter de las personas que se ocupan de liderar la iglesia; y eso es lo que le enseñó a Timoteo.

I. Cualidades del obispo (1 Timoteo 3:1-7)

Pablo escribió:"Palabra fiel: Si alguno anhela obispado, buena obra desea" (v.1). Esta afirmación del apóstol hace referencia a la posibilidad de que un creyente desee o aspire al cargo y responsabilidad de un obispo; y también da la idea de que se procure activamente el cargo.

El obispo es el oficial encargado de todos los asuntos espirituales relativos a la congregación. En la Biblia, a los obispos también se les llama "ancianos" (1 Timoteo 5:19) y "pastores" (Efesios 4:11).

La Palabra de Dios enseña que el obispado es una tarea que implica una gran responsabilidad; y por la cual se dará cuentas a Dios, y en el presente, también a la iglesia.

Podemos ver en la Biblia que se enumeran por lo menos cinco deberes y obligaciones de un obispo o anciano:
1) Ayudan a resolver disputas en la iglesia (Hechos 15:1-2).
2) Oran por los enfermos (Santiago 5:14).
3) Deben cuidar a la iglesia en humildad (1 Pedro 5:1-4).
4) Deben proteger la vida espiritual de la congregación (Hebreos 13:17).
5) Deben pasar tiempo en oración y enseñando la Palabra (Hechos 6:2-4).

Dicho simplemente, los ancianos deben ser pacificadores, personas de oración, maestros, líderes ejemplares y personas que tomen decisiones sabias. Ellos son los líderes, predicadores y maestros de la iglesia.

El rol del obispo o anciano, como líder del pueblo de Dios, en la iglesia contemporánea está asociado a los pastores (Efesios 4:11). El Nuevo Testamento se refiere a ellos como los que estaban llamados a cuidar de la iglesia (1 Timoteo 3:5); gobernar y guiar espiritualmente al rebaño del Señor (1 Timoteo 5:17); e interceder por este ante Dios a través de la oración (Santiago 5:14).

El obispado es una posición honrosa que denota una serie de requisitos con alto grado de crecimiento en carácter y espíritu, como lo mencionó Pablo en 1 Timoteo 3:1-7.

El apóstol, interesado en orientar a Timoteo acerca del perfil que debe acreditar quien anhela obispado, estableció una serie de requisitos que una persona debe reunir para ocupar tal posición. Analizando tales características, se infiere que el candidato a cumplir tal función debe ser un líder con un alto grado de crecimiento en el discipulado cristiano, en el servicio, en carácter y espíritu, según se evidencia en 1 Timoteo 3:2-7. Veamos a continuación con detalle ello.

- Versículo 2: "… irreprensible" (que no se le pueda acusar de nada); "marido de una sola mujer, sobrio, prudente, decoroso" (que controla sus impulsos y emociones; y piensa sabiamente antes de actuar); "hospedador, apto para enseñar".
- Versículo 3: "no dado al vino, no pendenciero, no codicioso de ganancias deshonestas, sino amable, apacible, no avaro" (una persona que no es adicta a vicios, no violenta, sino tranquila; y que no ame el dinero).
- Versículo 4: "que gobierne bien su casa, que tenga a sus hijos en sujeción con toda honestidad" (que educa a sus hijos a ser respetuosos y obedientes).
- Versículo 5: "(pues el que no sabe gobernar su propia casa, ¿cómo cuidará de la iglesia de Dios?)".
- Versículo 6: "no un neófito" (no debe ser una persona que recién se convierte o con poco tiempo en el camino del Señor), "no sea que envaneciéndose caiga en la condenación del diablo".
- Versículo 7: "También es necesario que tenga buen testimonio de los de afuera, para que no caiga en descrédito y en lazo del diablo" (debe contar con el respeto de todos los que le conocen).

Pablo mostró por medio del pasaje referido que anhelar obispado no implica ambicionar un lugar de poder o posición de privilegio; sino de servir y que tenga el deseo y la responsabilidad de cultivar y desarrollar las cualidades de carácter que todo líder del pueblo de Dios debe evidenciar en su diario vivir.

El supervisor, obispo, deber ser irreprensible en cuanto a su carácter; irreprensible en cuanto a su primer ministerio: su familia. Para ser irreprensible, necesita ser alguien que ha caminado con el Señor lo suficiente. El testimonio de afuera es determinante para verdaderamente ser irreprensible en todas estas áreas.

Una de las funciones del obispo, a la cual se debe prestar mucha atención, es que debe ser una persona apta para enseñar (v.2); es decir, preparada para poder capacitar a la congregación para su crecimiento en la gracia de Dios. Y lo más importante: que guarde y viva lo que dice la Palabra de Dios. Hay que recordar que el obispado es una posición a la que se debe aspirar; pero que no debe ser tomada a la ligera. La Biblia advierte lo siguiente: "Hermanos míos, no os hagáis maestros

muchos de vosotros, sabiendo que recibiremos mayor condenación" (Santiago 3:1).

El siervo de Dios debe ser una persona que esté preparada para llevar el mensaje de salvación a todos, de manera clara y precisa, de tal forma que los que le oyen le entiendan. No está mal querer o ser desafiados a ser obispos, e incluso trabajar y esforzarse por serlo; sólo se debe revisar en lo profundo del corazón, cuál es la verdadera motivación por la que se está anhelando obispado. Alguien podría aspirar a esta posición por orgullo, ambición o satisfacción personal; o bien podría estar buscando un verdadero crecimiento en servicio y carácter cristiano.

Si usted está anhelando obispado, y su motivación es correcta; recuerde y tenga presente que está deseando buena obra, y es palabra fiel. Dios puede hacer grandes cosas en su vida; y a través de usted puede hacer grandes cosas en la iglesia.

II. Cualidades del diácono (1 Timoteo 3:8-13)

Pablo no tenía una norma para los pastores y otra para los diáconos cuando dijo: "Los diáconos asimismo…" (v.8); sino que él estaba pensando en todo lo que antes había dicho (vv.2-7), e insistió en que esto debía aplicarse también a los diáconos.

Se mencionó que los diáconos están llamados a servir a los hermanos y velar por los asuntos materiales de la iglesia. Por tanto, este ministerio debe ser puesto en manos de discípulos que den muestra de crecimiento y madurez en la gracia a través de las siguientes cualidades (vv.8-12):

- "… ser honestos…", es decir que actúen recta y moralmente, cumpliendo su deber en forma transparente;
- "… sin doblez": Pablo advirtió a Timoteo que debía ser siempre el mismo delante de cualquiera. Esa decisión es fundamental; porque lleva a la construcción de una actitud y un carácter honestos, sinceros, sanos, de acuerdo con la Palabra de Dios;
- "… no dados a… vino", o sea, no estar bajo el control del alcohol. El abuso de esta sustancia altera el funcionamiento de la mente, nubla el juicio y disminuye las inhibiciones. La persona pierde el control de lo que dice y hace (Proverbio 23:29-30);
- "… no codiciosos de ganancias deshonestas", vale decir, de cosas materiales o ganancias mal adquiridas. Tengamos presente que vivimos en una sociedad materialista, en un mundo que le da mayor valor al dinero que a las personas. Esta mentalidad no debe influenciar a la iglesia (Habacuc 2:9); sino que, por el contrario, el cristiano debe tener una mentalidad

espiritual sujeta a Cristo. Cuando alguien tiene una actitud errónea hacia las riquezas deshonestas, corre gran peligro de perder su alma (Marcos 8:36).

- Deben guardar "el misterio de la fe" con limpia conciencia. Esto implica que un diácono debe conocer, enseñar y vivir con una conciencia limpia que enseña sana doctrina y la verdadera revelación de Jesucristo; es decir que la Palabra de Dios es su plataforma para vivir.

- Deben ser "sometidos a prueba" quienes anhelen este ministerio. En primer lugar, deberán ser observados por sus autoridades, deberán evidenciar que son dignos para tal servicio. Ni Pablo, ni las Escrituras especifican la naturaleza de esta "prueba"; pero seguramente, incluía su carácter, su historial de servicio y conducta dentro de la iglesia, su reputación, su conducta relacional.

Es interesante notar que Pablo, luego de hablar de los requisitos de los diáconos, se detuvo para describir cómo debían comportarse las mujeres (v.11):

- "... sean honestas..." se traduce también como dignas, honorables, serias, y capaces de mantener la calma y serenidad en situaciones extremas;

- "... no calumniadoras..." significa que no deben dar lugar al chisme o murmuración;

- "... sobrias...";

- "... fieles en todo": La palabra todo es muy incluyente, dado que dicha fidelidad se refiere a Cristo, a su marido, a sus amigas, a sus hermanos; también a la fidelidad de corazón y de intenciones, dignas de confianza.

En cuanto a las funciones específicas de los diáconos, cada iglesia tiene libertad para determinar el alcance de la responsabilidad delegada a aquellos que están designados para este cargo, de acuerdo con las necesidades particulares y contextuales. En los días actuales, y a modo de ejemplo, algunos de los deberes y responsabilidades de los diáconos podrían ser los siguientes:

- Cuidado y administración de la propiedad de la iglesia y todas sus instalaciones.

- Colaborar activamente con el Ministerio de Compasión. De manera similar a lo que ocurrió en Hechos 6:1-7, con la distribución diaria a las viudas; los diáconos podrían participar en la administración de los recursos para los necesitados.

- Los diáconos podrían estar atentos a asistir en aquellas necesidades de emergencias o catástrofes dentro de su comunidad.

Resumiendo lo antes dicho, la iglesia local es una organización que necesita de las cuestiones del diario vivir para servir a su comunidad.

El diácono, encargado de estas cuestiones, debe calificar con los requisitos que Pablo le advirtió al joven Timoteo a tener en cuenta (1 Timoteo 3:8-10). En resumen, el diácono debe ser una persona con un carácter y conducta espiritual maduros y estables.

Según leemos en el pasaje, Pablo estableció que los diáconos deben cumplir los mismos requisitos personales y familiares que fueron detallados para los ancianos. El servicio cristiano es un honor; el diácono que sirva correctamente a Dios y a su iglesia llegará a ser conocido como una persona digna de confianza.

Es por eso que hay que ser muy cuidadosos de no confundir aptitudes profesionales seculares personales, con un carácter maduro y cristiano. Puede que veamos estos requisititos como rigurosos; pero para Dios no es así, ya que es parte del carácter de Cristo formado en la vida de sus hijos.

Todo discípulo de Cristo que esté dispuesto a servir a Dios debería considerar estas exigencias en forma seria y responsable; y examinar su vida a la luz de la Palabra de Dios.

Conclusión

Ambos ministerios, obispos y diáconos, son importantes en la iglesia; y demandan ser ejercidos por hombres y mujeres maduros, que evidencien un caminar con Cristo en forma obediente y de carácter ejemplar, que gobiernan su propia casa en una forma bíblica y estén sujetos a sus autoridades. En definitiva, que vivan lo que predican. Una persona que bíblicamente no cumple con estos requisitos no debería ocupar el cargo de obispo ni de diácono, por amor a los hermanos, y para no caer en condenación de Satanás.

Consejos
a un compañero

Hoja de actividad

Versículo para memorizar: "Palabra fiel: Si alguno anhela obispado, buena obra desea" I Timoteo 3:1.

I. Cualidades del obispo (I Timoteo 3:1-7)

Defina con sus palabras el término "obispo":

_____

_____

Pablo estableció claramente los requisitos de carácter y los deberes de los obispos. Después de leer I Timoteo 3:2-7, busque una definición para cada una de las cualidades.

Cualidades	Definición
Irreprensible	
Marido de una sola mujer	
Sobrio	
Prudente	
Decoroso	
Hospedador	
Apto para enseñar	
No dado al vino	
No codicioso de ganancias deshonestas	
Amable	
Apacible	
No avaro	
Que gobierne bien su casa	
No un neófito	
Que tenga buen testimonio	

II. Cualidades del diácono (I Timoteo 3:8-13)

Defina con sus palabras el término "diácono":

_____

Enumere y explique cuatro características de los diáconos.

_____

Conclusión

   Ambos ministerios, obispos y diáconos, son importantes en la iglesia; y demandan ser ejercidos por hombres y mujeres maduros, que evidencien un caminar con Cristo en forma obediente y de carácter ejemplar, que gobiernan su propia casa en una forma bíblica y estén sujetos a sus autoridades. En definitiva, que vivan lo que predican. Una persona que bíblicamente no cumple con estos requisitos no debería ocupar el cargo de obispo ni de diácono, por amor a los hermanos, y para no caer en condenación de Satanás.

Una tarea de gran responsabilidad

Carmen Gómez Orellana (Ecuador)

Pasajes bíblicos de estudio: Timoteo 4:1-16, 5:1-25, 6:3-19

Versículo para memorizar: "Ninguno tenga en poco tu juventud, sino sé ejemplo de los creyentes en palabra, conducta, amor, espíritu, fe y pureza" 1 Timoteo 4:12.

Propósito de la lección: Brindar al alumno el conocimiento bíblico de la sana doctrina, la forma de vivir de los ministros, y el ministerio dentro de la iglesia.

Introducción

"Timoteo se unió al Apóstol para ser su ayudante jamás se separa de él, excepto cuando fue enviado en misión especial. Y su cariño, fidelidad y celo lo elevaron tanto en el concepto de todos los discípulos, adquiriendo tal autoridad sobre ellos, que Pablo incluye su nombre en el encabezamiento de varias de sus cartas a las iglesias para demostrar que la doctrina de ambos era idéntica" (Clarke, Adam. Comentario de la Santa Biblia. EUA: CNP, 1980, p.541).

Pablo escribió, cerca del fin de su vida, su primera carta a Timoteo. Los agitados y difíciles años de ministerio habían quedado atrás, años marcados por apedreamiento, azotamientos, cárceles, disturbios y más (Hechos 14:19). Timoteo era un joven que ocupaba una posición muy alta en la estima de Pablo. Inició su relación fraternal con él como discípulo, tomando en cuenta las tradiciones judías de la circuncisión; pues su madre era de origen judío creyente y su padre, griego. Este significativo acto ganó la total confianza del apóstol, lo cual ocurrió durante su segundo viaje misionero (Hechos 16:2-3).

I. ¡Algunos creyentes abandonan su fe! (1 Timoteo 4:1-5)

Pablo consideró dar las instrucciones a Timoteo; pues sabía que era apto para enfrentar situaciones adversas cuando se introducían doctrinas y falsos maestros. El apóstol estaba consciente de la dimensión del trabajo que debía realizar Timoteo. ¿Por qué esa seguridad de Pablo respecto de Timoteo? Pues habían compartido dos viajes misioneros; y el apóstol sabía de la calidad y compromiso de este joven. Sin duda alguna, Timoteo sabía escuchar las instrucciones; y estaba atento, aprendiendo con el ejemplo de Pablo, sumándose al equipo de más discípulos que estaban tomando la visión que Dios les había dado (Hechos 17:14, 18:5, 19:22, 20:4).

Timoteo era humilde, dedicado e instruido en la Palabra de Dios (2 Timoteo 1:5). El Espíritu Santo es quien le enseñaba lo que iba a suceder en cada tiempo; y por tanto, no debía dar lugar a espíritus engañadores ni a doctrinas de demonios (1 Timoteo 4:1b). Debía instruir con la verdad a los nuevos creyentes; y enfrentar a los falsos maestros, quienes a su vez iban a usar artimañas de una forma sutil para afectar su fe. Estos pretendían desviar su relación con Cristo; y usarían un vocabulario de términos que eran utilizados por los cristianos de su tiempo como estrategia para desenfocar la misión que Timoteo tenía que cumplir.

Dentro de su contexto de desarrollo, usted puede observar que hay personas con actitudes de hipocresía y mentira. Estos individuos tienen claro hacia dónde dirigir y desviar la atención del creyente; y son opositores de la exposición fiel de la Palabra de Dios. Asimismo, son insensibles; pues no les importa dañar a una congregación y a una vida. El apóstol Pablo habló de que aquellos tienen cauterizada (como una marca de hierro candente) la conciencia (v.2). Estos falsos maestros desvían al creyente; ya que no enseñan lo que es correcto e incorrecto. También prohíben casarse y abstenerse de alimentos creados por Dios (v.3); y no consideran presentarse ante Él dando gracias por todo lo que ha creado, lo cual que es bueno (v.4), y santificado por la oración (v.5). Por lo tanto, todo lo creado por Dios es bueno (Génesis 1:29-31). Consideremos algunas acciones que ejemplifican la falsedad de la verdad y que son prácticas constantes de quienes pertenecen a algunas congregaciones actualmente.

- Primera observación: ¿cuántas veces hemos escuchado acerca de la práctica de ayunar durante todo el mes para aprobar un examen; pero sin estudiar? Esto viene siendo falsa doctrina y espíritu engañador (v.1); porque desvía la disciplina de estudiar y adquirir conocimiento. El ayuno es bueno y necesario para el ejercicio cristiano, siempre y cuando no se le convierta en un amuleto para adquirir un favor.

- Segunda observación: el uso de las redes sociales. ¿Alguna vez usted se ha visto obligado a escribir un "amén" al ponerse en entredicho si es o no un cristiano; o si quiere recibir un milagro o una bendición específicos? Esta práctica también es considerada como superstición, "maquillada" con términos del lenguaje cristiano. Sin embargo, es un engaño y una manipulación, como doctrina de falsedad y demoniaca (v.1).

II. La vida del ministro (1 Timoteo 4:6-16)

El énfasis de Pablo era la continuidad de la enseñanza de la fe y la buena doctrina. Por tanto, Timoteo debía estar prevenido, alertado de las fábulas y mitologías viejas que se estaban infiltrando en la iglesia, y que buscaban desviar la atención equivocadamente para que deje de ejercitarse para la piedad (vv.6-7).

En la zona andina de Sudamérica, existe una práctica ritual por el uso del derecho a la tierra antes de la siembra y después de la cosecha. Tal práctica es enfocada como permiso y agradecimiento a la "Madre Tierra" (en lengua quecha: Pacha Mama). En el ritual, las personas utilizan semillas como ofrenda, y bebidas que son presentadas como creencia; para que los frutos obtenidos sean de buena calidad y de beneficio para quienes participan. Otra de las prácticas ancestrales es el ritual de pasar diferentes plantas por el cuerpo de una persona para que esta sea liberada de la mala suerte; y hacer rezos, a fin de que encuentre sanidad. Lamentablemente, las comunidades al ser evangelizadas, quieren mantener este tipo de rituales como sana doctrina; sin embargo, al hacerlo, están cometiendo un error conocido como sincretismo religioso, mezclando lo pagano con lo sagrado.

El desafío para el ministro de Dios es enseñar e instruir a las personas en la sana doctrina centrada en Jesucristo. Esto debe reflejarse en el cambio de vida, un comportamiento cristiano en la fe, en la Palabra fiel y digna de ser recibida por todos. La Biblia dice: "... esperamos en el Dios viviente, que es el Salvador de todos los hombres, mayormente de los que creen" (v.10). Estas características esenciales del ministro se manifiestan observando su madurez cristiana bien fundamentada como un discípulo de Jesucristo, joven, de ejemplo para los creyentes, ejercitado en la disciplina cristiana y que instruye de cuidarse de las falsas doctrinas y falsos maestros.

Pablo y Timoteo tenían una misma mente y parecer respecto de la sana doctrina. El apóstol le dio una asignación para enseñar a pesar de las críticas que iba a recibir por su juventud. Muchos en la iglesia dirían: "Bueno, es joven. Debe de seguir aprendiendo"; pero es cuando Timoteo debía ser ejemplo a pesar de los detractores que podían desviar su atención de permanecer en la verdad.

Pablo se encargó primero de formar el carácter y personalidad de este joven discípulo, su constructo de vida cristiana en palabra, conducta, amor, espíritu, fe y esperanza. Segundo, su postura como ministro de ocuparse de la lectura pública, la exhortación y la enseñanza de la Palabra de Dios. Él había tenido un llamamiento especial al ministerio (1 Timoteo 1:18; 2 Timoteo 1:6). Es importante que el ministro realice una evaluación de su personalidad cada cierto tiempo. Como ministros de Dios, debemos estar enfocados en lo encomendado; y hacer presencia en una sociedad corrupta y en todas sus esferas de desarrollo. Al asumir una responsabilidad, se debe mantener el equilibrio emocional; y cumplir las directrices dadas por Dios con actitudes de servicio y vocación humildes.

III. Ministerio dentro de la iglesia (1 Timoteo 5:1-25)

En este capítulo, se observa los deberes prácticos y administrativos que la iglesia debía atender; así como la distribución de cada recurso de acuerdo con las necesidades de los grupos. Pablo comenzó pidiéndole a Timoteo una especial atención y cuidado de los ancianos y ancianas: "Al hablar del anciano, es decir una persona mayor, porque la palabra aquí está tomada en un sentido natural y significa: persona avanzada en años" (Clarke, Adam. Comentario de la Santa Biblia. EUA: CNP, 1980, p.552), Pablo estaba refiriéndose a la persona; y Timoteo debía tratarlos con respeto, no como dictador o con prepotencia, sino exhortándolos en privado y acompañarlos si hubieren cometido alguna falta (v.1).

Las segundas instrucciones eran para tratar a otros grupos con especial esmero. Así pues, Timoteo debía comprobar cuál era la necesidad de dichos grupos, y su prioridad de atención; sus relaciones interpersonales con los varones y con las mujeres; con las damas de edad avanzada; y con las jóvenes, a quienes debía tratarlas como hermanas, con toda pureza. Esto último implicaba para Timoteo que no se permita llegar a una relación en la que peligre su ministerio (v.2).

Un tercer grupo eran a las viudas. A ellas debía de honrárselas (v.3). Este era un tipo de honor y privilegio de acuerdo con la condición y necesidad de ellas. Por tanto, se debía comprobar quiénes requerían atender esa obra social. Timoteo debía observar y atender lo siguiente:
- Ver qué viudas no tenían familia, y que por tanto, la iglesia era responsable de atender (v.3).
- Ver qué viudas estaban totalmente desamparadas (v.5).
- Las viudas jóvenes que estaban viviendo una vida desordenada debían recibir un llamado de atención (vv.5-7).
- Saber quiénes eran las viudas, de acuerdo con su edad; y quiénes de ellas ejercían una acción asignada y atendían con una actitud de servicio cristiano en la

iglesia… También si habían practicado la hospitalidad, lavado los pies de los santos… (vv.9-10).

- Exhortar a las viudas jóvenes para que se casen y formen una familia ejemplar para la congregación; y no involucrarse en contiendas sociales en sus vecindarios (vv.11,15).
- Indicar que las viudas que tenían familiares creyentes debían ser atentidas por ellos; ya que era su responsabilidad (v.16).

Una tarea de la iglesia contemporánea es cuidar de cumplir con personas dentro de su comunidad que deben ser consideradas y atendidas tal y como lo enseñó Pablo a Timoteo y a los discípulos que estaban en el ejercicio cristiano. Actualmente, existen limitaciones no sólo en alimentos, atenciones médicas; sino también en necesidades físicas, psicológicas y de acompañamiento pastoral o humanitario.

Otros de los consejos que atendió Timoteo fue honrar a los ancianos que predicaban y enseñaban. Debían considerar dignificarlos con doble honor y un salario eficiente (vv.17-18). Para completar la tarea, este joven pastor debía tomar en cuenta no admitir chismes ni malos entendidos en contra de los ancianos. Estos debían ser atendidos con testigos presenciales; y quienes persistieran en mantener una actitud impropia o prácticas de pecado, debían ser confrontados con propiedad y amor fraterno, delante de toda la iglesia. Esto como lección de temor a Dios; y poniendo siempre al Señor Jesucristo como Redentor y Salvador ante las faltas que hayan cometido.

IV. Cuidar su llamado (1 Timoteo 6:3-19)

Pablo inició el final de su carta regresando al tema de los maestros. Hizo énfasis en reconocer a un falso maestro y a uno verdadero. Mostró el contraste entre un maestro que vive una relación conforme al Señor Jesucristo; y el que está concentrado en sus deleites personales, evidenciándose ello en su comportamiento impropio con contiendas, pleitos, corrupción, privados de la verdad y ganancias deshonestas (vv.3-7).

¿Cómo identificar a un falso maestro? Según Pablo, estos buscan contiendas de palabras, son blasfemos, corruptos, se enriquecen con la necesidad de quienes los siguen y engañan, son oportunistas, han cambiado de enseñar la sana doctrina por sus deleites exorbitantes y ganancias deshonestas; haciendo así mal uso de la Palabra de Dios, y siendo desenfocados y desviados del servicio cristiano.

¿Cómo identificar a un verdadero maestro? Estos son los que viven de acuerdo con la piedad, como gran ganancia acompañada de contentamiento (v.6) y satisfacción; pues saben que Dios es quien les va a cuidar, proveer y fortalecer de acuerdo con su voluntad (Filipenses 4:13). Otra forma de identificarlos es por su contentamiento con el sustento y abrigo como provisión personal, siendo siempre agradecidos con Dios por sus atenciones (1 Timoteo 6:8).

Pablo advirtió contra de la motivación basada en la búsqueda de ganancias no provechosas. El problema de esto es el amor al dinero y la acumulación de bienes con codicia, y querer tener más. Esta es la raíz de todos los males: el amor al dinero. Se debe huir de esa idea, no ceder espacio (vv.9-10).

Pablo reconoció y enseñó que el único a quien se debe amar y honrar en toda acción cristiana es a Dios. Esta expresión está presente haciendo referencia al himno (v.16) quien da el crédito al Rey de reyes y Señor de señores, reconociendo sus atributos y soberanía como estandarte de su fe que debía marcar la vida de Timoteo, como discípulo y siervo de Dios. Él debía cuidarse y seguir toda instrucción en justicia. Debía crear disciplina que requería esfuerzo, dedicación, constancia y continuar en el proceso para llegar a la meta y levantar la bandera de satisfacción y cumplimento en el Señor Jesucristo. La referencia de amar al dinero la aplicó viendo la actitud de quienes tenían recursos; para que no sean altivos. Ellos debían, y pueden, tener la oportunidad de ser parte de la familia de Dios; y al hacerlo, llevarlos a la reflexión y compromiso de apoyar toda buena obra cristiana con sus dádivas y generosidad (vv.17-19).

Conclusión

Pablo le instruyó a Timoteo con directrices básicas y concretas, sobre las acciones directas respecto de la atención a los ancianos y ancianas, y a las viudas en su situación personal e individual. Estas instrucciones llegan hasta nosotros hoy; a fin de que como cuerpo de Cristo, tomemos responsabilidad de cuidar de aquellos que están bajo nuestro cuidado espiritual. Asimismo, debemos tener en cuenta el cuidarnos de los falsos maestros y su doctrina no bíblica; y no desviarnos ni desenfocarnos del servicio ministerial que se nos ha encomendado.

Una tarea
de gran responsabilidad

Hoja de actividad

Versículo para memorizar: "Ninguno tenga en poco tu juventud, sino sé ejemplo de los creyentes en palabra, conducta, amor, espíritu, fe y pureza" 1 Timoteo 4:12.

I. ¡Algunos creyentes abandonan su fe! (1 Timoteo 4:1-5)

¿Cuál es la tarea más difícil que usted ha realizado durante este año? Describa tres eventos.

_____

_____

¿De qué le advertía Pablo a Timoteo que debía de cuidarse? (v.1).

_____

_____

II. La vida del ministro (1 Timoteo 4:6-16)

¿Cuáles son las características de un buen ministro de Jesucristo? (v.5).

_____

_____

¿Cómo debía ser Timoteo ejemplo a los creyentes? (v.12).

_____

_____

_____

III. Ministerio dentro de la iglesia (1 Timoteo 5:1-25)

Mencione tres de las acciones que Timoteo tenía que observar y atender en la iglesia (vv.3,17,20).

_____

_____

IV. Cuidar su llamado (1 Timoteo 6:3-19)

¿Cómo distinguir un falso maestro de uno verdadero? (vv.4-6).

_____

_____

Conclusión

Pablo le instruyó a Timoteo con directrices básicas y concretas, sobre las acciones directas respecto de la atención a los ancianos y ancianas, y a las viudas en su situación personal e individual. Estas instrucciones llegan hasta nosotros hoy; a fin de que como cuerpo de Cristo, tomemos responsabilidad de cuidar de aquellos que están bajo nuestro cuidado espiritual. Asimismo, debemos tener en cuenta el cuidarnos de los falsos maestros y su doctrina no bíblica; y no desviarnos ni desenfocarnos del servicio ministerial que se nos ha encomendado.

El ministro de Dios y sus implicancias

Macedonio Daza (Bolivia)

Lección 50

Pasajes bíblicos de estudio: 2 Timoteo 1:3-18, 2:1-26, 3:1-9
Versículo para memorizar: "Procura con diligencia presentarte a Dios aprobado, como obrero que no tiene de qué avergonzarse, que usa bien la palabra de verdad" 2 Timoteo 2:15.
Propósito de la lección: Que el alumno comprenda lo que un ministro del Señor debe de hacer, ser y saber, descrito en la Palabra de Dios.

Introducción

La Segunda Epístola a Timoteo es una carta personal, escrita por el apóstol Pablo a su discípulo. Contiene instrucciones de un siervo de Dios con vasta experiencia ministerial a otro ministro joven de generación sustituta, quien junto a otros están inmersos en el ministerio; y que continuarán con la tarea de la Gran Comisión, porque Pablo estaba a punto de concluir su ministerio.

¿Quién era Timoteo? Pablo, en su segundo viaje misionero, junto a Silas, llegó a Listra donde hallaron a un joven discípulo, hijo de madre judía y padre griego, de buen testimonio. El apóstol lo tomó bajo su tutela, y circuncidó por respeto e identidad judía (Hechos 16:1-5). Una relación mínima de un cuarto siglo entre el maestro y su discípulo produce apego familiar.

La carta de 2 Timoteo comienza y continúa con una expresión muy afectiva, tal como se lee en 2 Timoteo 1:2, 2:1. La afectividad permanecía así como la había expresado en su primera epístola. Timoteo seguía siendo su "amado hijo".

La ocasión en la que se escribió la carta referida tiene su significancia por ser la última carta que escribiría el apóstol Pablo. Por otro lado, esta fue redactada desde la prisión; y en la cual, Pablo mostró la visión de la eternidad y el reconocimiento de que su buen combate y carrera estaban terminando (2 Timoteo 4:7-8)."Es una mezcla de sentimientos personales y de normas administrativas, de reminiscencias y de instrucciones, de tristeza y de confianza. Timoteo es uno de sus ayudantes más fidedignos, y aunque nadie jamás podría tomar el lugar de Pablo, parece que éste había intentado que Timoteo fuese su sucesor" (Ralph, Earle. Explorando el Nuevo Testamento. EUA: CNP, 1978, p.353).

I. Lo que debe hacer: no avergonzarse de Dios ni del evangelio (2 Timoteo 1:3-18)

La confianza de Pablo en Timoteo fue por "la fe no fingida" que había en este joven (v.5). Esta era una fe au-

téntica y genuina, sin hipocresía ni fingimientos; la misma que había habitado en su abuela Loida y en su madre Eunice, y que moraba también en él. Pondera la transmisión objetiva de la fe en tres generaciones: abuela, hija y nieto. Con esta afirmación, el escritor bíblico remarcó el valor de la educación doméstica; porque Timoteo había sido educado desde su infancia con una educación piadosa (2 Timoteo 3:15). Sin duda, estaba presente en sus antecesores Proverbio 22:6.

Lo que Timoteo debía hacer era avivar "el fuego del don de Dios" (v.6). La metáfora que Pablo usó aquí fue la de un fuego que estaba débil, a punto de extinguirse gradualmente; por tanto, era necesario recordarle a su joven discípulo el añadir combustible para que aumentara su llama. "Esta es una necesidad continua de todos los creyentes, en particular de los líderes de la iglesia. Corremos constantemente el peligro de reducir nuestro ardor y disminuir nuestro ritmo. Periódicamente necesitamos renovar nuestra consagración y reafirmar nuestra lealtad" (Howard y otros. Comentario bíblico Beacon, tomo 9. EUA: CNP, 1985, p.667).

A. No avergonzarse de dar testimonio de nuestro Señor (vv.7-10)

Para dar testimonio, se requiere de un espíritu valiente; y de modo especial, para combatir el deterioro en los días de apostasía, y en un contexto donde se coarta e impide la libertad de predicar el evangelio.

La gracia conferida a Timoteo no fue un espíritu de cobardía, sino de poder; así como fue la promesa cumplida en Hechos 1:8. Esta es la acción dinámica de un Dios todopoderoso que da poder a través de su Espíritu Santo; y como resultado, la persona santificada tendrá pureza de corazón, amor perfecto y dominio propio (2 Timoteo 1:7). La evangelización será eficiente para alcanzar a diferentes esferas de la sociedad, por el testimonio verbal y no verbal.

El ministro de Dios debe compartir el evangelio. Timoteo debía saber sobre las implicancias de cumplir con esa tarea: que las aflicciones acompañan a un testimonio fiel del evangelio. Las aflicciones y las buenas nuevas van juntas; pero cuando se soporta por amor a la verdad, allí se manifiesta el poder de Dios (v.12).

La amonestación del apóstol a Timoteo fue que no se fije en su presente debilidad; sino que, confiado en el poder y ayuda de Dios, se aventure a emprender lo que estaba más allá de sus fuerzas.

Asimismo, el apóstol hizo hincapié en el llamado que habían recibido, el cual es divino (v.9). Y por este llamado santo, Pablo había sido constituido "predicador, apóstol y maestro de los gentiles" (v.11).

El llamado que nos ha hecho Dios ha sido por gracia, no conforme a las obras. Este llamado tiene un fin determinado, según el propósito de Dios. Ha sido planeado con anticipación; pues nos ha sido dado antes de los tiempos de los siglos. Asimismo, fue revelado a través de la encarnación de Cristo, quien se dio a conocer (v.10; cf. Hebreos 1:1-2).

B. Ejemplo de Pablo para continuar en el ministerio a pesar de las pruebas y aflicciones (vv.12-18)

El apóstol Pablo dijo: "Por lo cual asimismo padezco…" (v.12), haciendo referencia a sus sufrimientos como siervo de Dios. La enseñanza del apóstol a su discípulo fue en palabras y en hechos: "Retén la forma de las sanas palabras que de mí oíste…" (v.13a); porque sabía de quién dependía "en la fe y amor que es en Cristo Jesús" (v.13b).

Lo más sobresaliente para cumplir la tarea ministerial es guardar "… el buen depósito por el Espíritu Santo" (v.14).

Asia era la provincia romana donde se situaba Éfeso. Allí las iglesias se habían deteriorado doctrinalmente y habían abandonado al apóstol, retrocediendo en cierta medida hacia el legalismo. Pablo mencionó a dos personas, Figelo y Hermógenes, como responsables (v.15). "El reverso de la situación, menciona a Onesíforo. Este hermano confortó muchas veces al apóstol al no avergonzarse de sus cadenas en Roma, y habiéndole prestado ayuda en Éfeso" (Merrill, F. Unger. Nuevo Manual Bíblico de Unger. EUA: Editorial Portavoz, 1966, p.565).

II. Lo que debe ser: mantenerse fiel como obrero de Dios (2 Timoteo 2:1-26)

A. Debe ser un buen maestro

El apóstol Pablo le dijo claramente a Timoteo: "Lo que has oído de mí… esto encarga… para enseñar también a otros" (v.2). Pablo exhortó a Timoteo para que él supiera entregar lo que había recibido. Esta es la labor de un buen discípulo, de recibir y entregar, la cual ha sido el mejor método de discipulado comprometido y responsable; de manera que se convirtió en un desarrollo exponencial.

El apóstol prosiguió escribiendo más sobre la enseñanza: "… que usa bien la palabra de verdad" (v.15b); "… el siervo del Señor no debe ser contencioso, sino amable para con todos, apto para enseñar…" (v.24). Con estas indicaciones, podemos darnos cuenta de que la labor docente es vital para el desarrollo de la iglesia; de modo que todo ministro debe saber enseñar.

B. Debe ser como soldado

La figura de ser soldado (vv.3-4) implica la disciplina, obediencia, sumisión y una dedicación completa a la misión y estrategia que debe cumplir un militar. La "… analogía militar era la favorita de San Pablo, no tanto porque él se inclinara por lo militar, sino porque en el Imperio Romano a los soldados se les veía por todas partes, y sobre todo porque la vida del soldado representaba una magnífica analogía de la vida cristiana" (Howard y otros. Comentario bíblico Beacon, tomo 9. EUA: CNP, 1985, p.677).

C. Debe ser como un atleta

La figura del atleta (v.5) implica la perseverancia, compromiso y un sometimiento a las reglas del juego. El escritor bíblico utilizó la misma figura en su epístola a los corintios: "¿No sabéis que los que corren en el estadio, todos a la verdad corren, pero uno solo se lleva el premio? Corred de tal manera que lo obtengáis" (1 Corintios 9:24). El mismo apóstol también dijo: "… he acabado la carrera…" (2 Timoteo 4:7).

D. Debe ser como un labrador

El escritor bíblico usó la figura del labrador (v.6) que pacientemente espera el tiempo de la siega para luego gozar de los frutos de su trabajo.

En el primer siglo, para un labrador su labor implicaba mayor sacrificio. Esto, pues tenía que levantarse de madrugada para trabajar; tenía que hacer su labor diaria a cielo abierto, expuesto a las inclemencias; y trabajar con sus manos callosas sobre el arado. También, el apóstol Pablo usó la figura del labrador para defender los derechos del ministro de Dios en su primera carta a los corintios: "¿Quién fue jamás soldado a sus propias expensas? ¿Quién planta viña y no come de su fruto? ¿O quién apacienta el rebaño y no toma de la leche del rebaño" (1 Corintios 9:7).

E. Debe ser un obrero sacrificado

Pablo le dijo a Timoteo: "Considera lo que digo, y el Señor te dé entendimiento en todo" (2 Timoteo 2:7); esto era conforme al evangelio que había enseñado. Por ello, añadió el apóstol: "… sufro penalidades, hasta prisiones a modo de malhechor…" (v.9). Este sufrimiento había sido sólo por amor al ministerio de la reconciliación; a fin de que las personas obtengan la salvación en Cristo Jesús.

Timoteo, entonces, debía ser un obrero aprobado: "Procura con diligencia presentarte a Dios aprobado, como obrero que no tiene de qué avergonzarse, que usa bien la palabra de verdad" (v.15). Él debía ser un trabajador ocupado en la obra de Dios de tal forma que se vean los frutos; y no perezoso. Asimismo, el apóstol Pablo recomendó a Timoteo que trabaje diligentemente, para que no se avergüence delante de Dios. Respecto del uso de la palabra, también dio recomendaciones. Así pues, Pablo le dijo este joven líder que en sus relaciones interpersonales no debía usar vanas palabrerías como Himeneo y Fileto (v.17), "quienes, por discusiones necias, habían sido guiados a creencias erróneas, en cuanto a la resurrección" (Ralph, Earle. Explorando el Nuevo Testamento. EUA: CNP, 1978, p.449).

Timoteo, como un obrero de Dios, debía ser como utensilio santo al servicio del Señor. Pablo ilustró esto hablando de los utensilios que hay en una casa: algunos de estos son más valiosos que otros; pues unos son para usos honrosos, y otros para usos viles o de uso común (vv.20-21). El siervo del Señor debe ser de corazón limpio y puro. Es una persona santificada; y como resultado, está preparada para toda buena obra. Esta enseñanza le ayudaría a un ministro joven como Timoteo para que huya de los intensos y ardientes deseos o pasiones de la juventud (vv.20-23).

F. Debe ser manso para corregir a los que se oponen

El siervo del Señor no debe dejarse llevar por sus impulsos naturales; sino que debe demostrar amabilidad, siendo sufrido y paciente frente a la maldad. Asimismo, con toda mansedumbre, ha de corregir e instruir a los que no compartan su opinión; sólo así podrá tener victoria (vv.24-26).

III. Lo que debe saber: el carácter de la humanidad en el tiempo final (2 Timoteo 3:1-9)

A. Debe saber que vendrán tiempos peligrosos

En el capítulo tres, Pablo hizo una advertencia acerca de los tiempos venideros. Esto era algo a lo que Timoteo debía prestar especial atención, de la misma manera que lo había mencionado en su primera epístola (1 Timoteo 4:1). Algunos identifican esta advertencia con los tiempos finales. Así pues, el comentarista Glenn Gould escribió: "La expresión los postreros días se refiere generalmente al período final de la era presente que precederá al retorno de Cristo, aun cuando no estuviera vivo para presenciarlo. El período que describe San Pablo bien podría ser los tiempos inmediatos

a Timoteo. Y él los cataloga como peligrosos" (Howard y otros. Comentario bíblico Beacon, tomo 9. EUA: CNP, 1985, p.689). Los cristianos del primer siglo tenían por seguro que la Segunda Venida de Cristo era inminente; por eso, el apóstol advirtió a Timoteo que probablemente estaría viviendo en tiempos finales. También debía saber este joven pastor acerca de la conducta de los apóstatas. Y es que en los postreros días, habrán hombres desarrollados en las corrupciones morales, quienes serían conocidos por ser amadores de sí mismos, vanagloriosos, desobedientes a los padres, arrogantes, altaneros, irreconciliables... (vv.2-4). Se identificarían a estos por su egocentrismo y su condición de pecadores perversos (v.5).

El que tiene un amor sobredimensionado de sí mismo desprecia a los demás; no por nada la expresión "amadores de sí mismos" (v.2) ocupa el primer lugar en la lista. El propósito de Pablo era desenmascarar a los falsos profetas; y que Timoteo pudiera abrir los ojos para identificarlos.

B. Saber evitar

Pablo, al señalar los males presentes, exhortó a Timoteo que los evite. Por tanto, Timoteo debía advertir acerca de aquellos que se meten en las casas clandestina o solapadamente, y llevan cautivas a las mujercillas llenas de pecados; porque los falsos profetas ganan su atención valiéndose de varias estrategias (v.6). Por otro lado, el apóstol añadió: "llenas de pecado" (v.6 PDT), lo cual quiere decir que esas mujeres están atadas a una mala conciencia. Si así no fuera; no se dejarían llevar por la voluntad de otros.

C. Debe saber sobre la oposición, así como Janes y Jambres en contra de Moisés

El ministro de Dios no debe extrañarse si tiene oposición; porque Moisés también los tuvo (vv.8-9). El apóstol animó a Timoteo a continuar con la esperanza segura de la victoria. Los opositores serán avergonzados; porque a ellos les irá de mal en peor. Aferrémonos el estar bajo la sombra del Omnipotente (Salmo 91:7).

Conclusión

Entre los requisitos para ser un buen ministro de Dios, están el de estar seguro del llamamiento santo; y ser obediente, esforzado, paciente, comprometido y manso. Asimismo, en el saber, es importante que esté al tanto de la situación, de los tiempos, de la gente que le rodea y saber detectar los males que acechan. La tarea del ministro de Dios es la evangelización, el alcanzar con las buenas nuevas a toda persona que le sea posible, sea compatriota o no. Esta tarea sólo será cumplida si se cuenta con el poder de Dios por medio de su Espíritu Santo que da vigor y fuerza.

El ministro de Dios y sus implicancias

Versículo para memorizar: "Procura con diligencia presentarte a Dios aprobado, como obrero que no tiene de qué avergonzarse, que usa bien la palabra de verdad" 2 Timoteo 2:15.

I. Lo que debe hacer: no avergonzarse de Dios ni del evangelio (2 Timoteo 1:3-18)

La evangelización es una tarea muy importante de todo ministro e hijo de Dios. ¿Puede usted mencionar lo imprescindible para cumplirla?

_____

_____

¿Cómo evangeliza usted hoy?

_____

_____

II. Lo que debe ser: mantenerse fiel como obrero de Dios (2 Timoteo 2:1-26)

Enumere algunas características que debe tener un obrero de Dios.

_____

_____

¿Considera usted que tiene las características mencionadas? ¿Por qué?

_____

_____

III. Lo que debe saber: el carácter de la humanidad en el tiempo final (2 Timoteo 3:1-9)

¿Quién es un apóstata? ¿Cómo es la conducta de los apóstatas?

_____

_____

¿Cómo podemos cuidarnos de ellos?

_____

_____

Conclusión

Entre los requisitos para ser un buen ministro de Dios, están el de estar seguro de su llamamiento santo; y ser obediente, esforzado, paciente, comprometido y manso. Asimismo, en el saber, es importante que esté al tanto de la situación, de los tiempos, de la gente que le rodea y saber detectar los males que acechan. La tarea del ministro de Dios es la evangelización, el alcanzar con las buenas nuevas a toda persona que le sea posible, sea compatriota o no. Esta tarea sólo será cumplida si se cuenta con el poder de Dios por medio de su Espíritu Santo que da vigor y fuerza.

Lección 51

El buen consejo

Débora Acuña (Chile)

> **Pasajes bíblicos de estudio:** 2 Timoteo 3:10-17, 4:1-5
>
> **Versículos para memorizar:** "Pero tú has seguido mi doctrina, conducta, propósito, fe, longanimidad, amor, paciencia, persecuciones, padecimientos, como los que me sobrevinieron en Antioquía, en Iconio, en Listra; persecuciones que he sufrido, y de todas me ha librado el Señor" 2 Timoteo 3:10-11.
>
> **Propósito de la lección:** Que el alumno busque cada día el buen consejo de la Palabra de Dios, y permita que Él le corrija a través de ella; para que pueda ser instrumento dispuesto y útil en sus manos.

Introducción

Cada uno de nosotros fue creado para adorar a Dios. Somos la obra de sus manos; y Él es nuestro Señor. Además de ello, Él tiene propósitos específicos para cada uno de nosotros. Él tiene planes especiales para usted y para mí; y debe ser el deseo de nuestro corazón cumplir el ministerio que el Señor nos encomiende.

En esta ocasión, estudiaremos a Timoteo, y el consejo que el apóstol Pablo le dio, el cual podemos aplicar a nuestras vidas hoy; ya que la Palabra de Dios es viva y eficaz, y nos provee el sabio consejo que proviene directamente desde el trono santo de nuestro Padre celestial. Aprendamos con corazones dóciles, con mente y actitud dispuestas a aprender lo que Dios quiere enseñarnos; a fin de que sus enseñanzas puedan hacer cambios en nuestras vidas.

I. La enseñanza de Cristo (2 Timoteo 3:10-13)

A. Siguiendo la buena doctrina

El apóstol Pablo acababa de advertir a Timoteo acerca de los tiempos peligrosos en los cuales las personas buscarían su propio interés, sin medida; y reconoció que Timoteo era diferente. El apóstol nombró lo que el hombre perverso haría; y luego, le dijo a Timoteo: "Pero tú has seguido mi doctrina…" (v.10). La presencia de una conjunción adversativa ("pero") expresa que este joven pastor, a pesar de las adversidades, seguía la buena enseñanza en todo aspecto y en toda situación.

¡Qué importante es, desde un inicio, seguir la buena enseñanza; no esperar a equivocarnos para darnos cuenta de que deberíamos haber tomado ese buen consejo hace tiempo! Muchas veces, tenemos delante de nosotros la mejor decisión a tomar, la mejor oportunidad para demostrar que sabemos cómo hacer el bien, o demostrar que alguien nos ha advertido y enseñado qué es lo mejor; pero aun así, preferimos tomar la decisión fácil, la

decisión que tomaría una persona común, la decisión que la mayoría tomaría, en vez de tomar la decisión correcta. No entendemos que hacer lo correcto nos podría ahorrar un montón de problemas y consecuencias con las cuales nadie quiere lidiar. Por supuesto, basándonos en lo correcto según la Palabra de Dios.

B. Siendo firme en la buena doctrina

El apóstol Pablo enseñaba con su ejemplo (vv.11-12); fue por ello que en 1 Corintios 11:1 dijo: "Sed imitadores de mí, así como yo de Cristo". Y Timoteo seguía los pasos de Pablo; pues sabía que su mentor era un fiel imitador del Señor. Pablo le demostró siempre qué era lo más importante en su vida: Cristo y su mensaje redentor. Timoteo nunca vio en Pablo la queja ni el lamento por cumplir la misión de Cristo; porque si lo hubiera visto, él habría actuado igual. Pero en estos versículos bíblicos, podemos ver que Timoteo era firme en su fe, llegando a soportar las persecuciones y padecimientos que le habían tocado vivir por causa de predicar a Cristo resucitado. Timoteo entendía que no todos querían saber la verdad; no todos estaban dispuestos a creer. Por el contrario, algunos querían callarlo; pero eso no fue impedimento para él.

De la misma manera, hoy, nosotros debemos entender el propósito mayor que Dios tiene en nuestros ministerios. La Palabra tiene hoy un impacto como también lo tuvo en aquel tiempo. El Señor anhela que podamos vernos a nosotros mismos como un Timoteo; dispuestos a tomar la buena doctrina y perseverar en ella a pesar de lo que esté pasando a nuestro alrededor; y aunque todos los demás estén preocupados en sus propias vidas, en sus intereses personales, en sus propios deseos y sueños.

C. El destino del mal hombre

En este versículo bíblico (v.13), podemos ver que, lamentablemente, la persona que ha preferido hacer el mal, engañando, calumniando y no aceptando la sana doctrina por su insensatez, no tendrá un buen desenlace. Quizá, para varios podría parecer justo tal final; no obstante, el deseo de Dios es que todos procedan al arrepentimiento (2 Pedro 3:9). Como cristianos, siempre confiamos en que, a pesar de nuestras malas actitudes y decisiones, podemos encontrarnos con el amor de Dios y su perdón. Tristemente, la persona insensata se engaña a sí misma, haciéndose creer que está en lo correcto, que el camino que sigue es el que todos deberían seguir. Ellos se creen sabios en su propia opinión: "No seas sabio en tu propia opinión; teme a Jehová, y apártate del mal" (Proverbio 3:7).

Debemos permanecer en la enseñanza de Dios; y dejar que ella nos muestre, como un espejo, nuestras fallas, y nos vaya transformando: "Por tanto, nosotros todos, mirando a cara descubierta como en un espejo la gloria del Señor, somos transformados de gloria en gloria en la misma imagen, como por el Espíritu del Señor" (2 Corintios 3:18).

II. Persiste en lo aprendido (2 Timoteo 3:14-17)

Mantenerse firme y constante en una manera de ser o de obrar; ese es el significado de "persistir". Este es un término con el cual debemos estar muy familiarizados; ya que Cristo nos llama a ser perseverantes en sus enseñanzas. Así pues, su Palabra dice: "Mas el que persevere hasta el fin, éste será salvo" (Mateo 24:13). Cuando Cristo dijo ello, Él hablaba acerca de los últimos tiempos, en donde habrán muchos falsos profetas, guerra, hambre, terremotos, etc. En otras palabras, serían tiempos muy difíciles, tiempos en los cuales muchos serían engañados, y en donde la fe de muchos se iba a desvanecer; porque principalmente en esas circunstancias, es donde se demuestra si realmente creemos en algo o no. Cuando persistimos en la enseñanza de nuestro Dios, la atesoramos en nuestras vidas como lo más preciado, la comemos y bebemos cada día, y persistimos en ello; sin duda, nada nos moverá de la verdad, nada podrá nublar nuestro juicio. Nuestras vidas estarán cimentadas en la Roca; y conoceremos realmente al Dios que adoramos. Nuestra fe reposará en el Dios verdadero, en el Dios del cual los cielos y la tierra declaran su gloria y majestad.

A continuación veamos tres puntos claves a considerar:

A. Persiste desde la juventud

No desestimemos la enseñanza que se le brinda a los niños, adolescentes y jóvenes (v.15). A veces, se piensa que ellos no tienen la madurez suficiente para entender la Palabra de Dios; o que al ser niños, no pueden trabajar para el Señor. Es hora de darnos cuenta que los niños no son el futuro de la iglesia; sino que todos juntos somos la iglesia de Cristo. Sin importar la edad o experiencia dedique tiempo a los niños de la iglesia; entrégueles la sana doctrina para que la atesoren en sus corazones; enséñeles a persistir en ella, para que conozcan a Dios desde su infancia temprana, y así Él sea su amigo, su Consejero, su Padre y su Dios. Él es quien decidirá cuándo y cómo usarlos.

B. Deje que la Palabra de Dios le corrija y moldee

Siempre debemos recordar que la Palabra de Dios no es un simple libro con una antigüedad de hace más de 2000 años. Esta es el mensaje que sale de la boca de Dios. Ayer y hoy, es el mensaje que Él quiere entregarnos; es la verdad inmutable; es la verdadera fuente de vida. Su Palabra tiene poder, nos puede corregir, moldear; nos trae paz, respuestas y guía (v.16). Dejemos que el Señor nos corrija y moldee a través de su Palabra. Seamos sabios y tomemos su consejo; no esperemos a equivocarnos para darnos cuenta de que debemos ser obedientes a nuestro Padre. Aprendamos a comprender sus propósitos y su perspectiva amplia, perfecta, verdadera y sin falla; para que seamos transformados según su voluntad.

C. Deje que la Palabra de Dios le perfeccione

Este versículo refleja el propósito por el cual debemos seguir el consejo de la Palabra de Dios: "a fin de que el hombre de Dios sea perfecto, enteramente preparado para toda buena obra" (v.17). Ese es el propósito; servimos a un Dios de propósitos. Nada es al azar, nada es porque sí. Dios no es así, Él es nuestro Padre, y su Palabra dice que Él nos ama: "Porque yo sé los pensamientos que tengo acerca de vosotros, dice Jehová, pensamientos de paz, y no de mal, para daros el fin que esperáis" (Jeremías 29:11). El Señor tiene hermosos planes para nosotros. El seguir su consejo y permanecer en Él nos darán las herramientas, el carácter y las capacidades que necesitamos para cumplirlo.

III. Cumple con el ministerio (2 Timoteo 4:1-5)

Una vez que permanecemos en la Palabra de Dios y le permitimos trabajar en nuestras vidas, Él nos mostrará el propósito por el cual nos ha creado.

El apóstol Pablo le pidió encarecidamente a Timoteo que cumpliera su ministerio, dándole los siguientes consejos:

A. Predica la Palabra

El apóstol Pablo le encargó de manera valiosa a Timoteo que predique la Palabra (vv.1-2). Aunque él no considerase que era el tiempo adecuado, aun así la instrucción era que predique. Hoy, nosotros también debemos seguir esta petición; más aún en estos tiempos, en los que vemos que las personas no encuentran lo que necesitan.

Muchas de ellas han probado todo, menos a Dios. Necesitamos predicar la Palabra; todos necesitan del Señor; toda su creación necesita reconciliarse con su Creador.

Hay algo muy importante que debemos tener en cuenta para predicar; y eso es que el mensaje se centra en Cristo, en el plan de amor que Dios usó para buscarnos y rescatarnos. Si usted no está predicando a Cristo; entonces no está cumpliendo con el mandato divino. Si bien nuestros testimonios, y muchos ejemplos bíblicos nos ayudan y enseñan; no debemos olvidar que las buenas nuevas son la salvación que Jesús trajo a través de su vida, muerte y resurrección.

B. Guía a otros con toda paciencia y cuida la doctrina

Cuando prediquemos el mensaje restaurador de Dios, las personas querrán conocerlo, rendirse ante su amor y majestad. Sentirán que necesitan ser perdonados que necesitan la aceptación de su Padre celestial; porque apreciarán el sacrificio de Jesús, hecho de corazón. Dios comenzará a trabajar en sus vidas. No obstante, usted y yo necesitamos entender que no siempre este cambio será instantáneo. En ocasiones, tal cambio llevará un tiempo. Recordemos que aunque Dios borra nuestros pecados y nos limpia el corazón, las costumbres y caracteres necesitan ser moldeados por Él. Hay un trabajo. Cada persona necesitará de Dios para su formación espiritual; y si usted es parte de ello, debe enseñar, corregir, exhortar con paciencia y mucho amor, así como Dios ha tenido y tiene paciencia con nosotros (v.2).

Así como nosotros hemos aprendido a persistir en la enseñanza; enseñemos a otros a hacerlo. Mostrémosles el tesoro inmenso que hay en la Palabra de Dios; que las personas se enamoren de la riqueza que las Escrituras traen a nuestras vidas; que cuiden y sean celosas con la verdad que estas nos muestran, para que ninguna doctrina extraña pueda derribar sus vidas (v.4).

C. Soporta las aflicciones

En este aspecto, ¡quién mejor que los discípulos de Cristo para enseñarnos cómo es que se soporta la aflicción y las persecuciones! (v.5). Ellos dieron todo hasta sus propias vidas. Quizá hoy usted viva en un país en el cual puede libremente predicar, quizá nadie le apedrea por ser cristiano; pero si hoy no tiene que morir por la causa de Cristo, entonces viva por y para Él. Que su vida entera sea ejemplo de entrega, servicio y amor. Recordemos que Jesús nos enseñó muy bien cómo se hace ello.

D. Propaga el evangelio

Tenemos un mensaje que salva vidas; por tanto, no lo esconda, no lo guarde, hable de Cristo, hable de su amor. Donde sea que usted se encuentre, medite en que todos necesitan a Dios. Las personas están buscando la respuesta, buscan un camino a seguir; ellas necesitan una verdad que cambie sus vidas. El ser humano no lo sabe; pero a quien busca es a Jesús. Él es el camino, la verdad y la vida (Juan 14:6).

Este fue el buen consejo del apóstol Pablo a Timoteo. Recordemos que el apóstol fue un excelente formador de líderes. Él fue uno de los responsables de que las buenas nuevas se extendieran a todo el mundo. No sólo predicó, él sabía que debía preparar a otros para seguir evangelizando. Él necesitaba preparar líderes, pastores, personas que se preocuparan de cuidar la semilla plantada; hombres y mujeres llenos de la presencia de Dios, firmes en su fe; personas sabias que dirigieran la iglesia de Cristo en los diferentes lugares en donde se llevaba el evangelio.

Lo hermoso es que Pablo les enseñaba cómo cumplir sus ministerios; no les dejaba a la deriva. Él fue constante en la enseñanza, transformándose en pastor de pastores, escribiéndoles cartas, visitándoles constantemente, guiándoles, corrigiéndoles, etc. Y no sólo a ellos; sino también a las iglesias, instándoles siempre a seguir adelante, a mantenerse unidos, a perseverar en la predicación, y por supuesto, siempre dando gracias a Dios por sus vidas, por sus ministerios. Timoteo fue unos de los hombres que Pablo guio en la doctrina de Cristo.

Conclusión

Dios anhela que seamos fieles colaboradores de su Reino. Seamos sabios y sigamos su consejo, persistamos en la enseñanza y cumplamos el ministerio que el Señor nos ha encomendado.

Lección 51

El buen consejo

Hoja de actividad

Versículos para memorizar: "Pero tú has seguido mi doctrina, conducta, propósito, fe, longanimidad, amor, paciencia, persecuciones, padecimientos, como los que me sobrevinieron en Antioquía, en Iconio, en Listra; persecuciones que he sufrido, y de todas me ha librado el Señor" 2 Timoteo 3:10-11.

I. La enseñanza de Cristo (2 Timoteo 3:10-13)

¿Quién aconsejó a Timoteo; y por qué lo hizo?

_____

_____

¿Recuerda usted alguna ocasión cuando fue firme en su fe, a pesar de circunstancias adversas? Comparta.

_____

_____

II. Persiste en lo aprendido (2 Timoteo 3:14-17)

Mencione los tres aspectos en los que Timoteo, según el consejo de su mentor, debía persistir (vv.15-17).

_____

_____

¿En cuál de los aspectos mencionados anteriormente usted necesita trabajar en su vida? Comente las razones.

_____

_____

III. Cumple con el ministerio (2 Timoteo 4:1-5)

Pablo instó a Timoteo a cuidar de hacer cinco tareas; a fin de cumplir con el ministerio al que había sido llamado. ¿Cuál de esas tareas le llamó más la atención a usted, y por qué?

_____

_____

¿Cuál(es) de las tareas mencionadas cree usted que necesita trabajar en su vida?

_____

_____

Conclusión

Dios anhela que seamos fieles colaboradores de su Reino. Seamos sabios y sigamos su consejo, persistamos en la enseñanza y cumplamos el ministerio que el Señor nos ha encomendado.

Construyendo
una iglesia irreprochable

Daniel Ncuna Esono Mifumu (Guinea Ecuatorial)

Pasajes bíblicos de estudio: Tito 1:1-16, 2:1-15, 3:1-11
Versículo para memorizar: "presentándote tú en todo como ejemplo de buenas obras; en la enseñanza mostrando integridad, seriedad" Tito 2:7.
Propósito de la lección: Que el alumno aprenda a vivir una vida cristiana de buen testimonio en su comunidad.

Introducción

Guinea Ecuatorial es un país pequeño en extensión y en número de habitantes. En nuestro país, la gente cuidaba bastante el buen nombre, según me contó mi padre. En otras palabras, la buena conducta o la buena fama eran un bien valioso. Pero se registra últimamente, desde la aparición de las grandes empresas multinacionales que llegaron al país gracias al descubrimiento del oro negro, y la consiguiente evolución y desarrollo socio-económico del país, que la gente ha cambiado radicalmente su comportamiento. Vemos a diario muchos asuntos negativos relacionados principalmente con la mala conducta y la corrupción generalizada. Esta realidad creo que puede ser una verdadera ilustración de lo que está pasando en muchos lugares alrededor del mundo. La conducta de los seres humanos en general, y de muchos que se creen cristianos en particular, ha cambiado y sigue cambiando radicalmente para mal; y esto está produciendo un testimonio negativo en nuestras comunidades.

El apóstol Pablo sabía que, los que estamos en Cristo, necesitamos conocer y cuidar nuestras normas de comportamiento como creyentes en nuestras comunidades; para así producir el verdadero resultado que se espera del pueblo de Dios.

La carta a Tito, aunque es considerada como una Epístola Pastoral, se distingue de las demás por su exposición clara acerca de cómo deberían los creyentes comportarse como es digno de la fe que profesan. Creo que como en mi país, así también en otros lugares, la gente que se hace llamar cristiana está dejando mucho que desear en cuanto a su conducta en sus respectivas comunidades.

El panorama de nuestras sociedades muestra con evidencias que el pecado va en aumento. Se construyen cada vez más, cárceles seguras y lugares de rehabilitación para adolescentes y jóvenes delincuentes; se abren cada vez más casas de bailes y de fomento de obscenidades. Los embarazos precoces y los matrimonios que terminan en divorcios son una realidad que no se puede esconder. En medio de este caos moral y social, la iglesia está llamada a ser luz y sal. Nuestro Señor Jesús lo dijo (Mateo 5:13-14). Los creyentes estamos comprometidos y obligados a mostrar a todos los que nos rodean qué es posible vivir de otra manera en Cristo Jesús. Así como declararan las Escrituras (2 Corintios 5:17).

I. La conducta de los obispos y ancianos (Tito 1:5-16)

No se sabe con exactitud cómo ni cuándo llegó el evangelio a Creta por primera vez. Pero a la luz de lo que dijo el apóstol Pablo en este versículo: "Por esta causa te dejé en Creta, para que corrigieses lo deficiente, y establecieses ancianos en cada ciudad, así como yo te mandé" (Tito 1:5); nos hace pensar que esta es la posible razón por la que el apóstol escribió esta carta. Esta muestra evidencias de que Pablo tenía información de primera mano sobre algunos desórdenes que inquietaban a la comunidad cristiana de Creta. En base a ello, el apóstol envió a Tito para que fuese a poner orden en algunos asuntos importantes. Uno de ellos se menciona en el versículo citado: establecer ancianos en las ciudades y corregir lo deficiente en el campo doctrinal (v.5). No tenemos información del porqué Pablo no pudo continuar con su obra misionera en la isla de Creta; pero sí sabemos que comisionó a su hijo verdadero en la fe: Tito, para que continuase con la obra. La principal tarea de él fue, como se dijo anteriormente, corregir lo deficiente doctrinalmente y establecer ancianos; es decir, nombrar y ordenar ancianos en las iglesias.

El apóstol Pablo, para evitar confusiones y testimonios denigrantes en las comunidades de creyentes en la isla de Creta, le sugirió a Tito una descripción de varias cualidades que debía reunir las personas que iban a ser candidatas para su nombramiento y ordenación al ministerio. Tito 1:6-8 dice: "El anciano debe ser intachable, esposo de una sola mujer; sus hijos deben ser creyentes, libres de sospecha de libertinaje o de desobediencia. El obispo tiene a su cargo la obra de Dios, y por lo tanto debe ser intachable: no arrogante, ni iracundo, ni borracho, ni violento, ni codicioso de ganancias mal habidas. Al contrario, debe ser hospitalario, amigo del bien, sensato, justo, santo y disciplinado" (NVI). Aproximadamente, los mismos requisitos que se mencionan aquí, Pablo también se los había mencionado a Timoteo, en la lista de cualidades que debe poseer todo aquel que desea el obispado (1 Timoteo 3:1-7). No debemos olvidar que los términos tales como obispos, presbíteros, ancianos, pastores, profetas, evangelistas, etc., en la Biblia, son descripciones de diferentes dones de servicio en la grey del Señor. Se refieren a dones espirituales que el Espíritu Santo otorgó a los creyentes para la edificación y propagación de la obra del ministerio (Efesios 4:11-12).

Según el apóstol Pablo, los candidatos a asumir estos lugares de servicios en las iglesias locales de la isla de Creta tenían que ser, en primer lugar, personas irreprensibles; es decir, personas de integridad incuestionable, personas que no sean propagadoras de falsas enseñanzas, ni de una vida moral irregular. El ministro cristiano debe evitar el mal; e incluso, la apariencia del mal para proteger el testimonio del ministerio en los pueblos o ciudades .

También el apóstol Pablo mencionó otra cualidad importante que es la de ser marido de una sola mujer. Esta indicación se puede entender como no practicante de la poligamia, o la no posesión de concubinas o amantes en secreto. Como ministros, deberíamos ser conscientes de que nuestra responsabilidad es proteger nuestro matrimonio; y de esta manera, ser ejemplo de pureza para nuestro rebaño.

Por otro lado, en la epístola de estudio también aparece la expresión "hijos creyentes" (v.6). Pablo mostró que, cualquiera que ha de ser designado como anciano, debía de haber instruido a sus hijos en los caminos del Señor. Obviamente, se entiende que nuestros hijos tomarán la decisión de seguir o no al Señor cuando tengan mayoría de edad responsable; pero debemos también saber que ninguna otra cosa afirma o valida la devoción de un siervo de Dios como tener hijos creyentes. Sería pertinente mencionar la frase "dueño de sí mismo" (v.8). El apóstol Pablo, hablando de fruto del Espíritu en Gálatas 5:22-23, mencionó la expresión "dominio propio" (v.23 NVI). A pesar de que el Espíritu Santo desarrolla en nosotros esta habilidad, es también necesario como ministros del evangelio que nosotros colaboremos con disciplina en cuanto al mantenimiento de los apetitos carnales bajo control. Se espera que los ancianos y líderes de las iglesias sean personas de conducta irreprochable.

II. La conducta de los cristianos (Tito 2:1-15, 3:1-2)

Tito 2:11-12 dice: "Porque la gracia de Dios se ha manifestado para salvación a todos los hombres, enseñándonos que, renunciando a la impiedad y a los deseos mundanos, vivamos en este siglo sobria, justa y piadosamente". El evangelio de Jesucristo no tiene por qué ser un mensaje abstracto o intangible. La realidad que se percata en las declaraciones del apóstol Pablo en este pasaje, de manera explícita, hablan del verdadero resultado visible que debe producir el verdadero evangelio o la sana doctrina, que es la transformación de vida. La gracia de Dios, o el don inmerecido de parte de Él, para todo ser humano está delante de todos. Nuestra responsabilidad es responder a esta oferta de salvación. De hecho, hay muchos que rechazan esta gracia; y por consiguiente, al Salvador de nuestras almas. Los que ya hemos aceptado dicha salvación por los méritos de la muerte expiatoria de nuestro Señor Jesús en la cruz debemos saber que nos han sido impuestas ya algunas demandas éticas que, se espera, seamos capaces de cumplirlas. Tito 2:12 es un versículo que puede servir de resumen respecto a lo que anteriormente se hizo alusión. Debemos, como discípulos de Cristo, renunciar a toda clase de impiedad y prácticas mundanales. Esto no debemos entenderlo como algo que podríamos hacer con nuestras propias fuerzas; sino más bien con la ayuda del Espíritu Santo. Es a través de la gracia y el poder de Dios que nuestra liberación, en este sentido, se hace efectiva. En consecuencia, llevemos en este mundo pecaminoso y contaminado que nos rodea, una vida de buen juicio, de rectitud y de devoción a Dios. La misma gracia que nos salva es la misma gracia que nos impulsa a vivir una vida santa. En esta visión ética, encajan los cristianos de todos los niveles y estratos sociales. El apóstol Pablo, en cuanto a la ética cristiana en este pasaje, incluyó a los líderes, esclavos, amos, viudas, jóvenes, autoridades civiles, obligaciones ciudadanas, etc. Más que predicar el evangelio con palabras, necesitamos predicar con nuestro modo de vida en nuestra comunidad. La iglesia debe ser sal y luz en su contexto.

III. La conducta transformada por gracia (Tito 3:3-7)

En Tito 3:3-7, se puede notar en las expresiones del apóstol Pablo la confirmación de que hemos sido salvados para vivir en buenas obras, tal como tiempo atrás ya lo había dicho: "Porque somos hechura suya, creados en Cristo Jesús para buenas obras, las cuales Dios preparó de antemano para que anduviésemos en ellas" (Efesios 2:10).

Se afirma lo anterior; porque en la exposición se nota la diferencia bien marcada que hay entre lo que éramos antes de conocer al Señor, y lo que se espera que seamos después de conocerle. En la Epístola a Tito, leemos: "Porque nosotros también éramos en otro tiempo insensatos, rebeldes, extraviados, esclavos de concupiscencias y deleites diversos, viviendo en malicia y envidia, aborrecibles, y aborreciéndonos unos a otros… para que justificados por su gracia, viniésemos a ser herederos conforme a la esperanza de la vida eterna" (vv.3,7). Por medio del perdón de nuestros pecados, en Cristo Jesús, Dios nos declaró justos por gracia. No hay motivos para que nadie se jacte: "Porque por gracia sois salvos por medio de la fe; y esto no de vosotros, pues es don de Dios; no por obras, para que nadie se gloríe" (Efesios 2:8-9). Deben caracterizarnos la humildad y una vida de gratitud a Dios. Porque si hoy somos llamados hijos de Dios, y tenemos el privilegio de llamarle Padre a Él; ninguna de estas cosas ha sucedido por mérito nuestro, sino por las misericordias divinas y su amor incondicional para cada uno nosotros. La mejor manera de agradecerle a nuestro Padre celestial es viviendo una vida santa o irreprochable delante de Él y de los que nos rodean: "Por tanto, sean perfectos, así como su Padre celestial es perfecto" (Mateo 5:48 NVI).

IV. Consecuencias de la conducta negativa (Tito 3:8-11)

Después de todas las excelentes instrucciones doctrinales y de procedimiento cristiano que el apóstol Pablo ofreció a Tito para el establecimiento de los ancianos en las iglesias locales de la isla de Creta; en estos versículos, el apóstol aprovechó la ocasión para señalar el resultado nefasto que experimentaría todo aquel que de manera deliberada optare por lo contrario: "Al hombre que cause divisiones, después de una y otra amonestación deséchalo, sabiendo que el tal se ha pervertido, y peca y está condenado por su propio juicio" (Tito 3:10-11). Tito tenía que insistir en estas enseñanzas que encontramos en los versículos 1 al 7, de este pasaje citado. Se espera que el creyente muestre las buenas obras en el sentido más general de la expresión. Se espera que toda enseñanza cristiana tenga una aplicación personal y práctica. Esta tiene que ser evidente en los creyentes, de manera

consistente en las obras de la fe que profesan; de otro modo, negarían la fe que supuestamente están profesando. Hay que señalar que las sanas enseñanzas que redundan en vida práctica, son más que provechosas para nuestra vida cristiana. Las obras aquí, en este contexto, no tienen la connotación de ser el medio que nos conduce a la vida eterna; sino más bien el resultado de una vida transformada por el verdadero evangelio: "Porque como el cuerpo sin espíritu está muerto, así también la fe sin obras está muerta" (Santiago 2:26).

El apóstol Pablo tuvo que recordarle a Tito el complicado problema que había minado el evangelio en las iglesias de la isla de Creta: las herejías; por ello, el apóstol le dijo: "Pero evita las cuestiones necias, y genealogías, y contenciones, y discusiones acerca de la ley; porque son vanas y sin provecho" (Tito 3:9). Me acuerdo de una incidencia similar que nos ocurrió en la Iglesia del Nazareno de la ciudad de Bata, donde actualmente estamos pastoreando. Un día, vimos en la pared un afiche de invitación que, seguramente, fue pegado allí de manera intencional. El título decía: "¿Por qué no debes diezmar?" Pues le dije al señor que este tema no era de nuestro interés; porque aquí, en nuestra congregación, sabíamos por qué diezmábamos. Él replicó: "Vengan para que discutamos con las Escrituras en mano". ¡En fin! Esas habrían sido vanas discusiones que no aprovecharían en nada nuestra misión como iglesia. Por otro lado, el resultado del que no hace caso a las enseñanzas sanas y a las advertencias de los líderes de la iglesia, ha caído en pecado del orgullo; y ese resultado negativo se verá en su conducta inapropiada.

Conclusión

Actualmente, estamos viviendo en un contexto en el que las herejías están cada vez más azotando a la iglesia de Cristo. Estamos ministrando en contextos donde el testimonio de los líderes, y muchas veces del pueblo de Dios en general, está causando efectos nocivos. Se espera que seamos capaces de considerar las bases bíblicas para predicar, enseñar y vivir la sana doctrina; porque sólo así seremos de bendición y nuestro Padre que está en los cielos, será glorificado.

Construyendo

Lección 52 > una iglesia irreprochable

Hoja de actividad

Versículo para memorizar: "presentándote tú en todo como ejemplo de buenas obras; en la enseñanza mostrando integridad, seriedad" Tito 2:7.

I. La conducta de los obispos y ancianos (Tito 1:5-16)

Considerando lo que hemos leído en este pasaje, ¿cuál debería ser el comportamiento de los líderes cristianos?

_____

_____

II. La conducta de los cristianos (Tito 2:1-15, 3:1-2)

¿Cree usted que el pueblo creyente también debe vivir una vida cristiana de buen testimonio, al igual que sus líderes? ¿Por qué?

_____

_____

III. La conducta transformada por gracia (Tito 3:3-7)

¿Cómo puede la iglesia cristiana mostrar una conducta transformada en un mundo pecaminoso como el nuestro hoy? Fundamente su respuesta en el texto bíblico.

_____

_____

IV. Consecuencias de la conducta negativa (Tito 3:8-11)

Mencione dos ejemplos de posibles consecuencias de una conducta inapropiada como creyente.

_____

_____

Conclusión

El apóstol Pablo enseñó la importancia de andar sabiamente para con los no creyentes, aprovechando bien el tiempo, y teniendo conversaciones cordiales y agradables con los que aún no han aceptado el evangelio.

CPSIA information can be obtained
at www.ICGtesting.com
Printed in the USA
BVHW060615200621
609681BV00007B/188